出土文獻研究

中國文化遺産研究院 編

第十七輯

中西書局

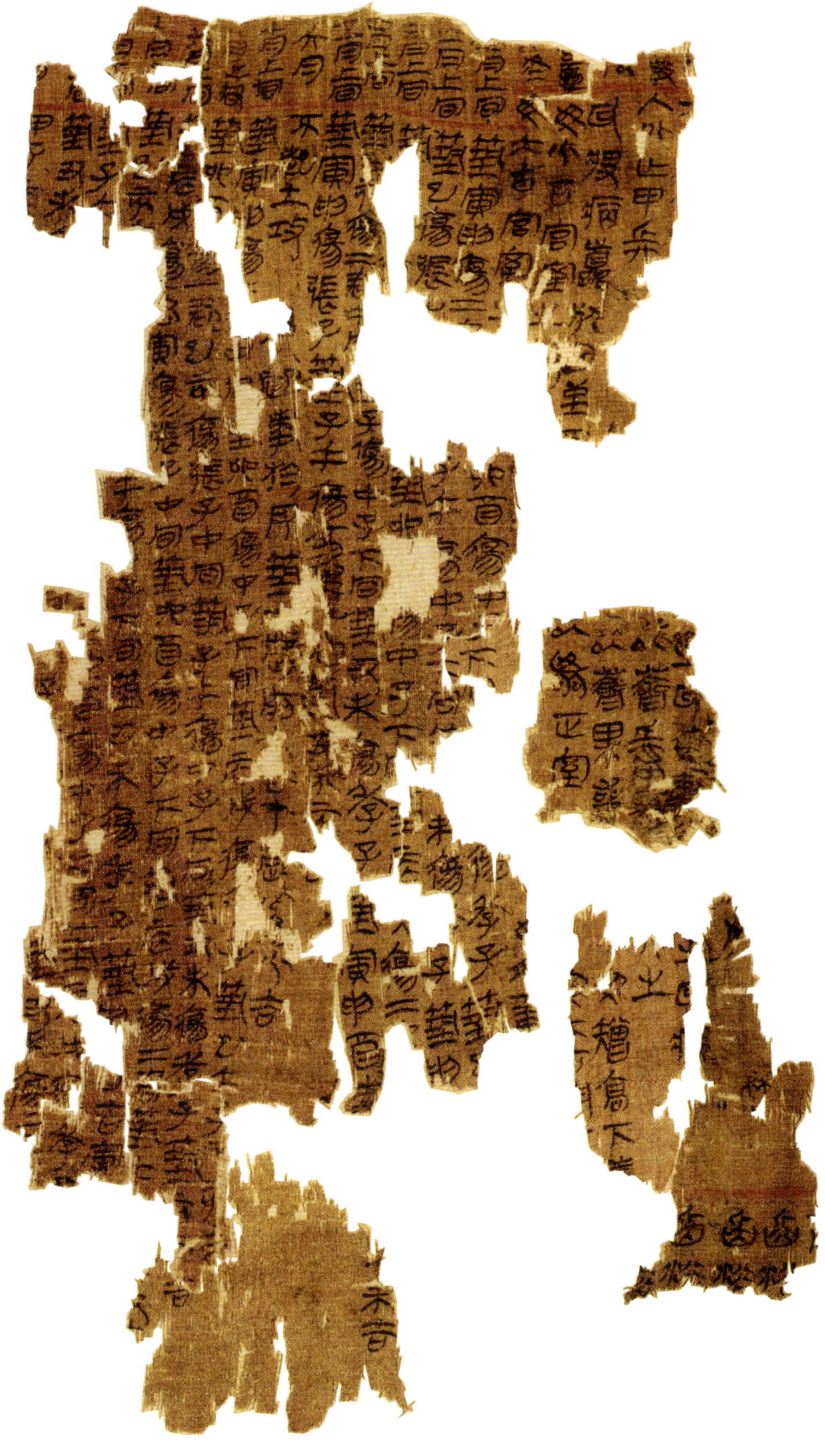

圖版壹 馬王堆帛書《陰陽五行》甲篇《雜占之六》《築（二）》《五行禁日》綴合復原圖（上部）

圖版貳 馬王堆帛書《陰陽五行》甲篇《雜占之六》《築（二）》《五行禁日》綴合復原圖（下部）

目　録

甲骨文“隹”及“鳥”字形研究*

單育辰(吉林大學古籍研究所)
出土文獻與中國古代文明研究協同創新中心

一、甲骨文“隹”字形研究

甲骨文的“隹”象鳥形,小篆“隹”作“”,與甲骨文字形十分相近,《説文》卷四:“隹,鳥之短尾總名也。象形。”“隹”字很早就被識出,[①]甲骨文字形及辭例如下:

(《合》32) (《合》32) (《合》614)

(《合》5045) (《合》33273) (《合》21829)

(《合》27133) (《合》37836) (《集成》5990)

(《集成》2789)

(1) 乙丑卜,㱿貞:甲子㞢乙丑王夢牧石麋,不隹(唯)禍,隹(唯)又(佑)?

貞:甲子㞢乙丑王夢牧石麋,不隹(唯)禍,隹(唯)又(佑)?二月。(《合》376 賓組)

(2) 丙申卜,㱿貞:來乙巳酒下乙?王占曰:酒,隹(唯)有求(咎),

---

* 本文寫作得到教育部人文社會科學研究青年基金項目“甲骨文動物字形整理與研究”(15YJC770008)的資助。

其有設。乙巳酒,明雨,伐既雨,咸伐亦雨,殺卯(劉),鳥星(晴)。
(《合》11497 賓組)

(3) 丙午卜,㱿貞:乎自(師)㞢(往)視㞢自(師)?王□曰:隹(唯)長隹(唯)人𡆥(會),蕃(遘)若,兹卜隹(唯)其㞢(害)。二旬又八日𢦔壬申自(師)夕殊(誅)。[②] (《合》17055 賓組)

(4) 己丑卜,㱿貞:即以芻,其五百隹(唯)六?
貞:即以芻,不其五百隹(唯)六? (《合》93 賓組)

(5) 叀(惠)㦰比?
弜(勿)隹(唯)比㦰? (《合》32 賓組)

(6) 貞:叀(惠)王㞢(往)伐𢀛方?
貞:弜(勿)隹(唯)王㞢(往)伐𢀛方? (《合》614 賓組)

上揭後二例字形爲金文。(1)—(6)都是虚詞,通"唯",[③](5)(6)的對貞卜辭中,"叀(惠)"、[④]"隹(唯)"並見,意義相近,不過"隹(唯)"既可用於肯定句,也可用於否定句中,而"叀(惠)"一般只用於肯定句中,這在對貞卜辭中表現得非常明顯。[⑤]

在黄組卜辭中,還有一類字形與"隹"並不完全一致,但很相近,即使有區别也比較細微,所以它也可能是"隹"字的異體,它和黄組卜辭中用作虚詞的"隹(唯)"寫法不同,可能是一種"異體分工"的現象,[⑥]它在卜辭中是某種鳥。《説文》認爲"隹"是"鳥之短尾總名",似不確,"隹"具體爲何屬何種鳥,尚待研究。

(《合》37367) (《合》37513) (《英》2542) (《英》2542)

(7) 丁亥卜,貞:王田𠷎,㞢(往)來亡𡆥(災)?𢀛(擒)隹百卅(三十)八、兔二、雉五。 (《合》37367 黄組)

(8) 壬午卜,貞:王田榆,㞢(往)來亡𡆥(災)?隻(獲)隹百卌(四十)八、兔二。 (《合》37513 黄組)

(9) □□王卜,貞:田榆㞢(往)來亡𡆥(災)?王占曰:吉。兹孚,隻(獲)隹二百五十、兔一、雉二。
□□王卜,貞:田□㞢(往)來亡𡆥(災)?王占曰:吉。兹孚,

隻(獲)隹百二十二☐六。　　(《英》2542=《合》41802 黄組)

1. 唯

(《合》29696)　(《合》38729)

(《懷》1465)　(《集成》4029)

(10) 庚午卜:大晶(晴)?
非唯?　　(《合》29696 無名組)

(11) 其公令咼?
弜唯?　　(《懷》1465 無名組)

(12) 其唯婀祏,正?　　(《合》38729=《甲骨文録》660 黄組)

上揭最後一形爲金文。雖然在典籍中“唯”常用爲虚詞,然而(10)(11)的“唯”應具有實際意思,但意義難以確知,(12)的“唯”有可能是虚詞。

2. 雀

(《合》5739)　(《合》5740)

(《集成》3227)　(《集成》4787)

(13) 乎(呼)多射雀?　　(《合》5739 賓組)

(14) ☐,古貞:乎(呼)多☐射雀,隻(獲)?　　(《合》5740 賓組)

于省吾認爲“雀”即“鳶”,[7]“鳶”字王念孫認爲實从“戈”得聲。[8]二人所言正確可從。又可參北大漢簡《蒼頡篇》簡27“鳶”作“”形。“鳶”即鵰鷹之類。1989年鑒定的殷墟鳥類(參後文附表,下同),有鷹骨遺存,可以與甲骨文此字相對照。

3. 

(《合》9572)　(《合》9572)

(《合》10502)　(《合》10503)

(《合》557)　(《集成》804)　(《集成》6450.1)

(15) 戊子卜,穷(賓)貞:王[里](往)逐□于止,亡巛(災)?之日王里(往)逐□于止,允亡巛(災),隻(獲)□八。

(《合》9572 賓組)

(16) 癸未卜,㱿貞:多子隻(獲)□?　(《合》10501 賓組)

(17) 癸未卜,貞:翌戊子王里(往)逐□?　(《合》557 賓組)

"□"字从"隹"从"□",甲骨文"□"字也有省"隹"單作"□"者(如例17,上揭最後二形則爲金文)。"□"形在晚期金文及戰國文字尚未見其形,要考證它是什麽字已經非常困難。但從卜辭屢見逐□、獲□看,它應是商人普遍食用或玩賞的一種鳥類。湯餘惠已發現,甲骨文用"逐"者對象一般爲走獸,而如雉等一般用"獲"。⑨可見□的行爲方式與一般飛鳥有異,1989年鑒定的殷墟鳥類有褐馬雞(古稱爲鶡),褐馬雞不善飛行,善奔走,喜鬪,多成群活動,不知與其有關否?當然殷墟鳥類遺骨留存較少,鑒定的種類也有限,不能把甲骨文字形與鳥類遺存强加聯繫,也很有可能"□"這種遺骨尚未被發現。

(《合》32832)　(《合》32832)

(18) 辛未貞:王其□于□?
于壬□?　(《合》32832 歷組)

此字从"□"从"止",裘錫圭認爲是表示逐□意思的圖畫式文字。⑩

4. □

(《合》119)　(《合》10198)

(19) 戊午卜,㱿貞:我獸(狩)□,毕(擒)?之日獸(狩),允毕(擒)。隻(獲)虎一、鹿卌(四十)、豖百六十四、麑百五十

九、[illegible]赤㞢友三，赤⧄小⧄四⧄

（《合》10198⊂《醉》369⊂《綴彙》1002 賓組）

（20）貞：令[illegible]取誰（雖）芻？[11]　（《合》119 賓組）

此字意義不詳，(20)的“[illegible]”應爲人名。

5. 雉

(《合》10921)　(《合》26879)　(《合》37364)

(《合》18335)　(《屯南》4033)　(《合》35345)

（21）壬戌王卜，貞：田喜，坣（往）來亡𡿧（災）？王占曰：吉。隻（獲）麋五、兔一、雉六。　（《英》2539＝《合》41801 黄組）

（22）辛未王卜，貞：田喜，坣（往）來亡𡿧（災）？王占曰：吉。隻（獲）兔十、雉十又一。　（《合》37364⊂《合補》11295 黄組）

（23）⧄之日王坣（往）于田，从（從）㪟京，允隻（獲）麋二，雉十七。十月。　（《合》10921 賓組）

（24）乙亥王卜，貞：田喪，坣（往）來亡𡿧（災）？王占曰：吉。隻（獲）兔七、雉𠦃（三十）。　（《合》37365 黄組）

（25）癸酉卜：王其田，𢦔雉，叀（惠）乙雨？

叀（惠）戈田，𢼸雉，弗每（悔），亡𢦏（災），侃王？

（《屯南》4033 無名組）

（26）戍逆弗雉王衆？

戍帶弗雉王衆？

戍肩弗雉王衆？

戍逐弗雉王衆？

戍何弗雉王衆？

王族其雉王衆？

戍逆其雉王衆？　（《合》26879⊂《合補》8982 無名組）

（27）不雉衆？王占曰：引吉。　（《合》35345 黄組）

甲骨文“雉”字寫法多樣，左旁有的作“矢”或“夷”形，有的作“至”

形,但從辭例看,應爲一字異體。(21)—(24)的"雉"爲動物名,今稱爲野雞。(25)"雉"義不詳。(26)(27)的"雉"楊樹達讀爲"失",[12]可從。

(《合》10514) (《合》10514)

(28) 庚戌卜:毌隻(獲)羅?隻(獲)十五。
庚戌卜:罙隻(獲)羅?隻(獲)八。 (《合》10514 師賓間類)

此字"雉"上加"网"(網)形,從文意看,與"雉"應爲一字異體。

6. 隻

(《合》6451) (《合》10471) (《合》37365) (《合》28345)

(《合》199) (《集成》8697) (《集成》5194)

(29) 戊午卜,㱿貞:我獸(狩)𩞁,𢍜(擒)?之日獸(狩),允𢍜(擒)。隻(獲)虎一、鹿卌(四十)、豕百六十四、麑百五十九、赤㞢友三,赤☐小☐四☐ (《合》10198⊂《醉》369⊂《綴彙》1002 賓組)

(30) 叀(惠)𨸏斆,隻(獲)又(有)大鹿,亡𢦏(災)?
(《合》28345 無名組)

(31) 壬午,王田于麥录(麓),隻(獲)商戠兕,王易(錫)宰丰,寢小𩛥兄(貺)。才(在)五月,隹(惟)王六祀彡(肜)日。
(《合補》11299=《國博》261 黃組)

(32) 癸丑卜:王其逐豕,隻(獲)?允隻(獲)豕三。
(《合》10230 師賓間類)

(33) 辛未卜,貞:王田于瑥,㞷(往)來亡巛(災)?兹隻(獲)豕十又一、鹿四、麑五。 (《合》37411 黃組)

(34) 辛卯卜,品貞:乎(呼)多羌逐兔,隻(獲)? (《合》154 賓組)

(35) 乙亥王卜,貞:田喪,㞷(往)來亡巛(災)?王占曰:吉。隻(獲)兔七、雉山(三十)。 (《合》37365 黃組)

(36) 癸卯卜:㚇隻(獲)魚,其三萬不(否)?
(《合》10471 師賓間類)

（37）己卯卜，爭貞：今令兔田，从（從）敱至于𪚲，隻（獲）羌。王占曰：嬉（艱）。 （《合》199 賓組）

（38）貞：隻（獲）延（征）土方？
貞：弗其隻（獲）延（征）土方？ （《合》6451 賓組）

（39）□酉卜，□貞：㞢剢（禄），[13]隻（獲）延（征）方？ （《合》6749 師賓間類）

上揭後二例字形爲金文。“隻”象以手持捕隹形，即獲字。[14]（29）—（39）的“隻（獲）”都是捕獲的意思，其後所接的賓語可以是動物，也可以是人或方國等。

7. 𩁹

（《合》24145） （《合》6387） （《合》6450） （《屯南》2095）
（《村中南》244） （《集成》9238）

（40）辛巳卜：才（在）糞，今日王逐兕，𩁹？允𩁹七兕。 （《合》33374 反歷組）

（41）戊戌卜：王其逐兕，𩁹？弗𩁹？ （《村中南》244 歷組）

（42）貞：弗其𩁹土方？ （《合》6450 賓組）

（43）丁酉卜，出貞：𡴭（畢）𩁹舌方？ （《合》24145 出組）

（44）貞：衆人亡其𩁹？十月。 （《合》16 賓組）

（45）貞：弗其受㞢𩁹？ （《合》6387 =《合》39879 賓組）

上揭最後一形爲金文。羅振玉釋“𩁹”爲“離”，[15]饒宗頤認爲它與“𡴭”爲一字異形，釋爲“禽（擒）”。[16]按，古文字“離”尚未發現，小篆作“”，雖然从“隹”从“𡴭”與甲骨文一致，但小篆“𡴭”上的“屮”形尚難解釋，[17]且“離”放在卜辭中文意不順。而釋爲“禽（擒）”則文意都很合適，可能要更好一些。

8. 雟

（《合》34148） （《屯南》2185） （《合》31995）

(《屯南》1132)　(《集成》1910)

(46) 庚午貞：螽大隻，于帝五丯(介)臣卑(寧)□？才(在)且(祖)乙宗卜。　(《合》34148 歷組)

(47) 壬戌貞：其告螽隻于高☐　(《合》33226⊂《合補》10704 歷組)

(48) 戊申貞：其雟衆人？
弜雟？　(《屯南》1132 歷組)

(49) 弜雟？
己丑卜：其雟衆，告于父丁一牛？　(《合》31995 歷組)

(50) 叀(惠)□隻又(有)𢦏(翦)？
☐隻亡𢦏(翦)？　(《屯南》2185 無名組)

上揭最後一形爲金文。(46)(47)的"隻"對比"乙未卜，穷(賓)貞：于上甲告螽爯？"(《合》9629)、"乙酉卜，穷(賓)貞：螽大爯☐"(《合》13538)可知"隻"與"爯"意思應該相類。"隻"，郭若愚認爲有可能即"集"字，[18]柯昌濟則認爲是"爯"字異體。[19]

9. 㠯

(《合》18218)　(《合》18219)

(51) 貞：叀(惠)㠯王㫚？　(《合》18218 賓組)

(52) 貞：叀(惠)㠯王㫚？　(《合》18220 賓組)

(53) 丙午卜，古貞：令㫚㠯王？　(《合》18219 賓組)

此字从"隹"从"匕"，應該是動詞，詞義不詳。

(《合》36956)　(《合》5854)

(54) 庚寅卜，才(在)㝵，貞：王步于㠯，亡𡿧(災)？
(《合》36956 黄組)

(55) 戊戌卜，穷(賓)貞：乎(呼)取于宓，于㠯李？
(《合》5854=《安明》103 賓組)

此字左从“隹”，其右之“匕”形和上舉《合》18218、《合》18219 中字形有區別，但是也不像“人”形，更可能仍是“匕”形。(54)(55)的“隹匕”是地名。

10. 雚

(《合》24425)　(《合》27115)　(《合》30828)

(《屯南》2232)　(《集成》941)　(《集成》5433A.1)

(56) 乙酉酒雚，其冓(遘)又☒　(《合》30828 無名組)

(57) ☒祼大乙☒□雚，王每(悔)？　(《合》27115 何組)

(58) 王其雚日出，其戠(截)，于日𠜱？　(《屯南》2232 無名組)

(59) 壬寅卜，旅貞：王其㞢(往)雚于𧊒，亡巛(災)？　(《合》24425 出組)

上揭後二例字形爲金文。(56)(57)的“雚”應該讀爲“灌祭”的“灌”。[20](58)(59)的“雚”既可能讀爲“灌”，也有讀爲觀看的“觀”的可能。[21]

11. 雈

(《合》9500)　(《合》9501)　(《合》6096)

(60) 庚子卜，貞：王其雈耤，叀(惠)㞢(往)？十二月。　(《合》9500 賓組)

(61) 己亥卜，貞：王㞢(往)雈耤，征(誕)㞢(往)？　(《合》9501 賓組)

(62) 壬子卜，穷(賓)貞：𢀛方出，王雈？五月。　(《合》6096 賓組)

這些“雈”與上字相比，省略了兩個口形，與“雚”應爲一字，亦應讀爲“觀”。“雈”小篆作“雈”，《説文》卷四：“雈，鴟屬。从隹，从䒑，有毛角，所鳴其民有旤。”甲骨文“雈”所象爲貓頭鷹(古稱爲鴞、鴟等)形，[22]而“雚”則突出描繪了其一雙鋭利的眼睛。[23]1989 年鑒定的殷墟鳥類，有耳鴞遺骨留存，可與甲骨文此字相對照。

（《合》9607）　（《合》9596）　（《合》9599）

（《合》5159）　（《合》5158 乙）　（《合》3227）

（63）貞：王其㞢（往）雈河，不若？　　（《合》5158 乙賓組）

（64）貞：王雈河，若？　　（《合》5159 賓組）

（65）辛丑卜，貞：帚（婦）姘田雈？
貞：帚（婦）姘田不其雈？　　（《合》9607 賓組）

（66）□，充貞：帚（婦）姘年雈？
□貞：不其雈？　　（《合》9596 賓組）

（67）帚（婦）井黍不其雈？
貞：帚（婦）井黍其雈？　　（《合》9599 賓組）

（68）己未卜：钔（禦）子堕于母雈？　　（《合》3227 師賓間類）

這些字與上字相比，其角的彎曲程度要小一些，但從例（63）（64）看，它們與“雈”仍是一字。（63）（64）的“雈”仍讀爲“觀”，（65）—（67）的“雈”應是另一意思，根據司禮義規則卜辭中“其”的用法，在對貞中用“其”所貞問的事情，一般是貞卜者不願看到的，[24]所以（65）—（67）的“雈”應是好的意思，陳夢家讀之爲“收穫”的“穫”，[25]陳劍已指出“穫”、“雈”古音並不近，[26]不過由“穫”从“雈”看，陳夢家説尚不能過於否定，“穫”和“雈”在殷商時代的語音還可繼續研究。（68）的“雈”爲人名。

12. 舊

（《合》3522）　（《合》26994）　（《合》37434）

（《合》30414）　（《合》30429）　（《合》30677）

（《合》32536）　（《屯南》4343）　（《合》22884）

（《集成》6011.2）　（《集成》4324.1）

（69）丙戌卜：叀（惠）新豐用？
叀（惠）舊豐用？（《合》32536 歷組）

（70）奠，其奏庸（鏞），叀（惠）舊庸（鏞）大京武丁⧄
（《屯南》4343 無名黄間類）

（71）貞：我家舊臣亡𡿧（害）我？（《合》3522 賓組）

（72）乙未：又歲于且（祖）乙牡、卅（三十）宰，隹（唯）舊歲？
（《合》22884 出組）

（73）弜𠘧，叀（惠）舊𦉫用？（《合》30677＝《合》31127 無名組）

（74）岳尞（燎），叀（惠）舊𣏌用，三牢，王受又（佑）？
（《合》30414 無名組）

（75）其求河，叀（惠）舊𥏼（智）用，于滄（陰）酒？
（《合》30429 無名組）

（76）辛丑卜：王其又勺（礿）伐大乙，叀（惠）舊𢀡用，十五人？
（《合》26994 無名組）

（77）戊午王卜，才（在）貞：田舊，𡉚（往）來亡𡿧（災）？兹孚，隻（獲）鹿、豖。（《合》37434 黄組）

上揭後二例字形爲金文。這些“舊”字从“萑”从“凵”，但這些所謂的“萑”（下面用“萑*”代替）與上舉例（11）的“萑”字形其實並不一樣，“萑*”上面的角要更尖鋭些，且與頭部封閉，所以很有可能與“萑”的來源不同。要注意的是，（72）及金文中的“舊”其角與“萑”已無分别，這有可能是“萑”、“萑*”两者字形過於近似而訛混。例（69）—（76）的“舊”是新舊的舊的意思，其中（69）的“舊”正與“新”對貞。（73）—（76）的“𦉫”、“𣏌”、“𥏼（智）”、“𢀡”的詞義應該相類，我們認爲（73）（74）的“𦉫”、“𣏌”應該是名詞，有“册”一類的意思；（75）的“𥏼”即“智”，爲羅振玉釋，[27]通過字形排比及辭例對照，可知羅釋甚確；[28]（76）的“𢀡”與（75）的“智”對比，可知定从“知”得聲，“册”爲意符，“𥏼”、“𢀡”的意思相當於“志”，[29]《周禮·春官·小史》“小史掌邦國之志”鄭注引鄭司農云：“志，謂記也。《春秋傳》所謂周志，《國語》所謂鄭書之屬是也。”《左傳》襄公二十五年“志有之”杜預注：“志，古書。”“𥏼”、“𢀡”和“𦉫”、“𣏌”文意正好相類。（75）的“滄”讀爲“陰”從沈建華釋。[30]（77）的“舊”是地名。

（《合》28001） （《合》30685） （《合》30693）
（《屯南》2621） （《合》190）

（78）癸丑卜：叀（惠）舊熹用？
叀（惠）新熹用？（《合》30693 無名組）
（79）叀（惠）舊用五十？（《屯南》2621 無名組）
（80）丁未卜，夏貞：犁方㬜舊新家，今𧧒（秋）王其比？
（《合》28001 何組）
（81）其求年于河，叀（惠）舊珊（𤰈）用？（《合》30685 何組）
（82）乙未卜，爭貞：來辛亥酒舊匚（報）于且（祖）辛？七月。
（《合》190 賓組）

這些字與上揭“舊”所从的“萑*”字形一致，但少“凵”而已，從辭例看，仍是“舊”字。（78）—（82）的“舊”是新舊的舊的意思，其中（78）“舊”正與“新”對貞。

13. 𨾏

（《屯南》2064） （《屯南》2064） （《英》2564） （《集成》3188）

（83）王族其𦎫（敦）尸（夷）方邑𨾏，又（右）、ナ（左）其？
弜，其𨟭𨾏，于之若？（《屯南》2064 無名組）
（84）癸未卜，才（在）𨾏貞：王步于㳄，亡𡿧（災）？
（《英》2564＝《合》41762 黄組）

“𨾏”字與“舊”雖然比較相似，但其實並不一樣，“𨾏”从“隹”从“凵”，在卜辭中是地名。

14. 雈

（《乙》307） （《合》19781） （《乙》445） （《合》20966）

(85) 戊戌卜：其雂(陰)，翌(翌)己印？
敀(啓)，不見云(雲)？ (《合》20988=《乙》445 師組)

(86) 癸酉卜，王：旬？四日丙子雨自北，丁雨，二日雂(陰)，庚辰□一月。 (《合》20966 師組)

(87) 丙辰卜：丁巳其雂(陰)印？允雂(陰)。
(《合》19780=《乙》307 師組)

(88) 丙辰卜：丁巳其雂(陰)印？允雂(陰)。 (《合》19781 師組)

“雂”从“今”从“隹”，于省吾釋爲“陰”，認爲是天陰的意思，(85)“雂(陰)”正與“啓”對貞，甲骨文的“雂(陰)”从“隹”，大概是象鳥鳴預示天氣將變之故。[31]其説可從。

(《合》13140) (《合》13312) (《合》6037)

(《英》1101) (《合》20923) (《合》672)

(89) 辛未卜，丙：翌壬申敀(啓)？壬冬(終)日雈(陰)。
(《合》13140 師賓間類)

(90) 丙申卜：翌丁酉酒伐，敀(啓)？丁明雈(陰)，大食日敀(啓)？一月。 (《英》1101=《合》40341 賓組)

(91) □，爭貞：翌乙卯其宜，易(賜)日？乙卯宜，允易(賜)日，昃雈(陰)于西。六月。 (《合》13312+13213 賓組)

(92) 貞：翌庚申我伐，易(賜)日？庚申明雈(陰)，王來圭首，雨小？
(《合》6037 賓組)

(93) 辛丑卜，𠂤(師)：自今至于乙巳日雨？乙雈(陰)，不雨。
(《合》20923 師組)

(94) □翌癸卯帝不令鳳(風)，夕雈(陰)？
(《合》672⊂《合補》100⊂《綴彙》541 賓組)

孫常敘言，從辭例、字形演化及氣候常識看，“雈”與“雂”爲一字異體。[32]這是非常正確的。

15. 𣪊

(《合》952)　(《合》27465)　(《合》32631)

(《屯南》629)　(《屯南》593)　(《合》30765)

(《合》35802)　(《合》15920)　(《合》1591)

(《集成》2739)

(95) 壬戌卜,爭貞:翌乙丑㞢伐于唐?用。
貞:翌乙丑亦𣪊于唐?　(《合》952 賓組)

(96) 辛酉卜,貞:叀(惠)且(祖)乙取彡𣪊?
辛酉卜,爭貞:取彡𣪊?
貞:弜(勿)取彡𣪊?九月。　(《合》1591 賓組)

(97) 己巳貞:其𣪊且(祖)乙眔父丁?　(《屯南》1128 歷組)

(98) 辛酉貞:其𣪊于且(祖)乙,叀(惠)癸?
于甲𣪊?　(《屯南》593 歷組)

(99) 乙酉卜:其𠛱父甲𣪊,才(在)兹桒(失)成?
于㫃𠛱父甲𣪊?　(《合》27465 歷無名間類)

(100) 甲申卜,貞:王宓(賓)小乙𣪊,亡尤?　(《合》35802 黄組)

(101) 丙午卜,穷(賓)貞:生𣪊于丁?一月。　(《合》1977 賓組)

(102) ☐王㞷(往)田,从(從)南𡆥(擒)?
庚寅卜,其區(驅),𣪊?
弜區(驅),𣪊?　(《屯南》629⊂《綴彙》466 歷組)

(103) 後王射兕,𣪊?
弜(勿)𣪊?　(《屯南》2358 無名組)

(104) 壬子卜:叀(惠)今日𣪊兕?
弜𣪊兕?　(《合》32631 歷組)

(105) 乙未卜:其𣪊虎,陟于且(祖)甲☐?
乙未卜:其𣪊虎于父甲祼?　(《合》27339 無名組)

(106) 丙寅卜：又(有)膚(獻)鹿，其𣪕？ (《合》30765 何組)

(107) 甲辰卜：𣪕孚(俘)馬自大乙？
叀(惠)乙巳𣪕？ (《合》32435 歷組)

上揭最後一形爲金文，其銘文爲：“隹(唯)周公于征伐東尸(夷)。豐白(伯)、尃(薄)古(姑)咸𢦏(翦)。公歸𩰫于周廟。戊辰，酓(飲)秦酓(飲)。”(《集成》2739)“𣪕”象手(上舉後三形則爲雙手)持倒隹祭於神主之形。從(102)—(107)看，“𣪕”常與擒獵有關，姚孝遂認爲“𣪕”是獵捕之後以禽獸獻祭的一種祭祀(也可用於獵捕之前祈求多獲禽獸)。㉝《集成》2739是戰後用“𣪕”，可以認爲戰爭俘獲也是捕獵的一種形式。又如(95)“𣪕”與“㞢伐”對貞，“伐”一般爲人牲，則(95)的“𣪕”也可能與戰爭有關。

16. 𨾴

(《合》23070) (《前》1.3.5) (《合》35499)

(《合》35581) (《屯南》51) (《集成》8222)

(108) 癸未王卜，貞：旬亡𡆥？王占曰：吉。才(在)二月甲申小甲𨾴。 (《合》35581 黄組)

(109) 丁卯，貞：己巳𤼷(登)𨾴于且(祖)辛眔父丁？
(《屯南》51 歷組)

(110) 庚寅卜，旅貞：翌辛卯其𨾴于丁？ (《合》23070 出組)

(111) 乙丑卜，貞：王宾(賓)大乙𨾴，亡尤？
(《合》35500=《前》1.3.5 黄組)

(112) 乙亥卜，貞：王宾(賓)大乙𨾴，亡尤？
(《合》35499=《續》1.8.3 黄組)

上揭最後一形爲金文。羅振玉釋爲“濩”，並認爲是樂名，即大濩。㉞按，羅説於字形上並没有什麼根據，但其所釋有可能是正確的，參下揭“雟”字。

17. 鬳

(《合》15944) (《合》15945) (《合》15946)

(《合》33218) (《屯南》341) (《屯南》2438)

(113) 甲⧄㝐(賓)⧄鬳⧄ (《合》15944=《合》40036 賓組)

(114) 貞:叀(惠)鬳? (《合》15945 賓組)

(115) ⧄鬳⧄ (《合》15946 賓組)

(116) 叀(惠)鬳令田?
叀(惠)𠭯(畢)令田? (《合》33218 歷組)

(117) 壬申卜:王令鬳以子尹立于帛? (《屯南》341 歷組)

(118) 丁未卜:令宁(貯)壴止或?
令鬳? (《屯南》2438 歷組)

"鬳"象鬲中煮"隹"之形,(114)(115)的"鬳",鬲上實从"隻",(116)的"鬳",隹身又加水點。(117)(118)又在鬲下加"火"形作"鬳"。從字形上看,諸字爲一字的可能很大,且(114)(115)之"鬳"从"隻","隻"可能即聲符。羅振玉將"鬳"釋爲"鑊",《周禮·天官·亨人》"掌共鼎鑊"鄭注:"鑊,所以煮肉及魚腊之器。"[35]不過"鬳"更可能是動詞,讀"濩",《詩·周南·葛覃》"是刈是濩"毛傳:"濩,煮之也。"[36]卜辭的"濩"應是一種煮物之祭。(116)"鬳"隹身又加水點,則又與上舉"𣹙"字同,看來"𣹙"也是有一定可能釋爲"濩"的。[37](116)—(118)皆爲人名。

18. 蓳

(《合》28973) (《合》23148) (《屯南》2383)

(《合》33545) (《屯南》345) (《花東》286)

(《英》1978) (《合》28348)

(119) 萑㞢(往)夕入,不冓(遘)雨?

王其眚(省)盂田,萑㞢(往)杋入,不雨?

(《屯南》2383 無名組)

(120) 翌日壬王□其眚(省)桑田,杋不遘大雨?

其萑,不遘大雨? (《合》28973+28547=《拼一》224 無名組)

(121) 王其杋射麦鹿?

萑(暮)射麦鹿,毕(擒)? (《合》28348 無名組)

(122) 萑出,受年? (《屯南》345 無名組)

(123) 癸丑卜,行貞:翌甲寅毓且(祖)乙歲,朝酒?兹用。

貞:萑酒? (《合》23148 出組)

(124) 己卜:萑(暮)殺卯(劉)三牛匕(妣)庚?

(《花東》286 花東子組)

(125) 乙酉卜,貞:王其田萑,亡𢦏(災)? (《合》33545 無名組)

(126) 辛亥卜,出貞:令萑白(伯)于?

(《英》1978=《合》41011 出組)

"萑"象"日"與"隹"藏於屮(草)叢中之形,《説文》卷十二"西(棲)"下曰"日在西方而鳥棲",此字象鳥棲息於草間,即甲骨文"莫(暮)"之會意字。[38]

(《上博》21691.34) (《合》8184)

(《上博》2426.223)

(127) ☐王从(從)雈北? (《合》8785=《上博》21691.34 賓組)

(128) □寅卜,王☐才(在)雈? (《合》8184 師賓間類)

(129) □申卜,□貞:从(從)☐雈☐

(《合》10999=《摭續》309=《上博》2426.223 賓組)

(127)—(129)的"雈"字,或於"隹"旁加兩木,或加三木,或加四木,諸字在卜辭中都爲地名,應即一字。上舉(125)"萑"字亦作地名,且甲骨文中"木"、"屮"經常互用,如(126)的"萑"即从"木",又(121)的"雈"從辭例看確可釋爲“暮”,但它从兩“屮”且不从“日”。由這些字形看,(127)—(129)的“萑”也可能與“萅”爲一字異形。

19. 隹

(《屯南》4529) (《屯南》2505) (《屯南》2682)

(130) 于隹北對?

于南陽西叜? (《屯南》4529 無名組)

(131) 己丑卜:翌日庚隹,其又尞(燎)于父甲☐

(《屯南》2682 歷組)

(132) ☐□暍(翌)日隹其畀? (《屯南》2505 歷組)

“隹”字意義不詳。

20. 攸

(《合》6655) (《合》809 反) (《合》13737)

(《合》1314) (《合》7810) (《合》838)

(《合》2341) (《合》2341)

(133) 貞:王疒(疾)不隹(唯)攸? (《合》6655 賓組)

(134) 王占曰:其㞢攸,小。 (《合》6655 反賓組)

(135) 今龝(秋)其㞢降攸? (《合》13737 賓組)

(136) 貞:于甹(寧)攸? (《合》1314 賓組)

(137) 貞:其㞢來攸?

貞:亡來攸? (《合》809 反賓組)

(138) 貞:攸其尋入商,出□? (《合》7810 賓組)

(139) 甲寅卜,爭貞:攸以㚔(失)于?

貞:攸以㚔(失)于?

貞：飲弗其以？ （《合》838 賓組）

（140）貞：飲以眚白（伯）由？三月。

貞：飲弗其以由？ （《合》2341 賓組）

（141）丙申，飲主二屯。小叡。 （《合》14433 白賓組）

從辭例看，（133）—（138）的“飲”很明顯是災禍之類的意思，但不知應釋爲何字。（139）—（141）的“飲”是人名。（139）的“𠦬”作“”、“”形，爲“𠦬”的簡化寫法，[39]這些卜辭中的“失”是名詞，是所失之人的意思。

21. 雀

（《合》1051） （《合》1051） （《合》1051）

（《合》6946） （《合》6946） （《合》6947）

（《合》20576） （《合》13869） （《集成》5162.2）

（142）己未卜：雀隻（獲）虎？弗隻（獲）？一月才（在）𩰫？

（《合》10201 賓組）

（143）戊辰卜：雀不其以象？

戊辰卜：雀以象？

己巳卜，雀以猱？

己巳卜，雀不其以猱？ （《合》8984 師賓間類）

（144）己丑卜，爭貞：亦乎（呼）雀尞（燎）于云豹？

貞：弜（勿）乎（呼）雀尞（燎）于云豹？

乎（呼）雀用三牛？

□□卜，爭貞：翌壬令雀？

壬辰卜，㱿貞：雀𢦏（翦）祭？

壬辰卜，㱿貞：雀弗其𢦏（翦）祭？三月。 （《合》1051 賓組）

（145）戊午卜，㝵（賓）貞：乎（呼）雀㞷（往）于婪？

戊午卜，㝵（賓）貞：弜（勿）乎（呼）雀㞷（往）于婪？

甲子卜，爭：雀弗其乎（呼）王族來？

貞：乎(呼)雀显(征)目？

丁卯卜，爭貞：乎(呼)雀(助)戎枫？九月。

(《合》6946 賓組)

(146) 庚寅卜，㱿貞：乎(呼)雀伐猶？ (《合》6931 賓組)

(147) 戊午卜，爭貞：乎(呼)雀斫馘？

戊午卜，㱿貞：雀追亘，㞢隻(獲)？ (《合》6947 賓組)

(148) 庚申卜，貞：雀亡禍，南土肩告史(事)？

(《合》20576＝《甲》2902 師組)

(149) 雀入二百五十。 (《合》9235 反賓組)

(150) 甲申卜：𢼄(禦)雀父乙一羌、一宰？ (《合》413 師賓間類)

(151) 戊申卜，貞：雀肩凡(興)㞢(有)疒(疾)？

戊申卜，貞：雀弗其肩凡(興)㞢(有)疒(疾)？

(《合》13869 賓組)

(152) 己巳卜，㱿貞：雀其囚(死)？

貞：雀不囚(死)？ (《合》110 賓組)

上揭最後一形爲金文。"雀"即今所稱之麻雀。卜辭中的"雀"尚未發現用其本義者，都是人名，是一名重要的大臣，張惟捷對其史迹有過總結。[40]

22. 雈

(《合》10607) (《英》2524) (《合》13523)

(《合》8996) (《合》376)

(153) 癸卯卜，穷(賓)貞：叚雈、享于京？ (《合》13523 賓組)

(154) 貞：乎(呼)比雈、享？ (《合》8996 賓組)

(155) 王占曰：雈其言辛(孽)，隹(唯)辛令。 (《合》376 賓組)

(156) 癸亥王卜，貞：旬亡㞢？才(在)十月又一，王正(征)尸(夷)方才(在)雈。 (《英》2524＝《合》41753 黄組)

此字隹上所从與"斗"並没有什麽區别(但上揭後三形所从的"斗"少了一斜筆)，[41]它們應隸作"雈"。[42](153)—(155)的"雈"爲人名。

(156)的“𨾏”爲地名。

23. 罹

(《合》880)　(《合》880)　(《合》6016)

(157) 乙卯卜,爭貞:旨𢦏(翦)罹?
貞:旨弗其𢦏(翦)罹?　(《合》880 賓組)

(158) 庚申卜,爭貞:旨其伐㞢蛊罹?
旨弗其伐㞢蛊罹?　(《合》6016 賓組)

(159) 癸丑卜,㱿貞:旨𢦏(翦)㞢蛊?
旨弗其𢦏(翦)㞢蛊罹?　(《合》5775 賓組)

“罹”象以“网(網)”捕隹形,孫海波以爲即“羅”之初形;[43]李孝定則認爲其即《説文》卷四之“(罹)”:“罹,覆鳥令不飛走也。从网、隹,讀若到。”“罹”今作“罩”。[44]孫、李二説均有可能,從甲骨文辭例看,“罹”可能是人名(“蛊”則可能是方國名)。

(《合》10514)

(160) 甲寅卜:乎(呼)鳴罹,隻(獲)?丙辰鳯(風),隻(獲)五。
(《合》10514 師賓間類)

此字从“网(網)”从“鳥”(並突出其鳥尾),仍應是“羅”或“罹”字,卜辭應該用爲網羅之義。

24. 

(《合》6944)

(161) □申卜,㱿貞:亘戎☐不隹(唯)我,其冬(終)于之?
(《合》6944 賓組)

此形在“隹”首刻劃一圈形,似起指示作用,意義不詳。

25. 

（《懷》1464）

（162） 叀（惠）旛用東行，王受又（佑）？
叀（惠）比上行ナ（左）旛，王受又（佑）？
叀（惠）又（右）旛，王受又（佑）？ （《懷》1464 無名組）

此形在"隹"尾附一圈形，造字本義不詳，卜辭中用爲人名。

26. 

（《合》667） （《合》667）

（163） 癸卯卜，㱿貞：乎（呼）弜𡉚（往），于比？
癸卯卜，㱿貞：勿乎（呼）弜𡉚（往），比于？
（《合》667 賓組）

此形在"隹"喙附一圈形，造字本義不詳，卜辭中應用爲地名。

27. 

（《花東》220） （《花東》324） （《花東》372）
（《花東》338）

（164） 乙酉卜：乎（呼）嵬（徵），若？用。（《花東》220 花東子組）
（165） 甲辰卜：子𡉚（往）宜上甲又，用？ （《花東》338 花東子組）

此形所象不詳，在卜辭中應是物品之名。

28. 隽

（《合》14161） （《合》14161） 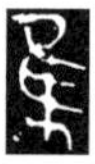（《集成》10181.1）

(《集成》3913)

(166) 貞：王入于隽，徝？

貞：弜(勿)于隽？ (《合》14161 賓組)

上揭後二例字形爲金文。于省吾認爲其字从“隹”从俯伏之人形(即“勹”)，全字即“鳧(鳬)”，“鳧”今稱爲野鴨。㊺卜辭中的“隽(鳧)”爲地名。

29. 雧

(《合》32183) (《合》8377 反) (《合》20576)

(167) 戊午卜：弜克貝雧南封(邦)方？

(《合》20576＝《甲》2902 師組)

(168) 辛巳，貞：弜奠于雧？ (《合》32183 歷組)

(169) ☐雧☐ (《合》8377 反賓組)

卜辭中的“雧”是地名。

30. 堆

(《合》36565) (《合》36567) (《集成》10176)

(170) 甲寅卜，才(在)堆，貞：王今夕亡戾？ (《合》36565 黄組)

(171) 乙卯王卜，才(在)堆，貞：今日步于敾，亡巛(災)？

(《合》36567⊂《綴彙》268 黄組)

上揭最後一形爲金文。“堆”即“鴻”，“鴻”古時一般指天鵝(又名鵠)，亦有指大雁者。“堆”在卜辭中皆用爲地名。

31. 雈

(《合》10976 反) (《合》10983) (《合》8720)

(《合》6839) (《合》4730) (《合》20485)

(172) 壬寅卜：雈侯弗𢦏(翦)𢍰？ (《合》6839 師賓間類)

(173) 貞：乎(呼)𡳿(往)奠于雈？

　　 𢎪(勿)乎(呼)奠于雈？ (《合》10976 反賓組)

(174) 貞：収雈人乎(呼)宅雈？ (《合》8720 賓組)

(175) 𢎪(勿)乎(呼)哀雈？ (《合》4730 反賓組)

(176) 戊寅卜：方至不(否)？之日㞢曰：方才(在)雈亯。

(《合》20485 師組)

(177) ☐乎(呼)田于雈？ (《合》10983 師賓間類)

卜辭中的“雈”是方國名或地名。

32. 雝

(《合》119) (《合》122) (《合》331) (《合》3130)

(178) 丁丑卜，㝎(賓)貞：子雝其钔(禦)王于丁妻二匕(妣)己，羊三、用羌十？ (《合》331 賓組)

(179) 癸酉卜，㝎(賓)貞：乎(呼)雝𠂤(師)☐㷍？

(《合》3130 賓組)

(180) 壬子卜，貞：雝目㞢𢾊？ (《合》13422 賓組)

(181) 貞：𡧊雝𢍊？

　　 貞：𢎪(勿)𡧊雝𢍊？ (《合》122 賓組)

“雝”即“雝”字，陳邦懷認爲“雝(雝)”字“隹”下所从實即“宫”下所从之“吕”，“吕”象宫殿之形。[46]例(178)—(180)爲人名。(179)的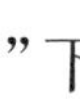，丁山釋爲“肇”，[47]有送予的意思。[48]例(181)爲地名。

33. 灉

(《合》37406) (《合》36591) (《合》37655)

(《集成》2531) (《集成》260.2)

(182) 壬子卜,貞:王田滙,坒(往)來亡𡿧(災)? 吉。

(《合》37406 黄組)

(183) 丁丑卜,貞:王迍(頓)于滙,坒(往)來亡𡿧(災)?

己卯卜,貞:王迍(頓)于滙,坒(往)來亡𡿧(災)?

(《合》36591 黄組)

上揭後二例字形爲金文。"滙"與上面的"雈"字相較,只多一水旁,它可能與(181)的"雈(𩀱)"爲一地。

34. 淮

(《英》2564) (《合》36968) (《集成》10176)

(184) 乙酉卜,才(在)洑立貞:王步于淮,亡𡿧(災)?

丙戌卜,才(在)淮貞:王步于□,亡𡿧(災)?

(《合》36968+《英》2564〔《合》41762〕=《綴彙》271 黄組)

上揭最後一形爲金文。卜辭中的"淮"是地名。

35. 雇

(《合》13619) (《合》13925) (《合》24347)

(《合》24420) (《合》36485)

(185) 貞:乎(呼)取雇白(伯)? (《合》13925 賓組)

(186) 丁亥卜,㱿貞:昔亯梟于雇? (《合》13619 賓組)

(187) 辛丑卜,行貞:王步自于雇,亡𢦏(災)?

癸卯卜,行貞:王步自雇于勳,亡𢦏(災)? 才(在)八月。才(在)𠂤(師)雇。 (《合》24347 出組)

(188) 癸亥王卜,貞:旬亡𡆥? 才(在)九月,王正(征)尸(夷)方,

才(在)雇。　　　　　　　　　　　　　　　(《合》36485 黄組)

卜辭中的“雇”爲方國名或地名。例(186)的“梟”應該是神靈之名。[49]

36. 䨥

(《合》36784)　(《合》36779)　(《合》35887)

(《集成》10270)

(189) 癸亥王卜,才(在)䨥貞: 旬亡𡆥?　　　(《合》36784 黄組)

(190) 癸丑卜,才(在)䨥貞: 王旬亡𡆥?

(《合》36779⊂《合補》12732 黄組)

(191) 癸酉卜,才(在)䨥貞: 王旬亡𡆥?

(《合》35887⊂《合補》10986 黄組)

上揭最後一形爲金文。卜辭中的“䨥”即“霍”,在卜辭中用爲地名。“霍”小篆作“”,下从雙“隹”,與甲骨文字形仍很接近。

37. 隺

(《合》33384)

(192) 丙辰卜,王獸(狩)隺,𢦔(擒)□? 允不𢦔(擒)。

□辰[卜],王獸(狩)隺,弗𢦔(擒)?

(《合》33384=《安明》2658 無名組)

卜辭中的“隺”應是地名。

38. 隹

(《合》33149)　(《合》33150)　(《合》9783)

(《乙》4057)　(《屯南》994)

(193) 乙卯卜，穷(賓)貞：隹受年？
乙卯卜，穷(賓)貞：𦎫(敦)受年？ (《合》9783 賓組)

(194) 丙辰卜，爭貞：乎(呼)耤于隹，受㞢年？
(《乙》4057⊂《合》9504⊂《醉》197 賓組)

(195) 辛巳，貞：王叀(惠)癸未步自葉隹？ (《合》33150 歷組)

(196) ☐王夕步自葉三隹？ (《合》33149 歷組)

(197) 癸亥，貞：王其伐盧，告自大乙，甲子自上甲告十主又一牛？兹用。才(在)葉亖(四)隹。 (《屯南》994 歷組)

(193)(194)中的“隹”是地名，(195)—(197)有“葉隹”、“葉三隹”、“葉四隹”，“隹”有可能讀爲“堆”，慧琳《一切經音義》卷十二“堆阜”之“堆”引《説文》云：“小阜也。从土，隹聲。”“葉三隹”、“葉四隹”即葉地第三個、第四個小丘。

39. 隻

(《合》34295) (《合》32088) (《屯南》1116)

(《屯南》1116) (《合》34294)

(198) 辛巳卜，貞：來辛卯酒河十牛，卯(劉)十牢；王隻尞(燎)十牛，卯(劉)十牢；上甲尞(燎)十牛，卯(劉)十牢？
辛巳卜，貞：王隻、上甲即宗于河？ (《屯南》1116 歷組)

(199) 辛巳卜，貞：王隻、上甲即于河？ (《合》34294 歷組)

(200) ☐隻四羊、四豖、五羌☐ (《合》32088=《合》30448 無名組)

(201) ☐貞：☐羌☐隻？ (《合》34295 師歷間類)

“王隻”即商王先祖“王亥”，(200)(201)的“隻”也應該是“王亥”，但殘缺“王”字而已。《山海經·大荒東經》：“有人曰王亥，兩手操鳥，方食其頭。”胡厚宣認爲“王亥”的“亥”加上隹形(上揭前兩形隹首有冠)，是商人鳥圖騰崇拜的證據，《詩·商頌·玄鳥》：“天命玄鳥，降而生商。”[50]

40. 崔(巂)

(《合》9758)　　(《銘圖》5661)

(202) 庚子卜:崔受年?

庚子卜:受年?　　(《合》9758 師賓間類)

上揭後一形爲金文。甲骨文此字與金文的“巂”相較,只少了下面的丙形(丙形由鳥之剪尾演變而來,而楷書“巂”下所从的“冏”實爲“丙”形贅加“口”形的變體),所以甲骨文的“崔”字很可能即“巂”字,[51]“巂”即子規,今名杜鵑,又名鴺鴂、杜宇、布穀。

(《合》29694)　　(《合》26842)

(203) 叀(惠)貝朋?

其膚(皆)用巂、目貝?　　(《合》29694 無名組)

(204) ⧄□雋⧄魚⧄　　(《合》26842 出組)

《合》29694 之字从“隹”从“丙”,但隹冠與“崔(巂)”字不同;《合》26842 之字亦从“隹”从“丙”,但無隹冠。二字尚無法完全確定與“崔(巂)”是否一字,暫附於此。(203)的“巂”、“目”似皆是地名。(204)的“雋”字意義不詳。

二、甲骨文“鳥”字形研究

在甲骨文中,“鳥”字象鳥形,小篆作“”,《説文》卷四:“鳥,長尾禽總名也。象形。鳥之足似匕,从匕。”“鳥”字很早就被識出,[52]“鳥”與“隹”其實是一形之變,古文字中“隹”與“鳥”旁也常互用,並不如《説文》所云有長尾、短尾的區别,[53]不過甲骨文中的“鳥”要更象形些,本文把與“隹”形不同者歸於“鳥”,其字形及辭例如下:

(《合》11497)　　(《合》11498)　　(《合》11500)

(《集成》5677) (《集成》1120)

(1) 丙申卜,㱿貞:來乙巳酒下乙? 王占曰:酒,隹(唯)有求(咎),其有設。乙巳酒,明雨,伐既雨,咸伐亦雨,殺卯(劉),鳥星(晴)。

(《合》11497 賓組)

(2) 丙申卜,㱿貞:來乙巳酒下乙? 王占曰:酒,隹(唯)㞢(有)求(咎),其㞢設☐。乙巳明雨,伐既雨,咸伐亦雨,殺,鳥星(晴)。

(《合》11498 賓組)

(3) ☒六日己亥庚子西☐,庚子枫鳥星(晴)。七月。

(《合》13484+《乙補》3033+《合》11500⊂《綴彙》244+256 補遺賓組)

楊樹達讀“星”爲“晴”。[54]“鳥”字與“星(晴)”在一起使用,應該是副詞,修飾天晴的“晴”,但現在還無法解釋是什麽意思。

(《合補》2813)

(4) ☒☐大采烙(格)云(雲)自北,西單雷☒采日星(晴)? 三月。

(《合》11726+《合》11501=《合補》2813 師賓間類)

此字從辭例看,應與(1)—(3)的“鳥”爲一字異形,也是副詞,修飾“晴”。[55]

1. 鳥

(《合》116) (《合》116) (《合》20354)

(5) 乎(呼)取生芻鳥?

弓(勿)取生芻鳥? (《合》116 賓組)

(6) 庚申卜,:令小臣取䄫羊、鳥? (《合》20354 師組)

此字與前所舉字形基本一致,但有區别的是此鳥喙張開,而前者鳥喙閉合而已,二者辭例不同,無法判定是否一字,故暫分開,姑且亦釋爲“鳥”,以俟後考。

2. 

（《合》14360）　（《合》14360）　（《合》17366 反）

（《合》522 反）

（7）□卯㞢設□𢓊庚申亦㞢設，㞢鳴□疚圉羌戎。

（《合》7150+《合》522 反賓組）

（8）□之日夕㞢鳴。　（《合》17366 反賓組）

（9）貞：帝三羊、三豕、三犬？

丁巳卜，貞：帝？　（《合》14360 賓組）

王襄認爲“”字象以矢貫鳥頸之形，釋之爲“雉”，[56]或以《尚書·高宗肜日》“高宗祭成湯，有飛雉升鼎耳而雊”相比附，[57]然而甲骨文的“雉”與之完全不同，“矢”亦不作此形，[58]《高宗肜日》所言與卜辭之文也並不是一回事。“”釋爲“雉”的可能性相當低。我們懷疑此字有可能是“鶴”，在甲骨文中“隹”與“鳥”常互用，“”象“隹”頸上有一横，古文字中的一横常在左右加兩小豎筆，又略向上移動，這樣就演變成了小篆的“”形，後世又加鳥旁作“”。丹頂鶴頸長，鳴管也長，約 1 米以上，其叫聲高亢洪亮，聲音可以傳到 3—5 公里以外，大概被殷人視爲異兆。1989 年鑒定的殷墟鳥類，有丹頂鶴骨遺存。如果此形真能釋爲“隺（鶴）”的話，則其頸上的一横應該是示意其叫聲之洪亮，也有可能示意其頸細長。（7）（8）正因聽到鶴鳴之聲，因其聲洪亮，商人以爲異事。（9）的“”應爲神靈之名。

3. 鳴

（《合》17366 反）　（《合》17367）　（《合》17368）

（《合》1110）　（《英》528）　（《合》22099）

（《花東》53）　（《合》10514）　（《集成》6034）

(10) □卯㞢設□𢓊庚申亦㞢設，㞢鳴□疾圉羌戎。

（《合》7150+《合》522反賓組）

(11) □之日夕㞢鳴。（《合》17366反賓組）

(12) 庚戌卜：朕耳鳴，㞢𩰫（禦）于且（祖）庚羊百㞢用五十八，㞢女用，匃，今日？（《合》22099午組）

(13) 癸卜，貞：子耳鳴，亡𡆥（害）？（《花東》53花東子組）

(14) 甲寅卜：乎（呼）鳴罹，隻（獲）？丙辰鳳（風），隻（獲）五。

（《合》10514師賓間類）

(15) 丙子卜，㱿貞：弜（勿）乎（呼）鳴比戉史𦉢？三月。

（《合》1110賓組）

(16) 癸未卜，㝐（賓）貞：令鳴眔方？八月。

（《合》6768⊂《合補》1901賓組）[59]

(17) 貞：令鳴以多伐？（《英》528=《合》39835歷組）

(18) 貞：叀（惠）令鳴？十三月。（《合》4721賓組）

(19) 辛酉貞：王步于鳴？（《合》32839歷組）

此字象鳥類前有“口”形，是象鳴叫之“鳴”，其所从的鳥類，羅振玉認爲實是“雞”，[60]應該可信，但“鳴”字亦有徑从鳥形者（如《合》10514）。(10)—(13)的“鳴”是鳴叫的意思。(14)—(18)的“鳴”是人名。(19)的“鳴”是地名。

4. 雞

（《合》37472）　（《合》37363）　（《懷》1915）

(20) 辛酉，王田于雞录（麓），隻（獲）大𩁹虎，才（在）十月，隹（唯）王三祀劦（咎）日。

（《懷》1915=《欧美亞所見甲骨録存》69=《合》37848黄組）

(21) 戊戌王卜，貞：田雞，𡴀（往）來亡𡿧（災）？王占曰：吉。兹孚，

隻（獲）豕。（《合》37363 黄組）

（22）戊寅王卜，貞：田雞，㞢（往）來亡𡿧（災）？王占曰：吉。兹孚，隻（獲）豕廿（二十）。（《合》37472 黄組）

“雞”字从“奚”得聲，其右旁與“鳥”形不同，而是在鳥首突出冠形，可參看“鳴”所从的“雞”，其冠應是由“鳴”所从的“雞”簡化而來。雞是古人常見的家禽，1989 年及 2000 年鑒定的殷墟鳥類，有家雞遺骨留存。

5. 鵙

（《合》6090） （《合》18347）

（23）庚午卜，㱿貞：𢀛方來，隹（唯）鵙，隹（唯）我禍？

（《合》6090 賓組）

（24）☐我鵙□☐（《合》18347 =《前》5.46.7 賓組）

“鵙”字意義不詳。

6. 

（《花東》37）

（25）癸卯卜：其入，侃？用。（《花東》296 花東子組）

字意義不詳，但從文意上看，是一種物品。

7. 

（《花東》3）

（26）辛卜，貞：㞢（往），疒（疾）不死？（《花東》3 花東子組）

從（26）“疾不死”看，卜辭中的“往”應該是祭名，“往祭”花東甲骨文多見，如《花東》53：“己卜：叀（惠）子興㞢（往）匕（妣）庚？　己卜：叀（惠）多臣𢀚（禦）㞢（往）匕（妣）庚？”《花東》181：“壬卜：叀（惠）子興㞢

(往)于子癸?"大概相當於禳除之祭,(26)的應是被祭祀的神靈。[61]

8. 鴷

(《合》17865) (《合》6528) (《合》6528)

(《集成》7572)

(27) ☐,爭貞:王曰兔、鴷田,其夲?

貞:弜(勿)曰兔、鴷田,弗其夲? (《合》6528 賓組)

(28) ☐古貞:鴷不☐ (《合》17865 賓組)

上揭最後一形爲金文。林澐認爲此形象鉤在樹幹上的啄木鳥之形,《合》6528 的後一形鳥喙前有啄成的凹坑,據《爾雅·釋鳥》"鴷,斲木"可暫釋之爲"鴷"。[62]林説可信。(27)(28)的"鴷"是人名。

9. 

(《合》5280) (《合》5289) (《合》5281)

(《合》12523) (《合》27846)

(29) 壬子卜,史貞:王叀(惠)吉? 八月。 (《合》5280 賓組)

(30) 甲子卜,何貞:王叀(惠)吉? (《合》27850 何組)

(31) 辛亥卜,何貞:叀(惠)吉? 用。 (《合》27846 何組)

(32) 貞:叀(惠)吉? (《合》5283 賓組)

(33) 貞:叀(惠)吉? (《合》12754 賓組)

(34) 貞:叀(惠)吉? (《合》12523 賓組)

,羅振玉釋爲"燕",説其象籋口、布翄、枝尾之狀,對比小篆的"",此説確有一定可能,但尚不能完全肯定。[63](29)(30)的""字,羅

振玉也釋爲“燕”,[64]甚誤,此形分明象一人伸兩手捧丙狀物之形,張玉金認爲从“丙”聲而讀爲“奉”,雖然張説不能完全確認,但比舊説無疑好得多。[65]從文意看,“”應該與“吉”是一類意思,在甲骨文中兩個或兩個以上的近義詞連用是很常見的,如“若侃”(《花東》288)、“若直(德)”(《合》21727)、“吉𢔶(德)”(《合》22109)、“虘”(《合》14315)、“由(憂)虎”(《合》23690)、“咸既”(《合》33440=《甲》553)、“征(誕)迺”(《合補》9037)等,從“”與“吉”連用看,“”應該也是吉利的意思。

(《合》5268)　(《合》5270)　(《合》5269)

(《合》5271)　(《集成》5012.2)　(《集成》5802)

(35) □,史貞:□叀(惠)吉? 用。 (《合》5268 賓組)

(36) □叀(惠)吉? 用。 (《合》5269 賓組)

(37) 王宾(賓)□□□ (《合》5271 賓組)

(38) □吉? 用。五月。 (《合》5270 賓組)

從辭例上看,“”與“”似爲一字異體。但是二者字形差别極大,也有一定可能是表示相似意思的兩個字。[66]

10.

(《合》10613)　(《合》1248)

(39) 貞:祼于父甲,曰不鼎? (《合》1248 賓組)

(40) □且(祖)乙,不蝠? (《合》10613 賓組)

“”字左旁象展翼之飛鳥形,其意義不詳。

11.

(《合》27990)　(《合》6702)

(41) 叀(惠)可白(伯)(助),乎(呼)絴方、叡方、䜌方?

(《合》27990 無名組)

(42) 己卯卜,□貞:令方歸?

貞:弜(勿)令方歸?八月。 (《合》6702⊂《合補》1904 賓組)

""象展翼之飛鳥形,又加"日"及"攴"旁,其字難以釋出,但從(41)看,應有打擊一類的意思。"",《清華大學藏戰國竹簡(壹)》釋爲"助",[67]可信。

12.

(《合》10500) (《合》10500) (《合》10499)

(《合》10496) (《合》10495)

(43) ☐毕(擒),隹(唯)十、豕一、麑一。

☐弜(勿)㞢(往)逐磬,弗其毕(擒)? (《合》10500 賓組)

(44) 辛巳☐王于翌☐㞢(往)逐☐不(否)? (《合》10496 賓組)

(45) ☐㞢(往)逐? (《合》10495 賓組)

(46) ☐? 隻(獲)五十。 (《合》10499 賓組)

從卜辭可以看出,是殷商時期常常捕獵的一種鳥類,但目前尚無法確定是哪種鳥類,其字也難以釋出。

13.

(《合》31001) (《輯佚》977) (《屯南》2169)

(47) 癸未卜,才(在)[68]貞:王步于,亡𡿧(災)? (《輯佚》977 黄組)

(48) 其才(在)亩(廩)? (《屯南》2169 無名組)

(49) ☐□□☐ (《合》31001 無名組)

“”字从“”从“盖”,“”象長喙有翼之飛鳥形。(48)的“”增一“水”旁。(47)的“于”後留空未刻。卜辭中的“”是地名。

附表 1989年鑒定的殷墟鳥類[69]

目	科	種屬
隼形目	鷹科	雕
隼形目	鷹科	鷹
雞形目	雉科	家雞[70]
雞形目	雉科	褐馬雞
鶴形目	鶴科	丹頂鶴
鴞形目	鴟鴞科	耳鴞
佛法僧目	翠鳥科	冠魚狗

注 釋

① 羅振玉:《殷虚書契考釋》,《甲骨文獻集成》,四川大學出版社,2001年,第七册第38頁(影印1915年石印本,第三七頁)。

② 與此同文例的《合》17681“午”字字形更爲清晰;“兹”字據《合》17055反補。

③ “隹”爲語詞,通“唯”,參羅振玉:《殷虚書契考釋》,《甲骨文獻集成》,第七册第38頁。

④ “叀”爲語詞,通“惠”,參唐蘭:《天壤閣甲骨文存》,《甲骨文獻集成》,第二册第480—482頁(影印北京輔仁大學1939年本,第三二至三四頁)。

⑤ 參陳夢家:《殷虚卜辭綜述》,中華書局,1988年,第102頁;朱彦民:《甲骨卜辭中“叀”與“隹”用法之異同》,《殷都學刊》2003年第4期,第11—16頁。

⑥ 參張惟捷:《賓組卜辭文字“異體分工”現象再探》,《第二十二屆中國文字學國際學術研討會論文集》,新北聖環圖書股份有限公司,2011年,第211—225頁;王子楊:《甲骨文字形類組差異現象研究》,中西書局,2013年,第149—170頁。

⑦ 于省吾:《釋雈》,《甲骨文字釋林》,中華書局,1979年,第325頁。

⑧ 王念孫:《廣雅疏證》卷第十下,上海古籍出版社,1983年,第1479—1480頁。

⑨ 湯餘惠:《釋》,《華夏考古》1995年第4期,第102—103轉110頁。

⑩ 裘錫圭:《從文字學角度看殷墟甲骨文的複雜性》,《裘錫圭學術文集·甲骨文卷》,復旦大學出版社,2012年,第416—421頁。

⑪ “取”字據同版對貞卜辭補。

⑫ 楊樹達:《卜辭求義》,《積微居甲文説 耐林廎甲文説 卜辭瑣記 卜辭求義》,上海古籍出版社,1986年,第84頁;又參沈培:《卜辭"雉衆"補釋》,《語言學論叢》第二十六輯,商務印書館,2002年,第237—256頁。

⑬ "禄"字釋參單育辰:《説甲骨文中的"豕"》,《出土文獻》第九輯,中西書局,2016年,第21—22頁。

⑭ 羅振玉:《殷虚書契考釋》,《甲骨文獻集成》,第七册第51頁(影印1915年石印本,第六二頁)。

⑮ 羅振玉:《增訂殷虚書契考釋》,《甲骨文獻集成》,第七册第114頁(影印東方學會1927年石印本,卷中第四九頁)。

⑯ 參饒宗頤:《巴黎所見甲骨録》,《甲骨文獻集成》,第三册第375—376頁(影印TOO HUNG ENGRAVING & PRINTING1956年本,第5—7頁);饒宗頤:《殷代貞卜人物通考》,《甲骨文獻集成》,第十六册第366—367頁(影印香港大學出版社1959年本,第516—517頁)。

⑰ 唐蘭認爲""來源於《貨系》1060 、《璽彙》3119 這樣的形體。參唐蘭:《天壤閣甲骨文存》,《甲骨文獻集成》,第二册第478頁(影印北京輔仁大學1939年本,第二八頁)。

⑱ 郭若愚:《釋䨻》,《上海師範學院學報》1979年第2期;又收入《智龕金石書畫論集》,上海古籍出版社,2007年,第3—7頁。

⑲ 柯昌濟:《〈殷墟卜辭綜類〉例證考釋》,《古文字研究》第十六輯,中華書局,1989年,第154—155頁;又參劉釗:《甲骨文字考釋》,《古文字研究》第十九輯,中華書局,1992年,第466—467頁。

⑳ 參中國科學院考古研究所:《甲骨文編》,中華書局,1965年,第180頁;又參金祥恒:《釋》,《中國文字》第二十四册,臺灣大學文學院中國文學系,1967年,第2785—2812頁。

㉑ 羅振玉:《殷虚書契考釋》,《甲骨文獻集成》,第七册第39頁(影印1915年石印本,第三八頁)。

㉒ 孫詒讓:《契文舉例》,《甲骨文獻集成》,第七册第209頁(影印蟫隱廬1927年石印本,卷下第四五至四六頁)。

㉓ 董作賓:《甲骨文斷代研究例》,《慶祝蔡元培先生六十五歲論文集》,《中央研究院歷史語言研究所集刊》外編第一種,1933年,第412頁。

㉔ 司禮義(Paul L-M Serruys):《關於商代卜辭語言的語法(Towards A Grammar of the Language of the Shang Bone Inscriptions)》,《"中研院"國際漢學會議論文集·語言文字組》,臺北"中研院",1981年,第342—346頁。

㉕ 參陳夢家:《殷虚卜辭綜述》,第535頁。

㉖ 陳劍:《殷墟卜辭的分期分類對甲骨文字考釋的重要性》,《甲骨金文考釋論集》,綫裝書局,2007 年,第 381—389 頁。

㉗ 羅振玉:《殷虚書契考釋》,《甲骨文獻集成》,第七册第 51 頁(影印 1915 年石印本,第六三頁)。

㉘ 字形排比見下:

(《合》30429)→(《集成》2362)→(《合》38289)→(《集成》62)

(《合》30688)→(《合》30689)→(《合》30691)

從字形排比可知,"㱃(知)"的早期寫法似乎是會以口教小子知(或識)矢之意,後來"𥏼(知)"字所从的"于"應即"子"之訛變。

㉙ 柯昌濟認爲"𤔲"即"知"字,是所知的祭禮制度的意思,參其《〈殷墟卜辭綜類〉例證考釋》,《古文字研究》第十六輯,第 152—153 頁。

㉚ 沈建華:《釋卜辭中方位稱謂"陰"字》,《古文字研究》第二十四輯,中華書局,2002 年,第 114—117 頁。

㉛ 于省吾:《釋雈》,《甲骨文字釋林》,第 111—113 頁。

㉜ 參孫常敘:《瞿雈一字形變説》,《孫常敘古文字學論集》,東北師範大學出版社,1998 年,第 19—32 頁。

㉝ 姚孝遂:《甲骨刻辭狩獵考》,《古文字研究》第六輯,中華書局,1981 年,第 63—64 頁;又載《姚孝遂古文字論集》,中華書局,2010 年,第 211—212 頁。

㉞ 羅振玉:《殷虚書契考釋》,《甲骨文獻集成》,第七册第 51 頁(影印 1915 年石印本,第六二頁)。

㉟ 羅振玉:《增訂殷虚書契考釋》,《甲骨文獻集成》,第七册第 109 頁(影印東方學會 1927 年石印本,卷中第三八頁)。

㊱ 參于省吾主編:《甲骨文字詁林》,中華書局,1999 年,第 1679、1716 頁姚孝遂按語。

㊲ 參趙誠:《甲骨文簡明詞典——卜辭分類讀本》,中華書局,1988 年,第 243—244 頁;于省吾主編:《甲骨文字詁林》,第 1679、1716 頁姚孝遂按語。

㊳ 陳夢家:《殷虚卜辭綜述》,第 230 頁;陳邦懷:《〈小屯南地甲骨〉中所發現的若干重要史料》,《歷史研究》1982 年第 2 期,第 127 頁;中國社會科學院考古研究所:《小屯南地甲骨》,中華書局,1983 年,第 864 頁。

㊴ 參伍仕謙:《怎樣認識甲骨文字》,《古文字研究》第十三輯,中華書局,1986 年,第 153 頁;張桂光:《古文字中的形體訛變》,《古文字研究》第十五輯,中華書局,1986 年,第 178—179 頁,又載《古文字論集》,中華書局,2004 年,第 29—30 頁。"㚔"釋爲"失",參趙平安:《戰國文字的"遊"與甲骨文"㚔"爲一字説》,《古文字研究》第二十二輯,中華書局,2000 年,第 275—277 頁,又載《新出簡帛與古文字古文獻研究》,商務印書館,2009 年,第 42—46 頁。

㊵ 張惟捷:《殷商武丁時期人物"雀"史迹研究》,《"中研院"歷史語言研究所集刊》第八十五本第四分,2014 年,第 679—766 頁。

㊶ 劉釗主編:《新甲骨文編(增訂本)》,福建人民出版社,2014 年,第 782 頁。

㊷ 本文寫成並投與《出土文獻研究》後,見蔡哲茂先生亦釋此字爲"雈",參蔡哲茂:《説黄多子的成員之一"雈"》,《古文字研究》第三十二輯,中華書局,2018 年,第 43—44 頁。

㊸ 中國科學院考古研究所:《甲骨文編》,第 332 頁。

㊹ 李孝定:《甲骨文字集釋》,"中研院"歷史語言研究所,1970 年,第 1289 頁;又參劉桓:《釋翟》,《殷契存稿》,黑龙江教育出版社,1992 年,第 78 頁。

㊺ 于省吾:《釋勹、𠣓、匍》,《甲骨文字釋林》,第 374—378 頁;裘錫圭:《釋"鳧"》,《古文字論集》,中華書局,1992 年,第 45 頁。按,"勹"字的進一步考釋參劉釗:《古文字構形學》,福建人民出版社,2006 年,第 160—166 頁。

㊻ 參看陳邦懷:《殷虚書契考釋小箋》,《甲骨文獻集成》,第七册第 229 頁(影印略識字齋 1925 年石印本,原卷八頁);又參葉玉森:《殷虚書契前編集釋》,《甲骨文獻集成》,第七册第 338 頁(影印上海大東書局 1933 年石印本,原卷二第四四至四五頁)。

㊼ 丁山:《甲骨文所見氏族及其制度》,中華書局,1988 年,第 126—127 頁。

㊽ 參中國社會科學院考古研究所:《殷墟花園莊東地甲骨》,雲南人民出版社,2003 年,第 1574—1575 頁;陳劍:《説花園莊東地甲骨卜辭的"丁"》,《故宫博物院院刊》2004 年第 4 期,第 53 頁;羅立方:《殷墟花園莊東地甲骨卜辭考釋三則》,《古文字研究》第二十六輯,中華書局,2006 年,第 47 頁;方稚松:《談談甲骨金文中的"肇"字》,復旦大學出土文獻與古文字研究中心網,2008 年 1 月 17 日,又發表於《中原文物》2012 年第 6 期,第 52—59 頁。

㊾ 單育辰:《甲骨文字考釋兩則》,《中國國家博物館館刊》2012 年第 5 期,第 55—58 頁。

㊿ 胡厚宣:《甲骨文所見商族鳥圖騰的新證據》,《文物》1977 年第 2 期,第 84—87 頁。

51 參何琳儀:《戰國古文字典——戰國文字聲系》,中華書局,1998 年,第 736 頁;又參程少軒:《試説"巂"字及相關問題》,《出土文獻與古文字研究》第二輯,復旦大學出版社,2008 年,第 131—145 頁。

52 參王襄:《古文流變臆説》,龍門聯合書局,1961 年,第 60—61 頁。

53 羅振玉:《殷虚書契考釋》,《甲骨文獻集成》,第七册第 38 頁(影印 1915 年石印本,第三七頁)。

54 楊樹達:《釋星》,《積微居甲文説》,《積微居甲文説 卜辭瑣記》,中國科學院,1954 年,第 10—11 頁;又可參李學勤:《論殷墟卜辭的"星"》,《鄭州大學學報(哲學社會科學版)》1981 年第 4 期,第 89—90 頁;黄天樹:《讀契雜記(三則)》,《黄天樹古文字論集》,學苑出版社,2006 年,第 223—226 頁。

55 參李學勤:《續説“鳥星”》,《夏商周年代學札記》,遼寧大學出版社,1999 年,第 62—66 頁。

56 王襄:《簠室殷契類纂》,《甲骨文獻集成》,第十四册第 413 頁(影印河北第一博物院 1929 年增訂本,卷四第十八頁)。

57 胡厚宣:《甲骨文商族鳥圖騰的遺迹》,《歷史論叢》第一輯,中華書局,1964 年;胡厚宣:《重論“余一人”問題》,《古文字研究》第六輯,第 16—17 頁;李學勤:《〈夏小正〉新證》,《古文獻叢論》,上海遠東出版社,1996 年,第 212—224 頁。

58 甲骨文中有(《合》2496)、(《合》22076)等字,豕腹中亦貫一横,此一横也不是矢,陳劍釋之爲“彖”(“彖”即“豚”,腹中所貫一横似標示其肥厚的腹部)。參陳劍:《金文“彖”字考釋》,《甲骨金文考釋論集》,第 243—272 頁;單育辰:《説甲骨文中的“豕”》,《出土文獻》第九輯,中西書局,2016 年,第 8—33 頁。

59 同文卜辭又見《合補》1904。

60 羅振玉:《殷虚書契考釋》,《甲骨文獻集成》,第七册第 53 頁(影印 1915 年石印本,第六七頁)。

61 參中國社會科學院考古研究所:《殷墟花園莊東地甲骨》,第 1557 頁。

62 林澐:《一組卜辭的釋讀》,《古文字研究》第三十一輯,中華書局,2016 年,第 1—3 頁。

63 羅振玉:《殷虚書契考釋》,《甲骨文獻集成》,第七册第 39 頁(影印 1915 年石印本,第三八頁)。

64 同上。

65 張玉金:《釋甲骨文中的“”》,《古文字研究》第二十八輯,中華書局,2010 年,第 36—40 頁。

66 參孫亞冰:《由一例合文談到卜辭中的“叀吉”》,《甲骨文與殷商史》新二輯,上海古籍出版社,2011 年,第 143—165 頁。

67 李學勤主編:《清華大學藏戰國竹簡(壹)》,中西書局,2010 年,第 164、166、270 頁;又參看楊安:《“助”、“叀”考辨》,《中國文字》新三十七期,藝文印書館,2011 年,第 155—169 頁。

68 此字與《屯南》2169 爲一字由“小草”指出,參小草:《新公布的甲骨文中的一個怪字》,復旦大學出土文獻與古文字研究中心網,2009 年 9 月 14 日。

69 侯連海:《記安陽殷墟早期的鳥類》,《考古》1989 年第 10 期,第 942—947 頁。

70 袁靖、唐際根《河南安陽市洹北花園莊遺址出土動物骨骼研究報告》(《考古》2000 年第 11 期,第 75—81 頁)也鑒定有雞。

鳳母𠬝觶銘文補釋*

謝明文（復旦大學出土文獻與古文字研究中心）
出土文獻與中國古代文明研究協同創新中心

鳳母𠬝觶於 1991 年 11 月出土於河南安陽市殷都區高樓莊，是一件商代晚期器，其蓋銘、器銘分别作如下之形：

比較可知，蓋銘係反書。《近出》671 把蓋銘、器銘分别釋作“戉矛。𠬝。婦鳳”、“𠬝。婦鳳”。[1]《新收》160 把蓋銘、器銘皆釋作“娍𠬝鳳”三字。[2]《海岱古族古國吉金文集》把蓋銘、器銘皆釋作“鳳（翌）母”三字。[3]《銘圖》10524 認爲蓋、器同銘，各 4 字，釋作“母戊（翌）鳳”。[4]《商代青銅器銘文研究》把蓋銘釋作“母戊翌鳳”，把器銘釋作“母戊翌鳳□”。[5]《商代文字字形表》在“鳳”字頭下釋“”、“”爲“鳳”，稱此器爲“婦鳳觶”；[7]在“矛”字頭下收録蓋銘中的“”形，稱此器爲“鳳娍𠬝觶”。

器銘之“”，蓋銘相應之字作“”，它們舊主要有“𠬝”、“翌”兩種釋法（參看上文）。商代金文中，確定的“翌”作“”（亞魚鼎，《銘圖》02201）、“”（宰椃角，《集成》[8] 09105）、“”（四祀𠨘其卣，《集成》05413）、“ ”（作册孯卣，《集成》05414）等形，觶中蓋銘之“”，“又”

* 本文寫作得到國家社科基金青年項目“商代金文的全面整理與研究及資料庫建設”（16CYY031）、復旦大學“雙一流”建設人文社科一流創新團隊項目“出土文獻與古文字研究”子課題“商周金文拾遺——《集成》《銘圖》《銘續》未録金文的整理與研究”（IDH3148004/005）的資助。

中所持之物與“翌”形明顯不類,而與“刀”形非常接近,此字當以釋“刄”爲是。商周金文中有下揭形體:

A1. (子觶,《集成》06496)　A2. (刄戈,《集成》10681)

B1. (刄胄,《集成》11879)　B2. (刄祖癸觶,《集成》06212)

C. (刄父辛尊,《集成》05656)

D1. (刄父辛爵,《集成》08614)　D2. (刄正爵,《集成》08200)

A—C,舊一般釋作“刄”。D,舊一般釋作“翌”。A 中刀形作填實形,B 中刀形作勾勒輪廓形,C 應是在 B2 一類寫法的基礎上繁化而來。D 顯然是在 C 的基礎上進一步演變而來,因此 D 也應隸作“刄”。[9] 比較 A—D,可知觶中蓋銘之“”接近 B 類寫法,而器銘之“”接近 C、D 兩類寫法,這亦可證它們應隸作“刄”。

A—D 在銘文中皆作族名,觶銘中的“刄”亦當是族名。

觶銘中除去“刄”之外的部分,諸家意見頗有分歧,不僅釋字不同,而且連字數多少也存在差異(參看上文)。我們認爲該觶器、蓋同銘,觶銘中除去“刄”之外的部分應釋作“鳳”、“女(母)”二字。下面我們就準備通過一些相關資料來論證我們的看法。

、,從字形看,即女形,它們在銘文中可能是用作“母”,同類現象在早期金文中多見。

商代甲骨文中,“鳳”有下揭寫法:

E. (《合》[10] 29234)　(《合》30257)　(《合》28673)

F. (《合》30251)　(《合》30254)

G. (《合》30238)

H. (《合補》10290〔《合》30258+30246〕)

(《合》30229)　(《合》30251)

I. (《合》30259)　(《懷特》1319=《合補》9570)

J. (《合》30236)　(《合》28558)　(《合》30247)

K. (《合》38187)　(《合》38189)　(《合》38190)

甲骨文中“鳳”字早期一般作“”、“”、“”類形,既表現鳳的尾飾,又表現鳳冠。上述E—J類“鳳”字出現在無名組,K類“鳳”字出現在黄組,它們在卜辭中用作“風”。[11]一般認爲E—K類“鳳”字是在“”類形的基礎上加注了“凡”聲。F是在“凡”形的右側竪筆上端添加一小短横,G是在“凡”形的右側竪筆下端添加一小短横,H是在“凡”形的右側竪筆上端和下端各添加一小短横,I所从“凡”形是在H所从凡形的基礎上進一步演變而來。《懷特》251殘辭中有“”字,《新甲骨文編》隸作“雚”,[12]聯繫I類字形來看,它可能即“鳳”字異體,只不過是把一般的左右結構寫作上下結構而已。它畫出鳳的尾飾而没有畫出鳳冠,與《合》34152“(鳳)”字同例。

“凡”字,郭沫若先生認爲即“槃”之象形初文。[13]陳夢家先生認爲“‘凡’字象側立之盤形,‘凡’、‘皿’古是一字,即盤”。[14]《甲骨文字詁林》按語:“‘凡’即‘槃’之初形。《説文》訓‘凡’爲‘最括而言也’(小徐本),乃其假借義。久假不歸,别製槃字以代之。《説文》釋其形體,尤爲支離。”[15]沈寶春女士認爲“即抬槃,類今之擔架,可以抬人”。[16]季旭昇先生認爲可能是承盤、水盤、抬槃,“燕147一形(引者按:即“”)似側立之盤;存532(引者按:即“”)則似抬槃。此二形可能本來是不同的字,後來合而爲一;也有可能是同一音義的分化”。[17]林志强先生在《字源》“凡”字條下認爲:“象形字。像高圈足槃形,上像其槃,下像其足,爲槃之初文。”[18]王子楊先生亦贊成“凡”即“槃/盤”之初文,認爲“風”(引者按:即我們此文所説的“鳳”)所从以及獨立使用的“凡”字形體確實象側立的盥盤之形,並且補充説:

無名組卜辭有一些“風”字所从的“凡(盤)”形,寫法與一般的

“凡（盤）”形有些距離，已經訛變爲“戌”。請看：

《合》29175　《合》30251　《懷》1321

《懷》1319

尤其是《懷》1319 的形體，右上从“戌”至爲明顯。聯繫無名組卜辭所有“風”字形體，“凡（盤）”訛變爲“戌”的軌迹大致可以描述如下：

從“凡（盤）”至“戌”的訛變，主要有兩個關鍵的步驟。先是象徵盤器口沿的彎曲筆畫拉直，並於兩端施加短横，可能象徵兩側立耳。然後盤器口沿筆畫訛混爲“柲”形，相應地盤底圈足部分筆畫訛變爲斧鉞之形。於是，“凡（盤）”旁就完全訛變爲“戌”旁。[19]

聯繫 H、I 兩類字形來看，我們認爲器銘的“”應看作一字，釋作“鳳”。蓋銘中與之相當的字作“”，亦應看作一字，釋作“鳳”，其中“”形應即“鳳”的尾飾部分脱落而來。[20]觶銘中舊被釋作“戉”或“戊”的形體實與 H、I 兩類字形所从“凡”形屬於同一類寫法。值得注意的是，殷墟甲骨文中加注“凡”聲的“鳳”字，其“凡”形皆位於鳳的頭部後面，鮮有例外。觶銘中的“凡”形變體亦正位於鳳形頭部後面，情形與甲骨文中加注“凡”聲的“鳳”字正相同，這亦可佐證我們的釋讀。

從前文所引可知，“凡”是“槃”之象形初文的意見在古文字學界影響非常大，我們認爲未必正確。一是從語音方面看，“凡”、“槃”韻部並不接近。[21]二是從字形上看，E 類“鳳”字所从“凡”形左右兩竪過於筆直，與盤形不類，而 F—I 四類寫法的“鳳”字以及觶銘“鳳”字，所从“凡”形更與盤形明顯有别。黄組的 K 類寫法，“凡”形左右兩竪筆下端基本齊平，而右竪的上部比左竪上部要高出很多，亦與同期的盤形不類。只有 J 類寫法的“鳳”字所从“凡”形才與盤形寫法相同。如果“凡”真是“槃”的象形初文，那麽爲何在“鳳”字中會出現那麽多不同於一般盤形的變體“凡”，而在確定的从“槃”之象形初文的“般”、“昜”等字中，類似變化卻没有，[22]這是很奇怪的。因此，從形音兩方面看，“凡”是“槃”的象形初文這一意見應該是靠不住的。㉓“凡”很可能另有本義,其具體所指有待進一步研究。

根據以上我們的討論,觶銘應該釋作“鳳”、“女(母)”、“㚇”三字。

彭母觶(《集成》06352)“彭母,”,比較彭母鼎(《集成》01907)、彭母甗(《集成》00856)、彭母簋(《集成》03343)三器銘文“彭女(母)彝,”,可知“”是族名,“彭母”應是女子稱謂。旅母鳶簋(《集成》03227)“旅(?)女(母),鳶”,商代銘文中的“鳶”幾乎都是作族名,因此簋銘“鳶”亦當是族名,“旅(?)女(母)”是女子稱謂。金文中A—D諸“㚇”字皆作族名,觶銘中的“㚇”亦當是族名。觶銘的釋讀順序如果作“鳳母,㚇”,那麼其文例與“彭母,”、“旅(?)女(母),鳶”恰可比較,“鳳母”亦是女子稱謂。“鳳母”既可能是作器者,也可能是作器對象。如果是前者,則表示此觶是鳳母爲㚇族的某位祖先所作。如果是後者,則表示此觶是㚇族爲鳳母所作。㉔

2017年11月初稿

2018年3月修改

看校補記:2018年4月1日我在參加浙江財經大學主辦的“古文字與漢語歷史音韻研究”高端論壇時,與張富海先生談及拙文時,張先生懷疑“凡”是“帆”的初文,謹致謝忱!

注 釋

① 劉雨、盧岩:《近出殷周金文集録》,中華書局,2002年,第3册第134頁。

② 鍾柏生、陳昭容、黄銘崇、袁國華編:《新收殷周青銅器銘文暨器影彙編》,藝文印書館,2006年,第118頁。

③ 陳青榮、趙縕:《海岱古族古國吉金文集》,齊魯書社,2011年,第1287頁。

④ 吴鎮烽:《商周青銅器銘文暨圖像集成》,上海古籍出版社,2012年,第19册第362頁。

⑤ 嚴志斌:《商代青銅器銘文研究》,上海古籍出版社,2013年,第467頁。

⑥ 夏大兆編著:《商代文字字形表》,上海古籍出版社,2017年,第129頁。

⑦ 同上書,第557頁。

⑧ 中國社會科學院考古研究所:《殷周金文集成》,中華書局,1984—1994年。

⑨ 刅鼎(《集成》01135)“”、刅方彝(《集成》09839)“”,劉釗先生贊成其右旁所从是“刀”,可從。參劉釗:《〈金文編〉附録存疑字考釋(十篇)》,《人文雜志》1995年第2期,第102—103頁。彝銘“刅”字所从刀形寫法與D1所从非常接近。

⑩ 郭沫若主編:《甲骨文合集》,中華書局,1978—1982年。

⑪ 關於“風”的構形,曾憲通先生認爲“風”字下部所从之“虫”旁是鳳尾紋飾的省變。參曾憲通:《楚文字釋叢(五則)》,《中山大學學報(社會科學版)》1996年第3期,第63—64頁;曾憲通:《釋“鳳”、“皇”及其相關諸字》,《中國語言學報》第八期,北京語言文化出版社,1997年,第166—172頁。近來,白於藍先生提出了新説,認爲“風”應是从虫、凡聲,很可能就是表示蟲窟或蟲室的專字,而“颫”、“堸”則是其後起形聲字。參白於藍:《釋“風”——兼説“空穴來風”》,第二屆“出土文獻與先秦史研究”工作坊論文,華東師範大學,2017年11月18日。看校補記:白先生文已正式刊於 *Journal of Chinese Writing Systems*, June 2018, Vol.2, pp. 79－89。

⑫ 劉釗主編:《新甲骨文編(增訂本)》,福建人民出版社,2014年,第241頁。

⑬ 郭沫若:《卜辭通纂》,科學出版社,1983年,第272—273頁。

⑭ 陳夢家:《殷虚卜辭綜述》,中華書局,1988年,第432頁。

⑮ 于省吾主編:《甲骨文字詁林》,中華書局,1996年,第4册第2849頁。

⑯ 沈寶春女士説轉引自季旭昇:《説文新證》,藝文印書館,2014年,第905頁。

⑰ 季旭昇:《説文新證》,第905頁。

⑱ 李學勤主編:《字源》,天津古籍出版社,2012年,下册第1177頁。

⑲ 王子楊:《甲骨文字形類組差異現象研究》,中西書局,2013年,第171、225—226頁。

⑳ 宗人鼎(《銘圖續》0231)“”似當是“鳳”字變體。

㉑ 鄭張尚芳先生將“凡”擬作“bom”,將“槃”擬作“baan”。參鄭張尚芳:《上古音系(第二版)》,上海教育出版社,2013年,第314、269頁。

㉒ 參看李宗焜:《甲骨文字編》,中華書局,2012年,上册第369—371頁“般”、下册第1010—1012頁“易”。

㉓ 鑒於F—I、K類“鳳”字所从與盤形有别,我們認爲無名組、黄組“鳳”从“凡”聲與“凡”是“槃”的象形初文這兩點難以同時成立,我們本文是贊成無名組、黄組“鳳”所从即“凡”這一意見。當然也不能完全排除F—I、K等類“鳳”字最初所从可能並非“凡”,只是後來才變形聲化作“凡”。

㉔ 巢母叙父癸鼎(《集成》02020)、巢母叙父癸卣(《集成》05172)銘文作“巢,女(母)叙,父癸”,“巢”是族名。解銘的釋讀順序當然也可能是“女(母)鳳,叹”,“女(母)鳳”仍是女子稱謂。

戰國兵器銘文札記五則*

孟嬌　虞同（吉林大學古籍研究所）
出土文獻與中國古代文明研究協同創新中心

一

曾見盛世收藏網站公布的一件三晉有銘銅戈（圖1），内部有2行14字（其中"工帀"作合文形式）的銘文：

三年，辛市命甘丹筐、工帀夜□、冶譴。

在另一面的胡部尚能看到刻寫的"城"字。戈銘"冶"字的寫法在韓、魏兩國文字中習見，而趙國文字中暫未發現。

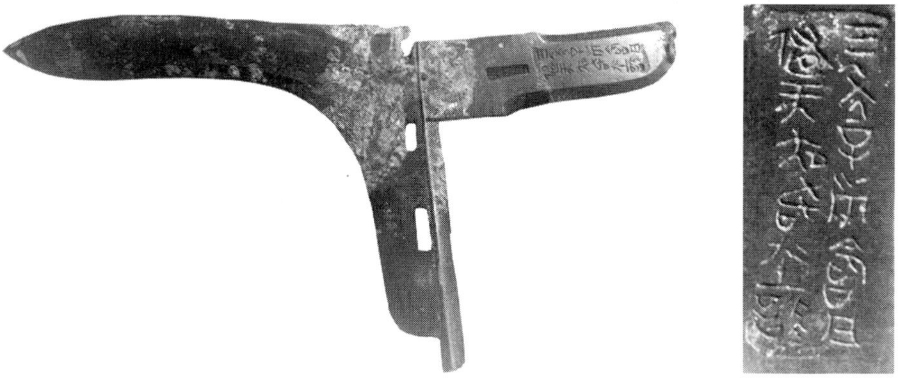

圖1

* 本文爲國家社科基金重大項目"出土先秦文獻地理資料整理與研究及地圖編繪"（18ZDA176）的階段性成果之一。

"辛市"地名不見於文獻記載,疑可讀爲"新市"。戰國時期名"新市"之地不止一處:楚國"新市"見於《史記·秦本紀》"昭襄王八年,使將軍芈戎攻楚,取新市",在今湖北省京山縣東北;《史記·惠景間侯者年表》有"新市","以趙内史王慎,王遂反,慎不聽,死事,子侯,户一千四十",在今河北省正定縣東北。這兩個"新市"與戈銘的"辛市"無關。

圖 2

值得注意的是河南鄭州商城遺址出土的戰國陶文"亲市亩匋"(《陶彙》6·52,圖 2),類似格式的陶文還可以舉出"滎陽亩"、"滎陽亩匋"(《陶彙》6·107、6·108)等。以往或將陶文"亲市亩匋"釋作"亩(廩)匋(陶)亲(新)市",將"亲市"理解爲人名;①或將"亲"讀爲地名"莘",在今河南三門峽市南。②兩相比較可知,"亩匋"之前的"亲市"是地名。上引戈銘中的"辛市"應該就是陶文地名"亲市"("亲"的基本聲旁爲"辛")。結合未著録的一件七年滎陽令戈來看,韓國陶文"亩匋"之前的地名都是當時的縣名,這可以作爲判斷韓國置縣的標準之一。

"亲市亩匋"、"滎陽亩匋"都是施用在官府作坊陶器上的印文。一般來説這種陶文的出土地點距離陶器的製作地不會太遠,像陽城、滎陽、邢丘等故城遺址上就出土了帶有"陽城"、"滎陽"、"阱公"字樣的陶文(《陶彙》6·26、6·108、6·31—41)。這可以爲地名地望研究(尤其是地望有爭議以及不見於文獻記載的地名)提供一條可行的思路。比如,今河南滎陽北面張樓村采集的戰國陶文中有"格氏"地名,牛濟普據此推測韓國的格氏縣大概就在張樓村一帶;③根據《陶彙》3·649 齊國陶文地名"啺"、"不其"同鈐於一件陶器上,孫剛推測齊國璽文、陶文的"啺"應讀爲"棠",在今山東青島市即墨區南部;④今甘肅崇信縣境内出土了"鹵市"陶文,據此可推定秦國鹵地在今崇信縣境内;⑤1960 年代陝西省府谷縣納林河畔西漢早期城址出土一枚壓印"武都"二字的繩紋瓦,吴榮曾由此判定今府谷縣是漢代武都縣治所所在地,⑥澄清了清代以來關於《漢志》五原郡"武都"縣地望的爭議,也爲確定秦代上郡武都縣的位置提供了參照。據此,韓國新市縣大概就在出土"亲市亩匋"陶文的今鄭州市一帶。

二

曾見一件三晉銅戈,三穿皆在加寬的闌上,闌上有齒突,闌側有闕,内

部三面開刃(圖3),内部有2行銘文(其中“二十”、“工帀”作合文形式):

二十七年,陽险命□、右庫工帀□、冶□。

“陽险”即蕩陰,首次見於兵器銘文。此外,該地名也見於《古璽彙編》0009號“陽险都壽君府”、⑦《王氏集古印譜》“陽险宗正”等三晉官印。《史記·魯仲連鄒陽列傳》“魏安釐王使將軍晉鄙救趙,畏秦,止於蕩陰不進”,《漢志》屬河内郡,在今河南湯陰縣。

圖3

需要提及曾被學者釋作“陽陰”的兩則資料:一是古越閣《商周青銅兵器》第26號三晉銅戈中的地名(該書第136頁的説明文字裏疑釋爲“泌陽”,《銘像》17097釋文也沿用這一説法),裘錫圭曾疑爲“湯(蕩)陰”,並推測該戈鑄造於魏安釐王二十七年;⑧二是《中國歷代貨幣大系·1先秦貨幣》1207尖足小布面文,秦曉華釋爲“陽险”,讀作“湯陰”,⑨實際上幣文左邊之字能否釋爲“险”尚需討論,而且鑄行尖足布幣的年代裏蕩陰是否曾經屬趙,也没有明確的佐證。

三晉兵器中具有闌上有齒突、闌側有闕等形制特點的,還見於《銘像》17116二十八年工帀戈、17229二十四年旨令戈等,這幾件兵器的年代都在戰國中期。⑩因此,二十七年陽险令戈也應是戰國中期魏惠王前元時期的兵器,具體鑄造年代是公元前343年。

三

三晉兵器中有下揭三件刻銘銅戈:

十七年,相邦瘠攻室復、右冶克散。 (《銘像》17265 戈)

十九年,相邦瘠攻室波、左乍攻暲、冶隼散。 (戈)

十九年,相邦瘠攻室□、左乍攻暲、冶隼散。 (《銘像續》1250 戈)

第一件是澳門珍秦齋藏品,器形與銘文資料最早著録於《珍秦齋藏金・吴越三晉篇》第 137—141 頁;第二件戈的形制與銘文内容由李學勤在《珍秦齋藏金・吴越三晉篇》一書"前言"的補記(第 15 頁)裏披露;第三件戈出土於陝西省西安市未央區譚家村香客林 M38,墓葬年代爲戰國晚期。⑪

這三件戈的國别,目前雖有韓、魏的爭議,相邦瘠是誰也没有一致的意見,但是學界均將這幾件兵器視爲相邦監造的中央系統的兵器,⑫這是值得商榷的。戈銘"攻室"前有"相邦瘠"作限定語,跟下揭幾件三晉兵器刻銘可作類比:

七年,王子工帀吕志、冶妥戈。 (《銘像》17133 戈)

七年,武城相邦畋□□、工帀嗇夫□□、冶妄執劑。

(《銘像續》1256 戈)

二年,主父攻正明義、左工帀鄍許、馬童丹所爲・虎賁。

(《集成》11364 戈)

元年,安平相邦司徒□、左庫叚工帀肖□、冶余執劑。

(《銘像》17349 戈)

學者已指出這都是趙國國君、封君的私屬機構製造器物。⑬上引三件相邦瘠戈是由相邦的私屬攻室主持鑄造的兵器,一如主父私屬的攻室(其長官稱"攻正")鑄造了頒發於虎賁衛隊的兵器,與國家機構鑄器性質不同。事實上,韓、魏兩國的兵器監造者要麽是都城以及地方的長官(令、司寇、嗇夫等),要麽是中央的邦司寇或者大官、冢子系統,至今尚未發現以相邦爲監造者的例子。趙國雖有以相邦爲兵器監造者的諸多實例,但從這三件戈銘"冶"字寫法、末尾綴有"造"字等因素考慮,可排除趙兵的可能性。由於相邦瘠無法確考,這三件戈的國别、具體鑄造年代待定。

趙國銅器中有兩件以"春平相邦"監造的器物:

四年,春平相邦鄗得、邦右庫工帀□輅徒、冶臣成執劑。

(《集成》11694 鈹)

五年,春平相邦鄗得、□在序折勁、御史瓶是、邦右庫工币郇害、冶臣市所伐·容一斗四益,冢十二益三兩。 (鼎)[14]

黄盛璋認爲,鈹銘"春平相邦葛得,是此相邦之姓,明確从'曷',名得,非趙國王室"。[15]蘇輝采信了這一説法,並且認爲"從其他兩件器可推知趙國後期還有相邦安平君和武城君"。[16]裘錫圭在考證上引七年武城相邦戈時已指出,戰國時期封君封邑的長官稱"相邦",與漢代侯國的長官稱"相"是相同的情形。[17]董珊據此認爲,葛得是趙國封君春平侯的家臣,"春平相邦"就是管理春平侯封地的相邦,此説甚是。不僅三晉國君、王子的攻正或工師以及封君的相邦可以監造鼎、戈等器物,秦國兵器中同樣也有私屬的"家丞"(《銘像》17190戈)作爲監造者的情形。

不過,董珊將這兩件銘文理解爲春平相邦葛得代理春平侯去管理邦右庫的監造事務,[18]卻是不可信的。楊坤認爲,從兵器銘文來看,並没有春成侯權力下放的證據,鼎、鈹銘之"邦右庫"與"春平相邦"的"邦"同指春平侯的采邑;封君采地稱"邦"見於戰國銘刻中,除趙國封君相邦所相之"邦"爲封君封地外,魏國坪安君鼎銘文有"坪安邦所受單父上官",也是明確稱作"邦"的。[19]按,楊説當是。鈹銘、鼎銘的"邦右庫"應是承前省略了"春平"這一修飾語;而董説趙王遷時大攻尹趙閒代理相邦春平侯管理邦左庫、葛得一度代理邦右庫的監造事務,其實大攻尹是中央政府的職官,與葛得的相邦家臣身份是不一樣的——"春平侯國的相邦葛得在趙國中央代理其主君春平侯行使邦右庫的監造權並且署名"的事,可能性並不大。

四

河南省博物館藏有一件戰國有銘銅戈(圖4),據介紹,該戈1971年出土於河南新鄭白廟范村,長援凸脊、長胡、闌側三穿,内部尾上端稍殘缺,殘長27、援寬3.2、胡長14釐米,内尾刻有2行13字"隻罣君七年,庫嗇夫樂疽、冶舒貟"。[20]蘇輝已指出,濩澤在《漢書·地理志》中爲河東郡屬縣,《水經·沁水注》引《竹書紀年》"梁惠成王十九年,晉取泫氏、濩澤",地在今山西陽城西北;該地名又見於相家巷出土秦封泥"濩澤丞印"、張家山漢簡《二年律令·秩律》。[21]按,"濩澤"地名還見於戰國璽印資料。盛世收藏網站曾公布某藏家收藏的一枚"蒦睪左□長"三晉系官印(圖5),印文"蒦睪"即戈銘的"隻睪",該官印的國别屬韓、屬魏均有可能。

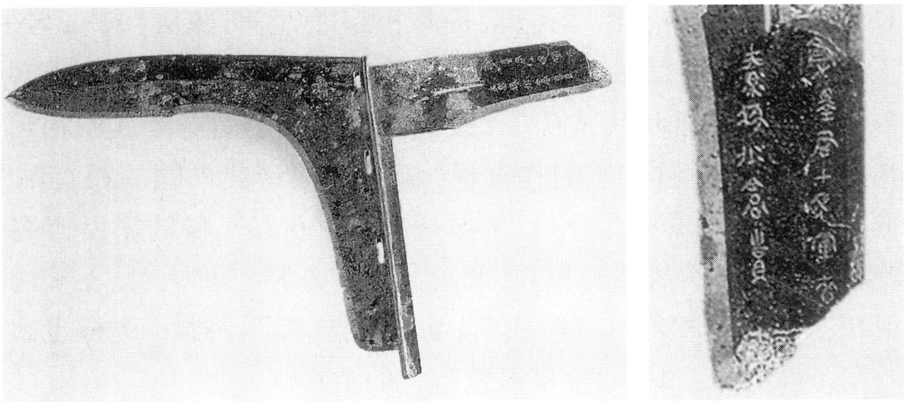

圖4(采自《河南省博物館館藏青銅器選》)

圖5

此前學界已經推測封君製器銘文中的紀年可能是封君自己而非當時國君的紀年,[22]但無從加以證明。蒦澤君七年戈不僅提供了封君可以使用自己紀年的確切證據,同時也説明,封君製器銘文中的紀年數字前如没有任何修飾成分,仍是當時國君的在位年數。

三晉文字中的"庫嗇夫"一職,也見於《集成》2608十一年庫嗇夫鼎,從銘文"所爲"的使用以及"空(容)"、"斗"字的寫法來看,該鼎是趙國之器。"庫嗇夫"、"某庫嗇夫"還見於下引數件韓國兵器:

十八年,冢子軌矰、邦庫嗇夫大湯、冶舒散戈。

(《集成》11376戈)

十八年,冢子軌矰、下庫嗇夫樂瘧、庫吏安、冶央散·大官。

(《銘像》17320戈)

六年,冢子䡅政、邦庫嗇夫䡅狐、大官上庫嗇夫貉賈、庫吏珥、冶肴䵼數端旆朿·穎陽。 (《銘像續》1289 矛)

均爲韓桓惠王、韓王安時期的兵器。作爲韓國封君,濩澤私屬之庫的制度應和當時的國家制度約略同步,從這個因素考慮,濩澤君七年戈的製造年代當不早於韓桓惠王時。

從地理位置上看,濩澤屬於戰國時期的上黨之地,據上引《水經注》等,歷史時期内曾分别屬於韓、魏兩國。根據《秦本紀》《韓世家》等記載,濩澤轉屬秦國不得晚於前 246 年(韓桓惠王二十七年)韓上黨最終入秦之時。史書記載表明,韓桓惠王即位之前,秦國主要的侵略目標是楚國、魏國在黄河以南的領土,上黨地區戰事不多,直到前 262 年秦試圖一舉吞併韓國上黨,進而引發長平之戰。準此,韓國在濩澤設置封君的時間應在前 262 年(韓桓惠王十一年)以前。

綜合濩澤的地理位置、韓國設置庫嗇夫的時間等因素,濩澤君七年戈最有可能是韓桓惠王早期(十一年以前)的封君自鑄兵器。

五

曾見一件私家收藏的秦國刻銘銅戈,内部刻有 3 行銘文(圖 6):

四十六年,上郡守凌造、高工丞康、隸臣滇。

戰國時期秦國在位時間超過四十年的只有秦昭王,因此這件戈的鑄造年代是公元前 261 年。

圖 6

值得注意的是,"高工丞"另見於其他幾件秦兵器刻銘:

二年,上郡守冰造,高工丞沐□、工隸臣逑·上郡武庫。

(《集成》11399 戈)

三年,相邦吕不韋造,上郡假守定、高工丞申、工地。

(《銘像》17684 矛)

四年,相邦吕不韋造,高工龠、丞申、工地。 (《銘像》17685 矛)

黄盛璋認爲"高工"爲"高奴工師"之省,三年矛"高工"下缺其名與"二年上郡戈"同,高工丞非連讀,並根據同出土的矛補爲"龠"。[23]蘇輝認爲,三年矛銘"高工"之後的工名殘掉,二年戈銘的"丞"與"沐"由於刻手疏忽而倒刻,應爲"高工沐、丞叚"。[24]應以黄説較爲可信。

秦兵器中的上郡守"淩"是首次出現,可補充秦上郡郡守的職任系列。目前出土文獻所見計有(依任職順序):秦惠文王時期的"疾、匽氏"(《集成》11296戈、《銘像》17290戈),秦昭王時期的"閒、壽、道、慶、起、淩、鼂、猗"(《銘像》17277戈,《集成》11404戈、11406戈,《銘像》17296戈,《集成》11370戈,《銘像》17291戈、17293戈),莊襄王時期的"暨、冰"(《銘像》17291戈、17294戈),秦王政時期的"錡、定"(《銘像》17292戈、17683矛)等十四位。

吉林大學古籍所博士生徐俊剛、劉浩處理圖片並摹寫銘文,謹此致謝。

引書簡稱

《陶彙》——《古陶文彙編》

《集成》——《殷周金文集成》

《銘像》——《商周青銅器銘文暨圖像集成》

《銘像續》——《商周青銅器銘文暨圖像集成續編》

注　釋

① 湯志彪編著:《三晉文字編》,作家出版社,2013年,第789頁。

② 王輝編著:《古文字通假字典》,中華書局,2008年,第694頁。

③ 牛濟普:《鄭州、滎陽兩地新出戰國陶文介紹》,《中原文物》1981年第1期,第10頁。

④ 孫剛:《東周齊系題銘研究》,吉林大學博士學位論文,2012年,第286、287頁。

⑤ 陶榮:《甘肅崇信出土的秦戳記陶文》,《文物》1991年第5期,第92頁。

⑥ 吴榮曾:《武都城考》,《讀史叢考》,中華書局,2014年,第239、240頁。

⑦ 吴振武:《〈古璽彙編〉釋文校訂及分類修訂》,常宗豪主編:《古文字學論集(初編)》,香港中文大學中國文化研究所、吴多泰中國語文研究中心,1983年,第487頁。

⑧《古越閣藏商周青銅兵器》裘錫圭序,臺北古越閣,1993年。《裘錫圭學術文集》收録該文時在編按中已放棄此説(第六卷第100頁)。

⑨ 秦曉華:《趙國貨幣地名考證三則》,《古文字研究》第二十九輯,中華書局,2012年,第463、464頁。

⑩ 董珊:《讀珍秦齋藏吴越三晉銘文札記》,蕭春源編:《珍秦齋藏金·吴越三晉篇》,澳門基金會,2008年,第295、296頁;吴良寶:《湖北荊門左塜所出銅戈新考》,《湖南省博物館館刊》第四輯,嶽麓書社,2007年,第241—243頁。

⑪ 申茂盛:《西安北郊香客林小鎮出土"十九年相邦戈"考釋》,《文博》2012年第6期,第49、50頁。

⑫ 董珊:《讀珍秦齋藏吴越三晉銘文札記》,收入蕭春源輯:《珍秦齋藏金·吴越三晉篇》,第291頁;蘇輝:《秦三晉紀年兵器研究》,上海古籍出版社,2013年,第40—45頁;徐世權:《讀金札記二則》,《中國文字》新四十三期,臺北藝文印書館,2017年,第219—224頁。

⑬《古越閣藏商周青銅兵器》裘錫圭序,第23頁;董珊:《二年主父戈與王何立事戈考》,《文物》2004年第8期,第62、63頁;蕭春源輯:《珍秦齋藏金·吴越三晉篇》,第234頁説明文字(董珊撰)。

⑭ 董珊:《五年春平相邦葛得鼎考》,李宗焜主編:《古文字與古代史》第三輯,"中研院"歷史語言研究所,2012年,第288、298頁。

⑮ 黄盛璋:《試論三晉兵器的國别和年代及其相關問題》,《歷史地理與考古論叢》,齊魯書社,1982年,第108頁注釋①。按,原文刊於《考古學報》1974年第1期時没有這一注釋。

⑯ 蘇輝:《秦三晉紀年兵器研究》,第71頁。

⑰《古越閣藏商周青銅兵器》裘錫圭序,第23頁。

⑱ 董珊:《五年春平相邦葛得鼎考》,李宗焜主編:《古文字與古代史》第三輯,第291頁。

⑲ 楊坤:《戰國晉系銅器銘文校釋及相關問題初探》,吉林大學碩士學位論文,2015年,第99頁。

⑳ 河南省博物館編著,任常中主編:《河南省博物館館藏青銅器選》,香港攝影藝術出版社,1999年,第156號戈;秦文生、張鍇生主編:《中原文物大典·文物典:青銅器》第五章"戰國青銅器"第15號戈,中州古籍出版社,2008年,下册第1003頁。

㉑ 蘇輝:《秦三晉紀年兵器研究》,第133、134頁。

㉒ 裘錫圭:《〈武功縣出土平安君鼎〉讀後記》"一 關於此鼎原來的主人和國别",《考古與文物》1982年第2期,第53頁。

㉓ 黄盛璋:《新出秦兵器銘刻新探》,《文博》1988年第6期,第41、43頁。

㉔ 蘇輝:《秦三晉紀年兵器研究》,第173頁。

釋師雍父諸器的一組地名

黄錦前(河南大學歷史文化學院)

熟悉金文者都知道,師雍父(或作“伯雍父”、“伯屖父”、“䧅”及“伯䧅”)屢見於西周中期的金文,西周中期的一些重大史事也多與之相關。本文擬對與師雍父有關金文材料中的一組地名進行討論,以廓清過去一些不準確的看法。

爲便於討論,先將有關材料列舉如下:

(1) 唯六月既死霸丙寅,師雍父戍在由師,遇從。師雍父肩使遇使于胡侯,侯蔑遇曆,賜遇金,用作旅甗。(遇甗①,西周中期,穆王)

(2) 唯十又一月,師雍父省道,至于胡,𩁹從,其父蔑𩁹曆,錫金,對揚其父休,用作寶鼎。(𩁹鼎〔師雍父鼎〕②,西周中期,穆王)

(3) 王令䧅曰:徂淮夷敢伐内國,汝其以成周師氏戍于珅師。伯雍父蔑录曆,錫貝十朋,录拜稽首,對揚伯休,用作文考乙公寶尊彝。(录尊〔录䧅尊、录䧅卣〕③,西周中期,穆王)

(4) 王令䧅曰:徂淮夷敢伐内國,汝其以成周師氏戍于珅師。伯雍父蔑录曆,錫貝十朋,录拜稽首,對揚伯休,用作文考乙公寶尊彝。(录卣〔录䧅卣〕④,西周中期,穆王)

(5) 伯雍父來自胡,蔑录曆,賜赤金,對揚伯休,用作文祖辛公寶䵼簋,其子子孫孫永寶。(录簋⑤,西周中期,穆王)

(6) 唯十又三月既生霸丁卯,賢從師雍父戍于珅師之年,賢蔑曆,仲競父錫赤金,賢拜稽首,對揚競父休,用作父乙寶旅彝,其子子孫孫永用。(賢尊⑥,西周中期,穆王)

(7) 稽從師雍父戍于由師,蔑曆,錫貝卅鋝,稽拜稽首,對揚師雍父休,用作文考日乙寶尊彝,其子子孫永寶用[7]。

(稽卣[8],西周中期,穆王)

(8) 伯雍父自作用器。 (伯雍父盤[9],西周中期,穆王)

(9) 唯伯屖父以成師即東,命伐南夷,正月既生霸辛丑,在坯,伯屖父皇競,格于館,競蔑曆,賞競璋,對揚伯休,用作父乙寶尊彝,子孫永寶。 (競卣[10],西周中期,穆王)

(10) 唯六月既死霸壬申,伯屖父蔑御史競歷,賞金,競揚伯屖父休,用作父乙寶尊彝簋。 (御史競簋[11],西周中期,穆王)

(11) 唯十又三月既望,辰在壬午,伯屖父休于縣改,曰:勴,乃任縣伯室,錫汝婦爵,裸之,戈琱玉,[12]黃。縣改奉揚伯屖父休,曰:休伯罢益恤縣伯室,錫君我唯錫壽,我不能不眔縣伯萬年保,肆敢施于彝,曰:其自今日孫孫子子毋敢忘伯休。

(縣改簋〔縣妃簋、稽伯彝、縣伯彝、縣妃彝〕[13],西周中期,穆王)

(12) 伯遲父作彝鼎。 (伯遲父鼎[14],西周中期,穆王/恭王)

(13) 㦰曰:"嗚呼! 王唯念㦰辟烈考甲公,王用肇使乃子㦰率虎臣禦淮戎。"㦰曰:"嗚呼! 朕文考甲公、文母日庚翼休,則常安永宕乃子㦰心,安永襲㦰身,厥復享于天子,唯氒(厥)使乃子㦰萬年辟事天子,毋有斁于厥身。㦰拜稽首,對揚王命,用作文母日庚寶尊鬻彝,用穆穆夙夜尊享孝綏福,其子子孫孫永寶茲烈。

(㦰鼎[15],西周中期,穆王)

(14) 唯六月初吉乙酉,在堂師,戎伐馭,㦰率有司、師氏奔追襲戎于棫林,搏戎胡。朕文母競敏寤行,休宕厥心,永襲厥身,俾克襲敵,獲馘百,執訊二夫,俘戎兵:盾、矛、戈、弓、箙、矢、裨、胄,凡百有卅又有五欵,捋戎俘人百有十有四人。卒搏,無斁于㦰身,乃子㦰拜稽首,對揚文母福烈,用作文母日庚寶尊簋,俾乃子㦰萬年,用夙夜尊享孝于厥文母,其子子孫孫永寶。

(㦰簋[16],西周中期,穆王)

(15) 唯九月既望乙丑,在堂師,王俎姜使内史友員錫㦰玄衣、朱襮裣,㦰拜稽首,對揚王俎姜休,用作寶鬻尊鼎,其用夙夜享孝于厥文祖乙公,于文妣日戊,其子子孫孫永寶。

(㦰鼎[17],西周中期,穆王)

(16) 㦰作厥尊鼎。 (㦰鼎[18],西周中期,穆王)

(17) 㦰作旅。 (㦰甗[19],西周中期,穆王)

(18) 伯㦰作旅簋。 (伯㦰簋[20],西周中期,穆王)

(19) 伯㦰作飲壺。 (伯㦰飲壺〔伯㦰觶〕[21],西周中期,穆王)

(20) 伯㦰作旅彝。 (伯㦰飲壺〔伯㦰觶〕[22],西周中期,穆王)

在進入正題之前,先對上揭銅器銘文中有關人物及其關係作一簡單交代。首先,據(1)—(7)銘文所記事件相同可知,"師雍父"與"伯雍父"應係一人。(8)伯雍父盤與(13)—(20)㦰諸器皆係1975年陝西扶風縣莊白西周墓出土,皆爲穆王時器,從有關人物的稱謂相同、銘文内容相互關聯及此組器物與伯雍父盤同出一墓等情況來看,其作器者㦰與師雍父組之師雍父當係一人,㦰與伯雍父分别係名和字,應無疑問。(9)競卣銘曰"唯伯犀父以成師即東,命伐南夷",對照(3)录尊與(4)录卣"王令㦰曰:戲淮夷敢伐内國,汝其以成周師氏戍于玷師"等有關記載,可知二者所記應係一事;競卣的"伯犀父"與录尊、录卣的"㦰"應係一人,即下文的"伯雍父";競卣的"成師"應即录尊、录卣的"成周師氏"之省稱;競卣的"南夷"即录尊、录卣的"淮夷",金文常又稱"南淮夷"或"淮南夷";"以成師即東"與录尊、录卣的"以成周師氏戍于玷師"所言相當,换言之,"即東"即"戍于玷師",以伐淮夷。競卣銘文進一步印證了(1)遇甗、(3)录尊、(4)录卣、(6)賢尊及(7)稱卣所記穆王時命伯雍父率"成周師氏"征伐淮夷的有關史事;表明(9)競卣、(10)御史競簋、(11)縣改簋及(12)伯遲父鼎等的"伯犀父"即伯雍父。總之,通過對有關銅器銘文材料的梳理、繫聯,可知銅器銘文中的"師雍父"、"伯雍父"、"伯犀父"、"㦰"及"伯㦰"等應係一人。[23]

上揭銘文中所涉地名主要有道、由(玷)、堂、胡、叡、棫林及坯等,先説道。

道主要見於(2)竅鼎(師雍父鼎)"師雍父省道,至于胡",郭沫若初疑"省"爲"巡省"之"省","道"爲見諸《左傳》僖公五年春秋時之道國之"道",後改讀"省道"爲"徜導",殆言征討也。[24]陳夢家云"省道"猶史頌鼎之"省穌",同意郭沫若初云"道"爲道國之"道"的意見。現在一般將該句讀作"師雍父省道至于胡",[25]多將"道"理解爲"道路"。[26]案上揭陳夢家所云史頌鼎[27]銘曰：

> 唯三年五月丁巳，王在宗周，令史頌省蘇姻友、里君、百姓，帥偶盩于成周，休有成事，蘇賓璋、馬四匹、吉金，用作鬻彝，頌其萬年無疆，日揚天子景命，子子孫孫永寶用。

據上下文，銘文所記爲史頌奉王命巡省蘇國的事迹。陳云“省道”猶史頌鼎之“省鮇”，將此二銘對照看，陳説可信。

又周初成王時的伯夌方鼎[28]銘曰：

> 唯公省，徂南國，至于漢。厥至于胡，公錫伯夌寶玉五品、馬四匹，用鑄宫伯寶尊彝。

對照可知，毫無疑問，甗鼎銘的“省”應理解爲“巡省”之義，“道”應爲道國之“道”，銘文該句應斷讀爲“師雍父省道，至于胡”。郭沫若開始的懷疑和陳夢家後來在此基礎上的申述無疑都是正確的。

《左傳》僖公五年：“楚鬬穀於菟滅弦，弦子奔黄。於是江、黄、道、柏方睦於齊，皆弦姻也。”杜預注：“道國在汝南安陽縣南。”楊伯峻注：“道，國名，其故城當在今河南省確山縣北，或云在息縣西南。”徐少華對於這種歧異的説法有辨正，指出春秋時道國在今河南省確山縣東北。[29]

胡主要見於（1）遇甗“師雍父肩使遇使于胡侯”、（2）甗鼎“唯十又一月，師雍父省道，至于胡”、（5）录簋“伯雍父來自胡”及（14）刻簋“刻率有司、師氏奔追襲戎于棫林，搏戎胡”等。將這幾篇銘文對照，可知諸銘之胡皆指胡國之胡。胡爲媿（歸）姓，在今河南漯河東。[30]

或據有關文獻記載認爲兩周時期胡有歸姓、姬姓之别，歸姓胡國在汝陰，今安徽阜陽一帶，姬姓胡國在郾城，今河南漯河東。[31]但正如裘錫圭所言，“關於姬姓之胡的史料，實際上是不充分的”，“郾城和阜陽很可能是歸姓之胡先後所居之地，並非一爲姬姓之國，一爲歸姓之國”。[32]近年公布的西周早期成王時器胡應姬鼎[33]（“胡應姬”）及伯夌方鼎（“唯公省，徂南國，至于漢。厥至于胡”）等進一步佐證了西周早期的歸姓胡國確應在今漯河東一帶，而非遠在阜陽，舊説認爲歸姓胡國在汝陰、姬姓胡國在郾城實誤。[34]

過去唐蘭認爲“淮戎”與東南的淮夷無關，應係西北地區的犬戎，“搏戎胡”之“胡”也跟見於遇甗等器的歸姓胡國無關,胡即戎,係“匈奴”兩字的合音,爲戎狄之胡,戎和胡合稱戎胡。[35]對照上述諸銘來看,可知胡指媿(歸)姓胡國無疑,所謂“搏戎胡”即“搏戎于胡”之省,李學勤[36]、裘錫圭[37]等對唐説有辨正。唐説致誤的主要原因,除裘説唐氏將棫林的地望定在今陝西涇水以西的扶風、寶雞一帶外,還有一個重要的因素,可能是受古書中常把西部的少數民族稱作“戎”的影響有關。如《禮記·王制》:“西方曰戎。”《大戴禮記·千乘》:“西辟之民曰戎。”《三國志·蜀志·諸葛亮傳》:“西和諸戎,南撫夷越。”其實,戎在商周時期的分布範圍甚廣,大致來説在今西北、北方、東北等廣大地區,都有戎族的活動蹤迹,近年的考古發現也予以證實。[38]淮夷又稱“淮戎”或“戎”,除上揭(13)㦸鼎“王用肇使乃子㦸率虎臣禦淮戎”外,還有其他一些銘文可以參證,如晉侯銅人[39]銘曰“唯五月,淮夷伐格,晉侯搏戎,獲厥君冢師,侯揚王于兹”,即稱淮夷爲“戎”,不贅述。

總之,胡的地望是關鍵,胡的地望確定後,其他有關地名的具體位置多可迎刃而解。

再看堂、𣪕及棫林。“棫林”見於(14)㦸簋,“唯六月初吉乙酉,在堂師,戎伐𣪕,㦸率有司、師氏奔追襲戎于棫林,搏戎胡”。據銘文,“堂”、“𣪕”、“棫林”及“胡”這幾個地點應相近。裘錫圭指出“棫林”應即《左傳》襄公十六年“夏,六月,次于棫林”之“棫林”(杜預注:“棫林……許地。”),在今河南葉縣東北。[40]可從。“𣪕”字原篆作、,暫不可確釋,地望亦不可確知。“堂”除見於(14)㦸簋外,還見於(15)㦸鼎“唯九月既望乙丑,在堂師”。銘文云師雍父奉王命先戍於由,當戰局進展到一定程度時,再向前推進到堂地駐守。㦸簋云“在堂師,戎伐𣪕,㦸率有司、師氏奔追襲戎于棫林,搏戎胡”,可見堂應在由和棫林及胡之間,且與由相近。𣪕應在堂和棫林之間。下文將要談到,由即商周時期的“疇”、春秋時期的“犨”(又名“𣅳”或“𪏭”),在今河南葉縣之西。推測堂或即春秋時函氏,在今河南葉縣北部。上揭《左傳》襄公十六年“夏,六月,次于棫林。庚寅,伐許,次于函氏”,杜預注:“棫林,函氏,皆許地。”𣪕應在其東與棫林之間,即今河南葉縣東部一帶。[41]

以上這些地點均在胡國附近,從這個角度來看,(1)遇甗云“師雍父肩使遇使于胡侯”及(2)𡨦鼎載“至于胡”,其目的也就十分清楚了,當係要求胡國在此次征伐淮夷的戰爭中承擔協同、配合王師的任務。(2)甗鼎云“師雍父省道”,道在胡國東南,離淮夷更近。同樣,師雍父省道,其用意或亦與“至于胡”相同,即要求其協同、配合王師禦淮夷,從南面夾擊淮夷。總之,將這些銘文結合起來看,有助於對銘文本身的理解,也可進一步加深我們對有關背景的認識。

最後再説由(珊)和坯。由(珊)分別見於(1)遇甗“師雍父戍在由師”、(3)录尊和(4)录卣“王令𢦚曰……汝其以成周師氏戍于珊師”、(6)賢尊“賢從師雍父戍于珊師之年”及(7)稽卣“稽從師雍父戍于由師”等,其原篆分別作、(摹)、(摹),、、、、等形。此字過去多釋作“古”或“砧”,或讀作“固”。[42]郭沫若認爲“字固是苦味之苦”,[43]蔡運章進而説即古苦縣,[44]徐少華同意此説,並進一步説:“古苦縣即今河南鹿邑縣,在胡國以北,西周至春秋早期當爲古厲國之地,師雍父率周師戍此,顯然是爲了防禦淮夷沿渦、潁諸水西北而上侵擾諸夏,與胡國控挾潁水下游相呼應。”[45]

首先,從上文有關胡國地望的討論、銘文所記此次師雍父與淮夷作戰的幾個地點如棫林等皆在今河南葉縣一帶等情況看,將由定在鹿邑是不合理的。其次,(3)录尊、(4)录卣云“淮夷敢伐内國”,上述胡、道兩國應即此次夷禍所及之國,而阜陽、鹿邑一帶,相對距離成周較遠,相反則與淮夷鄰近,[46]而與所謂的“内國”不符,也與穆王時期淮夷内侵之情形不符(《後漢書・東夷列傳》載“徐夷……乃率九夷以伐宗周,西至河上”,《禮記・檀弓下》云“昔我先君駒王西討,濟於河”)。若再進一步追究此種錯誤認識的根源,一是由於文字的誤釋,二者當如上述,是因爲錯誤地將胡國地望定在安徽阜陽一帶,因而導致了一系列錯誤的連鎖反應。

從古文字構形的角度來看,過去將、(摹)、(摹),、、、、等字釋作“古”或“砧”,不能説没有道理。我們知道,古文字中“由”和“古”的形體很接近,[47]往往容易産生譌混。若單從字形角度而言,將該字視作从古與从由,應皆可。

首先應該確定的是,上述兩種寫法係一字之異構,後者从“玉”作。此字尤其是第二種寫法又屢見於東周時期的出土古文字資料中,如秦公鎛[48]“厥名曰𤦡邦”、晉公盞(晉公盆)[49]和晉公盤[50]“𤦡燮萬邦……𤦡順百粛”、侯興權(三侯權)[51]“侯興鑄半砧,三”及秦景公石磬[52]“……𤦡……”

等,其原篆分别作:

(秦公鎛,摹)

 (晉公盞)

 (晉公盤)

(秦景公石磬)

(侯興權)

這幾個字與上述所列西周銅器銘文中用作地名之字應係一字,當無疑問。東周時期古文字資料中此字,過去多釋作“固”或“協”。[53]謝明文將晉公盞此字隸定爲“㽕”,讀爲“柔”。[54]晉公盞、晉公盤銘曰“𢀛燮萬邦”,對照上揭秦公鎛銘“揉燮百邦”來看,將該字釋作“㽕”,讀爲“柔”,實文從字順,當正確可從。但吴鎮烽未取此説,而從徐仲舒將此字釋爲“叶”,讀爲“協”。認爲秦公鎛銘文中“揉燮百邦”之“揉”讀爲“柔”,同銘中的“𢀛邦”之“𢀛”再讀爲“柔”,似不太可能,而應讀爲“協”。[55]此説當不可信。上揭(14)㦰簋“㦰率有司、師氏奔追襲戎于棫林”及下文“永襲厥身”的“襲”,即分别用不同的字和來表達,這樣的例子在古文字資料中還有很多,所以這一點並不能成爲理由。前揭吴鎮烽《商周青銅器銘文暨圖像集成》將上述(1)遹甗、(3)录尊、(4)录卣、(6)賢尊及(7)稒卣等“由”字從舊説釋作“古”或“𠙵”,《商周金文資料通鑒》電子版則皆改釋作“由”,[56]可從。

“由”或“㽕”當即見於文獻的商周時期的“疇”、春秋時期的“犨”(又名“喙”或“縶”)。《左傳》昭公元年:“楚公子圍使公子黑肱、伯州犁城犨、櫟、郟。”杜預注:“犨縣,屬南陽……本鄭地。”又昭公十三年:“使枝如子躬聘于鄭,且致犨、櫟之田。”杜預注:“犨、櫟,本鄭邑,楚中取之。平王新立,故還以賂鄭。”《史記·高祖本紀》:“與南陽守齮戰犨東。”《漢書·地理志》:“南陽郡犨。”《廣韻》:“本作犨。”春秋時期的犨在今河南葉縣之西,又名“喙”或“縶”。[57]《國語·鄭語》:“若克二邑,鄔、弊、補、舟、依、縶、歷、華,君之土也。”“縶”,《詩譜》作“疇”。《舊音》作“喙”,云“或爲緐”。《説文》小徐本作“鄭有㮆,地名也”。《史記·鄭世家》引虞翻説亦作“㮆”。《國語》整理本注:“案:‘鄔’、‘弊’、‘舟’、‘緐’,公序本作‘鄢’、‘蔽’、‘丹’、‘㮆’。‘緐’,董增齡《正義》以爲即‘疇’,古國名,任姓,在今何地不詳。”[58]“疇”爲商周時期古國名。《國語·周語中》:“昔摯疇之國也由大任。”韋昭注:“摯疇二國任姓,奚仲、仲虺之後,大任之家也。”商周時期其地在今河南省平頂山市西南、葉縣之西,[59]春秋時期名“緐”(又名“㮆”、“犨”)。鄢亦古國名,妘姓,在今河南省鄢陵縣西北,爲鄭武公所滅,後改稱鄢陵。蔽爲春秋鄭邑名,在今河南省鄭州市東。此二地與“緐”或“㮆”即今葉縣一帶皆相近。“由”古音爲喻母幽部,“柔”(“㮆”和“緐”皆从柔聲)古音爲日母幽部,“犨”爲穿母幽部字,“疇”爲定母幽部字,它們聲紐同屬舌音,韻部相同,古音極近,故可互通。

由在葉縣之西,與上文我們將堂、叡及棫林分别確定在葉縣及其附近一帶皆近,再返回到有關銘文中看,銘文所涉及的各地點之間的關聯也均較舊説更爲合理。

“坯”見於(9)競卣“唯伯屖父以成師即東,命伐南夷,正月既生霸辛丑,在坯,伯屖父皇競,格于館,競蔑曆,賞競璋”。競卣銘文所記當係“師雍父成于䌷師之年”的下一年正月之事,其時師雍父或尚在由師,然則坯之地望,當與由相近。“坯”又見於鄂侯馭方鼎[60],銘曰“王南征,伐角、僪,唯還自征,在坯,鄂侯馭方納壺于王,乃祼之”,西周晚期鄂侯馭方被王師剿滅之前鄂很可能還在今湖北隨州一帶或其鄰近地區,上述“坯”在葉縣附近,距隨州約240公里,來往也不過數日的時間,因此鄂侯馭方朝見王的地點“坯”,與上述(9)競卣“坯”應係同一地點。或從王國維説,認爲其地即成皋(今河南滎陽)的大伾山,[61]恐未必。

綜上,據目前的資料及古文字學研究的最新進展,有關師雍父諸器銘文中所涉地名如道、由(䌷)、堂、胡、叡、棫林及坯等地望,多可予以確定,或定其大概。其中道在今河南省確山縣東北。胡爲媿(歸)姓,在今河南漯河東。舊説兩周時期胡有歸姓、姬姓之别,一在汝陰,一在郾城,實誤。棫林在今河南葉縣東北。堂或即春秋時函氏,在今河南葉縣北部。叡應在其東與棫林之間。由或䌷應即商周時期的“疇”、春秋時期的“犨”(又名“㮆”或“緐”),在今河南葉縣之西。坯與鄂侯馭方鼎的“坯”應係一地,當與由相近。

注　釋

① 《殷周金文集成》3.948(中國社會科學院考古研究所:《殷周金文集成》,中華書局1984—1994年;《殷周金文集成(修訂增補本)》,中華書局,2007年。以下簡稱"《集成》");陳夢家:《西周銅器斷代》,中華書局,2004年,第659頁,78。

② 《集成》5.2721;吳鎮烽編著:《商周青銅器銘文暨圖像集成》,上海古籍出版社,2012年,第5卷第107頁,第02340號。

③ 《集成》10.5419;《商周青銅器銘文暨圖像集成》,第21卷第279—280頁,第11803號。

④ 《集成》10.5420;Jessica Rawson, *Western Zhou Ritual Bronzes from the Arthur M. Sackler Collections*, Volume IIB, pp.524 - 525, no.74, Cambridge: Havard University Press, 1990;馬承源主編:《商周青銅器銘文選(三)》,文物出版社,1988年,第114頁,一七四號。

⑤ 《集成》8.4122;《商周青銅器銘文暨圖像集成》,第11卷第49—50頁,第05115號。

⑥ 《集成》11.6008;陳佩芬:《夏商周青銅器研究(西周篇)》,上海古籍出版社,2004年,第345—346頁,三三九;《北京文物精粹大系》編委會、北京市文物局:《北京文物精粹大系·青銅器卷》,北京出版社,2002年,第134頁。

⑦ 該句舊釋"其子子孫永福,戉"。

⑧ 《集成》10.5411;《商周青銅器銘文暨圖像集成》,第24卷第270—271頁,第13322號。

⑨ 《集成》16.10074;中國青銅器全集編輯委員會:《中國美術分類全集·中國青銅器全集》,文物出版社,1996年,第5卷,一九六;曹瑋主編:《周原出土青銅器》,巴蜀書社,2005年,第1398—1400頁。

⑩ 《集成》10.5425;陳夢家:《西周銅器斷代》,第660頁,79。

⑪ 《集成》8.4134、4135;《商周青銅器銘文暨圖像集成》,第11卷第61—63頁,第05121、05122號。

⑫ 該句的重新斷句詳參拙文《縣改簋新讀》,未刊稿。

⑬ 《集成》8.4269;《故宫銅器圖録》,1958年,下册下編,157;《商周青銅器銘文暨圖像集成》,第12卷第6、7頁,第05314號。

⑭ 《集成》4.2195;林巳奈夫:《殷周時代青銅器の研究:殷周青銅器綜覽一》,吉川弘文館,1984年,第25頁,圖版,鼎268;《商周青銅器銘文暨圖像集成》,第3卷第196頁,第01628號。

⑮ 《集成》5.2824;《中國美術分類全集·中國青銅器全集》,第5卷,一〇;《周原出土青銅器》,第1356—1360頁。

⑯《集成》8.4322;《中國美術分類全集·中國青銅器全集》,第5卷,五九;《周原出土青銅器》,第1366—1372頁。

⑰《集成》5.2789;《中國美術分類全集·中國青銅器全集》,第5卷,九;《周原出土青銅器》,第1350—1355頁。

⑱《集成》4.2074;《中國美術分類全集·中國青銅器全集》,第5卷,二七;《周原出土青銅器》,第1361—1363頁。

⑲《集成》3.837;《周原出土青銅器》,第1364—1365頁。

⑳《集成》6.3489;《周原出土青銅器》,第1373—1375頁。

㉑《集成》12.6454;《周原出土青銅器》,第1382—1384頁。

㉒《集成》12.6455;《中國美術分類全集·中國青銅器全集》,第5卷,一二五;《周原出土青銅器》,第1385—1388頁。

㉓ 詳拙文《師雍父諸器及有關史事》,未刊稿。

㉔ 郭沫若:《兩周金文辭大系圖録考釋》,上海書店出版社,1999年,第60頁A。

㉕ 如張亞初:《殷周金文集成引得》,中華書局,2001年,第45頁;《商周青銅器銘文暨圖像集成》,第5卷第107頁,第02340號。

㉖ 如李學勤:《從新出青銅器看長江下游文化的發展》,《文物》1980年第8期,第35—40、84頁;後輯入氏著《新出青銅器研究》,人民美術出版社,2016年,第221—229頁。

㉗《集成》5.2787、2788;《中國美術分類全集·中國青銅器全集》,第5卷,三五;陳佩芬:《夏商周青銅器研究(西周篇)》,第413—415頁,三六一;《商周青銅器銘文暨圖像集成》,第5卷第276—279頁,第02443、02444號。

㉘ 李學勤:《試説新出現的胡國方鼎》,《江漢考古》2015年第6期,第69—70頁;《商周青銅器銘文暨圖像集成續編》,上海古籍出版社,2016年,第1卷第261—262頁,第0213號;拙文《新刊兩件胡國銅鼎讀釋》,載《出土文獻》第十輯,中西書局,2017年,第37—46頁。

㉙ 徐少華:《周代南土歷史地理與文化》,武漢大學出版社,1994年,第157—158頁。

㉚ 裘錫圭:《説㦰簋的兩個地名——棫林和胡》,載《古文字論集(一)》(《考古與文物叢刊》第二號),陝西省考古研究所,1983年;後輯入氏著《古文字論集》,中華書局,1992年,第386—392頁;又輯入氏著《裘錫圭學術文集》第三卷,復旦大學出版社,2012年,第33—38頁。

㉛ 主要見於《路史·國名紀丁》"胡國"條、楊伯峻《春秋左傳注》(中華書局,2009年)襄公二十八年等。李學勤《從新出青銅器看長江下游文化的發展》(《文物》1980年第8期,第35—40、84頁;後輯入氏著《新出青銅器研究》,第221—229頁)、張亞初《從古文字談胡、胡國與東胡》(《文博》1992年1期,第8—19、46頁)、馬承

源《西周金文中一月四分月相再證》(載《上海博物館集刊》第三期,上海古籍出版社,1986年,第10—20頁)、何浩《"胡爲夔出"説辨正——兼論芈夔立國及歸胡地望》(《中原文物》1989年第2期,第28—33頁)及徐少華《周代南土歷史地理與文化》(武漢大學出版社,1994年,第215頁)等多從此説,或在此基礎上又有進一步論述。

㉜ 同注㉚。

㉝ 李學勤:《胡應姬鼎試釋》,載《出土文獻與古文字研究》第六輯(復旦大學出土文獻與古文字研究中心成立十周年紀念文集),上海古籍出版社,2015年,第109—111頁。

㉞ 拙文《新刊兩件胡國銅鼎讀釋》,載《出土文獻》第十輯,第37—46頁。

㉟ 唐蘭:《用青銅器銘文來研究西周史——綜論寶雞市近年發現的一批青銅器的重要歷史價值》,《文物》1976年第6期,第31—39頁。

㊱ 李學勤:《從新出青銅器看長江下游文化的發展》,《文物》1980年第8期,第35—40、84頁;後輯入氏著《新出青銅器研究》,第221—229頁。不過李文認爲胡在阜陽。

㊲ 同注㉚。

㊳ 拙文《説金文中的戎狄蠻夷》,未刊稿。

㊴ 蘇芳淑、李零:《介紹一件有銘的"晉侯銅人"》,載上海博物館編:《晉侯墓地出土青銅器國際學術研討會論文集》,上海書畫出版社,2002年,第411—420頁,第417頁圖二。

㊵ 同注㉚。

㊶ 或認爲其與匍盉(《中國美術分類全集·中國青銅器全集》,第6卷,九四;河南省文物考古研究所、平頂山市文物管理局:《平頂山應國墓地Ⅰ》,大象出版社,2012年,第580頁,第355頁圖一四六)的"柬"(案:柬又見於新邑鼎,《集成》5.2682)係一地,在汝水上游一帶(周博:《伯𢦚組器銘文釋地二則》,《古籍整理研究學刊》2016年第3期,第31—35頁),恐非。

㊷ 此外陳夢家釋作"許",參見陳夢家:《西周銅器斷代》,第117—118頁。

㊸ 郭沫若:《兩周金文辭大系圖録考釋》,第61頁。

㊹ 蔡運章:《胡國史迹初探——兼論胡國與楚國的關係》,載《楚文化覓蹤》,中州古籍出版社,1986年,第200—214頁。

㊺ 徐少華:《周代南土歷史地理與文化》,第214頁。

㊻ 有關西周時期淮夷的分布情況,參看譚其驤主編:《中國歷史地圖集》,中國地圖出版社,1982年,第一册,29—30。

㊼ 有關"古"、"由"及从古、从由之字字形可參看董蓮池:《新金文編》,作家出版社,

2011 年,第 241、1506 頁;高明、涂白奎:《古文字類編(增訂本)》,上海古籍出版社,2008 年,第 95、839 頁。

㊽《集成》1.270。

㊾《集成》16.10342。

㊿ 吴鎮烽:《晉公盤與晉公盆銘文對讀》,復旦大學出土文獻與古文字研究中心網,2014 年 6 月 22 日。

51《集成》16.10382。

52《商周青銅器銘文暨圖像集成》,第 35 卷第 410 頁,第 19805 號。

53 詳參吴鎮烽:《晉公盤與晉公盆銘文對讀》,復旦大學出土文獻與古文字研究中心網,2014 年 6 月 22 日。

54 謝明文:《晉公𥃝銘文補釋》,載《出土文獻與古文字研究》第五輯,上海古籍出版社,2013 年,第 236—257 頁。

55 同注㊿。

56 吴鎮烽編著:《商周金文資料通鑒》1.2 版,2012 年,第 03359、11803、11807、11808、13322、13331、13332 號。

57 參看譚其驤主編:《中國歷史地圖集》,第一册,29—30③5。

58 上海師範大學古籍整理組:《國語》,上海古籍出版社,1978 年,第 509 頁,注釋〔一九〕。

59 參看譚其驤主編:《中國歷史地圖集》,第一册,13—14⑤8,17—18③4。

60《集成》5.2810。

61 郭沫若:《兩周金文辭大系圖録考釋》,第 107 頁 B;馬承源:《西周金文中一月四分月相再證》,載《上海博物館集刊》第三期,第 10—20 頁。

清華簡《命訓》釋讀掇瑣(四則)*

馮勝君(吉林大學古籍研究所)
出土文獻與中國古代文明研究協同創新中心

清華簡《命訓》篇亦見於今本《逸周書》,是一篇十分重要的先秦文獻。由於有今本可以對讀,所以整篇簡文釋讀有疑義之處不多。筆者在研讀過程中,偶有心得,不揣淺陋,寫出來向學界同好請教。

一、居

《命訓》篇2—3號簡釋文如下:

> 夫司悳(德)司義,而易(賜)之福₌(福,福)录(禄)才(在)人₌(人。人)能居,女(如)不居而(守)義,則厇(度)至于亟(極)。或司不義而降之禍₌(禍,禍)怹(過)才(在)人₌(人。人)〖能〗母(毋)諻(懲)虖(乎)?女(如)諻(懲)而悬(悔)怹(過),則厇(度)至于亟(極)。

整理者:"今本作'福禄在人,能無懲乎?若懲而悔過,則度至于極',與簡文不同。唐大沛疑'懲而悔過'一句係涉下文而誤,與簡文對照,其説可信。居,《莊子·齊物論》成玄英疏:'安處也。'圣,从又,主聲,屬章母侯部字,可讀爲定母東部之'重'字。重義,詞例見郭店簡《尊德義》三九:'童(重)義蘘(集)釐,言此章也。'"按,今本頗有錯訛脱漏之處。孔晁注:"懲,正也。以德居身,深術息其義。"則孔晁所據之本,似尚有"居"、"義"等文。簡文"能居"之"能",當理解爲"乃"。類似用法的"能",如

* 本文是國家社會科學基金重大項目"簡帛學大辭典"(14ZDB027)的階段性成果。

《孫子·虚實》:“故敵佚能勞之,飽能飢之,安能動之。”《管子·權脩》:“審其所好惡,則其長短可知也;觀其交游,則其賢不肖可察也。二者不失,則民能可得而官也。”《史記·淮陰侯列傳》:“今韓信兵號數萬,其實不過數千。能千里而襲我,亦已罷極。”王引之《經傳釋詞》卷六:“能,猶乃也;亦聲相近也。”整理者隸定爲“圣”之字原作形,當从“主”聲。其字又爲“守”之聲符,如侯馬盟書“守”字或作(侯馬156:11),所从與簡文相同,則簡文“圣”有可能應從網友“紫竹道人”説讀爲“守”。[①]

這段簡文是從正反兩個方面來論述上天“賜福”和“降禍”時,人分别如何應對方可“度至于極”。很顯然,“居”和“懲”是一對文義相反的概念。整理者引舊注將簡文“居”訓爲“安處”,未達一間。“懲”爲鑒戒、懼惕義,《詩·周頌·小毖》:“予其懲而毖後患。”鄭箋:“懲,艾也。”《韓非子·難二》:“不誅過,則民不懲而易爲非,此亂之本也。”“居”與“懲”爲對文,則當理解爲輕慢義,這種用法的“居”典籍多作“倨”。如《大戴禮記·保傅》“獨處而不倨”,王聘珍:“倨,慢也。”《禮記·曲禮上》“遊毋倨”,孔穎達疏:“倨,慢也。”《漢書·酷吏傳·郅都》:“都遷爲中尉,丞相條侯至貴居也,而都揖丞相。”顔師古注:“居,怠傲,讀與倨同。”簡文大意是説,司德主義而賜人以福禄,人有福禄,乃易於怠惰。如不慢易而慎守於“義”,則可“度至於極”。

二、瞉

《命訓》篇4—5號簡釋文如下:

> 夫民生而樂生瞉(瞉),上以瞉(瞉)之,能毋(毋)懽(勸)虖(乎)?女(如)懽(勸)以忠信,則尾(度)至于亟(極)。夫民生而痌(痛)死喪,上以䰟(畏)之,能毋(毋)忎(恐)虖(乎)?女(如)忎(恐)而承孝(教),則尾(度)至于亟(極)。

整理者:“今本作‘夫民生而樂生,無以瞉之,能無勸乎?若勸之以忠,則度至于極’。與簡文相比,今本在‘樂生’二字之後脱一‘瞉’字。‘無以瞉之’之‘無’字,劉師培已疑爲誤字:‘本文“無”字與下弗屬,疑係字誤。上下節兩“無”字亦然。’對照簡文,可知此三個‘無’字實爲‘上’字之誤。簡文‘勸以忠信’,今本作‘勸之以忠’,當以簡文爲是。瞉,《詩·天保》

毛傳:'禄也。'《逸周書·度訓》:'凡民生而有好有惡。小得其所好則喜,大得其所好則樂;小遭其所惡則憂,大遭其所惡則哀。凡民之所好惡,生物是好,死物是惡。'"今按,簡文"穀",整理者訓爲"禄",非是。"穀"有生養、養育義。《廣雅·釋詁一》:"穀,養也。"《詩·小雅·小弁》:"民莫不穀,我獨與罹。"鄭箋:"天下之人無不父子相養者,我太子獨不然,曰以憂也。"《戰國策·齊策六》:"乃布令求百姓之飢寒者收穀之。"上引簡文"上以瞉(穀)之"之"瞉(穀)",亦當訓爲"養"。由"生養"義稍加引申則爲生存、活著,表示一種狀態,與"死喪"相對。《爾雅·釋言》:"穀,生也。"《詩·王風·大車》:"穀則異室,死則同穴。"孔穎達疏:"生則異室而居,死則同穴而葬。"故簡文"生穀"爲同義連言,與"死喪"爲對文。

三、試

《命訓》篇簡8釋文如下:

> 亟(極)命則民惰乏,乃宔(曠)命以弋亓(其)上,怠(怠/怡——殆)於亂矣。

整理者:"今本作'極命則民墮,民墮則曠命;曠命以誡其上,則殆於亂'。與簡文相較,今本在首句'墮'字後漏一'乏'字;簡文'宔(曠)命',今本作'民墮則曠命'。乏,《莊子·天地》《經典釋文》:'廢也。'簡文之'弋',今本作'誡',簡本爲優。弋,讀爲'代',《左傳》昭公十二年杜注:'更也。'孔晁注云:'此下六極謂行之極,其道殆近。'唐大沛云:'此"極"字與上文"極"字不同,竟也,窮也。……此下數節皆言過中之害。'"今按,整理者將簡文"弋"讀爲"代",恐不可信。如果是民代君,則是大逆不道之事,不可能僅僅稱之爲"殆於亂"。網友"奈我何"認爲簡文"弋"當讀爲"試",今本"誡"爲"試"的形近譌字,可信。②但他同意或説將"試"理解爲自擅、專擅,則非是。"試上"意即臣民懷挾僞詐以試探、蒙蔽君主。《韓非子·楊權》:"下匿其私,用試其上。"簡文大意是説上命甚急則民疲敝不堪,不得不鋌而走險,廢命以試探君主,以求僥倖——這樣就接近於叛上作亂。今本作"誡",當即"試"字之誤。典籍中"誡"、"試"二字形近易譌,如《文字·精誠》:"養民以公,威厲不誡,法省不煩,教化如神。"《説苑·奉使》:"楚王大怒曰:'今蔡無人乎?國可伐也。有人不遣乎?國可伐也。端以此人誠寡人乎？國可伐也。'”上引文獻中的“誠”均爲“試”字之誤。《古列女傳·節義傳·楚成鄭瞀》:“君子曰：非至仁,孰能以身試?《詩》曰:‘舍命不渝。’此之謂也。”文中“試”爲“誠”字之誤。這也從側面證明將簡文“弋”讀爲“試”,很可能是正確的。

四、霦

《命訓》篇11—12號簡釋文如下:

> 杧(撫)之以季(惠),和之以均,斂(斂)之以哀,吴(娱)之以樂,佚(訓)之以豊(禮),教之以埶(藝),正之以政,童(動)之以事,懽(勸)之以賞,魂(畏)之以罰,霦(臨)之以中,行之以耑(權)。

整理者:“今本作‘撫之以惠,和之以均,斂之以哀,娱之以樂,慎之以禮,教之以藝,震之以政,動之以事,勸之以賞,畏之以罰,臨之以忠,行之以權’。今本‘撫之以惠’,簡本作‘杧之以季’。‘杧’从亡聲,讀爲滂母魚部之‘撫’。‘季’爲見母質部字,而‘惠’爲匣母質部字,故可通假。斂,讀爲來母談部之‘斂’,《禮記·喪服大記》鄭注:‘棺之入坎爲斂。’藝,《禮記·樂記》鄭注:‘才技也。’震,簡文作‘正’,當以簡文爲是。正,《左傳》襄公六年杜注:‘正曲直也。’臨,《論語·爲政》‘臨之以莊則敬’,邢昺疏:‘自上涖下曰臨。’中,讀爲‘衷’。權,簡文作‘耑’。‘權’爲羣母元部字,‘耑’爲端母元部字,二者可相通。”今按,簡文與今本“臨”相應之字,原篆作,整理者隸定爲“霦”,據今本讀爲“臨”。對於此字的構形,整理者没有作出解釋,推測是將其分析爲从㐺霝聲。霝、臨聲紐雖均爲來母,然韻部分屬耕、侵二部,讀音並不相近。而且將此字分析爲从㐺霝聲,構字理據亦不分明。我們認爲此字當分析爲从雨臨聲,讀爲“臨”。戰國文字“臨”字作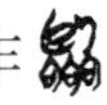(《耆夜》8號簡)形,但亦有省作(《弟子問》9號簡)形者。我們認爲簡文形下部所从之,實即“臨”字省體,這種寫法的“臨”與上引寫作形的“臨”相對比,不同之處是將所从“吅”形寫在了“㐺”旁的上部。而時代較早的金文中“臨”字或寫作、等形,[3]所从“吅”形(聲符“品”字之省)正在“川”形(後來訛變爲“㐺”)之上。[4]“霦”字从雨臨聲,或即“霖”字異體。馬王堆帛書《養生方》有“藴”字,即《説文》訓爲“蒿屬”的“菻”字的異體,“霝”爲“霖”之異體正可與之

類比。《説文 · 雨部》:"霦,霖雨也。南陽謂霖霦。从雨㐺聲。"段玉裁、桂馥、朱駿聲等學者均指出,"霦"爲"淫"之假借字,"霦雨"即"淫雨"(參看《説文解字詁林》第 11357—11358 頁)。"霖"、"淫"、"霦"均爲侵部字,在表示"久雨"這一義項上,當是關係非常密切的親屬詞。我們認爲,見於《説文》的"霦"字,很可能就是从雨臨聲的"霖"字之省。又《説文 · 雨部》:"䨶,小雨也。从雨眾聲。《明堂月令》曰:'䨶雨。'"段玉裁注:"《月令》無此文,惟'季春行秋令,淫雨蚤降',注云:'今《月令》曰眾雨。'漢人眾讀平聲,即許所據之䨶雨也。但記文淫雨,鄭注云霖雨。許不當以小雨釋䨶,似'小'必是誤字。"《説文》引《月令》篇之"䨶雨",鄭注作"霖雨",可見"䨶"與訓爲"霖雨"的"霦"爲一字異體(參看《説文解字詁林》第 11353 頁)。前文我們已經提到,"霦"即"霖"字之省,則"霦"所从之"㐺"本爲"臨"字之省(《説文 · 㐺部》:"㐺,眾立也。从三人。讀若欽崟。"讀音與"淫"、"臨"相近)。後人誤認"霦"所从之"㐺"即"眾"字(《正字通 · 人部》:"㐺,眾本字。"),故又造"䨶"爲"霦"字異體。"眾"爲冬部字,與侵部關係極近。"䨶"从"眾"聲,亦可讀爲"霖"。

注 釋

① 簡帛網論壇《清華五〈命訓〉初讀》第 13 樓,2015 年 4 月 13 日。

② 簡帛網論壇《清華五〈命訓〉初讀》第 30、31 樓,2015 年 4 月 21 日。

③ 參看董蓮池:《新金文編》,作家出版社,2011 年,第 1135 頁。

④ 參看謝明文:《説"臨"》,《出土文獻與古文字研究》第六輯,上海古籍出版社,2015 年,第 101—108 頁;後收入氏著《商周文字論集》,上海古籍出版社,2017 年,第 25—34 頁。

清華柒《越公其事》中的一詞多形現象*

李松儒（吉林大學文學院）

2017年出版的《清華大學藏戰國竹簡（柒）》公布了四篇竹書：《子犯子餘》《晉文公入於晉》《趙簡子》《越公其事》。其中《越公其事》篇幅最長，係據竹書篇尾篇題命名，全篇存75枚竹簡，略有殘缺，共十一章，是一部記録勾踐滅吴過程的史書。這是在已公布的清華簡中，除《繫年》外史書類竹簡最長的一篇。全篇均爲一人抄寫，從字迹情況看，全文十一章也是在同一時間段内書寫成的。不過全篇同一詞用多形表示的現象比較突出，整理者李守奎先生曾指出"篇中文字雖然工整，但異寫很多，訛書也不在少數，有些字與同時期常見楚文字不合"。①有學者曾對清華貳《繫年》中一詞多形作過分析，②《越公其事》中出現的同一詞用多形表示的情況比較多，一些是文字寫法上的細小差别，如增減羡符、改變字部位置造成的；③有的是通過更改字部造成的；有的則是用字不同，即所用假借字的不同造成的。本文即對此現象進行揭示與探討，並對産生此現象的原因略作推測。我們先將文字寫法差别較小的這類列舉於下。

一、通過更改或增減字部造成的一詞多形

《越公其事》中有些一詞多形的字在寫法上差别不明顯，主要是通過更改或增減字部所致，這種現象在該篇比較常見，現舉例如下：

1. {命}

《越公其事》中讀爲{命}的字有兩種寫法：

---

* 本文寫作得到2017年國家社科基金一般項目"戰國秦漢三國簡帛字迹研究"（17BYY210）的資助。

5　13

一種寫作从口的“命”，有 18 例：

毋絶越邦之命于天下　（簡 5，第一章）
余其必斆絶越邦之命于天下　（簡 7，第一章）
君越公不命使人而大夫親辱　（簡 15 下，第三章）
使者返命越王　（簡 24+25，第三章）
王既察知之，乃命上會　（簡 45，第七章）
王乃大徇命于邦，是徇是命　（簡 54，第九章）
王有失命：可復弗復、不使命疑　（簡 57，第九章）
徇命若命　（簡 59 上，第九章）
無敢偏命　（簡 59 下，第十章）
鼓命邦人救火　（簡 59 下+60，第十章）
乃命范蠡、太甬大歷越民　（簡 61，第十章）
越王句踐乃命邊人聚怨　（簡 62，第十章）
乃命左軍銜枚溯江五里以須　（簡 64+65，第十章）
亦命右軍銜枚逾江五里以須，夜中，乃命左軍右軍涉江　（簡 65，第十章）

另一種將所从的口寫作兩個横畫的“命”有 5 例：

今我道路修險，天命反側　（簡 13，第二章）
以民生之不長而自不終其命，用使徒遽趣聽命　（簡 17，第三章）
孤用委命董振　（簡 21，第三章）
余聽命於門　（簡 21，第三章）

2. {蓂}

《越公其事》中“蓂”有兩種寫法：

5　7

寫作从日的“蓂”與寫作从的“蓂”各 1 例：

亦使句踐繼蓂於越邦　（簡 5+6，第一章）
勿使句踐繼蓂於越邦矣　（簡 7，第一章）

3. {起}——起、迟

《越公其事》中表示“興起”、“引動”等義的{起}寫作“起”或“迟”，如下：

起： 62　迟： 62

篇中{起}寫作“起”的有3例：

挑起怨惡　（簡62，第十章）

吴王起師，軍於江北。越王起師，軍於江南　（簡63，第十章）

{起}還可以寫作“迟”，有2例：

吴師未迟（起）　（簡62，第十章）

吴師乃迟（起）　（簡63，第十章）

4. {還}——還、徦

《越公其事》中讀爲{還}的字有兩種寫法：

還： 25　徦： 18

篇中“還”與“徦”各1例：

師乃還　（簡25，第三章）

□人徦（還）越百里　（簡18，第五章）

戰國簡中从辵的字與从彳的字通用現象頻見。

5. {趣}——逕、徆

《越公其事》中讀爲{趣}的字有兩種寫法：

逕： 17　徆： 48

篇中讀爲{趣}寫作“逕”的有3例：

用使徒遽逕（趣）聽命　（簡17，第三章）

唯信是逕（趣）　（簡43，第六章）

王乃逕（趣）使人察省城市邊縣小大遠邇之匓、落　（簡44，第七章）

寫作“徆”的有8例：

王則唯匓、落是徆（趣）　（簡48，第七章）

乃徼(趣)徇于王宫,亦徼(趣)取戮　　(簡54,第九章)

乃徼(趣)取戮;王乃徼(趣)至于溝塘之功,乃徼(趣)取戮于後至後成;王乃徼(趣)設戍于東夷西夷,乃徼(趣)取戮于後至不恭

(簡56+57,第九章)

6. {修}——攸、攸

《越公其事》中讀爲{修}的字有兩種寫法:

攸:  28　攸:  9

篇中表示"修遠"等義的"攸"與"攸"各1例,如:

今我道路攸(修)險　　(簡13,第二章)

思道路之攸(修)險　　(簡9,第二章)

篇中"攸"還可以表示"修建"等義的{修},有4例:

攸(修)崇庉　　(簡26,第四章)

王玆無好攸(修)于民三工之堵　　(簡28,第四章)

乃攸(修)市政　　(簡37,第六章)

王乃整民、攸(修)令、審刑　　(簡53,第九章)

7. {竊}——敾、敾

《越公其事》中讀爲{竊}的字有兩種寫法:

敾:  59　敾:  67

用"敾"表示{竊}與用"敾"表示{竊},各1例:

乃敾(竊)焚舟室　　(簡59下,第十章)

越王句踐乃以其私卒六千敾(竊)涉　　(簡67,第十章)

8. {鼓}

《越公其事》中表示{鼓}有如下三種字形:

 59　 60　 65

寫作形的有2例:

王親鼓之　　(簡8,第一章)

鼓命邦人救火　　（簡 59 下+60，第十章）

寫作形的有 2 例：

鼓而退之　　（簡 60，第十章）

不鼓不噪以侵攻之　　（簡 67，第十章）

用作名詞的“鼓”寫作形，僅 1 例：

鳴鼓　　（簡 65，第十章）

9. ｛匓｝

《越公其事》中｛匓｝有兩種寫法：

44　44

｛匓｝寫作形，所从實爲人形，篇中僅 1 例：

王乃趣使人察省城市邊縣小大遠邇之匓、落　　（簡 44，第七章）

｛匓｝還可以寫作从宀的，共 4 例：

唯匓、落是察省　　（簡 44，第七章）

其匓者，王見其執事人則怡豫憙也　　（簡 45，第七章）

是以收賓，是以匓邑。王則唯匓、落是趣，及于左右　　（簡 48，第七章）

10. ｛徵｝——陞、陞

《越公其事》中讀爲｛徵｝的有兩種寫法：

陞：48　50　陞：44

此兩種寫法中“陞”寫法篇中 2 例，“陞”的寫法篇中 1 例：

舉越邦乃皆好陞（徵）人　　（簡 48，第七章）

越邦皆服陞（徵）人　　（簡 50，第八章）

王乃好陞（徵）人　　（簡 44，第七章）

11. ｛踐｝——戔、㹦

《越公其事》中“勾踐”的｛踐｝有兩種寫法：

戔:26　戔:5

其中一種寫作"戔",較爲常見,共8例:

越王句戔(踐)將惎覆吴　(簡26,第四章)
越王句戔(踐)焉始作紀五政之律　(簡29,第四章)
犴畏句戔(踐)　(簡58,第九章)
越王句戔(踐)乃命邊人聚怨　(簡62,第十章)
越王句戔(踐)乃以其私卒六千竊涉　(簡67,第十章)
句戔(踐)弗許　(簡71,第十一章)
句戔(踐)不許吴成　(簡72,第十一章)
句戔(踐)不敢弗受　(簡72+73,第十一章)

另一種寫作"戔",有3例:

亦使句戔(踐)繼蓍於越邦　(簡5+6,第一章)
勿使句戔(踐)繼蓍於越邦矣　(簡7,第一章)
以觀句戔(踐)之以此八千人者死也　(簡8,第一章)

一般來説,人名寫法用字應該較爲固定,但從出土的戰國竹書中所見並非如此。人名異寫的現象在上博簡《曹沫之陳》中也曾出現,人名{曹沫}可有"散穮"、"散蔑"、"散斁"、"散薉"、"莪穮"、"散蔑"等不同寫法,尤其《曹沫之陳》一文並不涉及較爲複雜的時間及底本來源問題,它體現了比較明顯的用字避複的意識。

12. {親}——辟、新

《越公其事》中讀爲{親}的字有兩種寫法:

辟:8　新:15

一種寫作"辟",全部讀爲{親},共8例:

以辟(親)辱於寡人之敝邑　(簡3+4,第一章)
王辟(親)鼓之　(簡8,第一章)
君越公不命使人而大夫辟(親)辱　(簡15下,第三章)
王辟(親)自耕　(簡30,第五章)
王辟(親)涉溝淳滋塗　(簡30,第五章)

王必辟(親)見而聽之 (簡40,第六章)
王必辟(親)聽之 (簡42,第六章)
王必辟(親)聽之 (簡45,第七章)

另一種寫作“新”,有2例:

新(親)見使者曰 (簡15下,第三章)
君不嘗新(親)右寡人 (簡21,第三章)

13. {察}——戠、戠

《越公其事》中讀爲{察}的字有兩種寫法:

戠:  38 戠:  40

一種寫法的戈旁上从三個豎點,有1例:

戠(察)之而孚 (簡38,第六章)

另一種寫法的戈旁上从“少”形,共5例:

戠(察)之而信 (簡40,第六章)

王乃趣使人戠(察)省城市邊縣小大遠邇之匓、落,王則比視,唯匓、落是戠(察)省 (簡44,第七章)

王既戠(察)知之 (簡45,第七章)

唯多兵、無兵者是戠(察) (簡51+52,第八章)

14. {鬬}——𢦿、䜵

《越公其事》中讀爲{鬬}的字有兩種寫法:

𢦿:  14 䜵:  16

篇中{鬬}寫作从戈的“𢦿”與寫作从言的“䜵”各1例:

毋乃豖𢦿(鬬) (簡14,第二章)
交䜵(鬬)吴越 (簡16,第三章)

15. {左}——左、右

《越公其事》中讀爲{左}的字有兩種寫法:

左:  50 右:  63

一種寫作“左”,有 3 例:

居諸左右　　(簡 50,第八章)
問于左右　　(簡 52,第八章)
左軍右軍乃遂涉　　(簡 67,第十章)

一種寫作“右”,篇中多見,共 8 例:

其見有列、有司及王右(左)右　　(簡 33,第五章)
凡王右(左)右大臣　　(簡 35,第五章)
及于右(左)右　　(簡 43,第六章)
問之于右(左)右　　(簡 45,第七章)
及于右(左)右　　(簡 48,第七章)
越王乃中分其師以爲右(左)軍、右軍　　(簡 63+64,第十章)
乃命右(左)軍銜枚溯江五里以須　　(簡 64+65,第十章)
乃命右(左)軍右軍涉江　　(簡 65,第十章)

16. {佑}——右、有

《越公其事》中讀爲{佑}的字有兩種寫法:

右:  35　有:  21

篇中用“右”表示{佑}與用“有”表示{佑},各 1 例:

右(佑)我先王　　(簡 12,第二章)
君不嘗親有(右—佑)寡人　　(簡 21,第三章)

17. {耕}——劦、㽸、䎁

《越公其事》中讀爲{耕}的字有三種寫法:

劦: 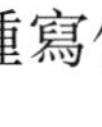 33　㽸:  35　䎁: 30

其中一種寫作“劦”,有 2 例:

劦(耕)者,王亦飲食之　　(簡 33,第五章)
而將劦(耕)者,王必與之坐食　　(簡 33,第五章)

一種寫作“㽸”,也有 2 例:

凡王左右大臣，乃莫不𦔮(耕)　　（簡 35，第五章）

乃夫婦皆𦔮(耕)　　（簡 35，第五章）

一種寫作"𧯸"，有 1 例：

王親自𧯸(耕)　　（簡 30，第五章）

18. ｛因｝

《越公其事》中｛因｝有兩種寫法：

 27　 38

其中寫作""形 1 例：

乃因始袞(襲)常　　（簡 27，第四章）

另有一種寫作""形，篇中有 2 例：

因其貨以爲之罰　　（簡 38+39，第六章）

越師乃因軍吴　　（簡 68，第十章）

19. ｛敬｝——敬、苟

《越公其事》中表示｛敬｝的有兩種寫法：

敬： 53　苟： 59

一種寫作"敬"，讀爲｛敬｝，文中共 3 例：

乃出恭敬(敬)　　（簡 53，第九章）

乃出不恭不敬(敬)　　（簡 53，第九章）

無敢不敬(敬)　　（簡 58，第九章）

另一種寫作"苟"，讀爲｛敬｝，如下：

王監越邦之既苟(敬)　　（簡 59 下，第十章）

20. ｛二｝——二、弍

《越公其事》中讀爲｛二｝的字有兩種寫法：

二： 6　弍： 16

一種寫作"二"，表示數量，篇中有 1 例：

越人分爲二師　　（簡 66，第十章）

另一種寫作“弍”，篇中有 2 例：

使吾弍邑之父兄子弟朝夕粲然爲豺狼　　（簡 16+17，第三章）

孤用率我壹弍子弟以奔告於邊　　（簡 19+20，第三章）

另外，篇中因增減字部或改變字部位置而造成的一詞多形字頻見，如｛市｝作“42”或“37”；｛在｝作“3”或“40”；｛予｝作“夋 46”或“余 46”；｛涉｝作“30”或“65”；｛問｝作“𦖞 51”或“𦗓 52”。這種現象在戰國簡中同篇出現的情況也是十分常見的，且用例極多，故本文對這類現象不再作詳細舉例。

二、用字不同造成的一形多詞現象

《越公其事》中還有的一詞多形現象主要是用字不同造成的，一些是通假關係造成的寫法差異大，也就是説是兩個或多個字用爲同一個詞，此類現象具體如下：

1. ｛使｝——使、兹、史、事

《越公其事》中讀爲｛使｝的字分别用“使”、“兹”、“史”、“事”來表示：

使：15　兹：57　史：1　事：15

篇中讀爲｛使｝的字多寫作“使”，共 6 例：

吴王聞越使（使）之柔以剛也　　（簡 9，第二章）

君越公不命使（使）人而大夫親辱　　（簡 15 下，第三章）

以須使（使）人　　（簡 22+23，第三章）

王乃趣使（使）人察省城市邊縣小大遠邇之匓、落　　（簡 44，第七章）

王乃饋使（使）人　　（簡 51，第八章）

乃使（使）人告於吴王曰　　（簡 72，第十一章）

寫作“兹”也較爲常見，[④]共 6 例，篇中都用爲動詞：

亦兹（使）句踐繼蓛於越邦　　（簡 5+6，第一章）

勿茲(使)句踐繼蓘於越邦矣 (簡 7,第一章)
茲(使)吾式邑之父兄子弟朝夕粲然爲豺狼(簡 16+17,第三章)
不茲(使)達氣 (簡 20,第三章)
茲(使)民暇自相 (簡 28,第四章)
不茲(使)命疑 (簡 57,第九章)

還有 1 例將“史”讀爲{使},用爲動詞:

乃史(使)大夫種行成於吴師曰 (簡 1,第一章)

篇中用“使”還可以表示名詞“使者”的{使},有 1 例:

使(使)者返命越王 (簡 24+25,第三章)

篇中用“事”表示名詞“使者”的{使}或動詞{使},共 2 例:

親見事(使)者曰 (簡 15 下,第三章)
用事(使)徒遽趣聽命 (簡 17,第三章)

2. {縣}——儇、鄍、還、鄁

《越公其事》中表示行政區域的{縣}有四種寫法,分别作:

儇:35 鄍:39 還:44 鄁:51

篇中{縣}可以寫作“儇”:

至于邊儇(縣)小大遠邇 (簡 35,第五章)

亦可以寫作“鄍”:

凡邊鄍(縣)之民及有官師之人 (簡 39,第六章)

可以寫作“還”,篇中有 2 例:

王乃趣使人察省城市邊還(縣)小大遠邇之匓、落
(簡 44,第七章)
舉越邦至于邊還(縣)城市乃皆好兵甲 (簡 52,第八章)

還可以寫作“鄁”:

請問羣大臣及邊鄁(縣)城市之多兵、無兵者 (簡 51,第八章)

3. {省}——䝼、䞅、情

《越公其事》中{省}有三種寫法:

䝼: 44　䞅: 50　情: 71

寫作“䝼”,有 3 例:

日䝼(省)農事以勸勉農夫　(簡 30+31,第五章)

王乃趣使人察䝼(省)城市邊縣小大遠邇之匓、落,王則比視,唯匓、落是察䝼(省)　(簡 44,第七章)

寫作“䞅”與寫作“情”的{省}各 1 例:⑤

王日論䞅(省)其事　(簡 50+51,第八章)

情(省)問羣大臣及邊縣城市之多兵、無兵者,王則比視　(簡 51,第八章)

4. {是}——是、寺

《越公其事》中讀爲{是}的字有三種寫法:

是: 43　44　寺: 54

第一種寫法的“是”僅 1 例:

唯信是趣　(簡 43,第六章)

第二種寫法的“是”較第一例寫法多一羨畫,該寫法篇中較多見,共 7 例:

唯匓、落是察省　(簡 44,第七章)

是以勸民,是以收賓,是以匓邑。王唯匓、落是趣　(簡 47+48,第七章)

唯多兵、無兵者是察　(簡 51+52,第八章)

越公是盡既有之　(簡 75,第十一章)

“是”作“”、“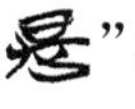”在同一篇簡中同時出現的情況戰國簡頻見。

{是}還可以寫作“寺”,有 2 例:

寺(是)徇寺(是)命　(簡 54,第九章)

5. {三}——厽、乏、三

《越公其事》中表示數字{三}的字寫作：

厽：19　乏：68

篇中用"厽"表示{三}較爲常見，共6例：

於今厽（三）年無克有定　（簡17+19，第三章）

王馭無好修于民厽（三）工之堵　（簡28，第四章）

至于厽（三）年　（簡29，第四章）

厽（三）年　（簡30，第五章）

厽（三）品效于王府，厽（三）品年籌枚數　（簡47，第七章）

《越公其事》中有2例"乏"讀爲{三}，[⑥]這種情況較爲罕見：

乏（三）戰乏（三）北　（簡68，第十章）

《越公其事》簡7有一殘畫作，該殘畫實爲"三"字上一横，[⑦]可見篇中{三}還可以寫作"三"，其辭例如下：

君乃陳吴三□　（簡7，第一章）

篇中合文"三百"的"三"也是寫作三横的，作9，其辭例如下：

死者百₌（三百）人　（簡60，第十章）

夫婦百₌（三百）　（簡73+74，第十一章）

6. {四}——四、亖

《越公其事》中表示"四方"的{四}有兩種寫法：

49　6

讀爲{四}的字或寫作"四"，這種寫法戰國簡中常見，篇中僅1例：

東夷、西夷、姑蔑、句吴四方之民乃皆聞越地之多食

（簡48+49，第七章）

還有一種寫作"亖"，篇中也僅有1例：

亖（四）方諸侯其有敢不賓于吴邦　（簡6，第一章）

這種寫法的“四”金文中常見，戰國簡中較爲少見，清華伍《封許之命》中的“四”僅此一種寫法，共出現三次；清華陸《孺子》《子産》各出現一次。

戰國簡中，“一”與“壹”、“二”與“弍”、“三”與“厽”常常同時出現，這種異寫與底本關係不大。《越公其事》中未出現“一”字，僅在簡 19 出現 1 例“壹”寫作“”形，並與“弍”同時出現，其辭例作“孤用率我壹弍子弟以奔告於邊”（簡 19+20，第三章）。這是“一”、“二”的繁寫“壹”、“弍”同用於一句。

7. {始}——⿹司厶、司

《越公其事》中讀爲{始}的字有兩種寫法：

⿹司厶：60　司：27

一種寫作“⿹司厶”讀爲{始}，用爲動詞，這種寫法楚文字中常見，篇中有 3 例：

吾⿹司厶（始）踐越地以至于今	（簡 13，第二章）
越王句踐焉⿹司厶（始）作紀五政之律	（簡 29，第四章）
焉⿹司厶（始）絶吴之行李	（簡 60，第十章）

一種作“司”讀爲{始}，用爲名詞，該用法戰國簡中較爲少見，篇中也僅有 1 例：

乃因司（始）衰（襲）常	（簡 27，第四章）

8. {吴}——吴、虘

《越公其事》中表示“吴國”的{吴}有兩種寫法：

吴：6　虘：49

篇中多寫作“吴”，共 34 例：

乃使大夫種行成於吴師曰	（簡 1，第一章）
以臣事吴	（簡 6，第一章）
四方諸侯其有敢不賓于吴邦	（簡 6，第一章）
吴王聞越使之柔以剛也	（簡 9，第二章）
天不仍賜吴於越邦之利	（簡 10，第二章）
吴王曰“大夫其良圖此”	（簡 11，第二章）

天賜中于吴 （簡12,第二章）

凡吴之善士將中半死矣 （簡13+14,第二章）

吴王乃出 （簡15下,第三章）

交鬭吴越 （簡16,第三章）

余其與吴播弃怨惡于海瀘江湖 （簡23,第三章）

吴人既襲越邦。越王句踐將惎覆吴 （簡26,第四章）

焉始絶吴之行李 （簡60,第十章）

吴師未起 （簡62,第十章）

吴師乃起。吴王起師 （簡63,第十章）

吴師乃大駭曰 （簡66,第十章）

大亂吴師 （簡67,第十章）

吴師乃大北,疋戰疋北,乃至於吴。越師乃因軍吴₌（吴,吴）人昆奴乃入越師,越師乃遂襲吴 （簡68,第十章）

越王句踐遂襲吴邦,圍王宫。吴王乃懼（簡69,第十一章）

今吴邦不天 （簡70,第十一章）

"昔天以越邦賜吴₌（吴,吴）弗受。今天以吴邦賜越,句踐敢不聽天之命而聽君之令乎?"句踐不許吴成,乃使人告於吴王曰"天以吴土賜越" （簡71+72,第十一章）

吴王乃辭曰"天加禍于吴邦" （簡74,第十一章）

凡吴土地民人 （簡75,第十一章）

另一種是寫作"虗",與"句"字連用,僅1例:

句虗（吴）四方之民乃皆聞越地之多食、政薄而好信 （簡49,第七章）

9. {越}——雩、郕

《越公其事》中表示"越國"的{越}有兩種寫法:

雩:  10　郕:  72

篇中多寫作"雩",共53例:

上帝降禍于於雩（越）邦 （簡2+3,第一章）

毋絶雩(越)邦之命于天下,亦使句踐繼蓁於雩(越)邦,孤其率雩(越)庶姓 (簡 5+6,第一章)

余其必斆絶雩(越)邦之命于天下,勿使句踐繼蓁於雩(越)邦矣 (簡 8,第一章)

吴王聞雩(越)使之柔以剛也 (簡 9,第二章)

天不仍賜吴於雩(越)邦之利 (簡 10,第二章)

今雩(越)公其胡有帶甲八千以辜(敦)刃偕死 (簡 10+11,第二章)

吾始踐雩(越)地以至于今 (簡 13,第二章)

君雩(越)公不命使人而大夫親辱 (簡 15 下,第三章)

交鬬吴雩(越) (簡 16,第三章)

孤用願見雩(越)公 (簡 19,第三章)

孤又恐無良僕御發火於雩(越)邦 (簡 22,第三章)

忞志於雩(越)公 (簡 24,第三章)

使者返命雩(越)王 (簡 24+25,第三章)

吴人既襲雩(越)邦。雩(越)王句踐將惎覆吴 (簡 26,第四章)

雩(越)王句踐焉始作紀五政之律 (簡 29,第四章)

雩(越)庶民百姓乃稱譶悚懼曰 (簡 31,第五章)

舉雩(越)庶民 (簡 35,第五章)

□人還雩(越)百里 (簡 18,第五章)

□得于雩(越)邦 (簡 34,第五章)

雩(越)邦乃大多食 (簡 36B,第五章)

雩(越)邦服農多食 (簡 37,第六章)

凡雩(越)庶民交接 (簡 42,第六章)

雩(越)則無獄 (簡 43,第六章)

舉雩(越)邦乃皆好信 (簡 43,第六章)

雩(越)邦服信 (簡 44,第七章)

舉雩(越)邦乃皆好徵人 (簡 48,第七章)

東夷、西夷、姑蔑、句吴四方之民乃皆聞雩(越)地之多食、政薄而好信,乃播往歸之,雩(越)地乃大多人 (簡 48+49,第七章)

雩(越)邦皆服徵人 (簡 50,第八章)

舉雩(越)邦至于邊縣城市乃皆好兵甲,雩(越)邦乃大多兵 (簡 52,第八章)

雩(越)邦多兵 (簡 53,第九章)

雩(越)邦庶民則皆震動 (簡 58,第九章)

王監雩(越)邦之既敬 (簡 59 下,第十章)

乃命范蠡、太甬大歷雩(越)民 (簡 61,第十章)

雩(越)王句踐乃命邊人聚怨 (簡 62,第十章)

雩(越)王起師 (簡 63,第十章)

雩(越)王乃中分其師以爲左軍、右軍 (簡 63+64,第十章)

雩(越)人分爲二師 (簡 66,第十章)

雩(越)王句踐乃以其私卒六千竊涉 (簡 67,第十章)

雩(越)師乃因軍吴,吴人昆奴乃入雩₌帀₌(越師,越師)乃遂襲吴 (簡 68,第十章)

昔不穀先秉利於雩₌(越,越)公告孤請成 (簡 69,第十一章)

許雩(越)公成 (簡 70,第十一章)

得辠於雩(越)公 (簡 70,第十一章)

昔天以雩(越)邦賜吴 (簡 71,第十一章)

天以吴土賜雩(越) (簡 72,第十一章)

雩(越)公是盡既有之 (簡 75,第十一章)

雩(越)公其事 (簡 75,第十一章)

還有 2 例寫作"郕",讀爲{越}:

及風音誦詩歌謡之非郕(越)常律 (簡 55+56,第九章)

今天以吴邦賜郕(越) (簡 71+72,第十一章)

10. {胡}——故、膚

《越公其事》中讀爲{胡}的字有兩種表示方法:

故:10 膚:14

寫作"故"與寫作"膚"的{胡}各 1 例:

今越公其故(胡)有帶甲八千以𦎫刃偕死 (簡 10+11,第二章)

吾於盧（胡）取八千人以會彼死　　（簡 14，第二章）

11. ｛有｝——又、或

《越公其事》中表示｛有｝的字有兩種：

又：19　或：6

篇中｛有｝多寫作“又”，共 16 例：

寡人又（有）帶甲八千，又（有）旬之糧　　（簡 4+5，第一章）
今越公其胡又（有）帶甲八千以辜刃偕死　　（簡 10+11，第二章）
於今三年無克又（有）定　　（簡 17+19，第三章）
又（有）私畦　　（簡 30，第五章）
王其又（有）嬰疾　　（簡 31，第五章）
其見又（有）列、又（有）司及王左右　　（簡 33，第五章）
人又（有）私畦　　（簡 35，第五章）
乃無又（有）閒艸　　（簡 34，第五章）
凡邊縣之民及又（有）官師之人或告于王廷曰　　（簡 39，第六章）
凡又（有）獄訟至于王廷　　（簡 41，第六章）
乃毋又（有）貴賤　　（簡 42，第六章）
又（有）夐歲，又（有）賞罰　　（簡 47，第七章）
王又（有）失命　　（簡 57，第九章）

還可以寫作“或”，共 2 例：

四方諸侯其或（有）敢不賓于吴邦　　（簡 6，第一章）
毋或（有）往來　　（簡 60+61，第十章）

12. ｛戰｝——戔、戰

《越公其事》中讀爲｛戰｝的字有兩種寫法：

戔：12　戰：64

一種寫作“戰”，這種寫法戰國簡中較爲常見，篇中出現 2 例：

若明日將舟戰（戰）於江　　（簡 64，第十章）
疋戰（戰）疋北　　（簡 68，第十章）

還有一種寫作“戔”，僅1例：

遠夫勇戔(戰)　　　　（簡12，第二章）

上舉可見，《越公其事》中的一詞多形現象比較突出，一些一詞多形現象出現在同一章，可以看作是抄手的有意避複或變化文字寫法，如｛命｝作“”或“”，兩寫法同時出現在第三章；｛蓁｝作“”或“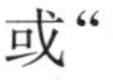”，兩寫法同時出現在第一章；｛起｝作“起”或“记”，兩寫法同時出現在第七章；｛趣｝作“遫”或“徶”，兩寫法同時出現在第七章；｛修｝作“攸”或“攸”，兩寫法同時出現在第二章；｛竊｝作“敾”或“敁”，兩寫法同時出現在第十章；｛鼓｝作“”、“”、“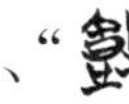”，三種寫法同時出現在第十章；｛飼｝作“”或“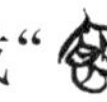”，兩寫法同時出現在第七章；｛徵｝作“陞”有“”與“”兩種寫法，分別出現在第七、八章，又作“陞”，出現在第七章；｛耕｝作“劮”、“㔙”、“劼”，三種寫法同時出現在第五章；｛親｝作“辟”或“新”，兩寫法同時出現在第三章；｛察｝作“戠”或“戠”，兩寫法同時出現在第六章；｛左｝作“左”或“右”，兩寫法同時出現在第十章；｛胡｝作“故”或“膚”，兩寫法同時出現在第二章；｛有｝作“又”或“或”，兩寫法同時出現在第一章；｛市｝作“”或“”，兩寫法同時出現在第六章；｛予｝作“夋”或“余”，兩寫法同時出現在第七章；｛問｝作“䎽”或“䎽”，兩寫法同時出現在第八章。

還有一些文字異寫分布在不同篇章，如｛在｝作“”或“”，前者出現在第一、十一章，後者出現在第六章；｛涉｝作“”或“”，前者出現在第十章，後者出現在第五章；｛敬｝作“敬”或“苟”，前者出現在第九章，後者出現在第十章；用於人名“勾踐”的｛踐｝作“戔”、“猆”兩形，“戔”出現在第四、九、十、十一章，“猆”出現在第一章；｛二｝作“二”或“弍”兩形，前者出現在第十章，後者出現在第三章。這些一詞多形現象主要是因增減字部、變化字部位置造成的，並不能反映其所抄寫底本的情況。

出現在不同章的異寫現象，其中一類是通過更改字部所致，如：｛還｝作“還”或“徎”兩形，分別出現在第三章與第五章；｛縣｝作“徎”、“鄖”、“還”、“鄁”四形，前兩形分別出現在第五、六章，“還”出現在第七、八章，“鄁”出現在第八章；｛省｝作“睛”、“眚”、“情”三形，“睛”出現在第五、七章，“眚”與“情”同時出現在第八章；｛鬬｝作“戥”或“戥”兩形，分別出現在第二章與第三章;{因}作“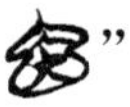”或“”,前者出現在第四章,後者出現在第六、十章。

還有一類是用字不同造成的,如:{使}作“使”、“玆”、“史”、“事”四形,“使”出現在第二、三、七、八、十一章,“玆”出現在第一、三、四、九章,“史”出現在第一章,用作名詞的“使”與“事”同時出現在第三章;{是}作“是”或“寺”,其中“是”有“”與“”兩種寫法,前者出現在第六章,後者出現在第七、八、十一章,“寺”出現在第九章;{三}作“厽”、“疋”、“三”三形,“厽”出現在第三、四、五、七章,“疋”出現在第十章,“三”出現在第一章;{四}作“四”或“亖”兩形,前者出現在第七章,後者出現在第一章;用於國名“吴國”的{吴}作“吴”或“虚”兩形,前者出現在第一、二、三、四、十、十一章,後者出現在第七章;{佑}作“右”或“有”兩形,前者出現在第二章,後者出現在第三章;{戰}作“戔”或“戰”兩形,前者出現在第十章,後者出現在第二章。上舉這些一詞多形主要是用字不同造成的,{三}作“厽”或“三”戰國簡中常見,但是作“疋”尚屬首次出現;用於國名“吴國”的{吴}作“吴”或“虚”兩形,一般來説這種用於國名的字使用相對穩定,這裏使用了兩種字形;再如{四}作“四”或“亖”兩形,“四”在戰國簡中常見,在已公布竹簡中,“亖”僅出現在清華簡中,並非常見字形。

此外,{始}作“訂”或“司”,前者出現在第二、四、十章,後者出現在第四章,雖然兩形同時出現在第四章,但是{始}用“司”表示較爲少見;{越}作“雩”或“郕”兩形,前者出現在第一至十一章,後者出現在第九、十一章,兩形同時出現在第九、十一章,但是如上所述一般來説這種用於國名的字使用相對穩定,這裏使用了兩種字形。

《越公其事》“首尾與《國語·吴語》《越語》所載幾乎全同”,[⑧]第二至九章的記載則溢出《吴語》《越語》之外。《越公其事》中間八章記録勾踐勵精圖治的舉措更爲詳細,其内容應該另有來源。《越公其事》雖是吴越史料,但全篇是用楚文字書寫,並由同一抄手在較短的時間段内書寫完成。不管《越公其事》編寫時所依據的文獻是多種還是單一的來源,僅就清華柒此篇來看,《越公其事》的文字已經經過了統一處理(是抄手所據的《越公其事》的底本即已統一還是抄手在轉抄《越公其事》時所統一則未可知),所以該篇一詞多形在各章的分布並未能顯示出任何規律。那麽,我們如何理解《越公其事》中比較多見的一詞多形的現象呢?我們初步認爲,這應該是《越公其事》的抄手有意變化文字寫法或避複所致。該篇與清華貳《繫年》所據文獻來源複雜而造成的《繫年》存在較多的一詞多形現象是不一樣的。

下附《越公其事》中一詞多形分布狀況表。

《越公其事》中一詞多形分布狀況表

		一	二	三	四	五	六	七	八	九	十	十一
{市}							●	●	●			
							●					
{在}		●										●
							●					
{涉}											●	
						●						
{予}	夌							●				
	余							●				
{問}	䎽							●	●			
	[illegible]								●			
{命}		●		●				●		●	●	
			●	●								
{蓁}		●										
		●										
{起}	起										●	
	记										●	
{還}	還			●								
	[illegible]					●						
{趣}	[illegible]			●			●	●				
	[illegible]							●		●		
{修}	攸		●		●		●			●		
	[illegible]		●									

續 表

		一	二	三	四	五	六	七	八	九	十	十一
{竊}	⿰鬳攵										●	
	⿰鬲攵										●	
{鼓}		●									●	
											●	
											●	
{飼}								●				
								●				
{徵}								●				
									●			
								●				
{踐}	戔				●					●	●	●
	殘	●										
{親}	辟	●		●		●	●	●				
	新			●								
{察}	戠						●					
	⿱宀戠						●	●	●			
{鬭}	⿰⿱吅豆戈		●									
	⿰⿱吅豆言			●								
{左}	左								●		●	
	右					●	●	●			●	
{佑}	右		●									
	有			●								
{耕}	⿰耒力					●						
	⿰耒男					●						
	⿰⿱丰田男					●						
{因}					●							
							●				●	

續　表

		一	二	三	四	五	六	七	八	九	十	十一
{敬}	戠									●		
	苟										●	
{二}	二										●	
	弍			●								
{使}	使		●	●				●	●			●
	玆	●		●	●					●		
	史	●										
	事			●								
{縣}	儇					●						
	鄍						●					
	還							●	●			
	鄐								●			
{省}	睛					●		●				
	甠								●			
	情								●			
{是}							●					
								●	●			●
	寺									●		
{三}	厽			●	●	●		●				
	乇辶										●	
	三	●										
{四}	四							●				
	亖	●										
{始}	㚸		●		●						●	
	司				●							
{吳}	吳	●	●	●	●						●	●
	虞							●				
{越}	雩	●	●	●	●	●	●	●	●	●	●	●
	郕									●		●

續　表

		一	二	三	四	五	六	七	八	九	十	十一
{胡}	故		●									
	膚		●									
{有}	又	●	●	●		●	●	●		●		
	或	●									●	
{戰}	戔										●	
	戰		●									

注　釋

① 清華大學出土文獻研究與保護中心編,李學勤主編:《清華大學藏戰國竹簡(柒)》,中西書局,2017 年,第 113 頁。

② 陳美蘭:《〈清華大學藏戰國竹簡(貳)·繫年〉用字現象考察——以同詞異字爲例》,《第二十五届中國文字學國際學術研討會論文集》,中國文化大學中國文學系,2014 年,第 393—424 頁;又李松儒:《試析〈繫年〉中的一詞多形現象》,《清華簡〈繫年〉與古史新探》,中西書局,2016 年,第 455—486 頁。

③ "字部"即組成文字的部件,它既可以是筆畫,也可以是部首,甚至是獨體字。參看李松儒:《戰國簡帛字迹研究——以上博簡爲中心》,上海古籍出版社,2015 年,第 128 頁。

④ "玆"讀爲"使",參看石小力:《據清華簡(柒)補證舊説四則》,清華大學出土文獻研究與保護中心網,2017 年 4 月 23 日。

⑤ "情"讀爲"省",參看單育辰:《〈清華大學藏戰國竹簡(柒)〉釋文訂補》,清華簡國際會議論文,香港、澳門,2017 年 10 月。

⑥ "芧"用爲"三",參看石小力:《清華簡〈越公其事〉與〈國語〉合證》,清華簡國際會議論文,香港、澳門,2017 年 10 月。

⑦ "三"字釋讀參看"勞曉森"(網名):《清華簡〈越公其事〉殘字補釋一則》,復旦大學出土文獻與古文字研究中心網,2017 年 5 月 1 日。

⑧ 清華大學出土文獻研究與保護中心編,李學勤主編:《清華大學藏戰國竹簡(柒)》,第 112 頁。

清華簡《邦家處位》所見鄉貢制度

馬　楠（清華大學出土文獻研究與保護中心
出土文獻與中國古代文明研究協同創新中心）

清華簡第八輯整理報告中有《邦家處位》一篇，凡十一簡，内容爲戰國時期政論。簡文文句周匝迂曲，頗不可解。本文試圖分析該篇段落關係，進而把握簡文脈絡，不當之處，敬請方家批評指正。

全篇可分兩部分。前半部分以"邦家處位，傾昃其天命"發端，論及弊政的兩種情況：一是君臣相度，那麽君唯聾狂，臣子迷亂，政事、寵福悖逆美惡，[①]所舉執事也必然唯利是圖，貪枉用事。這種局面唯有倚重良人，才能撥亂反正：

唯睿良人能造御柔，使人用倚典政，還入它（施）政，弊政$_2$更政（正）。

而事實上並没有能夠舉用良臣，依舊父子相襲，職官世承，則弊政相因，無從反正：

子立代父，自定於後事，階適丈皋逵辭，[②]反教稱僞，亢政眩邦，倦厭政事，均倚政主，君乃無從規下之蟲□[③]。$_3$

另一種情況則是君臣不相度，君自任百役，有惡人而受大政，有良人終身不用：

夫不度政者，抑歷無詘，主賃（任）百役，乃敝於亡。[④]或惡哉，壯（臧）𨘢（皁）[⑤]度埶（勢）瞀（譖）萬（厲）而方受大政；或美哉，不見而没抑不由，$_4$無津以出。民用率欲逃救滔政。

至此收束前文，言前事不忘，後之爲短長者，當盡知前事，毋效"二尤"（代

指上文君臣相度與不相度):

> 使人乃奴(如)無前不忘,抑後之爲短修之者,微兹毋知,⑥毋效二尤。4

後半部分則論説取士、貢士之道,即如何“毋效二尤”。文獻中常見“鄉貢”,本篇則稱“黨貢”,鄉、黨都是基層行政單位,二者詞義相類。《儀禮》鄉飲酒、鄉射禮舊説以爲三年大比,獻賢能者於君,通行於鄉、州、黨。春秋晚期孔子私門授學,《論語》與七十子後學也特别强調學、仕關係。《論語·先進》:“子曰:‘先進於禮樂,野人也;後進於禮樂,君子也。如用之,則吾從先進。’”本篇的“黨貢”,恐怕指的就是身份低微、“學而優則仕”的“先進”,而非世襲承官,仕而後學的“後進”。在出土文獻中,如上博簡《季康子問於孔子》,也有“惡人毋贑,好人毋遺”(簡19—20)、“毋信玄曾,因邦之所賢而興之”(簡21)的觀點。

> 人其曰□度未愈5而進惡没者,夫黨貢亦曰:余無罪而澁,須事之遇機,遇其毁美惡乃出,從取資焉。上者其上,下者其下,將度6以爲齒,豈能怨人,其勿氏(是)是難。信能攷守道美,用惡人而曰善;或忍寵不逕(襲)諂託(眊),無甯(扁)其徵,而不傾昃。7人而不足用,告(造)託(芼)必选(先)衛訏(守)道,探度葬定其答。其遇於異,盡使人未知得度之察貢,乃故爲美以探良人。良人8……虘爲羕良人。良人如未行政,貢以伺疾惡,反以爲政,夫爲前政9者,亦其有美而爲惡……用邋貢而改,有救於前用。小民而不知利政,乃謂良人出於無度。人用10必納貢,葬能有度。既備納貢,政是道之,豈或求謀?11

語意雖不可盡識,但大體可以約略把握:如以法度不備而進惡人爲政,鄉黨貢士則怨懟曰:我無罪而廢,須待法度美惡淆亂,乃相機而出,從取進身之資。上者其上,下者其下,以爲法度、以爲次第,豈能怨人,不能爲此是難。在位者誠能守道,用惡人亦能使之爲善,不襲用世家,徵召無所遺漏,則不傾側。官吏不足用,須考察貢士,以守道爲先。貢士或不知主掌選任者是否得度,或故爲美善以探良人,唯良人能辨别貢士美惡,使選任之職永爲良人。如無良人爲政,則貢士伺惡求進,使之爲政,善人亦可爲惡。須重新燮理貢士,才能補救前失。小民不知良人選任之法度,不知利政之根本。總之任用貢士才能形成法度、政事順導,不必别求他謀。

選賢任能的思想,爲儒家文獻所習見,如《論語·爲政》"舉直錯諸枉,則民服;舉枉錯諸直,則民不服","舉善而教不能,則勸";《孟子·公孫丑上》"尊賢使能,俊傑在位,則天下之士皆悦而願立於其朝矣";《離婁上》"天下有道,小德役大德,小賢役大賢"。⑦

推衍開來,又有唯良人能推此選任之道、唯良人能選任良人的思想:

始與善,善進善,不善蔑由至矣。始與不善,不善進不善,善亦蔑由至矣。(《國語·晉語六》)⑧

孟子謂戴不勝曰:"子欲子之王之善與?我明告子:有楚大夫於此,欲其子之齊語也,則使齊人傅諸?使楚人傅諸?"曰:"使齊人傅之。"曰:"一齊人傅之,衆楚人咻之,雖日撻而求其齊也,不可得矣。引而置之莊嶽之間數年,雖日撻而求其楚,亦不可得矣。子謂薛居州善士也,使之居於王所。在於王所者,長幼卑尊皆薛居州也,王誰與爲不善?在王所者,長幼卑尊皆非薛居州也,王誰與爲善?一薛居州,獨如宋王何?"(《孟子·滕文公下》)⑨

仁援仁而進之,不仁人弗得進矣。

(上博簡《孔子見季桓子》簡9)

甄别賢能、選任良人的具體方法則少有言及,只説要察而用之,招之以禮,善養賢良:

王曰:"吾何以識其不才而舍之?"曰:"國君進賢如不得已,將使卑逾尊,疏逾戚,可不慎與?左右皆曰賢,未可也;諸大夫皆曰賢,未可也;國人皆曰賢,然後察之;見賢焉,然後用之。"

(《孟子·梁惠王下》)

悦賢不能舉,又不能養也,可謂悦賢乎?……堯之於舜也,使其子九男事之,二女女焉,百官牛羊倉廩備,以養舜於畎畝之中,後舉而加諸上位,故曰王公之尊賢者也。(《孟子·萬章下》)

況乎以不賢人之招招賢人乎?欲見賢人而不以其道,猶欲其入而閉之門也。夫義,路也。禮,門也。惟君子能由是路,出入是門也。

(《孟子·萬章下》)⑩

而與之對應的是,七十子後學、戰國儒家也構建出一套諸侯貢士於天子,天子試之以射禮,不貢士則諸侯有貶爵削地之罰的制度:

孟子曰:"……天子適諸侯曰巡狩;諸侯朝於天子曰述職。……入其疆,土地辟,田野治,養老、尊賢、俊傑在位,則有慶,慶以地。入其疆,土地荒蕪,遺老、失賢,掊克在位,則有讓。一不朝,則貶其爵;再不朝,則削其地;三不朝,則六師移之。……" (《孟子·告子下》)⑪

是故古者天子之制,諸侯歲獻,貢士於天子,天子試之於射宫。其容體比於禮,其節比於樂,而中多者,得與於祭。其容體不比於禮,其節不比於樂,而中少者,不得與於祭。數與於祭而君有慶,數不與於祭而君有讓。數有慶而益地,數有讓而削地。(《禮記·射義》)⑫

天子告朔於諸侯,率天道而敬行之,以示威于天下也。諸侯内貢於天子,率名斆地實也,是以不至必誅。諸侯相見,卿爲介。以其教士畢行,使仁守,會朝於天子。天子以歲二月爲壇於東郊,建五色,設五兵、具五味、陳六律、吕、奏五聲,聽明教。置離,抗大侯規鵠,豎物。九卿佐三公,三公佐天子。天子踐位,諸侯各以其屬就位,乃升諸侯,諸侯之教士,教士執弓挾矢,揖讓而升,履物以射。其地心端色容正,時以斆伎。時有慶以地,不時有讓以地。

(《大戴禮記·虞戴德》)⑬

這套諸侯貢士於天子、天子試之以射禮、據以升降諸侯的説法由於《尚書大傳》的流行,在漢代影響極大。⑭如《漢書·武帝紀》元朔元年有司奏議"古者諸侯貢士,壹適謂之好德,再適謂之賢賢,三適謂之有功,乃加九錫;不貢士,壹則黜爵,再則黜地,三而黜爵地畢矣。夫附下罔上者死,附上罔下者刑,與聞國政而無益於民者斥,在上位而不能進賢者退,此所以勸善黜惡也",⑮就是援用申發《尚書大傳》的説法。後來《説苑·修文》、《公羊傳》何注、《潛夫論·考績》也具有徵引。⑯

反觀《邦家處位》一篇,簡文前半論證選賢任能的必要性,後半申説甄别貢士,唯良人能援引善士,良人在位能使頑廉懦立,反之則善人亦爲惡,應當是當時較爲常見的儒家政論。

注　釋

① 簡文作"政事逆美,寵福逆惡",當爲互文。本篇釋文儘量用通行字轉寫,下同。

② 階讀如《論語·子張》"猶天之不可階而升也"之"階",此處作"適"的副詞。"丈臯"、"逴辭"並列,作"階適"的賓語。

③ "蟲"下一字推測可能是近似於"蠹"一類的字,"蟲蠹"用比喻義。

④ 清華簡《子産》簡19—20有"古之狂君,卑不足先善君之驗,以自餘智,民亡可事,任屬不果,邦以壞",可參(釋讀參看蔣瓊傑、孫超傑:《試説清華六〈子産〉中的"砫"》,《出土文獻》第十一輯,中西書局,2017年,第218—223頁)。

⑤ 兩字試讀爲"臧臯",皆僕役之稱。臧見《方言》:"臧、甬、侮、獲,奴婢賤稱也。荆淮海岱雜齊之間,罵奴曰臧,罵婢曰獲。"(錢繹:《方言箋疏》,中華書局,1991年,第100頁)臯見《左傳》昭公七年"人有十等……士臣臯"(《春秋左傳正義》,阮刻十三經注疏嘉慶刊本,中華書局,2009年,第4447頁)。

⑥ 簡文作"端攸",試讀爲"短修",猶云"短長"。漢代文獻常見"持短長",語義偏向於"短"。"微玆毋知"義爲唯玆是知。

⑦ 焦循:《孟子正義》,中華書局,1987年,第226、495頁。

⑧《國語》,上海古籍出版社,1998年,第411頁。

⑨ 焦循:《孟子正義》,第438—439頁。

⑩ 同上書,第143、717—719、723頁。

⑪ 同上書,第840—841頁。

⑫《禮記正義·射義》,阮刻十三經注疏嘉慶刊本,第3663—3664頁。

⑬ 孔廣森:《大戴禮記補注·虞戴德》,中華書局,2013年,第179—180頁。

⑭《尚書大傳》見《禮記·射義》孔疏:"《書傳》云'古者諸侯之於天子也,三年一貢士,一適謂之好德,再適謂之賢賢,三適謂之有功,有功者天子賜以衣服、弓矢,再賜以秬鬯,三賜以虎賁百人,號曰命諸侯。"(孔廣森:《大戴禮記補注·虞戴德》,第3663—3664頁)

⑮《漢書·武帝紀》,中華書局,1962年,第167頁。

⑯ 見向宗魯:《説苑校證·修文》,中華書局,1987年,第486—487頁;《公羊傳》莊公元年何注,阮刻十三經注疏嘉慶刊本,第4830頁;汪繼培:《潛夫論箋校正·考績》,中華書局,1985年,第71頁。

説“閉”*

——兼及與“才”相關諸字

趙平安(清華大學出土文獻研究與保護中心)
出土文獻與中國古代文明研究協同創新中心

《説文》門部:“閉,闔門也。从門、才,所以歫門也。”[①]段玉裁“闔門也”下注:“闔下曰‘閉也’,與此爲轉注。又閟下曰‘閉門也’。按《左傳》‘高其閈閎’,疑閈乃閉字之誤。”又“才所㠯歫門也”下注:“从門而又象撑歫門之形,非才字也。博計切。十五部。玉裁按:才不成字,云所以歫門。依許全書之例,當云才象所以歫門之形乃合,而無象形之云,則當是合二字會意。考王逸少書《黄庭經》三用閈字,即今閉也,而中从午。蓋許書本作从門午,午所以歫門。舂字下曰‘午,杵省也’,然則此午亦是杵省。歫門用直木如杵然。轉寫失真,乃昧其本始矣。”[②]張舜徽《説文解字約注》:“才,象鍵閉之形,即今俗所稱木鎖也。《禮記·月令》:‘修鍵閉。’正義引何氏云:‘鍵是門扇之後,樹兩木穿上端爲孔;閉者,謂將扃關門以内孔中。’是其義已。今俗猶多用之,門開時,是物分在兩扇,隱而不見,門闔則合而爲用。故閉字从門中有才,訓闔門也。”[③]楊樹達以爲字从門才,才即材之初文,本訓草木初生,引申之義爲木材。距門之關以木爲之,猶閑之从木也。[④]李學勤先生主編《字源》:“金文閉,門中本不是‘才’字,而是用來關門的鍵之形。”[⑤]學者們大多同意把“閉”理解爲會意字,[⑥]把其中的“才”理解爲象鍵一類的東西。但“才”究竟是不是字,具

---

* 本文爲國家社科基金重大招標項目“先秦兩漢訛字綜合整理與研究”(15ZDB095)和清華大學自主科研計劃課題“新出簡牘帛書與古文字疑難解讀”的階段性成果。

體所指爲何，意見並不統一。《説文》把閉解釋爲動詞，這類用法古書多見，如《吕氏春秋·君守》："中欲不出，謂之扃。外欲不入，謂之閉。既扃而又閉，天之用密。"古代漢語往往名動同形，解釋爲動詞是完全可以理解的。

《説文》門部："，閉門也。从門必聲。《春秋傳》曰：'閟門而與之言。'"⑦段玉裁注："引申爲凡閉之稱。《載馳》《閟宫》傳曰：'閟，閉也。'"《左傳》莊公三十二年："見孟任從之閟。"《詩經·魯頌·閟宫》正義引閟作閉。郭店簡《老子》乙13："閟其門，塞其兑，終身不敄。"郭店簡《老子》甲27："閟其兑，塞其門，和其光，同其塵。"郭店簡《語叢四》4："口不慎而户之閟（閉），惡言復己而死無日。"上博六《用曰》3："丨其有成德，閟（閉）言自關。"清華叁《芮良夫毖》22："民之關閟，如關柭不閟（閉）。"《史記·韓信盧綰列傳》："綰愈恐，閉匿。"《漢書·盧綰傳》閉作閟。楊樹達認爲，閟是閉的後起形聲字。⑧閟一般从門作。在左塚漆梮裏，閟字作从户必聲，是因爲門、户通作的緣故。

閟還有一個異體作⿵門朼，見於清華簡《攝命》：

> 王曰："⿱聑大（攝），敬哉，毋（毋）⿵門朼（閉）于乃隹（唯）沓（沖）子少（小）子，毋遽（遽）才（在）服，難（勤）⿱氏鬲（祗）乃事。"　（簡4—5）⑨

原字形作，从門从朼。戰國文字中，朼經常用爲"必"。⑩無疑，應該看作閟的異體。整理小組的意見是正確的。

閉、閟、⿵門朼爲一字異體。閟、⿵門朼都是形聲字，閟从必聲，⿵門朼从朼聲。探討閉的構形本義，應緊扣才、閉的字形，也可以參考⿵門朼的字形。

文獻中閉有門閂的意思。《管子·八觀》："宫垣關閉不可以不修。……宫垣不備，關閉不固，雖有良貨，不能守也。"《吕氏春秋·異用》："仁人之得飴，以養疾侍老也。跖與企足得飴，以開閉取楗也。"閉都是門閂的意思。《禮記·月令》："修鍵閉，慎管鑰。"鄭玄注："鍵，牡；閉，牝也。"孔穎達疏："凡鏁器入者謂之牡，受者謂之牝。"這裏的閉是門閂的一部分。閉大約有統言、析言之别，本來應該是門閂的一部分，引申表示整個門閂。

閉（幫紐質部）訓牝（並紐脂部），屬於聲訓。聲訓反映了閉的語源，也暗示了閉的形制。

閉字最早見於金文,作如下之形:

(豆閉簋,《集成》4276)

在簋銘中共出現三次,其所从才和同篇“才”(用爲“在”)寫法無異。[11]由此可見,閉所从才早期的寫法及其後來的演變脈絡,和單獨使用的“才”完全相同,没有理由不把它和“才”字統一起來看。我們認爲,金文閉所从才比較好地呈現了“閉”的特點。[12]整個字是一個襯托象形字。[13]“門”起襯托作用,“才”爲閉之象。[14]

結合閉和閉的字際關係看,朼應是在才(象形閉,幫紐質部)的基礎上加上聲符匕(幫紐脂部),看作象形閉的形聲字。

甲金文“才”作(《合集》449)、(《合集》22708)、(旗鼎,《集成》2670)、(豐作父辛尊,《集成》5996)之形,[15]和象形“閉”的寫法完全一樣,是由▭和丨兩部分組成的。最初可能就是指▭這一部分,泛指▭和丨的合體,泛指應該很早就發生了。甲金文的“才”和象形“閉”的寫法是完全相同的。不僅如此,从才構形的字有一部分意義也與閉有關係。

《説文》才部:“,艸木之初也。从丨上貫一,將生枝葉。一,地也。凡才之屬皆从才。”[16]所謂“艸木之初”顯然是就小篆訛形爲説,是靠不住的。[17]《説文》木部:“,木梃也。从木才聲。”[18]《説文》貝部:“,人所寶也。从貝才聲。”[19]才的本義是才能或有才能的人,材的本義表示木材,財的本義表示財物,它們實際是一組同源詞,核心意思都是表示某種特定用途的有用的東西。閉到才的引申關係,和表鎖鑰的管引申爲主管的管,閥門的閥引申爲軍閥、財閥的閥相似。因此閉和才的意義是相因的。《説文》土部:“,存也。从土才聲。”[20]段玉裁注:“存,恤問也。《釋詁》:‘徂、在,存也。在、存……察也。’按《虞夏書》在訓察。謂在與伺音同,即存問之義也。在之義古訓爲存問,今義但訓爲存亡之存。”從實際使用的情況看,“在”最早是用“才”表示的。西周金文中出現了(大盂鼎,《集成》2837)、(啓作且丁尊,《集成》5983)、(𧾩簋,《集成》4046)之類的寫法,是在才(從紐之部)上加士(崇紐之部)聲,這幾例“在”都是表示存在的意思。春秋金文寫作(杕氏壺,《集成》9715),是西周金文進一步發展的結果,也是表示存在的意思,很顯然,“在”中的“土”是“士”訛變的結果。“存”字出現很晚,戰國文字中,一般借廌(定紐支部)表示。㉑在清華簡《子産》中,還用"才"表示。如簡3"此胃(謂)才(存)亡才(在)君",整理報告注釋[一〇]:"上一'才',讀爲'存',《説文》'存'从'才'聲。"㉒"存"也是表示在的意思。睡虎地秦簡《秦律十八種》161"官嗇夫節(即)不存",《爲吏之道》5"過(禍)去福存",《法律答問》98"典、老雖不存","存"都是表示在的意思。"存"既然本來表示在的意思,所从子不應理解爲意符,而應看作聲符。才、子都是之部字,聲母都是齒音,古音很近。在《子産》作者那裏,"存"大約還是在之部的。㉓表示存在的"在"、"存"也和"閉"的意義相因。這樣看來,"閉"和"才"字形和意義都有關聯。但是,閉是幫母質部字,才是從母之部字,聲韻都不近。這類形義都有聯繫而讀音没有聯繫的字,在早期文字中不乏其例,屬於一形多用的現象。最著名的例子像古文字中的"王",本爲斧鉞的象形,是王者的象徵,用以表示王,同時也可以表示士。士、王形義相關,但讀音不同。㉔林澐先生把這類現象看作轉注,㉕是早期文字中普遍存在的現象。

現在總結一下本文的觀點:我們認爲"才(bi)"是"閉"的初文,也是"才(cai)"的初文,它們屬於一形多用的關係,亦即轉注的關係。"閉"跟"才"、"材"、"財"意義上有聯繫,跟"在"意義上也有關係。這樣解釋,在釋形上符合統一性的原則,在用字習慣上符合早期文字的特點,應該是優於舊説的。

龔橙曾説:"(閉)古文當作丰,象木植上下入楅,後加門以爲别。"馬敘倫説:"此字或如龔説初文爲丰,象楗在閉之形。然似爲閟之初文。故今皆以闔門訓閉。鄭所謂閉牝也者,自有其字而今失之,猶楗牡也者,亦得有象形之文,今亦無之也。"㉖現在看來,龔橙和馬敘倫先生,雖然是就小篆字形爲説,也未經什麽論證,帶有很大的猜想成分,但隻眼獨具,已沿著正確的道路邁進了一步,應當予以充分的肯定。

閉字當門閂講,還可以從後世結的用法折射出來。《吕氏春秋·君守》:

> 魯鄙人遺宋元王閉,元王號令於國,有巧者皆來解閉。人莫之能解。兒説之弟子請往解之,乃能解其一,不能解其一,且曰:"非可解而我不能解也,固不可解也。"問之魯鄙人,鄙人曰:"然。固不可解

> 也,我爲之而知其不可解也。今不爲而知其不可解也,是巧於我。"故如兒説之弟子者,以"不解"解之也。

高誘注:"閉,結不解者也。"這一用法,也比較接近閉的本義,可以看作閉的引申用法。

注　釋

①《注音版説文解字》,中華書局,2015 年,第 249 頁。
② 段玉裁:《説文解字注》,上海古籍出版社,1981 年,第 590 頁。
③ 張舜徽:《説文解字約注》,河南人民出版社,1983 年,卷二十三第 14—15 頁。
④ 楊樹達:《積微居小學述林》,科學出版社,1955 年,第 83—84 頁。
⑤ 李學勤主編:《字源》,天津人民出版社、遼寧人民出版社,2012 年,第 1043 頁。
⑥ 也有學者認爲閉字从門七聲。參看黄德寬主編:《古文字譜系疏證》,商務印書館,2007 年,第 3409 頁。
⑦《注音版説文解字》,第 249 頁。
⑧ 楊樹達:《積微居小學述林》,第 83—84 頁。
⑨ 清華大學出土文獻研究與保護中心編,李學勤主編:《清華大學藏戰國竹簡(捌)》,中西書局,2018 年。
⑩ 白於藍編纂:《戰國秦漢簡帛古書通假字彙纂》,福建人民出版社,2012 年,第 326 頁。
⑪ 戰國、秦代的閉所从才還保持著類似的寫法。參看王輝、楊宗兵、彭文:《秦文字編》,中華書局,2015 年,第 907—908 頁。吴大澂《説文古籀補》卷十二曾釋此字爲閘。但是對比甲字和此字所从還是有所不同,甲字西周金文寫成縱横兩畫,兩畫比較匀齊,而此字所从兩畫結合部比較粗,具有才的特徵。因此現在基本上把它釋爲閉,很少人把它看作閘字。參看李圃主編:《古文字詁林》,上海教育出版社,2004 年,第九册第 537 頁。
⑫ 段玉裁提到王逸少書《黄庭經》三用的閈字,睡虎地秦簡《日書》乙種从門从牛的閉字,其中午、牛都是才的變體。
⑬ 趙平安:《漢字表意分析中的五種技巧》,《語文學習與研究》1988 年第 8 期;《漢字與繪畫在表意技巧上的相互融通》,《語文建設》1996 年第 7 期。
⑭ 需要指出的是,金文中有一個閈的省體,寫法與閉近似,過去或釋爲閘,或釋爲閉,都是錯誤的。此字見於四十二年逑鼎(《文物》2003 年第 6 期)、隥簋(通鑒 05138)。有關論述,參看劉洪濤:《釋虢季子白盤銘"經擁四方"》,《中國文字研究》第二十四

輯,上海書店出版社,2016 年,第 45—49 頁;高佑仁:《〈湯處於湯丘〉札記六則》,文字、文獻與文明——第七届出土文獻青年學者論壇暨國際學術研討會會議論文,广州,2018 年 8 月。

⑮ 這一類的寫法,到秦代都没有發生根本性的變化。參看王輝、楊宗兵、彭文:《秦文字編》,第 907—908 頁。

⑯《注音版説文解字》,第 122 頁。

⑰ 現代古文字學者絶大多數還是依從許慎的説法。少數不同看法純屬推測,幾乎没有人相信。參看李圃主編:《古文字詁林》,第六册第 30—38 頁。

⑱《注音版説文解字》,第 115 頁。

⑲ 同上書,第 126 頁。

⑳ 同上書,第 289 頁。

㉑ 白於藍編纂:《戰國秦漢簡帛古書通假字彙纂》,第 378 頁。

㉒ 清華大學出土文獻研究與保護中心編,李學勤主編:《清華大學藏戰國竹簡(陸)》,中西書局,2016 年,第 27 頁。

㉓ 孫玉文先生認爲,"存"可能是"在"的孳生詞,當"存"剛從"在"發展出來時,它跟"在"讀音無異。這一推論和我們的考察結果相符。參看《從諧聲層級和聲符異讀看百年來的上古複輔音構擬》,第四届文獻語言學國際論壇論文,北京,2018 年 7 月。

㉔ 林澐:《王士同源及相關問題》,原以"士王二字同形分化説"爲題,載吴榮曾主編:《盡心集——張政烺先生八十慶壽論文集》,中國社會科學出版社,1996 年,第 1—11 頁;收入《林澐學術文集》,中國大百科全書出版社,1998 年,第 22—29 頁。

㉕ 林澐:《古文字轉注舉例》,《第三届國際中國古文字學研討會論文集》,香港中文大學,1997 年,第 787—810 頁;另收入《林澐學術文集》,第 36—43 頁。

㉖ 李圃主編:《古文字詁林》,第九册第 551 頁。

釋“𢍏”*

羅小華(長沙文物考古研究所)
出土文獻與中國古代文明研究協同創新中心

《説文》収部:“𢍏,摶飯也。从廾,釆聲。釆,古文辦字,讀若書卷。”①《説文》中收録了不少从“𢍏”得聲的字,如眷、券、觠等。②“𢍏”作偏旁時,楷書一般寫作“龹”,而小篆形體則一律寫作“”,這顯然是經過統一處理的。在傳抄古文中,也有不少从“𢍏”得聲的字,它們所从的聲旁就没有這樣規範了。《汗簡》卷下之二引《尚書》“倦”字形體作“”。③《古文四聲韻》卷四綫韻下引《義雲章》“眷”字形體作“”;引朱育《集字》“卷”字形體作“”;引《籀韻》“絭”字形體作“”、“”;引《古尚書》《汗簡》“倦”字形體分别作“”、“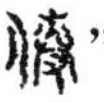”;引崔希裕《纂古》“韏”字形體作“”。④另外,《汗簡》卷下之二引王存乂《切韻》“完”字形體作“”。⑤李家浩先生分析説:“王存乂《切韻》‘完’字是一個从‘土’‘龹’聲的字,疑即見於《廣韻》《集韻》等書的‘埢’字。……王存乂《切韻》蓋借‘埢’爲‘完’。”⑥

從上述這些形體來看,可分爲以下五類:

1. “龹”承襲古文字形體作“𠔉”者。“”(王存乂《切韻》)、“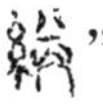”(《籀韻》)。

2. “龹”作“𢍏”者。“”(《義雲章》)。

3. “龹”作“𢌿”者。“”(朱育《集字》)、“”(《籀韻》)。

4. “龹”作“𢍎”者。“”(崔希裕《纂古》)。

---

* 本文寫作得到國家社會科學基金重大項目“先秦兩漢訛字綜合整理與研究”(15ZDB095)和北京市哲學社會科學規劃重點項目“秦漢印章封泥文字編”(14WYA002)的資助。

5.“关”作“弃”者。“”(《尚書》)、“”(《古尚書》)、“”(《汗簡》)。

在這五類形體中,第1類是没有疑問的,楚簡文字就這麼寫;第5類是“关”、“弃”相混的結果;[7]第2、3、4三類形體,彼此之間最爲接近。“弃”,《說文》未收,只在作偏旁時出現,原本爲上“八”、中“十”、下“収”,何琳儀師隸定爲“巽”。[8]“弃”作偏旁時,楷書也是寫作“关”,爲了與“弄”區分,也有學者將其隸定爲“关”。關於“巽”變爲“弃”,何師分析說:“戰國文字承襲春秋金文,或收縮十旁豎筆作,其上與火字頗易相混。故小篆誤作形。”[9]此說可從。關於“关”、“弃”相混,何師認爲“或訛變作,與巽頗易相混”。[10]“豢”,包山簡214寫作“”,簡240寫作“”。[11]由此看來,“关”、“弃”相混並非因爲“訛變作,與巽頗易相混”,可能當時的“巽”容易被寫作“巽”。我們懷疑,第2、3、4三類形體均與形體“巽”有關。从“关”之字,楚簡文字習見,如包山簡166中“豢”作“”,簡186中“滕”作“”。[12]這兩個形體中的“巽”旁都是常規寫法。[13]《清華大學藏戰國竹簡(叁)·赤鵠之集湯之屋》簡11中第一個“朕”字形體作“”,[14]這是在常規寫法的“巽”中,疊加了一個“个”成爲“弅”。[15]這種現象被稱作“繁化”。何師指出:“所謂‘繁化’,一般是指對文字形體的增繁。‘繁化’所增加的形體、偏旁、筆畫等,對原來的文字是多餘的。因此有時‘可有可無’。”根據何師的分類,形體“”可歸入“增繁同形偏旁”中的“重疊筆畫”,如《郭店楚墓竹簡·成之聞之》簡18“福”字作“”,《語叢二》簡44“婁”字作“”。[16]《清華大學藏戰國竹簡(壹)·祭公》簡3、4、9中有“滕”字形體寫作“”,《祭公》簡20和《清華大學藏戰國竹簡(叁)·芮良夫毖》簡24中有“滕”字形體分别寫作“”和“”,也都屬於“繁化”。[17]不同的是,形體“”省略了“収”旁,形體“”、“”省略了“舟”旁。包山牘1有一個非常有趣的“滕”字形體“”,[18]這是在形體“”的基礎上省略了下面的“十”形,[19]這樣,形體“”的右上部看起來像“米”字形了,與朱育《集字》“卷”字形體“”、《籀韻》“豢”字形體“”相吻合。而《說文》“关”字的小篆形體“”、《義雲章》“眷”字形體“”,則可能是“米”形的進一步訛變。“米”、“釆”二字形體非常接近,容易混淆。如《說文》華部:“糞,棄除也。从廾推華棄釆也。官溥說:‘似米而非米者,矢字。’”[20]這是“釆”形訛爲“米”形的例子。《古文四聲韻》

卷三《薺韻》下引《汗簡》“米”字形體作“”。[21]這是“米”形訛爲“釆”形的例子。這種現象,何師稱爲“形近互作”,指“形體相近的偏旁往往容易寫混”。[22]“米”與“釆”形近,“釆”與“关”同韻。因此,“”字所从的“米”形,就聲化爲“釆”了。這是“形近互作”中的一種特殊情況——“形音互作”。“形音互作”包括“誤形爲音”和“易形爲音”。“米”作“釆”屬於前者,即“借用形符稍加變化,使其成爲音符,其本質爲‘訛變’”。[23]劉釗先生稱爲“變形音化”,即“將象形字或會意字、指事字的部分構形因素,改造成與其形體接近的一個可以代表這個字字音的字”。[24]這種現象在殷周文字中就已經出現,如:“喪”字,甲骨文作“”(《前》7·28·1),金文作“”(量侯簋)。金文“喪”字是把甲骨文形體的中間豎筆向右下拖長,再加上“”的裝飾性部件,就構成了“亡”字。“喪”、“亡”二字均屬陽部。“聖”字,甲骨文作“”(《乙》5161),金文作“”(𪒠鎛)或“”(王孫鐘)。金文“聖”字是在甲骨文形體下方所从的“人”旁上加一點一横,變成“壬”字。“聖”、“壬”二字均屬耕部。有一個例子,與“关”字从“釆”最爲接近:金文“矩”字形體作“”(伯矩尊)和“”(衛簋),後者所从的“夫”,就是前者所从的“大”字“音化”而來的。[25]“矩”爲見紐魚部字,“夫”爲幫紐魚部字;“关”爲見紐元部字,“釆”爲並紐元部字。“釆”之於“关”,猶“夫”之於“矩”。崔希裕《纂古》“𩟔”字形體作“”,右上部从“禾”。《古文四聲韻》卷二《戈韻》下引《華嶽碑》“和”字作“”,可兹參照。[26]“”字所从之“禾”,可能是“釆”的進一步訛變。現將“𢍏”→“𢍎”→“弮”→“𢍐”的形體演變路徑總結如下:

至於“关”寫作“弅”的三個形體“”(《尚書》)、“”(《古尚書》)、“”(《汗簡》),則更與“𢍏”的形體有關。“弅”,何師先是認爲來源於“𢍏”:“戰國文字承襲春秋金文,或收縮十旁豎筆作,其上與火字頗易相混,故小篆誤作形。”[27]後又懷疑从“𢍏”到“弅”的演變路徑是:“、、、、、、。”[28]我們認爲,“弅”是自“𢍏”而來的;“𢍏”之所以會寫作“弅”,是因爲“𢍏”先訛爲“𢍎”,然後再變爲“𢍏”。寫作“𢍏”的“𢍎”,楚簡文字習見,如:曾侯乙墓簡123“賸”字作

“”、包山簡100“郑”字作“”。[29]“𢍏”的寫法爲秦、漢文字所承襲。“勝”,《睡虎地秦墓竹簡·秦律十八種》簡125中寫作“”,《馬王堆漢墓帛書(叁)·縱横家書》第133行中寫作“”。[30]可見,形體“弅”不像何師所説的那樣,從“𢍏”而來,而是從“𢍏”而來。從“𢍏”到“弅”的演變過程,也没有經過那樣繁多的環節。一旦“𢍏”錯寫成了“𢍏”,“十”收縮豎筆的下部就成爲“𢍏”,“仌”再訛爲“火”,“弅”就出現了:“𢍏”→“𢍏”→“弅”。“关”的《説文》小篆形體作“”,應該是經過統一加工處理的。其形體演變路徑如下:

不僅小篆形體“𢍏”和“弅”是從“𢍏”而來,通過排比字形,不難發現,楷書“龹”旁也可能是由“𢍏”而來,其演變路徑與“𢍏”到“弅”是一致的。先是“𢍏”字誤寫成爲“𢍏”,然後再變爲“𢍏”,變爲“龹”。寫作“𢍏”的“𢍏”,詳上文。錯寫成“𢍏”的“龹”見於秦、漢文字。《睡虎地秦墓竹簡·編年紀》簡10“卷”字作“”。[31]到了漢代,“𢍏”字所从的“収”旁連起來變成“廾”,再變成“大”:“”(《馬王堆漢墓帛書(壹)·老子甲後》第431行)→“”(《馬王堆漢墓帛書(叁)·春秋事語》第50行)→“”(《長沙馬王堆一號漢墓發掘報告》木牌45)。[32]以上變化可以總結爲“𢍏”→“𢍏”→“弆”→“龹”,具體如下:

綜上所述,我們現在看到的形體“龹”、“𢍏”和“弅”等,可能是由戰國文字形體“𢍏”演變而來的。其中,“龹”和“𢍏”都無法直接看出是由“𢍏”而來。尤其是“龹”的演變路徑更爲複雜,但是,“龹”的形體在漢代就出現並穩定地流傳下來,爲後世楷書所本,成爲現在最爲常見的形體。“𢍏”的演變則經過了特殊的環節。《清華大學藏戰國竹簡(叁)·赤鵠之集湯之屋》簡11中的“朕”字形體“”,爲排列“𢍏”的形體演變路徑提供了重要的證據。“𢍏”後來被世人淘汰,只在《説文》的小篆形體以及《義雲章》“眷”字形體中看到。形體“弅”,可以直接看出是由“𢍏”演變而來的。“关”在《説文》中用作偏旁的時候,一律寫作“弅”。凡是寫作

“灷”(僅見於傳抄古文)的“龹”,都可以看作是“⿱火⿰廾攵”先錯寫成了“⿱火⿰丿攵”。“⿱火⿰丿攵”演變成“灷”,也是在漢代出現並固定下來的,其過程較爲簡單,所經歷的環節也較少,在後世也不常見。正因爲“龹”是從“⿱火⿰丿攵”演變而來,現在楷書中的“龹”和“关”看起來一模一樣也就可以理解了,它們在秦簡文字中已經開始混淆不辨了。

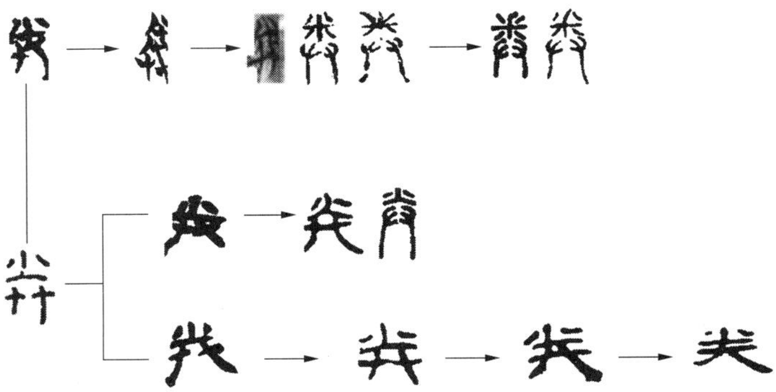

附記:

《清華大學藏戰國竹簡(壹)·程寤》簡6中有“朕”字寫作“”。[33]類似的形體還有“”(《書法》84·4·6)。[34]這種形體的産生,存在兩種可能:

1. 書手無法區分“⿱火⿰丿攵”、“⿱火⿰廾攵”而將兩個形體堆在一起。《清華大學藏戰國竹簡(壹)·保訓》簡2、3、10中,“朕”字形體分别作“”、“”、“”。[35]《赤鵠之集湯之屋》簡11第二個“朕”字形體作“”。[36]可兹參照。

2. 將作爲裝飾性部件的“=”从“廾”旁之下移到了“廾”旁之上。中山王器中有“朕”作“”、“”,[37]二字“廾”旁之下皆有裝飾性部件“=”。可兹參照。

我們更傾向於前者。

注　釋

① 許慎撰,徐鉉校定:《説文解字》,中華書局影印本,1963年,第59頁。

② 朱駿聲:《説文通訓定聲》,中華書局,1984年,第756頁。

③ 郭忠恕編,李零、劉新光整理:《汗簡》,中華書局,1983年,第40頁。

④ 夏竦編,李零、劉新光整理:《古文四聲韻》,中華書局,1983年,第121頁。

⑤ 郭忠恕編,李零、劉新光整理:《汗簡》,第39頁。

⑥ 李家浩:《信陽楚簡“澮”字及从“关”之字》,載《中國語言學報》第一期,商務印書館,1982年,第191頁。

⑦ 李春桃先生曾就《尚書》中的形體進行討論:“古文爲‘券’字,下部从力,形體上部所从與‘弅’(“朕”字聲符)形相混,戰國文字中的‘卷’及从卷之字上部都作橫畫,而弅聲字多作豎畫,此古文从火作,是訛形。”見氏著《古文異體關係整理與研究》,中華書局,2016年,第331頁。

⑧ 何琳儀:《戰國古文字典——戰國文字聲系》,中華書局,1998年,第148頁。

⑨ 同上書,第148—149頁。

⑩ 同上書,第1003頁。

⑪ 湖北省荆沙鐵路考古隊:《包山楚簡》,文物出版社,1991年,圖版九五、一○五。

⑫ 同上書,圖版七六、八四。

⑬ 按:三體石經中的“完”寫作“”,也是將“兊”寫成了“兖”。李春桃:《古文異體關係整理與研究》,第331頁。

⑭ 清華大學出土文獻研究與保護中心編,李學勤主編:《清華大學藏戰國竹簡(叁)》,中西書局,2012年,第112頁。

⑮《汗簡》卷下之二引王存乂《切韻》“完”字作“”,《古文四聲韻》卷一引王存乂《切韻》“完”字作“”。郭忠恕編,李零、劉新光整理:《汗簡》,第37頁;夏竦編,李零、劉新光整理:《古文四聲韻》,第19頁。李春桃先生分析説:“從形體上看,古文與‘全’字不近,應是訛體,其上部與‘弄’字上部相似,姑附於此。”見氏著《古文異體關係整理與研究》,第332頁。按:此“完”字形體,疑與“弅”之作“弃”有關。

⑯ 何琳儀:《戰國文字通論(訂補)》,江蘇教育出版社,2003年,第213—215頁。

⑰ 清華大學出土文獻研究與保護中心編,李學勤主編:《清華大學藏戰國竹簡(壹)》,中西書局,2010年,第100、103、108頁;清華大學出土文獻研究與保護中心編,李學勤主編:《清華大學藏戰國竹簡(叁)》,第82頁。按:清華簡整理者將《祭公》簡20中的“”釋爲“縢”,將《芮良夫毖》簡24中的“”釋爲“絭”。《説文》糸部:“絭,从糸,类聲。”因此,以上兩個形體均爲“縢”字。按:《説文》中的“类”就是“弄”。

⑱ 湖北省荆沙鐵路考古隊:《包山楚簡》,圖版一二一。

⑲ 按:這是“增繁同形偏旁”之後的簡化現象,值得注意。

⑳ 許慎撰,徐鉉校定:《説文解字》,第83頁。

㉑ 夏竦編,李零、劉新光整理:《古文四聲韻》,第100頁。

㉒ 何琳儀:《戰國文字通論(訂補)》,第233頁。

㉓ 同上書,第 240 頁。

㉔ 劉釗:《古文字構形學》,福建人民出版社,2006 年,第 88 頁。

㉕ 劉釗:《談新公布的牛距骨刻辭》,《中國國家博物館館刊》2013 年第 7 期,第 42 頁。

㉖ 夏竦編,李零、劉新光整理:《古文四聲韻》,第 85 頁。

㉗ 何琳儀:《戰國古文字典——戰國文字聲系》,第 148—149 頁。

㉘ 同上書,第 1003 頁。按:後面五個形體當補“収”。

㉙ 湖北省考古所:《曾侯乙墓》,文物出版社,1989 年,圖版二〇八;湖北省荆沙鐵路考古隊:《包山楚簡》,圖版四四。

㉚ 睡虎地秦墓竹簡整理小組:《睡虎地秦墓竹簡》,文物出版社,1990 年,第 25 頁;馬王堆漢墓帛書整理小組:《馬王堆漢墓帛書(叁)》,文物出版社,1983 年,第 16 頁。

㉛ 睡虎地秦墓竹簡整理小組:《睡虎地秦墓竹簡》,第 3 頁。

㉜ 國家文物局古文獻研究室:《馬王堆漢墓帛書(壹)》,文物出版社,1980 年;馬王堆漢墓帛書整理小組:《馬王堆漢墓帛書(叁)》,第 5 頁;湖南省博物館、中國科學院考古研究所編:《長沙馬王堆一號漢墓發掘報告(上册)》,文物出版社,1973 年,第 114 頁。

㉝ 清華大學出土文獻研究與保護中心編,李學勤主編:《清華大學藏戰國竹簡(壹)》,第 49 頁。

㉞ 何琳儀:《戰國古文字典——戰國文字聲系》,第 151 頁。

㉟ 清華大學出土文獻研究與保護中心編,李學勤主編:《清華大學藏戰國竹簡(壹)》,第 55、56、59 頁。

㊱ 清華大學出土文獻研究與保護中心編,李學勤主編:《清華大學藏戰國竹簡(叁)》,第 112 頁。

㊲ 張守中撰集:《中山王譽器文字編》,中華書局,1981 年,第 48 頁。

里耶秦簡所見秦“得虎復除”制度考釋

——兼説中古時期湖南地區的虎患

莊小霞（中國社會科學院歷史研究所）
出土文獻與中國古代文明研究協同創新中心

引　言

秦漢時期將赦免賦役、徭役稱爲“復”，也稱“復除”。[①]復除制度由來已久，秦漢以前的復除資料，一般都引《周禮・地官・鄉大夫》記載：“國中自七尺以及六十，野自六尺以及六十有五，皆征之。其舍者，國中貴者、賢者、能者、服公事者、老者、疾者皆舍。”鄭司農注云：“舍者，謂有復除，舍不收役事也。”[②]明確的復除記載出現於戰國時代，《荀子・議兵》載魏國考選武卒：“中試則復其户，利其田宅。”楊倞注：“復其户，不徭役也。”[③]此處的復除顯然是對考選中試武卒的獎賞。秦孝公時，商鞅變法規定“僇力本業，耕織致粟帛多者復其身”，[④]這是對力耕者的獎勵。商鞅還提出“今復之三世而三晉之民可盡也”，[⑤]這是出於政治上的考慮而針對特殊民衆的優待措施。秦昭王時“復夷人頃田不租，十妻不筭”，[⑥]夷人因殺虎而獲得復除的獎賞。此外，《史記・樗里子甘茂列傳》載甘茂奔齊，“秦因復甘茂之家”，[⑦]這屬於籠絡人心的施恩手段。

秦統一天下後，秦始皇二十八年“南登琅邪，大樂之，留三月。乃徙黔首三萬户琅邪臺下，復十二歲”；[⑧]三十五年“於是立石東海上朐界中，以爲秦東門。因徙三萬家麗邑、五萬家雲陽，皆復不事十歲”。[⑨]以上兩則秦代復除記載，主要都是對移民的獎勵，目的是鼓勵新移民可以安居新徙之地。[⑩]此外，秦二世元年“發閭左適戍漁陽，九百人屯大澤鄉”，《索隱》：“閭左謂居閭里之左也。秦時復除者居閭左。今力役凡在閭左者盡發之也。”[11]

以上所見即傳世文獻對戰國以及秦代復除的主要記載。此外,出土秦漢法律簡牘中也保留了一些復除的規定,如張家山漢簡《二年律令·復律》載:

> □□工事縣官者復其户而各其工。大數衛(率)取上手什(十)三人爲復,丁女子各二人,它各一人,勿筭(算)繇(徭)賦。家毋當繇(徭)者,得復縣中它人。縣復而毋復者,得復官在所縣人。新學盈一歲,乃爲復,各如其手次。盈二歲而巧不成者,勿爲復。
>
> (278—280簡)[12]

《復律》應當就是有關復除的法律,但《二年律令·復律》僅存以上條文。此外,《二年律令·行書律》265—266簡載:“令郵人行制書、急書,復,勿令爲它事。”[13]反映了秦漢時期官府對特殊人群的復除。

已公布的里耶秦簡中有一枚簡涉及秦代復除制度,反映秦人因“得虎”得以“復除”,可以説是研究秦代復除制度的重要補充資料,在此不揣簡陋,以該簡爲中心,並利用嶽麓秦簡和里耶秦簡的相關記載,試對秦的繇役和復除制度展開進一步研究。同時,該簡保存了秦代今湖南里耶虎災、虎患的記録,結合文獻及郴州蘇仙橋晉簡記載,本文亦對秦至漢晉時期古湖南地區的虎患略作闡述。

一

里耶秦簡8-170簡的簡文、圖版分别如下:[14]

> 廿八年五月己亥朔甲寅,都鄉守敬敢言之:☐Ⅰ
> 得虎,當復者六人,人一牒,署復□于☐Ⅱ
> 從事,敢言之。☐Ⅲ (8-170)
> 五月甲寅旦,佐宣行廷。 (8-170背)

該簡是一份上行官文書。里耶出土的秦代官文書性質爲秦代洞庭郡遷陵縣的官署檔案,8-170簡是一件秦始皇二十八年(前219年)五月己亥朔甲寅(五月十六日)遷陵縣都鄉守敬上報遷陵縣的官文書,由“佐宣”在甲寅旦日送往遷陵縣縣廷(“五月甲寅旦,佐宣行廷”)。雖然該簡簡文殘

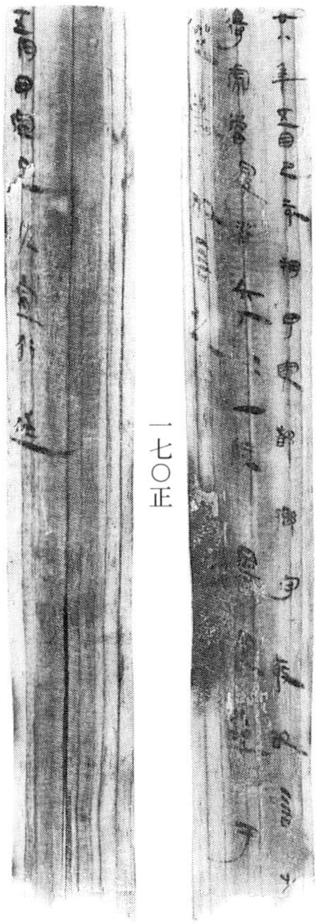

一七〇背　一七〇正

斷,但從現今所見簡文來看,主要内容是都鄉守敬上報轄區内六人因爲“得虎”而“當復”的相關情況,這裏的“得虎”當指“捕獲老虎”。由該簡可知秦始皇二十八年洞庭郡遷陵縣境内的都鄉有六個人因爲捕獲老虎而獲得復除資格。至於該簡的釋讀,還可進一步推敲。

首先是文字的釋讀。簡文“署復□于☑”的“□”字,整理者和校釋者都未釋,該字字形爲“”,比較里耶秦簡中出現的“年”字字形,可以判定此處“□”應當爲“年”字。[15]字形如下:[16]

簡　號	8-170	8-39	8-44	8-45	8-56	8-63	8-138	8-163
“年”字字形			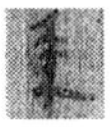	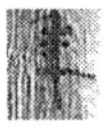			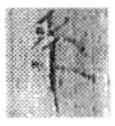	

“署復年于☑”,即登記復除時,要將復除年限登記上。將“署復□于☑”的“□”字釋讀爲“年”不僅字形可辨,文例上亦有根據,可與前引傳世文獻“復十二歲”、“復不事十年”的記載對應互證。

其次,雖然該簡“署復年于”後殘斷,但據新出簡牘所見秦代徭役制度,我們可以合理猜測殘斷部分的第一個字爲“券”或“牒”,簡文可以修訂爲“署復年于【券/牒】☑”。嶽麓秦簡244—247簡載:

> 繇(徭)律曰:歲興繇(徭)徒,人爲三尺券一,書其厚焉。節(即)發繇(徭),鄉嗇夫必身與典以券行之。田時先行富有賢人,以閑時行貧者,皆月券書其行月及所爲日數,而署其都發及縣請(情)∟。其當行而病及不存,署于券,後有繇(徭)而聶(躡)行之。節(即)券繇(徭),令典各操其里繇(徭)徒券來與券以畀繇(徭)徒,勿征贅,勿令費日。其移徙者,輒移其行繇(徭)數徙所,盡歲而更爲券,各取其當聶(躡)及有贏者日數,皆署新券以聶(躡)。[17]

又嶽麓秦簡253—255簡載:

繇(徭)律曰：發繇(徭)，自不更以下繇(徭)戍，自一日以上盡券書，及署於牒，將陽倍(背)事者亦署之，不從令及繇(徭)不當券書，券書之，貲鄉嗇夫、吏主者各一甲，丞、令、令史各一盾。繇(徭)多員少員，穨(隤)計後年繇(徭)戍數。發吏力足以均繇(徭)日，盡歲弗均，鄉嗇夫、吏及令史、尉史主者貲各二甲，左署(遷)。令、尉、丞繇(徭)已盈員弗請而擅發者貲二甲，免。[18]

以上簡文提到秦《徭律》規定鄉吏將轄區内人員各種情況都登記於"券"上，等到徵發徭役之際，"鄉嗇夫必身與典以券行之"，徵發徭役時鄉吏拿著這個"券"，根據"券"上記載的情況進行徵發，所以這個"券"顯然就是鄉吏徵發徭役時的憑據。王笑先生據嶽麓秦簡《徭律》已指出："可見具體執行徵發徭役的是鄉嗇夫和里典，他們根據券書所記載的内容來徵發徭役，並且將新徵發的徭役的情況再記録到券書中，即'月券書其行月及所爲日數'。"[19] 又上引秦《徭律》還規定"發繇(徭)，自不更以下繇(徭)戍，自一日以上盡券書，及署於牒"，可見被徵發徭役者的情況不僅記載於"券"，同時亦登記於"牒"，都是要登記復除的具體情況。根據嶽麓秦簡《徭律》以及里耶秦簡 8-170 簡，可以確定獲得復除資格的人，每個人所獲得的復除年限也都要分别登記於"券"和"牒"上，所以 8-170 簡"署復年于"後殘斷不可辨部分的第一個字很可能是"券"或"牒"，復原的釋文即爲"署復年于【券/牒】☐"。

二

傳世和出土文獻提供了一些秦漢徭役制度資料，但關於秦代復除的資料，仍相對較少。就以目前所知文獻材料而言，可以了解到一些秦代復除對象和原因等内容，但具體復除的程序可以説並不清楚。此前傳世文獻及出土法律簡牘中有關復除制度的材料更多是從政策、規定角度出發，大都只説明復除的原因及復除的年限，但登記、上報復除者復除資格等具體程序步驟，仍不太清楚，而里耶秦簡 8-170 簡提供了秦代基層機構對復除制度具體實踐的一些細節，簡文提供的内容對於進一步豐富理解秦代徭役制度具有一定幫助。

首先，該簡稱"得虎，當復者六人"，得以復除的六人乃是因"得虎"而獲得復除,簡文明確説明獲得復除資格的原因是“得虎”,補充了傳世和出土文獻中秦漢時期有關復除對象和原因的資料。此前研究者總結漢代享受復除的人有四類:上層階級、受褒獎者、優恤對象、買復者。[20]該簡中因“得虎”而得以“復除”的六人,從性質上講應當屬於受褒獎而得以復除類人群。對“得虎”者采取復除的獎賞措施,應當是依據了相關規定,雖然傳世文獻未見,但在新近公布的嶽麓書院藏秦簡中我們看到了與該簡相關的内容,有助於進一步了解秦代這項復除政策。嶽麓秦簡有三枚待刊簡,如下:

歲上得虎數,御史别受錢及除繇(徭)戍數。　　·二(0505 簡)

·南陽、南郡有能得虎者,一虎賜千錢·御史移曰,入皮肉縣官,其不欲受錢,欲除繇(徭)戍,如律令。　　(0560 簡)

·簪裹妻緹得虎狗一,爲緹夫除一歲繇(徭)戍,不欲除繇(徭)戍,賜五百錢,有等比焉。　　(0653 簡)[21]

以上三簡中的“徭戍”,王笑先生認爲其包含“徭”和“戍邊”兩種勞役在内。[22]廣義的徭役包括力役和兵役,簡牘所見“徭戍”應當是“徭役屯戍”省稱,其例可見傳世文獻記載,如《漢書·陳勝項籍傳》載:“異時諸侯吏卒徭役屯戍過秦中,秦中遇之多亡狀。”[23]至於三簡的具體内容以下分别討論。

0505 簡是講地方政府每年需要上報捕獲老虎的數量、御史授予得虎者的賞金以及得虎者獲得復除徭役獎勵的具體情況(“除繇〔徭〕戍數”),根據里耶秦簡 8-170 簡,“除繇(徭)戍數”應當包括復除人數和復除年限。0560 簡指出南陽、南郡兩郡能捕獲老虎者,一隻老虎賞賜千錢,此外還規定老虎的皮肉要上繳官府,得虎者不想接受賞錢,想要免除徭役的,按照律令規定執行。[24]0653 簡則指出捕獲幼虎者可免除一年徭役或賞賜五百錢。[25]如果秦政府對得虎者的賞賜並無地域區别,以嶽麓秦簡所見,可知捕獲幼虎(“虎狗”)者免除一年徭役或賞賜五百錢,捕獲一隻成年老虎賞賜千錢,那麽由此可以類推秦代捕獲一隻成年老虎應該可以免除一個服役男子兩年徭役。

此外,0653 簡中還指出得虎者是女子的話,可以免除其夫徭役,如若不想免除徭役,則賜賞金。嶽麓秦簡 2037、2090 簡載:“典、老占數小男子年未盈十八歲及女子。縣、道嗇夫誶,鄉部吏貲一盾,占者貲二甲,莫占吏數者,貲二甲。"[26]又《二年律令·徭律》412—413簡:"免老、小未傅者、女子及諸有除者,縣道勿敢繇(徭)使。"[27]按照律文,女子本不當役,0653簡中得虎者是女子,其所獲得的復除獎勵就轉移給她的丈夫,她的丈夫因此獲得免除一年徭役的資格。秦漢法律中有轉移復除資格的規定,除了前引《二年律令·復律》載"家毋當繇(徭)者,得復縣中它人",[28]嶽麓秦簡1384簡、1388簡亦規定:"·行書律曰:有令女子、小童行制書者,貲二甲。能捕犯令者,爲除半歲繇(徭),其不當繇(徭)者,得以除它人繇(徭)。"[29]説明秦漢時期不僅可以將復除資格轉移給家人,家中無人當徭時,還可以轉移給其他人,《二年律令·復律》進一步指出是同縣的其他人,至於0653簡則是復除資格轉移給家人(丈夫)的例子。

以上討論的三枚嶽麓秦簡從一個側面爲里耶秦簡8-170簡所反映的內容提供了法律依據。0560簡提到"南陽、南郡有能得虎者"可以免除徭役或獲得賞金,從里耶秦簡8-170簡還可以知道遷陵縣所在的洞庭郡也應該是有如此規定的。0560簡明確提到"如律令",所以里耶秦簡8-170簡反映的因得虎而獲得復除資格的情況是有律文可循的,相信當時確實存在相應的法律條文對此進行詳細規定。

秦代得虎者獲得復除褒獎的歷史淵源至少可以追溯到秦昭襄王時期。前文提到秦昭王時"復夷人頃田不租,十妻不筭",正是因巴郡夷人殺虎而獲得復除褒獎,記載見於《後漢書·南蠻西南夷列傳》:

> 板楯蠻夷者,秦昭襄王時有一白虎,常從羣虎數遊秦、蜀、巴、漢之境,傷害千餘人。昭王乃重募國中有能殺虎者,賞邑萬家,金百鎰。時有巴郡閬中夷人,能作白竹之弩,乃登樓射殺白虎。昭王嘉之,而以其夷人,不欲加封,乃刻石盟要,復夷人頃田不租,十妻不筭,傷人者論,殺人者得以倓錢贖死。[30]

《華陽國志》卷一《巴志》中記載此事更加詳細:

> 秦昭襄王時,白虎爲害,自【秦】黔、蜀、巴、漢患之。秦王乃重募國中:"有能煞古殺字。虎者邑萬家,金帛稱之。"於是夷朐忍廖仲、藥何、射虎秦精等乃作白竹弩於高樓上,射虎。中頭三節。白虎常從羣虎,瞋恚,盡搏煞群虎,大呴而死。秦王嘉之【白】曰:"虎歷四郡,害千

二百人。一朝患除,功莫大焉。”欲如約,嫌其夷人。乃刻石爲盟要:復夷人頃田不租,十妻不算;傷人者,論;煞人雇死,倓錢。盟曰:“秦犯夷,輸黄龍當作瓏。一雙。夷犯秦,輸清酒一鍾。”夷人安之。漢興,亦從高祖定亂,有功。高祖因復之,專以射【白】虎爲事。户歲出賨錢口四十。故世號白虎復夷。一曰板楯蠻。今所謂弜頭虎子者也。[31]

板楯蠻又“世號白虎復夷”,乃因其先祖以殺虎而獲得復除,所以里耶秦簡、嶽麓秦簡中記載的“得虎復除”制度是有歷史淵源的,有史可徵。

參考待刊的嶽麓秦簡,並結合里耶秦簡記載的内容,還可以知道官府如何處置捕獲的老虎。已公布的里耶秦簡中還有一枚簡,也涉及“虎”:

☐輸 (8-168)

虎☐ (8-168 背)

但以上簡文過於殘斷,無法知曉具體内容。《里耶秦簡博物館藏秦簡》中載:

虎肉二斗買於更

令史就視平 (9-1976)[32]

根據嶽麓秦簡 0560 簡,可知捕獲老虎後,官府對捕虎者進行賞賜,捕虎者捕獲的老虎則要上繳給官府(“入皮肉縣官”),但官府如何處置上繳的老虎呢?里耶秦簡 9-1976 簡正好可以回答這個問題,該簡中官府出賣的老虎肉,很可能就是捕虎者捕獲上繳的老虎,簡文反映官府出售老虎的皮肉,獲取金錢。

其次,里耶秦簡 8-170 簡提供了秦代傜役制度和復除制度的具體實踐及相關細節,這主要體現在對“當復者六人,人一牒,署復年于【券/牒】☐”等簡文的理解,繼而還可更進一步考察嶽麓秦簡《傜律》中提到的“券”和“牒”。此前王笑先生曾説:“關於發傜中的‘券書’,其他簡牘文獻中未見記載,但是‘牒書’在里耶秦簡中已經有所提及。”[33]里耶秦簡 8-1539 簡有如下記載:

卅五年九月丁亥朔乙卯,貳春鄉守辨敢言之:上不更以下繇(傜)計二牒。敢言之。[34]

里耶秦簡 8-1539 簡的記載與前述嶽麓秦簡《徭律》“發繇（徭），自不更以下繇（徭）戍，自一日以上盡券書，及署於牒……”的規定顯然相合。8-1539 簡是遷陵縣貳春鄉守向遷陵縣廷上報記載徭役徵發情況的説明，其上報的附件是“不更以下繇（徭）計二牒”。關於“牒”和“牒書”的具體形式，我們可以參看居延漢簡“牒書”的例子，如下：

牒書吏遷、斥免、給事補者四人，人一牒

建武五年八月甲辰朔丙午，居延令　丞審告尉謂鄉移甲渠候官聽書從事，如律令　（EPF22：56A）

甲渠●此書已發傳致官。亭閒相付前　掾黨、令史循　（EPF22：56B）

甲渠候官尉史鄭駿　遷缺　（EPF22：57）

故吏陽里上造梁普，年五十　今除補甲渠候官尉史代鄭駿　（EPF22：58）

甲渠候官斗食令史孫良　遷缺　（EPF22：59）

宜穀亭長孤山里大夫孫況，年五十七　董事，今除補甲渠候官【斗】令【史】，代孫良　（EPF22：60）[35]

“牒”，研究者已指出其有“添付文書”（“附件”）的性質。[36]按照復原的“牒書”可知，“牒書”一般應由兩部分内容組成：第一部分是文書正文；第二部分“牒”，是第一部分的附件。[37]以上“牒書”中 EPF22：57、EPF22：58、EPF22：59、EPF22：60 應當就是 EPF22：56 簡中“吏遷、斥免、給事補者四人，人一牒”所指的“人一牒”，這四枚牒與 EPF22：56 簡共同組成一份完整的“牒書”。

了解秦漢“牒書”的構成，對於我們更深入理解里耶秦簡8-170簡、8-1539簡有重要意義。根據嶽麓秦簡，我們已經知道徭役徵發情況都要登記於“牒”上，王笑先生據嶽麓秦簡《徭律》還説：“可知‘券書’是掌握在里典手中，記載的是被徵發者的情況，而‘牒書’則是掌握在鄉一級官吏手中，統計徭役徵發情況的文書。”[38]但根據里耶秦簡可知屬鄉是要將這個“牒”上報到縣廷，里耶秦簡 8-1539 簡就是貳春鄉守向遷陵縣廷上報記載徭役徵發情況的“二牒”的文書正文。並且，8-1539 簡提到“二牒”，那麽必然還存在兩枚牒與 8-1539 簡共同組成完整的“牒書”，而這“二牒"就是8-1539簡的附件。里耶秦簡8-170簡是都鄉向遷陵縣上報徭役徵發情況的文書,其性質與8-1539簡類似,都是"牒書"的正文部分,除了8-170簡本簡外,應當還有與其一同呈報的附件,根據簡文"當復者六人,人一牒",則附件應當有"六牒",其與8-170簡同時送到縣廷,共同組成了都鄉上報縣廷的"牒書"。由此,里耶秦簡8-170簡的釋文很可能還可以進一步修訂爲"署復年于【牒】☐"。

結合以上討論,可以對里耶秦簡8-170簡"人一牒,署復年于【牒】☐"以及該簡的性質作出進一步解釋,即都鄉要將復除者的情況每人一牒分别登記,並上報縣廷,8-170簡很可能就是都鄉上報遷陵縣廷牒書的文書正文。由此,我們也可以進一步認識秦漢徭役和復除制度的一些具體程序,官府對徭役被徵發者的具體情況(包括記録被徵發者獲得復除資格的原因、復除年限等)進行登記,不僅每人一券,同時還存在每人一牒的情況。嶽麓秦簡《徭律》中出現的"券"和"牒",我們可以這麼認爲:"券",是每人一券,由里典掌握,保存在鄉,這樣鄉吏徵發徭役時才有憑據;[39]"牒",也是每人一牒,也記載被徵發者的各種情況,"牒"由屬鄉上報到縣廷,應當是縣廷統計徭役徵發情況的憑證。

三

秦代有關老虎的記載還見於20世紀80年代甘肅省天水放馬灘M14號秦墓出土的一塊木板,木板兩面均繪有圖案,其正面繪製的内容是一頭猛虎繫於樹下。[40]但有明確紀年的記載秦代虎災、虎患的出土簡牘文字,目前僅見於里耶秦簡8-170簡。此前文獻記載獲得復除資格有勤勉力耕、移民新地等原因,8-170簡規定因爲"得虎"而獲得復除獎勵,不免讓人猜測,當時可能虎患嚴重,官府由此對"得虎"者進行重賞,這也是討論秦漢時期的虎患及秦漢官府治理虎患的措施時值得注意的一個實例。由里耶秦簡中出現的"虎"的簡文引發,本文對中古時期湖南地區的虎及虎患也略作討論。

洞庭郡遷陵縣即今里耶,地處湖南湘西,里耶秦簡中出現的"虎"應該就是我們現在稱爲華南虎的中國南方特有的虎種,也是現在頻臨滅絶的珍稀動物。華南虎"以湖南、江西分布數量爲最多。體形較小,尾較細短,頭大,眼大而圓。頭、頸、背、尾及四肢外側毛爲黄色,毛色較深,常爲橘黄或略帶赤色,胸腹部及四肢内側乳白色。身上有黑色條紋,寬而密集,體側常出現上下兩紋相連成的菱形紋。毛較短。體長平均2米左右,重140—200千克。夜行,聽覺、嗅覺均較敏鋭,以野豬、羚羊、鹿類、野兔等爲食。善於游泳,棲於山林、灌木及野草叢生處。其性格兇猛、動作敏捷,有時危害家畜”。[41]王子今先生曾經指出“虎對人類生産和生活的危害,成爲值得注意的歷史現象”。[42]早在先秦時期,就有老虎殺人的記載,如《禮記·檀弓下》載:“孔子過泰山側,有婦人哭於墓者而哀。夫子式而聽之,使子路問之曰:‘子之哭也,壹似重有憂者。’而曰:‘然。昔者吾舅死於虎,吾夫又死焉,今吾子又死焉!’夫子曰:‘何爲不去也?’曰:‘無苛政。’夫子曰:‘小子識之! 苛政猛於虎也。’”[43]以上記載從一個方面可以反映先秦時期的虎患。

中古時期虎患、虎災也多見於傳世文獻,王子今先生曾列舉文獻所見漢晉時期虎患、虎災資料:

> 《後漢書·宋均傳》説到九江郡情形,“郡多虎暴,數爲民患,常募設檻口而猶多傷害”。《資治通鑑》卷四五“漢明帝永平七年”條稱之爲“虎患”。《三國志·魏書·邴原傳》裴松之注引《原别傳》説:“遼東多虎,(邴)原之邑落獨無虎患。”人們又稱這種危害爲“虎災”。[44]

三國時華南虎也很活躍,王子今先生依據三國史料認爲“關於孫權事迹,《三國志·吴書·張昭傳》所謂‘虎常突前攀持馬鞍’,《三國志·吴書·吴主傳》所謂‘馬爲虎所傷’,也表明由於當地經濟開發落後於中原地區,華南虎分布的數量曾經十分驚人”。[45]

湖南地區自古以來就是華南虎主要活動區域。湖南地區的“虎災”、“虎患”也見於漢晉六朝時期文獻,從中也可看到中古時期湖南地區華南虎的活動蹤迹,如《高僧傳·晉新陽釋法安傳》載東晉義熙年間(405年—418年)新陽縣(治所在今湖南寧鄉西)鬧虎災,“晉義熙中,新陽縣虎災,縣有大社樹,下築神廟,左右居民以百數,遭虎死者夕有一兩”。[46]僧人法安在此建廟,虎災消除,於是改廟爲寺。《梁書·孫謙傳》載梁武帝天監六年(507年)零陵地區(今湖南永州地區)“郡多虎暴”。[47]除了里耶秦簡中“虎”的記載,湖南地區出土簡牘中“虎”的記載還見於湖南省郴州市蘇仙橋遺址出土的西晉桂陽郡郡府文書檔案:

□廿二捕虎工 (1-25)[48]

五十捕虎工 (2-138)[49]

土地生熊虎豹狌蛇(虵)蜈蚣蠭(蠭)能毒害人陸生之屬 (2-180)[50]

從蘇仙橋晉簡來看,2-180簡直接反映當地多虎的生態環境,1-25簡、2-138簡反映當時還有專職捕虎的“捕虎工”,且其數量還不少,多至五十人規模,從一個側面反映當地虎患嚴重。湖南地區的虎患一直延續到近現代,“南方的虎還經常在村旁活動,偶然也到城市郊區遊竄。如湖南師範學院所藏的標本,即1954年采自長沙市嶽麓山”。[51]《史記·秦始皇本紀》記載秦二世三年(前207年)秦二世做了一場猛虎爲害的噩夢,“二世夢白虎齧其左驂馬,殺之”。[52]老虎不僅會攻擊馬,還會攻擊家畜和人,動物學家指出“我國南方的虎有時到村舍附近盜食豬、羊等家畜,偶然也去攻擊黄牛,一般是挑選其抵抗力弱的牛犢或老牛”。[53]聯繫傳世文獻和出土簡牘,大概正是因爲虎患嚴重,所以秦代才有相應規定,對能夠“得虎”者給予復除的獎賞。

結　語

里耶秦簡8-170簡是難得一見得以保存至今的反映秦代復除制度具體實踐的文書,本文對該簡簡文進行修訂,指出釋文“署復□于☑”可修訂爲“署復年于【牒】☑”,該簡所反映的“得虎復除”制度對於進一步了解秦漢特别是秦代的復除制度以及徭役制度都有一定的補益作用。里耶秦簡8-170簡記録的因“得虎”而獲得復除資格的内容不僅補充了秦漢復除對象和原因,結合傳世文獻以及嶽麓秦簡對該簡的釋讀,則進一步豐富了我們對秦漢復除制度具體實踐的認識,對於了解秦代徭役制度也有推進作用。

此外,里耶秦簡8-170簡反映官府對“得虎”者給予復除的獎賞,這同時也是官府治理虎患的措施,從而在秦簡中留下了秦代虎患的文字記載。郴州蘇仙橋晉簡出土有關“虎”的簡文,則反映了漢晉時期湖南地區的虎患。里耶秦簡、蘇仙橋晉簡所載“虎”的相關簡文,從一個側面反映了湖南地區秦漢魏晉以來虎患延續不絶。[54]

附記：本文寫作得到馬怡先生、蔣非非先生、鄔文玲先生、黄浩波博士、虛坻的幫助，特此致謝。同時，感謝匿名審稿專家提供修改意見。

注　釋

① 以下有關復除制度的論述主要參考張仁璽：《秦漢復除制述論》，《山東師範大學學報(社會科學版)》1993 年第 4 期；林甘泉主編：《中國經濟通史 · 秦漢經濟卷(下)》，第十六章"徭役"(執筆人：馬怡)，中國社會科學出版社，2007 年，第 462—463 頁。

② 孫詒讓：《周禮正義》，中華書局，1987 年，第 840 頁。

③ 王先謙撰，沈嘯寰、王星賢點校：《荀子》卷十《議兵》，中華書局，1988 年，第 272—273 頁。

④《史記》卷六八《商君列傳》，中華書局，1959 年，第 2230 頁。

⑤ 蔣禮鴻：《商君書錐指》卷四《徠民》，中華書局，1986 年，第 95 頁。

⑥《後漢書》卷八六《南蠻西南夷列傳》，中華書局，1965 年，第 2842 頁。

⑦《史記》卷七一《樗里子甘茂列傳》，第 2317 頁。

⑧《史記》卷六《秦始皇本紀》，第 244 頁。

⑨ 同上書，第 256 頁。

⑩ 參見林甘泉主編：《中國經濟通史 · 秦漢經濟卷(下)》，第十六章"徭役"，第 463 頁。

⑪《史記》卷四八《陳涉世家》，第 1950 頁。

⑫ 張家山二四七號漢墓竹簡整理小組：《張家山漢墓竹簡〔二四七號墓〕(釋文修訂本)》，文物出版社，2006 年，第 47 頁。

⑬ 同上書，第 45 頁。

⑭ 湖南省文物考古研究所編著：《里耶秦簡(壹)》，文物出版社，2012 年，圖版第 42 頁，釋文第 21 頁。本文所引釋文據陳偉主編：《里耶秦簡牘校釋(第一卷)》，武漢大學出版社，2012 年，第 103 頁。

⑮ "署復□于☑"，《校釋》："復，原釋文未釋。其後一字，從'言'，疑爲'詔'字。"(參見陳偉主編：《里耶秦簡牘校釋〔第一卷〕》，第 103 頁)比較起來，此處""的字形與"年"字的字形字迹更相近。

⑯ 字形表的字形均引自湖南省文物考古研究所編著《里耶秦簡(壹)》。

⑰ 陳松長主編：《嶽麓書院藏秦簡(肆)》，上海辭書出版社，2015 年，第 149—150 頁。

⑱ 同上書，第 152 頁。

⑲ 王笑:《秦漢〈徭律〉研究》,湖南大學碩士學位論文,2016年,第102頁。

⑳ 林甘泉主編:《中國經濟通史·秦漢經濟卷(下)》,第十六章“徭役”,第464—465頁。

㉑ 參見周海鋒:《秦律令研究》,湖南大學博士學位論文,2016年,第102頁。

㉒ 王笑:《秦漢〈徭律〉研究》,第14頁。

㉓《漢書》卷三一《陳勝項籍傳》,中華書局,1962年,第1807頁。

㉔ 筆者根據簡文内容猜測,0505簡和0560簡二簡或可按如下順序拼綴:·南陽、南郡有能得虎者,一虎賜千錢·御史移曰,入皮肉縣官,其不欲受錢,欲除繇(徭)戍,如律令。(0560簡)歲上得虎數,御史別受錢及除繇(徭)戍數。·二(0505簡)

㉕ 簡文中的“虎狗”,此前研究者已指出是“幼虎”。參見周海鋒:《秦律令研究》,第103頁。

㉖ 陳松長主編:《嶽麓書院藏秦簡(肆)》,第42頁。

㉗ 張家山二四七號漢墓竹簡整理小組:《張家山漢墓竹簡〔二四七號墓〕(釋文修訂本)》,第64頁。

㉘ 同上書,第47頁。

㉙ 陳松長主編:《嶽麓書院藏秦簡(肆)》,第132頁。

㉚《後漢書》卷八六《南蠻西南夷列傳》,第2842頁。

㉛ 常璩著,任乃强校注:《華陽國志校補圖注》,上海古籍出版社,1987年,第14頁。

㉜ 里耶秦簡博物館、出土文獻與中國古代文明研究協同創新中心中國人民大學中心編著:《里耶秦簡博物館藏秦簡》,中西書局,2016年,第47頁。

㉝ 王笑:《秦漢〈徭律〉研究》,第40頁。

㉞ 陳偉主編:《里耶秦簡牘校釋(第一卷)》,第353頁。

㉟ 本文所引釋文及編排順序謹據李均明、劉軍:《簡牘文書學》,廣西教育出版社,1999年,第237頁。

㊱ 京都大學人文科學研究所簡牘研究班編:《漢簡語彙:中國古代木簡辭典》“牒”條,岩波書店,2015年,第396頁。

㊲ 李均明、劉軍先生將EPF22∶56簡稱爲正件,其他四簡爲附件。參見李均明、劉軍:《簡牘文書學》,第237頁。

㊳ 王笑:《秦漢〈徭律〉研究》,第40頁。

㊴ 陳松長先生曾懷疑嶽麓秦簡244簡“人爲三尺券一”的“三尺券”是“三辨券”之誤(參見陳松長:《嶽麓書院藏秦簡中的徭律例説》,《出土文獻研究》第十一輯,中西書局,2012年,第164頁),即使如此,亦不影響本文結論,“三辨券”的話,很可能由個人和里典分持。

㊵ 甘肅省文物考古研究所編:《天水放馬灘秦簡》,中華書局,2009年,第119頁。詳

細考述參見姜守誠：《放馬灘 M14 秦墓板畫中的宗教信仰》，《老子學刊》第五輯，長江出版社，2014 年。

㊶ 李昕編著：《青少年課外知識全知道》，中國華僑出版社，2014 年，第 136 頁。

㊷ 王子今：《秦漢時期的"虎患"、"虎災"》，《中國社會科學報》2009 年 7 月 16 日，第 5 版。王子今先生關於秦漢時期"虎患"、"虎災"的論文，還有《秦漢虎患考》，載饒宗頤主編：《華學》第一期，中山大學出版社，1995 年；《秦漢驛道虎災——兼質疑幾種舊題"田獵"圖像的命名》，《中國國家博物館館刊》2004 年第 6 期。

㊸ 孫希旦：《禮記集解》，中華書局，1989 年，第 292 頁。

㊹ 王子今：《秦漢時期的"虎患"、"虎災"》，《中國社會科學報》2009 年 7 月 16 日，第 5 版。

㊺ 同上。

㊻ 慧皎：《高僧傳》，中華書局，1992 年，第 235 頁。

㊼《梁書》卷五三《孫謙傳》，中華書局，1973 年，第 773 頁。

㊽ 湖南省文物考古研究所、郴州市文物處：《湖南郴州蘇仙橋遺址發掘簡報》，《湖南考古輯刊》第八集，嶽麓書社，2009 年，第 99 頁。

㊾ 同上書，第 100 頁。

㊿ 同上書，第 101 頁。

51 高耀亭等著：《中國動物志（獸綱第八卷 · 食肉目）》，科學出版社，1987 年，第 355 頁。

52《史記》卷六《秦始皇本紀》，第 273 頁。

53 高耀亭等著：《中國動物志（獸綱第八卷 · 食肉目）》，第 355 頁。

54 補充一點實地考察的結果：筆者 2017 年 9 月在里耶博物館開會期間，特意咨詢當地土著，了解到一直到上世紀五六十年代，當地仍有虎患。

嶽麓秦簡(肆)《金布律》讀記(一)

——關於1402簡釋文與注釋的討論

李　力(中南財經政法大學法學院)

在《嶽麓書院藏秦簡(肆)》第二組中,整理小組編聯有7條《金布律》律文,但其釋讀與注釋可能尚有進一步研究討論的餘地。

本文拟以整理者所作的1402簡之釋文、注釋爲基礎,結合先期研究者的相關意見,試著就此簡的律文再進行考察與討論,以有益於更好地理解這條律文。

爲便於討論,先抄録整理小組所作1402簡釋文與注釋如下:

> 金布律曰:諸亡縣官器者,必獄治,臧(贓)不盈百廿錢,其官自治,勿獄。①

"獄治",整理小組注釋:"以掌治獄的官署治其罪,異於下文'其官自治'的處理方式。《漢書·賈誼傳》:'人有告勃謀反,逮繫長安獄治。'"②

又,朱紅林補注:"嶽麓秦簡的這條律令意思是説,丢失縣官器者,價值在百二十錢以下的,由相關部門自行處理,實際上相當於接受本部門内部的行政處罰;價值在百二十錢以上者,將受到刑事處罰。這是值得注意的,它與《周禮》中的處罰方式有點相似。"而"嶽麓秦簡的這條材料不見於睡虎地秦簡,其表達的處罰原則與睡虎地秦簡似乎也有所不同"。此外,"從語言表達方式上看,嶽麓簡《金布律》與張家山漢簡《二年律令·金布律》的表達方式相近,但後者的處罰原則與睡虎地秦簡相同"。③

一、關於"縣官器"的討論

"縣官器",整理小組未出注,當指官府器物、官有器物。《史記·絳侯周勃世家》有“庸知其盗買縣官器”,《索隱》:“縣官謂天子也。所以謂國家爲縣官者,《夏(家)〔官〕》‘王畿内縣即國都也’。王者官天下,故曰縣官也。”④

在睡虎地秦簡《秦律十八種》所摘抄的《金布律》《效》(77 簡、86 簡、104 簡、106—107 簡、177 簡、178 簡)律文及《效律》(39 簡、40 簡)律文、《法律答問》(159 簡)簡文之中,可見“公器”、“亡公器”之語。“公器”一語,整理小組没有注釋,其譯文則作“官府器物”或“官有器物”。⑤睡虎地秦簡所見的“公器”,與嶽麓秦簡 1402 簡所見的“縣官器”,當分别爲不同時代即戰國晚期之秦律與秦朝之秦律的同義語。

此外,在張家山漢簡《二年律令》之漢初的《金布律》中,還可見有以下兩條律文:

> 亡、毁、傷縣官器財物,令以平賈(價)償。入毁傷縣官,賈(價)以減償。(簡 434)
>
> 縣官器敝不可繕者,賣之。諸收人,皆入以爲隸臣妾。(簡 435)⑥

這裏的“縣官器”,當是沿用自嶽麓秦簡所屬時期的秦律之文。只是不知當時的秦律之中是否也曾有過類似的律文。

朱紅林認爲,睡虎地秦簡的規定似乎“以經濟處罰爲主”,嶽麓秦簡的“則似乎已進入刑事處罰範圍”,而《二年律令》的“仍是以經濟處罰爲主”。⑦但是,嚴格來講,在秦漢律中,並無現代法律所謂的行政處罰、經濟處罰、刑事處罰之區别。

二、關於“獄治”的討論

整理小組注釋引《漢書·賈誼傳》爲其文例,恐有不安之處。先抄録其中所引《漢書》卷四十八《賈誼傳》文例的前後文(特别是下劃綫部分):

> 是時丞相絳侯周勃免就國,人有告勃謀反,逮繫長安獄治,卒亡事,復爵邑,故賈誼以此譏上。上深納其言,養臣下有節。是後大臣有罪,皆自殺,不受刑。至武帝時,稍復入獄,自甯成始。⑧

關鍵問題是,如何理解這裏的“逮繫長安獄治”?究竟此處的“長安獄”或

"獄治"是否可以連讀？即怎麽讀比較合適：逮繫長安獄+治？逮繫長安+獄治？兩種讀法,其文意是有區别的。

關於周勃案的詳情,《史記》卷五十七《絳侯周勃世家》和《漢書》卷四《文帝紀》、卷四十《周勃傳》均有相關的記載。在此,可以比較一下三者對該案的具體表述(特别是下劃綫的部分)。

> 其後人有上書告勃欲反,下廷尉。廷尉下其事長安,逮捕勃治之。
> (《史記·絳侯周勃世家》)⑨
> 絳侯周勃有罪,逮詣廷尉詔獄。 (《漢書·文帝紀》)⑩
> 其後人有上書告勃欲反,下廷尉,逮捕勃治之。
> (《漢書·周勃傳》)⑪

關於"下廷尉",沈家本在《历代刑法考》之《獄考》中,有過專門論述:

> 《蕭何傳》:"乃下何廷尉,械繫之。"
>
> 按:廷尉有獄,漢時大臣多下廷尉。如《周勃傳》:"下廷尉,逮捕勃治之。"《周亞夫傳》:"召詣廷尉。"《趙廣漢傳》:"下廣漢廷尉獄。"《王章傳》:"果下廷尉獄。"皆是。《杜周傳》:"至周爲廷尉,詔獄亦益多矣。"又云:"廷尉及中都官詔獄逮至六七萬人。"是凡下廷尉者並謂之詔獄。而廷尉之獄又别於中都官諸獄之外,似不在二十六所之數。⑫

沈氏的這個意見,已爲後來的秦漢史研究者所接受。⑬《史記·絳侯周勃世家》《漢書·周勃傳》的"下廷尉",即下廷尉獄,或者下廷尉詔獄,《漢書·文帝紀》的"逮詣廷尉詔獄"亦然。⑭不過,《史記·絳侯周勃世家》的記載提供了更多的細節,稍後再接著討論。

再者,沈氏在其《漢律摭遺》卷六《囚律》"繫囚"之"廷尉獄"條下按:

> 廷尉,刑官,此當有獄者。然漢時詔獄不盡在廷尉也。《百官表》廷尉屬官無獄官。⑮

這也説明,當時可能有例外的情況,即並非所有的詔獄都"繫囚"在廷尉,並且未必都由廷尉來負責具體的審理工作。如有必要,廷尉也可能指派地方政府(尤其是占據地理位置優勢的長安縣)來審理某個詔獄。

另外,後來學者所主張的"詔獄"爲審判機構之説,恐怕即來自沈家本“廷尉，刑官”的這一判斷。例如，余行邁主張：

> 詔獄一詞，《通鑑》漢武帝元狩元年胡注還作了另一種解釋説：“漢時左、右、都司空，上林，中都官皆有詔獄，蓋奉詔以鞠囚，因以爲名。”據此則所謂詔獄除了指收繫“詔所名捕”，即皇帝指名所捕某種罪犯的特殊監獄之外，又是指奉詔審理那種罪犯的特别法庭和特别案件。⑯

而宋傑也强調，“史籍中的‘廷尉詔獄’可以表示廷尉府内的監獄，也可以是指由廷尉負責或參與審判的法庭”。⑰

但是，也有質疑這種審判機構之説的。例如，張忠煒認爲：“綜觀沈氏所言，‘詔獄’或指拘獄場所，或指審訊機構，有自相矛盾之嫌。”“‘詔獄’在古代中國應當有兩重含義：一是，皇帝下詔專命審理的獄訟，涉案對象多爲權貴顯宦，涉案性質不同於一般案訟；二是，作爲實體的牢獄而存在，雖然各朝各代關於‘詔獄’的名稱會有所不同。”⑱

比較而言，日本學者的相關解釋更爲明確。其典型者，如宫宅潔所指明的，“‘獄’最基本的含義是治獄的場所，亦即關押嫌疑人和證人，進行取證調查的地方，而不是關押、使役已决囚犯的場所”。在“這裏首先想强調的是，獄至多是治獄的場所，而不是服役的地方”。而“‘詔獄’是指在皇帝的命令下進行的審判程序，同時也是指進行這一審判的場所”。⑲這也是日本學界的一般認識。⑳

特别是，宫宅潔在其書中引用日本學者冨田健之的看法：“詔獄的審判基本上由廷尉來負責，在此基礎上，將上文所引《百官志》的記載解釋爲，武帝時在長安的二十六個中央官府中設立了用於詔獄的獄舍，這是武帝爲了推行積極的統治政策而對懲治手段作出的調整。該見解不僅對獄增加到二十六個的背景進行了説明，並且指出這些詔獄只是獄舍即單純的囚禁場所，這一意見值得傾聽。如果不把存在多個中都官獄看作是司法權的分散，而只是囚禁場所的分散，（3）的疑問也便獲得解答。”其實，顔師古早已在《漢書·宣帝紀》注中已經指出，“中央官署所屬的一些‘獄’不過是作爲囚禁設施使用的”。㉑

再回過頭來，比較一下前揭《史記·絳侯周勃世家》與《漢書·周勃傳》的記載，兩者的表述略有不同，值得注意的一個細節就是，前者所保留的有關該案的相關信息更爲豐富。由其所説的“廷尉下其事長安，逮捕勃治之”一句,似乎可以進一步推知:作爲詔獄,周勃最初可能先是被逮捕入廷尉獄的,但後來廷尉又將該案移交給長安縣(該句之“長安”應是指“長安縣”)來具體負責逮捕、羈押、審理工作。因此,這裏“逮捕勃治之”的,應該是長安縣獄。

再對照《史記·絳侯周勃世家》的記載,可以推定《漢書·賈誼傳》所載“逮繫長安獄治”的“長安獄”三字當連讀。但是,接下來的問題就是,這個“長安獄”具體指的是什麽?

依據目前所見的資料和相關的研究,可知“長安獄”有狹義、廣義之區分。

《漢書》卷九十《酷吏傳》記載,尹賞曾經“修治長安獄,穿地方深各數丈,致令辟爲郭,以大石覆其口,名爲‘虎穴’”。[22]沈家本按:“此長安縣獄也,當亦不在中都官獄之數。”[23]而宋傑則將其界定爲“狹義概念的‘長安獄’,是指京師地方行政機構——長安縣所屬監獄”。[24]

所謂廣義概念的“長安獄”,當是指《漢書》卷八《宣帝紀》如下的記載:

> 至後元二年,武帝疾,往來長楊、五柞宫,望氣者言長安獄中有天子氣,上遣使者分條中都官獄繫者,輕重皆殺之。[25]

顏師古注:“中都官,凡京師諸官府也。”沈家本按:“此長安獄通中都官言之,不單指長安縣獄。”[26]亦即泛指京師諸官府之監獄。

因此,《漢書·賈誼傳》的“逮繫長安獄治”的“長安獄”,應是指狹義概念的“長安獄”,即長安縣獄。“逮繫長安獄”與其同段下文的“入獄”,當是同樣的表達。該處“獄治”二字不可連讀。“治”,爲動詞,即處理、審理,意即“治獄”(處理案件、審理案件)。睡虎地秦簡《編年記》有“喜治獄鄢”(19簡),其《封診式》首節即標題爲《治獄》一節,是對官吏審理案件的要求。[27]“逮繫長安獄治”,就是逮捕並羈押在長安縣獄而後處理其案件或治其罪。若换用今天常説的一句話來説,就是移交長安縣司法機關審理。[28]

如此,《漢書·賈誼傳》等傳世文獻所見的“獄治”,是否可以作爲一個法律術語處理,必須重新審視。在此先要强調的一点,就是“獄治”並非“治獄”,二者不可等同。[29]

在《漢書》中,檢索"獄治",還可見到以下的文例:

(1) 有司致法將軍請獄治,朕惟噬膚之恩未忍,其上票騎將軍印綬,罷歸就第。 (卷九十三《佞幸傳》)

(2) 莽遣使者即捕焉,獄治皆死。 (卷九十九下《王莽傳》)

(3) 時成都侯商新爲大司馬衛將軍輔政,素不善湯。商聞此語,白湯惑衆,下獄治,按驗諸所犯。 (卷七十《陳湯傳》)

(4) 忠可以教重平夏賀良、容丘丁廣世、東郡郭昌等,中壘校尉劉向奏忠可假鬼神罔上惑衆,下獄治服,未斷病死。

(卷七十五《李尋傳》)

(5) 頃之,鄭崇下獄,寶上書曰:"臣聞疏不圖親,外不慮内。臣幸得銜命奉使,職在刺舉,不敢避貴幸之勢,以塞視聽之明。按尚書令昌奏僕射崇,下獄覆治,榜掠將死,卒無一辭,道路稱冤。疑昌與崇内有纖介,浸潤相陷,自禁門内樞機近臣,蒙受冤譖,虧損國家,爲謗不小。臣請治昌,以解衆心。"書奏,天子不説,以寶名臣不忍誅,乃制詔丞相大司空:"司隸寶奏故尚書僕射崇冤,請獄治尚書令昌。案崇近臣,罪惡暴著,而寶懷邪,附下罔上,以春月作詆欺,遂其姦心,蓋國之賊也。傳不云乎?'惡利口之覆國家。'其免寶爲庶人。" (卷七十七《鄭崇傳》)㉚

比較可知,(1)(2)(5)的"獄治",當是"逮繫○○獄治"這個句式的省稱,又可作(3)"下獄治"、(4)"下獄治服"、(5)"下獄覆治"。"下獄"當與"入獄"同義,亦即"逮繫○○獄"。特别應該注意的是,(5)同見"下獄覆治"、"臣請治昌"、"請獄治尚書令昌"。

又,《漢書》卷六十六《陳萬年傳》記載:"白奏咸露泄省中語,下獄掠治。"㉛陳公柔按:

> 此"治"字有審理意。掠,師古注云:"掠,笞擊也。"掠治,釋爲笞擊而後審問,亦可通。但釋"治"爲審理意者,一般均作"掠治",不作"治諒(掠)"。如《漢書·張湯傳》"劾鼠掠治"等。㉜

綜上所述,嶽麓秦簡《金布律》1402簡所謂"獄治",就是將某人逮捕入獄調查後審理(處理)其案件(或治其罪)。"勿獄",當即"勿獄治"的略稱,意即不要將某人逮捕入獄調查(以審理、處理或治其罪)。[33]而"臧(贓)不盈百廿錢"的丢失器物案件,就由"其官自治"(即官有器物所在的官署自己來處理)。[34]在這條律文中,"必獄治"與"勿獄(治)"指的是兩種情況,因此,"必獄治"之後應使用";"(或"。")斷開比較妥當些。整理小組在"必獄治"之後使用","是欠準確的。進而,整理者所作"以掌治獄的官署治其罪"的注釋,恐怕还不夠準確到位。

順便還要提到的相關史料,就是嶽麓秦簡(肆)第二組《獄校律》的一條律文。其中有"會獄治"三處(1425簡、1304簡):

> 【·】獄校律曰:略妻及奴騷悍,斬爲城旦,當輸者,謹將之,勿庸(用)傳□,到輸所乃傳之∟。署(遷)者、署(遷)者包及諸辠1419當輸∟□及會獄治它縣官而當傳者,縣官皆言獄斷及行年日月及會獄治者行年日月,其署(遷)、輸1425(缺簡)□會獄治,詣所縣官屬所執灋,即亟遣,爲質日,署行日,日行六十里,留弗亟遣過五日及留弗傳過1304二日到十日,貲縣令以下主者各二甲∟;其後弗遣復過五日,弗傳過二日到十日,輒駕(加)貲二甲,留過二月,奪1353爵一級,毋(無)爵者,以卒戍江東、江南四歲。1312[35]

"獄校"之"校"字,整理小組注釋:"以刑具拘繫。《説文》:'校,木囚也。'或以爲校核。"[36]"會獄治",整理小組未注釋。

又,據1304簡圖版殘留的墨迹以及同一律文中其他兩處"及會獄治"文例,該1304簡釋文"□會獄治"中缺釋的第一個字("□"),可能是"及"字。

彭浩認爲:"(整理小組)前一種解釋似誤。簡237記:'獄校律曰:黥舂、完城旦舂、鬼薪、白粲以下到耐罪皆校。'如果《獄校律》之'校'解釋爲'木囚',意味著從城旦舂、鬼薪白粲以下到耐罪者都要加刑具,這是不可思議的事。睡虎地秦簡《秦律十八種》簡147云:'城旦舂衣赤衣,冒赤氈(氈),拘櫝欙杕之',其他罪犯皆不加刑具,就是明證。簡237是指'黥舂、完城旦舂、鬼薪、白粲以下到耐罪'的判罰皆需報告案件和數量。獄校律是案件、數量的統計報告之律,非拘繫刑具的統計、報告之律。""(這條)律文是爲押送'輸'、'遷'和'會獄治它縣官'者發'傳'及行程的規定。内容包括'獄斷及行年月日及會獄治者行年日月'等。據睡虎地秦簡《封診式》'遷子'可知,隨行文書有沿途更换的通行證'傳'和介紹案情的'恒書'。前者沿途更换,後者直送目的地。《獄校律》的'傳'包含通行證書和獄斷文書。"㊲

這個"校"字的意義,當以"校核"之説爲優。不過,"獄校律"究竟是否有關案件、數量的統計報告之律,仍值得再研究。限於篇幅,這裏只關注其中"會獄治"的理解。

"會"字,見於嶽麓秦簡(肆)第一組《亡律》2087簡:

> 有罪去亡,弗會,已獄及已劾未論而自出者,爲會。鞫,罪不得減。㊳

整理小組注釋:"會:《説文》:'會,合也。'《公羊傳·桓公十年》:'會者何?期辭也。'秦簡'會'指按規定日期前去官府報到。《漢書·淮南王傳》:'臣願會逮。'顔師古曰:'會,謂應逮書而往也。'會逮,指按照逮書規定的日期,向官府報到,即自首。不按期報到則稱'弗會'或'不會'。"㊴

劉欣寧引日本學者宫宅潔之説,即"法庭傳唤被告或證人稱爲'徵'或'逮'(字形常作"遝")",並根據嶽麓秦簡(肆)摘抄的《具律》230—231簡(1392簡+1427簡)的律文,"可知'徵書'或'逮書'將送至當事者所在之縣,由官吏知會其人赴獄報到,稱爲'會'","'會逮',如《史記·孝文本紀》'太倉公將行會逮',張家山《奏讞書》案例十八'𧻚來會建〈逮〉',即應逮書而赴獄報到之意"。㊵

彭浩、陳偉、工藤元男主編的張家山漢簡紅外綫本《奏讞書》案例十八"𧻚來會建〈逮〉"(151簡)注釋:

> 張建國:會建,可能應爲"會逮"。《漢書·淮南王傳》"群臣可用者皆前繫,今無足與舉事者。王以非時發,恐無功,臣願會逮"顔師古注:"會謂應逮書而往也。"可能𧻚自己來投案,故稱"會逮"。
>
> 今按:建、逮形近或混。《漢書·谷永傳》"反除白罪,建治正吏"王念孫按云:"建、治二字,義不相屬。……'建'當爲逮,逮捕也。言罪之明白者,則反而除之;吏之公正者,則逮而治之也。隸書'建'字或作'逮'(見漢北海相景君銘、郎中鄭固碑),與'逮'相似,故'逮'訛作'建'。"原釋文作"𧻚來會,建曰",今改讀。㊶

最早由張建國提出的這個改釋意見,[42]是相當有見地的。彭浩等紅外綫本的補釋,則夯實了這個改釋意見。

"會逮"一詞,前揭先期研究舉出的文例見於《史記·孝文本紀》《漢書·淮南王傳》以及《漢書·刑法志》"當行會逮"。(同"詔獄逮繫長安",師古曰:"逮,及也。辭之所及,則追捕之,故謂之逮。一曰逮者,在道將送,防禦不絶,若今之傳送囚也。"[43])

宫宅潔進一步解釋:"限於管見,'逮'用於逮捕現行犯之意的例子確實尚未發現。以某種形式進行審訊,在審訊過程中明確了某人與案件有涉,將此人拘禁起來,這就是'逮'。審判原則上是在一個機構内進行,因此當應當傳訊者不在管轄區域内時,即使相距遥遠,也要送到進行審判的機構,在此意義上,衍生出師古'傳送囚'這一解釋。"而被"逮書"(即傳訊狀)傳訊來官府自首,即稱爲"會逮"。[44]

嶽麓秦簡(肆)1932簡"不會貲贖",朱紅林補注:"會,按規定時間地點履行官府所要求的事。"其後引用2087簡律文與整理小組注釋,2044簡、2048簡、2101簡、1989簡、1228簡律文,以及睡虎地秦簡相關文例與整理小組注釋。[45]

日本京都大學"秦代出土文字史料之研究班":"'會',即在受到傳唤等日期之前到官府去報到。與僅是'自出'不同。"其後列舉文例有:睡虎地秦簡《法律答問》164簡,《二年律令》121—124簡,嶽麓秦簡(肆)230—231簡(1392簡+1427簡)、23簡(1932簡)、40簡(2044簡)。[46]

以上學者對"會"的解釋都是準確的。"會逮"與"會獄"均是秦漢律中的法律術語,但仔細比較,可知兩者所强調之側重點是有所不同的。劉欣寧的見解,就是對"會獄"一詞的絶好解釋。"會獄",更爲明確地表示出報到的地點或目的地是"獄"這個羈押並審理案犯的場所。

"會獄"一語,見於傳世文獻,如《史記·酷吏列傳》記載:

> 至周爲廷尉,詔獄亦益多矣。二千石繫者新故相因,不減百餘人。郡吏大府舉之廷尉,一歲至千餘章。章大者連逮證案數百,小者數十人;遠者數千,近者數百里。會獄,吏因責如章告劾,不服,以笞掠定之。於是聞有逮皆亡匿。獄久者至更數赦十有餘歲而相告言,大抵盡詆以不道以上。廷尉及中都官詔獄逮至六七萬人,吏所增加

十萬餘人。[47]

而《漢書·杜周傳》對此也有記載：

> 至周爲廷尉，詔獄亦益多矣。二千石繫者新故相因，不減百餘人。郡吏大府舉之廷尉，一歲至千餘章。章大者連逮證案數百，小者數十人；遠者數千里，近者數百里。會獄，吏因責如章告劾，不服，以笞掠定之。於是聞有逮證，皆亡匿。獄久者至更數赦十餘歲而相告言，大氐盡詆以不道，以上廷尉及中都官，詔獄逮至六七萬人，吏所增加十有萬餘。[48]

但是，兩者記載的文字與斷讀，略有不同（見浪綫標示部分）。關於"會獄"，師古曰："往赴對也。"[49]但是，今人或釋爲"會審案件"，譯爲"會審時"，[50]或譯爲"到會集受審的時候"。[51]今人的這些理解，與顔師古之説，似乎不合。如何理解這裏的"會獄"一語？

值得注意的是，日本學者瀧川龜太郎將"會獄"從上句讀，即：

> 章大者，連逮證案數百，小者，數十人，遠者數千，近者數百里，會獄。

其《考證》云："楓山本，千下有'里'字，與《漢書》合。顔師古曰：會獄，往赴對也。"[52]

這裏的"會獄"，也是按逮書規定的日期前去"獄"報到。"會獄"的主語，就是受這些大小案件牽連而被逮書傳唤到案的證人們。因此，師古注釋"往赴對也"，即證人們要按照逮書規定的日期前往"獄"報到，回答相關的訊問。這個"獄"字，指的就是"廷尉詔獄"，也就是關押這些詔獄的未決犯並審理其案件的機構場所。證人也要按照傳唤到此處（即"獄"）報到，並在案件審理期間被關押在"獄"中。因此，傳世文獻所見的"會獄"這個法律術語，如果依瀧川龜太郎的意見從上句讀，其文理就自然通暢了。由師古的注釋來看，古人應該也是如此斷讀的。今人的標點與理解是有問題的。

簡言之，嶽麓秦簡（肆）《獄校律》所見的"會獄治"之"會獄"，就是傳世文獻所見的法律術語"會獄"。因此，這裏的"會獄治"當讀作"會獄"+"治"，即按逮書規定的日期前去"獄"報到後再進行審理。

三、關於1402簡簡首有無“·”符的討論

在整理小組的釋文中,1402簡之簡首没有釋出“·”符。拙見以爲,該釋文之前可以補上一個“·”符。其理由有二:

第一,仔細審視核對1402簡圖版(尤其是紅外綫圖版),仍依稀可見其簡首左下側殘存的墨迹,且在第一個字“金”字的位置之前,尚有足夠容納一個“·”符的空間。[53]

第二,嶽麓秦簡(肆)這個卷册在整體上有一個共同特點,就是所摘抄的律文前面都有個“·”符。關於此點,其整理者陳松長早就指明:“這部分竹簡中的秦律,多先在簡端打墨點,然後再抄録某某律曰。”[54]又,據冨谷至的研究,可以確定“·某律曰”這一格式律文之前的“·”符,“不是用於法典中的符號”,而是抄寫者摘抄時所附加的作爲摘抄律文之索引的符號。[55]

如果這第二個理由可以成立的話,就應該重新審視整理小組在嶽麓秦簡(肆)第二組釋文之中所有的簡首釋文及其圖版,查看一下這個“·”符號的情況。

整理小組在嶽麓秦簡(肆)第二組共計60條(以下依其釋文之序排號)律文的釋文中,有47條律文釋文有“·”符號,即(1)1278簡,(2)1277簡,(3)1284簡,(4)1276簡,(6)1286簡,(7)1287簡,(8)1411簡,(9)1289簡,(10)1229簡,(11)1404簡,(12)1234簡,(13)1409簡,(15)1373簡,(17)1255簡,(18)1374簡,(19)1295簡,(20)1256簡,(21)1251簡,(22)1370簡,(23)1375簡,(24)1413簡,(25)1296簡,(26)1224簡,(27)1266簡,(28)1252簡,(29)1414-1簡,(30)1299簡,(31)1267簡,(32)1250簡,(33)1384簡,(34)1377簡,(35)1417簡,(36)1415簡,(41)1227簡,(43)1244簡,(44)1385簡,(45)1392簡,(46)1419簡,(47)0912簡,(48)0992簡,(49)1228簡,(51)1261簡,(52)1265簡,(54)1394簡,(57)1354簡,(58)0914簡,(59)0994簡。其中,整理小組補釋者有2處,即(45)1392簡“【·】具律曰”,(46)1419簡“【·】獄校律曰”。此外,(54)1394簡的簡首不見“·”符墨迹,而整理小組的釋文卻作“·繇(徭)律曰”。[56]對此,整理小組未作解釋。

餘下的 13 條律文釋文没有“·”符,具體如下:(5)1402 簡“金布律曰”,(14)1397 簡“尉卒律曰”,(16)1232 簡“繇(徭)律曰”,(37)1272 簡“置吏律曰”,(38)1396 簡“置吏律曰”,(39)1389 簡“置吏律曰”,(40)1426 簡“置吏律曰”,(42)1271 簡“□律曰”,(50)J54 簡“□□律曰”,(53)1241 簡“繇(徭)律曰”,(55)1305 簡“繇(徭)律曰”,(56)0350 簡“司空律曰”,(60)0798 簡“興律曰”。[57]

爲便於比較,現將(5)(14)(16)(37)(38)(39)(40)(42)(45)(46)(50)(53)(54)(55)(56)(60)16 支簡的簡首圖版截圖列表如下:

1392	1419	1394	1402	1397	1232	1272	1396
			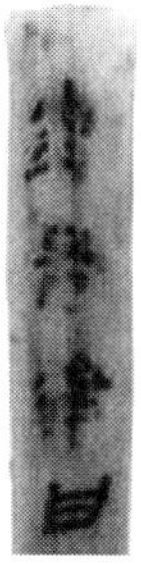				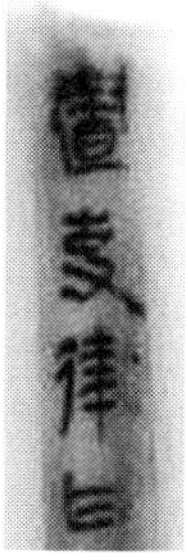
1389	1426	1271	J54	1241	1305	0350	0798
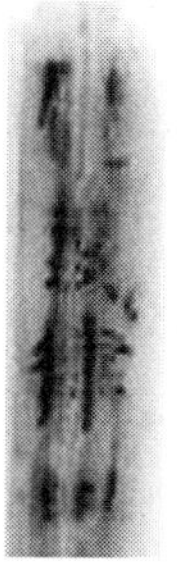	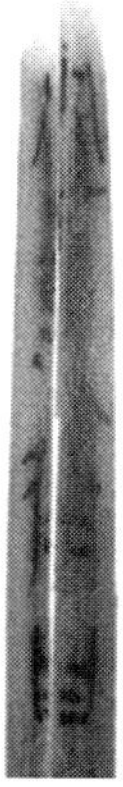		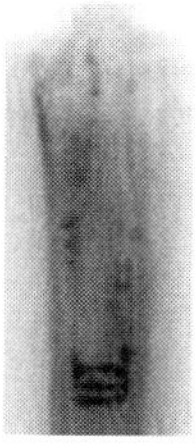				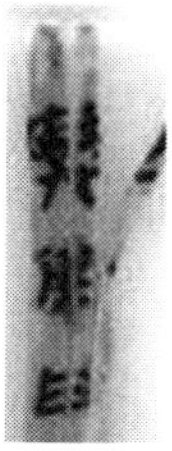

很明顯,這 16 支簡的簡首都未見“·”符號的墨迹,尤其是(16)1232 簡、(37)1272 簡、(39)1389 簡。其簡端的現狀,較爲完整者有(5)1402 簡、(14)1397 簡、(16)1232 簡、(37)1272 簡,其他均有不同程度的殘缺。其簡首確實比較乾淨無墨迹者,或是書手疏忽未打上墨釘,或是時間久遠脱落了。大多數簡首或隱約可見殘留墨迹,或因殘斷等脱落。

那麽,是否可以根據前揭的第二個理由,作這樣的一個推測:這 13 支簡的簡首,均應補釋出“·”符,即在其釋文前加上【·】。而(54)1394簡首的釋文當改作“【·】繇(徭)律曰”。

此外,其中還有三支簡簡首的律名,整理小組未釋出。[58]或可補釋如下。

(42)1271 簡“□律曰”之“□”,整理小組注:“□律:此律文内容涉及行書,但律名僅一字,似是‘興律’。”[59]較之以 0798 簡興律律文的内容,此説可以成立。

(50)J54 簡“□□律曰”之“□□”,其上存有墨迹,但模糊不清,難以辨認。據律文内容,該“□□”或許就是“金布”二字,且其前面應該補釋出【·】。如果這個推測没有太大問題的話,就可爲嶽麓秦簡現有的七條《金布律》再增加一條律文。

最後,試將 1402 簡律文改釋如下:

> 【·】金布律曰:諸亡縣官器者,必獄治;臧(贓)不盈百廿錢,其官自治,勿獄。

注　釋

① 陳松長主編:《嶽麓書院藏秦簡(肆)》,上海辭書出版社,2015 年,第 106 頁。

② 陳松長主編:《嶽麓書院藏秦簡(肆)》,第 163 頁注釋〔十三〕。

③ 朱紅林:《〈嶽麓書院藏秦簡(肆)〉補注(三)》,徐世虹主編:《中國古代法律文獻研究》第十一輯,社會科學文獻出版社,2017 年,第 86—87 頁。

④《史記》,中華書局,1982 年,第 2079 頁。又,沈剛:《居延漢簡語詞彙釋》,科學出版社,2008 年,第 109—110 頁“縣官”條;京都大學人文科學研究所簡牘研究班編:《漢簡語彙:中國古代木簡辭典》,岩波書店,2015 年,第 131 頁“縣官”條。

⑤ 睡虎地秦墓竹簡整理小組:《睡虎地秦墓竹簡》,文物出版社,1990 年,第 38、40、45、59、73、130 頁。

⑥ 張家山二四七號漢墓竹簡整理小組:《張家山漢墓竹簡〔二四七號墓〕(釋文修訂本)》,文物出版社,2006 年,第 68 頁。案:整理小組注釋〔二〕:“‘諸收人’以下文字當爲誤抄入此。”不過,應該注意的是,關於 435 簡律文,最近看到日本學者提出的新認識。據介紹,日本學者飯島和俊則主張“將‘入’理解爲‘入計’,即把收人改稱隸臣妾後列入其中”,因此石原遼平把這條律文理解爲:“對於國家所有的工具,

損壞且不能修理之後會被賣掉。對於收人,則一律計入隸臣妾。"進而,他説:"這一規定的前半部分與收無關,但後半部分提到了基於收而被没收的人的情況。因此儘管收人和隸臣妾經常記録在一起且待遇類似,但兩者之間仍然存在些許區别。該條文難以理解的地方就在於二者的相似性。因同前半部分的關聯性太低,整理小組還一度以爲這是記録者寫錯了地方。""因事關官有物的買賣,所以才將其和前半部分的官有器物放在同一條中。"又"因條文過短,要理解其真實含義確有一定難度,但根據目前發現的勞役刑徒簿籍,隸臣妾被多次提及,而收人則從未提及。由此可見,飯島氏的觀點是非常具有説服力的"。石原遼平著,汪益譯:《"收"的原理與淵源》,周東平、朱騰主編:《法律史譯評》第四卷,中西書局,2017 年,第 102—103 頁。這樣的理解,比整理小組的判斷更爲符合該簡原文。從之。

⑦ 朱紅林:《〈嶽麓書院藏秦簡(肆)〉補注(三)》,第 86 頁。

⑧《漢書》,中華書局,1962 年,第 2260 頁。

⑨《史記》,第 2072 頁。

⑩《漢書》,第 121 頁。

⑪《漢書》,第 2056 頁。

⑫ 沈家本撰,鄧經元、駢宇騫點校:《歷代刑法考》,中華書局,1985 年,第 3 册第 1167 頁。又,《漢書》卷七十二《鮑宣傳》:"宣坐距閉使者,亡人臣禮,大不敬,不道,下廷尉獄。"《漢書》卷七十四《魏相传》:"大將軍用武庫令事,遂下相廷尉獄。"以上所引各條,見《漢書》,第 2011、3093、3134、3205、3239 頁。

⑬ 徐世虹主編:《中國法制通史》第二卷《戰國秦漢》,法律出版社,1999 年,第 631—632 頁;安作璋、熊鐵基:《秦漢官制史稿》,齊魯書社,2001 年,第 153 頁;沈剛:《漢代廷尉考述》,《史學集刊》2004 年第 4 期,第 15—16 頁。

⑭《絳侯周勃世家》又載有條侯周亞夫被"召詣廷尉"、"入廷尉",即"召詣廷尉獄"、"入廷尉獄"。見《史記》,第 2072 頁。

⑮ 沈家本撰,鄧經元、駢宇騫點校:《歷代刑法考》,第 4 册第 1484 頁。

⑯ 余行邁:《西漢詔獄探析》,《雲南師範大學學報(哲學社會科學版)》1986 年第 3 期,第 32 頁。

⑰ 宋傑:《漢代的廷尉獄》,《史學月刊》2008 年第 1 期,第 38 頁;宋傑:《漢代監獄制度研究》,中華書局,2013 年,第 11 頁。

⑱ 張忠煒:《"詔獄"辨名》,《史學月刊》2006 年第 5 期,第 118、119 頁。

⑲ 宫宅潔著,楊振紅、單印飛、王安宇、魏永康譯,楊振紅、石洋審校:《中國古代刑制史研究》,廣西師範大學出版社,2016 年,第 217、218、229 頁。

⑳ 京都大學人文科學研究所簡牘研究班編:《漢簡語彙:中國古代木簡辭典》,第 175 頁"獄"條、第 275 頁"詔獄"條。

㉑ 宫宅潔著,楊振紅、單印飛、王安宇、魏永康譯,楊振紅、石洋審校:《中國古代刑制史研究》,第 230 頁。案:其中所謂(3)的疑問,即 228 頁:"(3)犯罪者即使被囚禁在特定的部門,但並不意味著此案由該部門獨立審訊、論罪,即行使所謂的司法權。"

㉒《漢書》,第 3673 頁。

㉓ 沈家本撰,鄧經元、駢宇騫點校:《歷代刑法考》,第 3 册第 1171 頁。

㉔ 宋傑:《漢代監獄制度研究》,第 101 頁。

㉕《漢書》,第 236 頁。

㉖ 沈家本撰,鄧經元、駢宇騫點校:《歷代刑法考》,第 3 册第 1165 頁。

㉗ 睡虎地秦墓竹簡整理小組:《睡虎地秦墓竹簡》,第 7 頁,第 10 頁注釋〔五〇〕,第 147 頁;陳偉主編,彭浩、劉樂賢等撰著:《秦簡牘合集:釋文注釋修訂本(壹)》,武漢大學出版社,2016 年,第 24 頁注釋〔58〕、第 264 頁注釋〔1〕。

㉘ 在第七届出土文獻與法律史研究學術研討會(2017 年 11 月 11—12 日,湖南大學嶽麓書院)上,楊振紅提出,這句話相當於今語所説的移送司法機關處理。謹記於此。

㉙ 不過,徐世虹教授持有不同的看法:同意將"獄治"解釋爲"治獄"。"獄"有案件與監獄二義。《二年律令》113 簡"治獄者,各以其告劾治之",此是案件之義。居延漢簡 20.11 簡"元康二年六月戊戌朔戊戌,肩水候長長生以私印行候事,寫移昭武獄,如律令",此是監獄義。《賈誼傳》之文,是否兩讀皆可?——2018 年 1 月 18 日,與徐世虹教授微信交流,其發來的意見。

㉚《漢書》,第 3736、4167、3025、3192、3262 頁。案:卷八十六《何武傳》(第 3485 頁)之"斷獄治政"與"斷獄與政"(師古曰"與讀曰豫",即參與)爲同一結構,不是本文這裏所討論的"獄治"。又,張家山漢簡《奏讞書》六(簡 50)亦見"獄治",其時代屬於漢初高祖時期。詳見張家山二四七號漢墓竹簡整理小組:《張家山漢墓竹簡〔二四七號墓〕(釋文修訂本)》,第 95 頁。此外,在目前公布的里耶秦簡中,有見"謁上獄治,當論論"(8-1562 正)。不過,另有"謁報覆獄治所"(8-136+8-144)、"當□□□□可獄治□□☑"(8-315)、"御史覆獄治充☑"(8-632)、"酉陽覆獄治所"(8-1295),也不是本文這裏所討論的"獄治"。陳偉主編:《里耶秦簡牘校釋(第一卷)》,武漢大學出版社,2012 年,第 360、76、188、308 頁。

㉛《漢書》,第 2900 頁。

㉜ 陳公柔:《雲夢秦墓出土〈封診式〉簡册考述》,《燕京學報》新三期,北京大學出版社,1997 年;後收入氏著《先秦兩漢考古學論叢》,文物出版社,2005 年,第 195 頁。

㉝ 秦代出土文字史料之研究班認爲,所謂"獄",就是"在獄中審訊"。"已獄"意味著此程序已經開始了。與"已獄"相對的是"未獄",正如以下所列舉的《法律答問》107 簡所示,此即指經告發後在獄中的審判開始的前一個階段。嶽麓秦簡《金布律》1402 簡"勿獄"之"獄",亦然。秦代出土文字史料之研究班:《嶽麓書院所藏簡〈秦

律令(壹)〉譯注稿その(一)》,《東方學報》京都第92册,2017年12月,第156頁注釋③。

㉞ 朱紅林注:"其官自治,各級行政機關所用的職權範圍内的行政處罰職責和權力。這在《周禮》中稱爲'官刑'。"朱紅林:《〈嶽麓書院藏秦簡(肆)〉補注(三)》,徐世虹主編:《中國古代法律文獻研究》第十一輯,第87頁。

㉟ 陳松長主編:《嶽麓書院藏秦簡(肆)》,第145—146頁。

㊱ 同上書,第172頁注釋〔二百〇一〕。

㊲ 彭浩:《談〈嶽麓書院藏秦簡(肆)〉的"執法"》,王捷主編:《出土文獻與法律史研究》第六輯,法律出版社,2017年,第90—91、93頁。案:彭文所引秦漢簡釋文有筆誤之處,今核對原文後徑改。

㊳ "爲會"之下的標點",",今從日本京都大學研究班的意見,改爲"。"。陳松長主編:《嶽麓書院藏秦簡(肆)》,第43頁。秦代出土文字史料之研究班:《嶽麓書院所藏簡〈秦律令(壹)〉譯注稿その(一)》,第155、157頁。

㊴ 陳松長主編:《嶽麓書院藏秦簡(肆)》,第74頁注釋〔十一〕。

㊵ 劉欣寧:《秦漢訴訟中的言辭與書面證據》,李宗焜主編:《古文字與古代史》第五輯,"中研院"歷史語言研究所,2017年,第359頁。

㊶ 彭浩、陳偉、工藤元男主編:《二年律令與奏讞書——張家山二四七號漢墓出土法律文獻釋讀》,上海古籍出版社,2007年,第365頁,第369頁注釋〔三七〕。案:核對王念孫《讀書雜志》(江蘇古籍出版社,2000年,第361頁),"今按"所引有筆誤之處,今徑改爲"故'逮'訛作'建'"。

㊷ 張建國:《關於張家山漢簡〈奏讞書〉的幾點研究及其他》,袁行霈主編:《國學研究》第四卷,北京大學出版社,1997年;後收入氏著《帝制時代的中國法》,法律出版社,1999年,第282頁。案:稍後,宫宅潔也質疑整理小組"跍來會建"的釋文與斷讀,並提出與張建國同樣的改讀方案。宫宅潔:《秦漢時代の裁判制度——張家山漢簡〈奏讞書〉より見た》,《史林》第81卷第2號,1998年,第53頁;譯文收入籾山明主編,徐世虹譯:《中國法制史考證》丙編第一卷,中國社會科學出版社,2003年,第307頁。又,張伯元亦改釋爲"跍來會逮",並注曰:"今核以《張家山漢墓竹簡》圖版,逮當爲'建'。"但並未説明其改釋的依據。張伯元:《漢簡法律術語零拾(四則)》,氏著《出土法律文獻研究》,商務印書館,2005年,第224頁注釋①。

㊸《漢書》,第1097、1098頁。案:這裏是説,齊太倉令淳于公在當地被逮捕後押解至長安,推測當被拘禁於廷尉詔獄。

㊹ 宫宅潔:《秦漢時代の裁判制度——張家山漢簡〈奏讞書〉より見た》,《史林》第81卷第2號,第44、45頁;譯文見籾山明主編,徐世虹譯:《中國法制史考證》丙編第一卷,第296、298頁。

㊺ 朱紅林:《〈嶽麓書院藏秦簡(肆)〉補注(二)》,《簡帛》第十五輯,上海古籍出版社,2017年,第89頁。

㊻ 秦代出土文字史料之研究班:《嶽麓書院所藏簡〈秦律令(壹)〉譯注稿その(一)》,第156頁。

㊼《史記》,第3153頁。

㊽《漢書》,第2660頁。

㊾《漢書》,第2661頁。

㊿ 王利器主編:《史記注譯》第四册,三秦出版社,1988年,第2580、2589頁。

51 劉起釪、林小安等注譯:《全注全譯史記》下册,天津古籍出版社,1995年,第3189頁。

52 瀧川龜太郎:《史記會注考證》,臺北樂天出版社,1973年,第1303頁。

53 陳松長主編:《嶽麓書院藏秦簡(肆)》,第106頁。

54 陳松長:《嶽麓書院所藏秦簡綜述》,《文物》2009年第3期,第86頁。又,陳松長等著:《嶽麓書院藏秦簡的整理與研究》,中西書局,2014年,第95頁。

55 參見冨谷至著,薛夷風、周東平譯:《從漢律到唐律——裁判規範與行爲規範》,周東平、朱騰主編:《法律史譯評(2014年卷)》,中國政法大學出版社,2015年,第114—117頁注[5]。

56 陳松長主編:《嶽麓書院藏秦簡(肆)》,第144、145、150頁。

57 同上書,第114、116、136、137、138、139、142、148、149、152、153、161頁。

58 0914簡"·□律",整理小組注釋:"'律曰'前一字殘存半邊,其字無法確定,或以爲是'齎'字。"陳松長主編:《嶽麓書院藏秦簡(肆)》,第175頁注釋〔二百六十一〕。查看圖版,無法確定整理小組的推測是否可以成立,待將來發現殘片再説。

59 陳松長主編:《嶽麓書院藏秦簡(肆)》,第142頁,第172頁注釋〔一百九十二〕。

《嶽麓書院藏秦簡(肆)》補注五*

朱紅林(吉林大學古籍研究所
出土文獻與中國古代文明研究協同創新中心)

本文主要是在嶽麓秦簡整理小組注釋的基礎上,對《嶽麓書院藏秦簡(肆)》中簡140—159進行補充注釋。①文中每組簡的簡首標注的是原始編號,按照復原排序編排的序號以下角標的形式標注於相應簡文的末尾。請學界專家批評指正。

一

簡1397+1372:

尉卒律曰【1】:爲計,鄉嗇夫及典、老月辟【2】其鄉里之入穀(穀)、徙除【3】及死亡者,謁于尉,尉月牒部【4】之,到十月乃$_{140}$比其牒【5】,里相就殹(也)以會計【6】。黔[首]之闌亡者卒歲而不歸【7】,結其計,籍書【8】其初亡之年月于結,善臧(藏)以戒【9】其得$_{141}$。

【1】尉卒律

〖補注〗

嶽麓簡《尉卒律》之“卒”,與睡虎地秦簡《尉雜律》之“雜”,字形相近,因此,不少學者包括嶽麓簡整理小組第一印象都會認爲《尉卒律》就是《尉雜律》,然而就内容而言二者卻没有明顯的相似之處,因此有一種欲言又止的感覺。②而且,嶽麓簡中有《内史褋律》“褋”字,不像睡簡《内史雜》中那樣作“雜”,這就是説嶽麓簡“尉卒律”之“卒”爲“雜”字省寫的

* 本文爲國家社會科學基金重大項目“簡帛學大辭典”(14ZDB027)的階段性成果。

可能性不大。如果它也是“尉雜律”的話,“雜”字當如“内史襍律”一樣作“襍”。或許《尉雜律》和《尉卒律》確是兩種不同的法律。不過,周海鋒把《尉卒律》的“卒”讀作“萃”,解爲聚集之意,倒與《尉雜律》的“雜”含義相同,睡簡中“雜”本身也就是作“聚集”義解。邢義田讀“卒”爲“倅”,倅有“副”意,故以“《尉卒律》”爲“《尉倅律》”。③陳偉認爲:“‘尉’當是縣尉、‘卒’則疑指士卒、傜徒。尉卒律大致是講縣中兵役、勞役所需人力資源的組織、管理與調發。”④總而言之,目前學界較爲一致的看法是,《尉卒律》是有關縣尉職責管理的法律。

【2】辟

〖補注〗

辟,治也。《左傳》文公六年:“宣子於是乎始爲國政,制事典,正法罪,辟獄刑。”楊伯峻注曰:“杜注:‘辟猶理也。’孔疏:‘辟刑獄謂有獄未決斷當時之罪,若昭十四年韓宣子命斷舊獄之類是也。’則辟獄刑若後代之清理訴訟積案。”⑤秦律此處指的是鄉嗇夫及典、老每月對本月發生的黔首入縠、徙除及死亡情況進行系統整理,全部上報給縣尉。

嶽麓簡中有“辟問”一詞。簡 1258+1270:“獄史月案計日,盈三月即辟問鄉$_{137}$官$_{138}$。”簡 1385+1390:“具律曰:諸使有傳者,其有發徵、辟問具殹(也)及它縣官事,當以書而毋□欲(?)□□者,治所吏$_{228}$聽行者,皆耐爲司寇$_{229}$。”整理小組注:“辟問:推辟驗問。《居延漢簡釋文合校》:‘候長彭馳之南界辟問。’”⑥

【3】徙除

〖整理小組注〗

徙除:徙,遷徙;除,任用。徙除,即徙至其他官署獲得任用或服役。睡虎地秦簡《秦律十八種》:“司寇勿以爲僕、養、守官府及除有爲殹(也)。有上令除之,必復請之。”整理者注:“除,任用。”⑦

〖補注〗

徙,遷徙。包括兩種情況。一是人口居住地的遷徙。睡虎地秦簡《法律答問》簡 147:“甲徙居,徙數謁吏,吏環,弗爲更籍。今甲有耐、貲罪,問吏可(何)論?耐以上,當貲二甲。”徙數,户籍遷徙。嶽麓簡此處應主要是指這種情況。因爲這裏説的是鄉嗇夫、里典、里老要按月整理本月内發生在本鄉或本里中的遷徙情況,總結上報。另一種是官吏職務的調動。睡虎地秦簡《置吏律》簡 159—160:“嗇夫之送見它官者,不得除其故官佐、吏以之新官。”整理小組注:“送,疑爲徙字之誤。徙,調任。”⑧

【4】牒部

〖整理小組注〗

部:分也。《玉篇·邑部》:“部,分判也。”⑨

〖補注〗

部,有强調範圍之義,故《玉篇》以“分判”解之。牒部,即以牒分類統計。牒,名詞作狀語。肩水金關漢簡 73EJT10:311:“牒書除爲司御三人,人一牒。元鳳四年四月甲寅朔甲寅。尉史真敢言之。牒書□□□☐謁署敢言之。”這就是一個以牒記録徙除的例子。⑩

【5】到十月乃比其牒

〖整理小組注〗

比:編次。⑪

〖補注〗

比,按次序進行整理。《周禮·天官·宰夫》曰:“凡禮事,贊小宰比官府之具。”鄭玄注:“比,校次之。”孫詒讓云:“注云‘比,校次之’者,《大司馬》注義同。《大胥》注云:‘比猶校也。’又《春官·世婦》注云:‘比,次也。’是比兼校、次二義,謂考校序次之。”⑫

“到十月乃比其牒”,屬於當時制度,亦見於簡 0640“縣恒以十月粼牒357”。“十月比牒”,可能與秦時“計斷九月”的年終上計考核制度有關。⑬睡虎地秦簡《秦律十八種·廄苑律》簡 13:“以四月、七月、十月、正月膚田牛。”《倉律》簡 35—36:“稻後禾孰(熟),計稻後年。已獲上數,别粲、穤(糯)秙(黏)稻。别粲、穤(糯)之襄(釀),歲異積之,勿增積,以給客,到十月牒書數,上内【史】。”《倉律》簡 53:“小隸臣妾以八月傅爲大隸臣妾,以十月益食。”嶽麓簡此處“到十月乃比其牒”與睡簡中的“十月牒書數”含義相近,就是對前一年十月至本年九月這一年度財政狀況的統計整理。

【6】里相就殹(也)以會計

〖補注〗

相就,主動前來。以里爲單位,其負責人親自到縣尉那裏接受考核詢問。

會計,審計考核。《周禮·天官·司會》:"掌國之官府、郊野、縣都之百物財用凡在書契版圖者之貳,以逆群吏之治而聽其會計。"孫詒讓曰:"云'以逆群吏之治,而聽其會計'者,謂據書契版圖等,以考吏治之舉廢。"⑭

【7】闌亡者卒歲而不歸

〖補注〗

吏民闌亡,以十二個月爲一個界限,十二月及十二月以上,從重處罰;十二個月以下,處罰則相對較輕。嶽麓簡0185:"闌亡盈十二月而得,耐。不盈十二月爲將陽,轂(繫)城旦舂91。"闌亡者闌亡卒歲,屬於從重處罰的範圍,因此要列入追捕的名單之中。

【8】籍書

〖補注〗

籍書,在簿籍上記録。睡虎地秦簡《語書》簡13—14:"志千里使有籍書之,以爲惡吏。"整理小組注:"籍,簿籍。"⑮《秦簡牘合集:釋文注釋修訂本(壹)》(以下簡稱"《釋文修訂本〔壹〕》"):"黄盛璋(1979)語譯簡文作:要有册籍書寫,作爲惡吏,使千里都知道。張金光(2003)解釋爲:發通報,載入工作檔案以爲惡吏。"⑯《秦律十八種·均工律》簡111—112:"能先期成學者謁上,上且有以賞之。盈期不成學者,籍書而上内史。"

"籍書"一詞,亦屢見於張家山漢簡《二年律令·津關令》。簡493:"□、制詔御史,其令諸關,禁毋出私金器□。其以金器入者,關謹籍書,出復以閲。出之。籍器,飾及所服者不用此令。"簡512:"十三、相國上内史書言,諸以傳出入津關,而行□子□未盈一歲,與其母偕者,津關謹案實籍書出入。·御史以聞,制曰:可。"簡513—514:"十五、相國、御史請郎騎家在關外,騎馬節(即)死,得買馬關中人一匹以補。郎中爲致告買所縣道,縣道官聽,爲質〈致〉告居縣,受數而籍書馬職(識)物、齒、高。"整理小組注:"籍,登記。"⑰

【9】戒

〖補注〗

戒,備也。《漢書·趙充國列傳》記載趙充國列舉屯田十二便的理由時説:"大費既省,繇役豫息,以戒不虞,十二也。"⑱"以戒不虞",就是以備不虞。嶽麓簡此處"善藏以戒其得",意思是保存好逃亡之人的信息,即逃亡起始的年月時日等,以備日後抓獲逃亡者後,作爲處罰的依據。

二

簡 1373+1405+1291+1293+1235:

·尉卒律曰:里自卅户以上【1】置典、老各一人,不盈卅户以下,便利【2】,令與其旁里共典、老,其不便者,予之典142而勿予老。公大夫以上擅啓門者附其旁里【3】,旁里典、老坐之。置典、老,必里相誰(推)【4】,以其里公卒、士五(伍)年長而毋(無)害【5】143者爲典、老,毋(無)長者令它里年長者。爲它里典、老【6】,毋以公士及毋敢以丁者【7】,丁者爲典、老,貲尉、尉史、士吏主144者各一甲,丞、令、令史各一盾。毋(無)爵者不足,以公士,縣毋命爲典、老者,以不更【8】以下,先以下爵。其或復,未當事145戍,不復而不能自給【9】者,令不更以下無復不復,更爲典、老146。

【1】里自卅户以上

〖整理小組注〗

里自卅户以上:關於里的户數,文獻記載多有不同,少者有二十五户的,如《禮記·郊特牲》"單出里",鄭玄注:"二十五家爲里。"多則有八十户的,如《公羊傳·宣公十五年》"什一行而頌聲作矣",何休注:"一里,八十户。"還有一百户的,如《管子·度地》:"故百家爲里。"簡文中所記卅户以上之里置典、老各一人,不足卅户者,與旁里共典、老。是知秦代里的設置大致是以卅户爲標準,而上述文獻中所記載的里的户數,應該是不同時代的具體規定。⑲

〖補注〗

里耶秦簡的記載也證明了里典的設置,須經尉的批准,當時有的里二十七户即設置一個里典,可能就屬於《尉卒律》所説的後一種情況。里耶簡 8-157:"卅二年正月戊寅朔甲午,啓陵鄉夫敢言之:成里典、啓陵郵人缺。除士五(伍)成里匄、成,成爲典,匄爲郵人,謁令尉以從事。敢言之。正月戊寅朔丁酉,遷陵丞昌卻之啓陵:廿七户已有一典,今有(又)除成爲典,何律令應(應)?尉已除成、匄爲啓陵郵人,其以律令。氣手。正月戊戌日中,守府快行。正月丁酉旦食時,隸妾冉以來。欣發。壬手。"

【2】便利

〖補注〗

便利,方便,有利。這裏是説,不到三十户的里,如果方便的話,可以與其旁里共用一套里中行政機構。居延新簡 EPT53.77:"舍。至甲子乃至隧(燧)。宗私自便利。"《集釋》:"私自便利,漢律罪名之一,私下作對自己有利的事情。《墨子·尚同中》:'萬民之所便利,而能彊從事焉,則萬民之親可得也。'《漢書·張敞傳》:'天子薄其罪,欲令敞得自便利,即先下敞前坐楊惲不宜處位奏,免爲庶人。'"[20]

【3】公大夫以上擅啓門者附其旁里

〖整理小組注〗

公大夫:秦爵第七級。擅啓門:即擅自開啓里門。《張家山漢簡·二年律令·雜律》:"越邑、里、官、市院垣,若故壞決道出入,及盗啓門户,皆贖黥。""盗啓門户"即私自開啓門户,這是對里或院垣的破壞,故與越里院垣的行爲處一樣的刑罰。"擅啓門"與"盗啓門户"義同。附其旁里,指擅啓之門破壞了本里與旁里之間的分界院垣,其門直接附著於旁里内部。《玉篇·阜部》:"附,著也。"[21]

〖補注〗

張家山漢簡《二年律令·户律》簡 305—306:"自五大夫以下,比地爲伍,以辨券爲信,居處相察,出入相司。有爲盗賊及亡者,輒謁吏。典、[22]田典更挾里門籥(鑰),以時開;伏閉門,止行及作田者,其獻酒及乘置乘傳,以節使,救水火,追盗賊,皆得行,不從律,罰金二兩。"漢初五大夫以下比地爲伍,五大夫爲秦制第九級,那麽第七級公大夫也是比地爲伍了。

里門的鑰匙輪流掌握在里典和田典手中,按時開啓里門,其他居民擅自開啓里門,當然是違反制度的,但説因此而導致"破壞了本里與旁里之間的分界院垣",就讓人難以理解了。

這就涉及如何理解"擅啓門者附其旁里"的問題。

嶽麓簡整理小組對於這句話的理解是"擅啓門者"與"附其旁里"是因果關係,"擅啓門者"導致了"附其旁里"。他們對"附其旁里"的解釋是"指擅啓之門破壞了本里與旁里之間的分界院垣,其門直接附著於旁里内部”。擅自開啓里門，怎麽就會“破壞了本里與旁里之間的分界院垣，其門直接附著於旁里内部”呢？只有一種解釋，那就是公大夫在本里的牆上新開了一扇門，打通了旁里！如果是這樣的話，公大夫擅自鑿里中的圍牆，本里中的里典和里父老首先須負連帶責任。當然，旁里的典、老也有責任，因爲里牆是兩里之間共同的界限，後者也有監管不嚴之責。而法律條文並没有提及本里典、老的責任，因此公大夫在本里圍牆上鑿門的可能性不大。

另一種理解是説本里人少不足以設典、老，而依附於旁里，共用一套領導班子。律文前兩句説的正是這種情況。這句話則應讀作：“公大夫以上擅啓門者，附其旁里，旁里典、老坐之。”意思是説，公大夫以上擅自開啓里門者，如果他所在的里是依附於旁里（與旁里共用里典、老），那麽旁里的里典和里父老要負連帶責任。從上下文的表述來看，這種理解更加順理成章。

【4】置典、老，必里相誰（推）

〖整理小組注〗

誰：通“推”。《莊子·天運》：“孰居無事推而行是。”陸德明《經典釋文》：“推，司馬本作誰。”推，推選。《禮記·儒行》：“適弗逢世，上弗援，下弗推。”鄭玄注：“推，猶進也，舉也。”里相誰（推），指里人互相推選典、老。㉓

〖補注〗

里中的里典和里父老由里中百姓推選産生。《公羊傳》宣公十五年何休注：“一里八十户，八家共一巷。中里爲校室，選其耆老有高德者，名曰父老；其有辯護伉健者，爲里正。皆受倍田，得乘馬。父老比三老孝弟官屬，里正比庶人在官之吏。”㉔里正和里父老，要求具有“耆老有高德”、“辯護伉健”的品德和能力，其中里父老注重德高望重，里正則强調工作能力。

里典和里父老在管理和維持里中行政事務及道德教化工作中相互配合。《墨子·號令》：“里正與父老皆守宿里門，吏行其部，至里門，正與開門内吏，與行父老之守，及窮巷閒無人之處。姦民之所謀爲外心，罪車裂。正與父老及吏主部者不得，皆斬。得之，除，又賞之黄金人二鎰。”吴毓江注：“孫云：里正即上文里長，每里四人。”㉕《史記·滑稽列傳》：“至其時，西門豹往會之河上。三老、官屬、豪長者、里父老皆會,以人民往觀之者三二千人。"[26]《漢書·陳平列傳》:"里中社,平爲宰,分肉甚均。里父老曰:'善,陳孺子之爲宰!'"[27]《漢書·黄霸傳》:"然後爲條教,置父老師帥伍長,班行之於民間。"[28]

《管子》中設計了一個以鄉、州、里爲建制的三級地方行政體系,里的長官爲里尉,其職責與秦簡中的里典大致相當。不過,里尉雖然掌管里門鑰匙,但具體守門的卻是閭有司。這或許是與秦制相區别的齊地的管理系統。《管子·立政》:"分國以爲五鄉,鄉爲之師。分鄉以爲五州,州爲之長。分州以爲十里,里爲之尉。分里以爲十游,游爲之宗。十家爲什,五家爲伍,什伍皆有長焉。築障塞匿,一道路,博出入,審閭閈,慎筦鍵。筦藏于里尉,置閭有司,以時開閉。閭有司觀出入者,以復于里尉。凡出入不時,衣服不中,圈屬群徒不順于常者,閭有司見之,復無時。若在長家子弟、臣妾、屬役、賓客,則里尉以譙于游宗,游宗以譙于什伍,什伍以譙于長家。譙敬而勿復,一再則宥,三則不赦。凡孝悌、忠信、賢良、儁材,若在長家子弟、臣妾、屬役、賓客,則什伍以復于游宗,游宗以復于里尉,里尉以復于州長,州長以計于鄉師,鄉師以著于士師。凡過黨,其在家屬,及于長家;其在長家,及于什伍之長;其在什伍之長,及于游宗;其在游宗,及于里尉;其在里尉,及于州長;其在州長,及于鄉師;其在鄉師,及于士師。三月一復,六月一計,十二月一著。"

東漢初年的《侍廷里父老僤約束石券》記載了當時推選里父老的基本規則,里父老由里中人共同推選産生,被推選者本身要具有一定的聲望和財産基礎,推選出的里父老享有里中集資購買的土地上的經濟收益。里父老資産下降,達不到任職標準時,由符合條件者繼任,原有經濟待遇則隨之轉移。[29]這則考古資料可爲嶽麓簡所記載的里中典老制度提供參考。

【5】毋(無)害

〖整理小組注〗

毋害:《漢書·蕭何傳》:"以文無害爲沛主吏掾。"顔師古注引蘇林曰:"毋害,若言無比也。一曰,害,勝也,無能勝害之者。"[30]

〖補注〗

毋害,亦見於嶽麓簡0532-1:"故徼外蠻……請令縣以□,令吏毋害者303……"睡虎地秦簡《秦律十八種·置吏律》簡161:"官嗇夫節(即)不存,令君子毋(無)害者若令史守官,毋令官佐、史守。”整理小組注:“無害,秦漢文書習語,例如《墨子・號令》:‘舉吏貞廉、忠信、無害、可任事者。’《史記・蕭相國世家》:‘以文無害爲沛主吏掾。’意思是辦事没有疵病,參看楊樹達《漢書窺管》卷四。”[31]毋害,諸家多有解釋,[32]然綜合比較,當以“無瑕疵”説較爲公允。

【6】毋(無)長者令它里年長者。爲它里典、老

〖補注〗

陳偉説:“毋長者,令它里年長者爲它里典、老。‘毋長者令它里年長者爲它里典老’,原釋文在‘者爲’之間斷讀,前後文均不好理解。實當連讀,前一個‘它里’是指‘毋長者’之里以外的里,後一個‘它里’則是指‘毋長者’之里。因爲從前一個‘它里’選出的典、老是到並非自己原在的里任職,這個里對他而言也屬於‘它里’。”[33]可備一説。不過嶽麓簡整理小組的讀法也説得過去。兩者對簡文的理解是一致的。

【7】丁者

〖整理小組注〗

丁者:《張家山漢簡・二年律令・復律》:“丁女子各二人。”整理者注:“丁女子,成年女子。”是指傅籍之後的成丁。“毋敢以丁者”,即毋敢以丁者爲典、老的省略,或許是因爲丁者經常需要離開鄉里服各類徭役,所以不能留在里中擔任典、老。[34]

〖補注〗

整理小組的解釋是正確的。嶽麓秦簡中規定對里中典老的推選,一方面要求德才兼備、德高望重,另一方面要求年齡最好是超過服役年齡,達到免役狀態,而且無爵位,實在不行,才退而求其次。里典、里父老要求一般情況下都待在里中,這樣才能更好地爲對一里居民起到安全監督作用。

【8】不更

〖整理小組注〗

不更:秦爵第四級,不更以下常被視作爲一類。《商君書・境内》:“自二級已上至不更,命曰卒。”秦爵第五級大夫就與不更以下不同。[35]

〖補注〗

嶽麓簡整理小組所説甚是。除這條材料之外,嶽麓肆中還有幾處簡文體現了這個特徵。簡 1255+1371:“・繇(徭)律曰:補繕邑院、除田道

橋、穿汲〈波(陂)池〉、漸(塹)奴苑，皆縣黔首利殹(也)，自不更以下及都官及諸除有爲151殹(也)，及八更，其睆老而皆不直(值)更者，皆爲之，冗宦及冗官者，勿與152。”簡1247:“害(憲)盜，除不更以下到士五(伍)，許之209。”簡1396:“置吏律曰：縣除小佐毋秩者，各除其縣中，皆擇除不更以下到士五(伍)史者爲佐210。”簡1305:“繇(徭)律曰：發繇(徭)，自不更以下繇(徭)戍，自一日以上盡券書，及署于牒，將陽倍(背)事者亦署之253。”

【9】自給

〖整理小組注〗

自給：自足。此指不能承當戍役之花費。[36]

〖補注〗

不能自給，指没有充足的人選來充當本里的典、老。從嶽麓秦簡的相關律文來看，典老的選舉標準最好是年齡達到傅籍年齡之上，即達到免老以上的年齡，這樣就可以不服徭役，避免因服徭役而離開里中。同時，擔任典老的人，最好能無爵位。睡虎地秦簡《法律答問》簡156:“大夫寡，當伍及人不當?不當。”整理小組注:“伍，《漢書·外戚傳》注:‘猶列也。’意即合編爲伍。推測當時大夫係高爵，所以不與一般百姓爲伍。”[37]或許是因爲典老作爲一里之中的管理者，需要與大多數居民融爲一體，才能更好地行使其管理職責，所以才要求最好是毋爵者。但是在一里之中實在找不出能滿足這幾項條件的人選時，也只能退而求其次，從大夫以下的爵位中尋找合適的人選。因爲大夫作爲高爵，已經不與普通百姓爲伍了。

三

簡1232+1257+1269+1408:

繇(徭)律曰：興繇(徭)及車牛及興繇(徭)而不當者【1】及擅傳(使)人屬弟子【2】、人復復子、小敖童【3】、弩，鄉嗇夫吏主者【4】，貲147各二甲，尉、尉史、士吏、丞、令、令史見及或告而弗劾【5】，與同辠。弗見莫告【6】，貲各一甲。給邑中事【7】，傳送委輸，先148悉縣官車牛及徒給之，其急不可留【8】，乃興繇(徭)如律;不先悉縣官車牛徒，而興黔首及其車牛以發149繇(徭)【9】，力足以均而弗均【10】，論之150。

【1】興繇(徭)及車牛及興繇(徭)而不當者

〖補注〗

第一個"及"是動詞,意爲"到";第二個"及"是連詞,意爲"和"。興徭及車牛,興徭時徵發到車牛。睡虎地秦簡《秦律十八種·司空律》簡140:"百姓有貲贖責(債)而有一臣若一妾,有一馬若一牛,而欲居者,許。"百姓家的臣妾、馬牛可以替主人居貲贖債,當然也被作爲主人的重要資産列入徭役徵發的依據。《周禮》一書中關於百姓家庭財産統計,屢屢提到"六畜、車輦",也是這個意思。如《周禮·地官·均人》"均人民、牛馬、車輦之力政",鄭玄注:"力政,人民則治城郭、涂巷、溝渠,牛馬車輦則轉委積之屬。"[38]張家山漢簡《二年律令·徭律》中也有關於"徭及車牛"的記載。《徭律》簡411:"發傳送,縣官車牛不足,令大夫以下有訾(貲)者,以貲共出車牛及益,令其毋訾(貲)者與共出牛食、約、載具。"簡415:"若擅興車牛,及繇(徭)不當繇(徭)使者,罰金各四兩。"

【2】人屬弟子

〖整理小組注〗

人屬弟子:或簡稱"人弟子",當指私人招收的弟子,與官府弟子相對應。《張家山漢簡·二年律令·傅律》:"疇官各從其父疇,有學師者學之。"[39]

〖補注〗

從目前秦簡的材料看,看不出"弟子"有所謂私人招收或官府招收的區別。但可以看出,官府對弟子設置了專門的簿籍進行管理,稱爲"弟子籍",並且對弟子有免役方面的優待,"師"對於弟子有一定的支配權,但不能過度使用。睡虎地秦簡《秦律雜抄》簡6:"當除弟子籍不得,置任不審,皆耐爲侯(候)。使其弟子贏律,及治(笞)之,貲一甲;決革,二甲。"整理小組注:"除弟子律,關於任用弟子的法律。按秦以吏爲師,本條是關於吏的弟子的規定。"[40]《秦律雜抄》簡7—8還有一條與"弟子"有關的規定:"縣毋敢包卒爲弟子,尉貲二甲,免;令,二甲。"嶽麓簡整理小組注所舉張家山漢簡《二年律令》"疇官各從其父疇"的例子屬不屬於"弟子"的範疇還值得進一步考慮。

【3】小敖童

〖整理小組注〗

小敖童:或稱敖童,指未達到傅籍年齡的男子。[41]

〖補注〗

整理小組把“小敖童”與“敖童”等同,這是不準確的。正如“小上造”與“上造”含義不同一樣,“小敖童”也是特有所指的。

“敖童”之稱,在秦簡中先見於睡虎地秦簡《傅律》簡 32:“匿敖童,及占㾌(癃)不審,典、老贖耐。”《法律答問》簡 166:“可(何)謂‘匿户’及‘敖童弗傅’? 匿户弗繇(徭)、使,弗令出户賦之謂毆(也)。”諸家關於睡簡“敖童”的認識,[42]可歸納爲三種: 第一種釋“敖童”爲“大童”,“敖”爲長、大義,“童”指未成年人、未傅籍者。“大童”説下的“敖童”又分爲兩種解釋,一種認爲“敖童”指身高或年齡未達到傅籍標準者,另一種認爲“敖童”指身高或年齡達到傅籍標準但尚未傅籍者。第二種釋“敖童”爲豪奴,童指童僕。第三種釋“敖童”爲到處遊蕩的少年。從睡虎地秦簡、嶽麓簡本身的記載來看,第二種和第三種解釋都與簡文所描述的制度關係不大,第一種解釋更接近事實。

嶽麓簡“敖童”史料公布後,學者們運用新材料對“敖童”再次進行了研究,如周海鋒先生認爲“敖童指未傅籍的男子”,[43]胡平生先生認爲“敖童即大童”,也就是説,運用新材料的研究更傾向於支持此前“敖童”諸説中的“大童”説。其中胡先生的結論更爲明確,他説:“‘敖童’即‘成童’,確切的意義是,十五歲至十七歲正式傅籍前的大童。”“‘小敖童’既冠以‘小’,應特指敖童之小者。‘小’的意義,可能有兩重。一是年齡小,‘敖童’是十五歲至十七歲的大孩子,‘小’應指其中的小者,可能就是十五歲的敖童。二是指身材小。有學者以爲,指年齡小的可能性較大。”[44]嶽麓簡中有“小童”一詞,簡 1377:“行書律曰: 毋敢令年未盈十四歲者行縣官恒書,不從令者,貲一甲196。”簡 1384:“行書律曰: 有令女子、小童行制書者,貲二甲194。”陳松長先生認爲“小童”指的就是年未盈十四歲者。[45]如此,這裏的“小童”或許就是與“敖童”相對應的一個稱呼。這就從另一方面印證了胡平生先生“敖童”最低年齡爲十五歲的判斷。

【4】鄉嗇夫吏主者

〖補注〗

“鄉嗇夫吏主者”當斷句爲“鄉嗇夫、吏主者”。吏主者爲嗇夫的下屬,兩者是上下級的關係,不是一回事。秦漢簡牘中“某某嗇夫”與負責某事的“吏主者”聯用的記載多見。睡虎地秦簡《金布律》簡 77—79：“百姓叚（假）公器及有責（債）未賞（償），其日踐以收責之，而弗收責，其人死亡；及隸臣妾有亡公器、畜生者，以其日月減其衣食，毋過三分取一，其所亡衆，計之，終歲衣食不以踐稍賞（償），令居之，其弗令居之，其人【死】亡，令其官嗇夫及吏主者代賞（償）之。”“官嗇夫及吏主者”很明顯是兩個人。

【5】見及或告而弗劾

〖補注〗

“見及或告而弗劾”，意思是説，尉、尉史、士吏、丞、令、令史這些官吏如果發現了或有人向他們舉報了有關興徭不當的問題，而他們不向上級匯報。類似的表述方式亦見於嶽麓簡 1288+1233：“典、老、伍人見及或告之125而弗告，貲二甲126。”

【6】弗見莫告

〖補注〗

“弗見莫告”，意思是説，尉、尉史、士吏、丞、令、令史這些官吏没有發現有關興徭不當的問題，也没有人向他們舉報類似情況。

【7】給邑中事

〖補注〗

邑，這裏指縣。《肩水金關漢簡（貳）》73EJT24：321：“聞憙（喜）邑高里傅定。庸同縣魚廬里郅羌。”“同縣”指的即是聞喜邑。又 73EJT23：307 有“河東絳邑西鄉”。“絳邑”即絳縣。邑中即縣中。邑中事，指的是本縣之中的勞役。張家山漢簡《二年律令・傜律》簡 407：“睆老各半其爵繇（徭），□入獨給邑中事。”睆老屬於高年的一部分，所以在勞役上從優照顧，在本縣之中服役，以免遠途勞累。“邑中之事”又稱爲“邑中之功”。睡虎地秦簡《秦律十八種・徭律》簡 116：“興徒以爲邑中之紅（功）者，令結（嫴）堵卒歲。”睡虎地秦簡整理小組把“功”解釋爲“工程”，陶安已指出其非。[46]

【8】急不可留

〖補注〗

急不可留，緊急事情不能耽誤。里耶秦簡［16］5 正：“廿七年二月丙子朔庚寅，洞庭守禮謂縣嗇夫卒史嘉、叚（假）卒史谷、屬尉，令曰：傳送委輸,必先悉行城旦舂、隸臣妾、居貲、贖責(債),急事不可留,乃興繇(徭)。"[47]

【9】不先悉縣官車牛徒,而興黔首及其車牛以發繇(徭)

〖補注〗

如果不先儘量徵用官府所擁有的車牛、人徒,而徵發黔首及其車牛來服徭役。這句話的意思是,官府需要車牛、人徒進行勞作運輸時,首先要儘量從官府所掌握的徒隸及車牛中調撥,如果官府徒隸及車牛不足以應付,再徵發百姓及其車牛,否則有關官吏要受處罰。里耶秦簡中也有類似的記載。里耶簡[16]5 正:"廿七年二月丙子朔庚寅,洞庭守禮謂縣嗇夫卒史嘉、叚(假)卒史谷、屬尉,令曰:傳送委輸,必先悉行城旦舂、隸臣妾、居貲、贖責(債),急事不可留,乃興繇(徭)。今洞庭兵輸内史及巴、南郡、蒼梧,輸甲兵當傳者多節傳之,必先悉行乘城卒、隸臣妾、城旦舂、鬼薪、白粲、居貲、贖責(債)、司寇、隱官、踐更縣者。田時殹(也),不欲興黔首。嘉、谷、尉各謹案所部縣卒、徒隸、居貲、贖債、司寇、隱官、踐更縣者簿,有可令傳甲兵,縣弗令傳之而興黔首,[興黔首]可省少弗省少而多興者,輒劾移縣,[縣]亟以律令具論,當坐者言名史泰守府。嘉、谷、尉在所縣上書,嘉、谷、尉令人日夜端行。它如律令。"漢初律令沿襲了這類指導思想。張家山漢簡《二年律令·徭律》簡 411:"發傳送,縣官車牛不足,令大夫以下有訾(貲)者,以貲共出車牛及益,令其毋訾(貲)者與共出牛食、約、載具。"簡 415:"若擅興車牛,及繇(徭)不當繇(徭)使者,罰金各四兩。"

【10】力足以均而弗均

〖整理小組注〗

均,調配。《睡虎地秦簡·爲吏之道》:"均繇(徭)賞罰。""均徭"或作"平徭",《漢書·溝洫志》"平繇行水",顔師古注曰:"平繇者,均齊渠堰之力役,謂俱得水利也。"[48]

〖補注〗

《周禮》有"均人"及"土均"二職,職責爲平徭均賦。《周禮·地官·均人》:"掌均地政,均地守,均地職,均人民、牛馬、車輦之力政。"《周禮·地官·土均》:"平土地之政,以均地守,以均地事,以均地貢。"嶽麓簡此處的"均",其内容與《均人》《土均》中的"均"同義。睡虎地秦簡中有《均工律》,整理小組注:“均,《周禮·内宰》注:‘猶調度也。’均工,關於調度手工業勞動者的法律規定。”[49]我們認爲,不論是《周禮》中的“均人”、“土均”,還是睡虎地秦簡中的“均工”律、嶽麓簡中有關“均”的條款,這類以“均”字命名的職官或律令,含義上存在著明顯的相同之處,其間的聯繫是值得關注的。

四

簡 1255+1371+1381:

·繇(徭)曰:補繕邑院【1】、除田道橋【2】、穿汲〈波(陂)〉池【3】、漸(塹)【4】奴苑,皆縣黔首利毆(也)【5】,自不更以下及都官及諸除有爲【6】151毆(也),及八更【7】,其睆老而皆不直(值)更者,皆爲之,冗宦及冗官者,勿與。除郵道、橋、駝〈馳〉道,行外者,令從户152□□徒爲之,勿以爲繇(徭)153。

【1】院

〖補注〗

院,圜牆。睡虎地秦簡《法律答問》簡 186:“越里中之與它里界者,垣爲‘完(院)’不爲?巷相直爲‘院’;宇相直者不爲‘院’。”整理小組注:“院,《説文》作寏,云:‘周垣也。’即圜牆。估計律文對越院有處罪的規定,所以本條對越過兩里之間的牆垣算不算越院作了解釋。”[50]張家山漢簡《二年律令·襍律》簡 182:“越邑里、官市院垣,若故壞決道出入,及盜啓門户,皆贖黥。其壞垣高不盈五尺者,除。”簡 183:“捕罪人及以縣官事徵召人,所徵召、捕越邑里、官市院垣,追捕、徵者得隨迹出入。”整理小組注:“官,官舍。市,《説文》:‘市,買賣所之也。市有垣。’”[51]可見,一般情況下禁止翻越邑里、官市圜牆,否則要按律處罰,但特殊情況下是允許的,比如説追捕犯人。

【2】除田道橋

〖補注〗

“除田道橋”,當讀爲“除田道、橋”。張家山漢簡《二年律令·田律》説得很清楚,“九月大除道□阪險;十月爲橋,修波(陂)堤,利津梁”(簡 246—247),又説“鄉部主邑中道,田主田道”(簡 247—248),可見除田道和修橋是兩件事,在不同的時間進行。青川郝家坪木牘《爲田律》的記載與此相類。[52]

【3】汲〈波(陂)〉池

〖整理小組注〗

汲池:當爲"波池"之訛,參見《張家山漢簡·二年律令·徭律》。"波"乃"陂"之借字,陂池即池塘湖泊。段玉裁《説文解字注》:"陂得訓池者,陂言其外之障,池言其中所蓄之水。"[53]

〖補注〗

穿陂池,屬於興修水利的工作範疇。張家山漢簡《二年律令》中除了《徭律》提到這項工作之外,《田律》也提到了這項工作。興修水利也見於其他秦簡牘的記載。除了上面提到的青川郝家坪木牘之外,睡虎地秦簡《田律》所記載的"春二月,毋敢伐材木山林及雍(壅)隄水","壅隄水"應當與"修陂池"有關,故睡虎地秦墓竹簡整理小組注:"壅隄水,阻斷水流。"[54]

【4】漸(塹)

〖整理小組注〗

漸(塹):挖掘溝池、道路等。《史記·秦始皇本紀》:"塹山堙谷。"[55]

〖補注〗

睡虎地秦簡《徭律》簡117—118:"縣葆禁苑、公馬牛苑,興徒以斬(塹)垣離(籬)散及補繕之,輒以效苑吏,苑吏循之。未卒歲或壞(決),令縣復興徒爲之,而勿計爲繇(徭)。"整理小組注:"塹,動詞,挖掘起保衛作用的壕溝。散,疑讀爲藩。"[56]《釋文修訂本(壹)》:"陳偉武(1998B):斬讀爲塹不必理解爲動詞,'塹垣籬散'是個名詞性詞組,指苑囿的諸種防衛設施。試比較同律前文:'興徒以爲邑中之紅(功)者,令結(嫴)堵卒歲。''塹垣籬散及補繕之'正是'邑中之功','塹垣籬散'前省略了動詞'爲','爲'即修建之意。'爲塹垣籬散'與'補繕之'均是述賓結構,故用連詞'及'表並列。"[57]

【5】皆縣黔首利毆(也)

〖補注〗

秦律規定,部分利民的公共工程,由與之有利益關係的百姓無償參與完成,不算作徭役。嶽麓秦簡這條律令的意思是,補繕邑院、除田道橋、穿陂池、塹奴苑這類工程都是利黔首的公益工程,由爵位自不更以下的包括那些被規定免除傜役的人來完成,不能算作傜役。睡虎地秦簡《傜律》簡120—121:"其近田恐獸及馬牛出食稼者,縣嗇夫材興有田其旁者,無貴賤,以田少多出人,以垣繕之,不得爲繇(傜)。"睡虎地秦簡《傜律》的這條規定,與嶽麓秦簡《傜律》的規定,指導思想一致。秦簡中所披露的這部分不算傜役的"傜役",在秦代傜役制度中占有多大的比例,對於研究秦代傜役制度是一個很有意義的問題。

【6】諸除有爲

〖整理小組注〗

除:免。《漢書·循吏傳》:"招下縣子弟以爲學官弟子,爲除更繇。"顔師古注曰:"不令從役也。"[58]

〖補注〗

嶽麓簡整理小組在此處把"除"解釋爲"免",我們不同意這種看法。"除有爲",亦見於睡虎地秦簡《秦律十八種·司空律》簡150:"司寇勿以爲僕、養、守官府及除有爲殹(也)。有上令除之,必復請之。"整理小組注:"除,任用。司寇用以'備守',故不得充當其他職役。"[59]意思是説,司寇的任務是擔任偵查敵情等守備任務,不能任命他們僕、養及其他雜役。"除有爲",就是任命從事各種雜役的意思。因此,周海鋒説:"'諸除有爲殹'指那些在官府機構從事雜役的黔首,如走、養、僕、守府以及各類工匠等。這些人按日計酬,由官府提供廪食,可能不需要服傜役,但因爲其爲編户,受有田宅,故需參加與己利益攸關的補繕邑院之類的雜役。"[60]

【7】八更

〖整理小組注〗

八更:踐更八次,疑指可免除踐更八次者。《張家山漢簡·二年律令·史律》:"佐爲吏盈廿歲,年五十六,皆爲八更。"[61]

〖補注〗

把"八更"解釋爲"可免除踐更八次者"的説法是難以成立的。免除更役,秦律中稱爲"除×更",但還没見到過把"除×更"簡稱爲"×更"的表述方式。如嶽麓簡1299:"戍者月更。君子守官四旬以上爲除戍一更184。"睡虎地秦簡《廄苑律》簡13—14:"以四月、七月、十月、正月膚田牛。

卒歲,以正月大課之,最,賜田嗇夫壺西(酒)束脯,爲旱(皂)者除一更,賜牛長日三旬;殿者,誶田嗇夫,罰冗皂者二月。”“君子守官四旬以上爲除戍一更”、“爲旱(皂)者除一更”,都是對工作成績突出者的獎勵,與嶽麓簡此處的“八更”的表述方式有所不同,後者指的是具有某種資歷,憑藉這種資歷而享有減免䌛賦的待遇。

類似的情況在張家山漢簡《二年律令·史律》中也出現過。《史律》中先後出現了“其能誦三萬以上者,以爲卜,上計六更”(簡 477—478)、“以祝十四章試祝學童,能誦七千言以上者,乃得爲祝,五更”(簡 479)、“史、卜年五十六,佐爲吏盈廿歲,年五十六,皆爲八更;六十,爲十二【更】。五百石以下至有秩爲吏盈十歲,年當睆老者,爲十二更,踐更□□。疇尸、茜御、杜主樂皆五更,屬大祝。祝年盈六十者,十二更,踐更大祝”(簡 484—486)。《史律》中的這些“六更”、“五更”、“八更”、“十二更”也都是作爲一種對工作成績的肯定而出現的,因此我們認爲它屬於秦漢時期勞績的一種記録形式。[62]

五

簡 1374+1406-1:

·繇(徭)律曰:毋敢傳(使)叚(假)典居旬于官府;毋令士五(伍)爲吏養、養馬;毋令典、老行書【1】;令居貲責(債)、司寇、隸臣妾154行書155。

【1】毋令典、老行書

〖補注〗

據《尉卒律》有關推選典老的規則可知,擔任典、老者,一般情況下平日都必須待在里中,不得隨便離開外出,見上述簡 1373+1405+1291+1293+1235。因此不得委派典、老傳遞文書。

六

簡 1295+1294+1236+1231:

·繇(徭)律曰:發繇(徭),興有爵以下到人弟子、復子,必先請屬所執灋【1】,郡各請其守,皆言所爲及用積156徒數【2】,勿敢擅興,及毋敢擅傳(使)敖童、私屬、奴及不從車牛,凡免老及敖童未傅者,縣勿敢傳(使),

節157載粟【3】乃發敖童年十五歲以上,史子未傅先覺(學)覺(學)室,令與粟事,敖童當行粟而寡子獨與老158父老母居,老如免老,若獨與瘁(癃)病母居者,皆勿行159。

【1】屬所執灋

〖補注〗

屬所執灋,即所歸屬的執灋。徭役徵發必須得到“屬所執灋”的認可。“必先請屬所執灋,郡各請其守”,這句話可以有兩種理解方式:一種是前半句“必先請屬所執灋”是指縣級政府而言,“郡各請其守”則指郡級政府而言,那麽這裏的執灋相對於“郡守”而言,就是縣令長;另一種理解是前半句“必先請屬所執灋”是總括,後半句“郡各請其守”是分説,也就是説,對於郡來説,郡守也被稱爲“執灋”。另外,嶽麓簡0561:“縣官上計執灋,執灋上計㝡皇帝所,皆用筭橐□,告巂(嶲)已,復環(還)筭橐,令報計縣官346。”此處的“執灋”接受縣級政府的上計,介於縣官和皇帝之間,顯然屬於郡級或中央部門官吏。

綜上所述,我們推測,嶽麓簡所謂的“執灋”,或許就是某一部門的長官的通稱,比如説縣令、郡守之類,而不是一個特定的職官名稱。不過,嶽麓簡中“執灋”的職能涉及諸多方面,彭浩先生就認爲它是一個負責法律事務的專門的職官。[63]其中原因尚需進一步研究。

【2】言所爲及用積徒數

〖補注〗

“言所爲及用積徒數”,説明所要做的事以及所需勞役人數。積,積累。用積徒數,工程期内所用的總人數。用積徒數,亦見於嶽麓簡1273:“盡旬不足以索(索)繕之,言不足用積徒數屬所尉189。”睡虎地秦簡的記載也表明,秦朝政府要求各級部門在徵發徭役從事工程建設時,事先必須對所需人員數量有精確的估算,如《秦律十八種·徭律》簡122—123:“縣爲恒事及灋有爲殹(也),吏程攻(功),贏員及減員自二日以上,爲不察。上之所興,其程攻(功)而不當者,如縣然。度攻(功)必令司空與匠度之,毋獨令匠。其不審,以律論度者,而以其實爲繇(徭)徒計。”其中“贏員及減員自二日以上”即針對“用積徒數”而言的。里耶秦簡作徒簿中屢見“積某某人”的記載。如里耶簡8-1143+8-1631:“卅年八月貳春鄉作徒薄

(簿)。城旦、鬼薪積九十人。仗城旦積卅人。舂、白粲積六十人。隸妾積百一十二人。凡積二百九十二人。(略)"

【3】節載粟

〖補注〗

嶽麓簡《徭律》"節載粟"云云,在張家山漢簡《二年律令·徭律》中被繼承下來。《二年律令·徭律》簡408:"諸當行粟,獨與若父母居,老如晥老,若其父母罷瘁(癃)者,皆勿行。"可以看出,嶽麓簡《徭律》"節載粟乃發敖童年十五歲以上,史子未傅先覺(學)覺(學)室,令與粟事",在《二年律令·徭律》被總結爲"諸當行粟";嶽麓簡《徭律》"寡子",《二年律令·徭律》爲"獨";嶽麓簡《徭律》"老如免老",《二年律令·徭律》爲"老如晥老",略有不同;嶽麓簡《徭律》"若獨與瘁(癃)病母居者",《二年律令·徭律》爲"其父母疲瘁(癃)者",相比之下,嶽麓簡《徭律》"若獨與瘁(癃)病母居者","母"前或漏抄"父"字,因爲前文已説與"老父老母居",《二年律令·徭律》的記載也可佐證。

注 釋

① 陳松長主編:《嶽麓書院藏秦簡(肆)》,上海辭書出版社,2015年。

② 陳松長主編:《嶽麓書院藏秦簡(肆)》,前言第2頁、圖版釋文簡注第164頁;周海鋒:《嶽麓書院藏秦簡〈尉卒律〉研究》,《出土文獻研究》第十四輯,中西書局,2011年。

③ 邢義田:《〈尉卒律〉臆解——讀嶽麓書院藏秦簡札記之一》,簡帛網,2016年3月23日。

④ 陳偉:《秦簡牘校讀及所見制度考察》,武漢大學出版社,2017年,第281頁。

⑤ 楊伯峻:《春秋左傳注》,中華書局,1990年,第2册第545頁。

⑥ 陳松長主編:《嶽麓書院藏秦簡(肆)》,第165頁。

⑦ 同上。

⑧ 睡虎地秦墓竹簡整理小組:《睡虎地秦墓竹簡》,文物出版社,1990年,釋文第56頁。

⑨ 陳松長主編:《嶽麓書院藏秦簡(肆)》,第165頁。

⑩ 甘肅簡牘保護研究中心等編:《肩水金關漢簡(壹)》,中西書局,2011年,下册第150頁。

⑪ 陳松長主編:《嶽麓書院藏秦簡(肆)》,第165頁。

⑫ 孫詒讓著,汪少華點校:《周禮正義》,中華書局,2015 年,第 1 册第 247 頁。

⑬ 張榮强:《漢唐籍帳制度研究》,商務印書館,2010 年,第 192 頁。

⑭ 孫詒讓著,汪少華點校:《周禮正義》,第 2 册第 578 頁。

⑮ 睡虎地秦簡整理小組:《睡虎地秦墓竹簡》,釋文第 16 頁。

⑯ 陳偉主編,彭浩、劉樂賢等撰著:《秦簡牘合集: 釋文注釋修訂本(壹)》,武漢大學出版社,2016 年,第 38 頁。

⑰ 張家山二四七號漢墓竹簡整理小組:《張家山漢墓竹簡〔二四七號墓〕(釋文修訂本)》,文物出版社,2006 年,第 84 頁。

⑱《漢書》,中華書局,1962 年,第 2988 頁。

⑲ 陳松長主編:《嶽麓書院藏秦簡(肆)》,第 165 頁。

⑳ 馬智全:《居延新簡集釋(肆)》,甘肅文化出版社,2016 年,第 308 頁。

㉑ 陳松長主編:《嶽麓書院藏秦簡(肆)》,第 166 頁。

㉒《張家山漢墓竹簡〔二四七號墓〕(釋文修訂本)》"典"與前"吏"連讀,作"……輒謁吏、典。田典更挾里門籥(鑰)……",這是不合理的。因爲後半句説"更挾里門籥",只能是兩個人才能做到輪流保管里門的鑰匙。故從日本三國時代出土文字資料研究班句讀改,見彭浩、陳偉、工藤元男主編:《二年律令與奏讞書——張家山二四七號漢墓出土法律文獻釋讀》,上海古籍出版社,2007 年,第 215 頁注〔五〕。

㉓ 陳松長主編:《嶽麓書院藏秦簡(肆)》,第 166 頁。

㉔ 何休解詁,徐彦注疏:《春秋公羊傳注疏》,上海古籍出版社,2014 年,第 679 頁。

㉕ 吴毓江:《墨子校注》,中華書局,1993 年,第 932 頁。

㉖《史記》,中華書局,1959 年,第 3212 頁。

㉗《漢書》,第 2039 頁。

㉘ 同上書,第 3629 頁。

㉙ 俞偉超:《中國古代公社組織的考察——論先秦兩漢的"單—僤—彈"》,文物出版社,1988 年,第 124—126 頁。

㉚ 陳松長主編:《嶽麓書院藏秦簡(肆)》,第 166 頁。

㉛ 睡虎地秦墓竹簡整理小組:《睡虎地秦墓竹簡》,釋文第 56—57 頁。

㉜ 蔣波:《秦漢簡"文毋害"一詞小考》,《史學月刊》2012 年第 5 期。

㉝ 陳偉:《嶽麓秦簡"尉卒律"校讀(一)》,簡帛網,2016 年 3 月 21 日。

㉞ 陳松長主編:《嶽麓書院藏秦簡(肆)》,第 166 頁。

㉟ 同上。

㊱ 同上。

㊲ 睡虎地秦墓竹簡整理小組:《睡虎地秦墓竹簡》,釋文第 129 頁。

㊳ 孫詒讓著,汪少華點校:《周禮正義》,第 3 册第 1194 頁。

㊴ 陳松長主編:《嶽麓書院藏秦簡(肆)》,第166頁。

㊵ 睡虎地秦墓竹簡整理小組:《睡虎地秦墓竹簡》,釋文第81頁。

㊶ 陳松長主編:《嶽麓書院藏秦簡(肆)》,第166頁。

㊷ 陳偉主編,彭浩、劉樂賢等撰著:《秦簡牘合集:釋文注釋修訂本(壹)》,第171—172頁。

㊸ 周海鋒:《秦律令研究——以〈嶽麓書院藏秦簡〉(肆)爲重點》,湖南大學博士學位論文,2016年,第16頁。

㊹ 胡平生:《也説敖童》,簡帛網,2018年1月8日。此稿在發表前承蒙胡先生賜予先睹爲快,不勝感謝。

㊺ 陳松長:《嶽麓書院藏秦簡中的行書律令初論》,《中國史研究》2009年第3期。

㊻ 轉引自中國政法大學中國法制史基礎史料研讀會:《睡虎地秦簡法律文書集釋(四):〈秦律十八種〉(〈金布律〉—〈置吏律〉)》,《中國古代法律文獻研究》第九輯,社會科學文獻出版社,2015年,第75頁。

㊼ 里耶秦簡博物館、出土文獻與中國古代文明研究協同創新中心中國人民大學中心編著:《里耶秦簡博物館藏秦簡》,中西書局,2016年,第207頁。

㊽ 陳松長主編:《嶽麓書院藏秦簡(肆)》,第166頁。

㊾ 睡虎地秦墓竹簡整理小組:《睡虎地秦墓竹簡》,釋文第46頁。

㊿ 同上書,釋文第137頁。

(51) 張家山二四七號漢墓竹簡整理小組:《張家山漢墓竹簡〔二四七號墓〕(釋文修訂本)》,第33頁。

(52) 李學勤:《青川郝家坪木牘研究》,《文物》1982年第10期。

(53) 陳松長主編:《嶽麓書院藏秦簡(肆)》,第166—167頁。

(54) 睡虎地秦墓竹簡整理小組:《睡虎地秦墓竹簡》,第20頁。

(55) 陳松長主編:《嶽麓書院藏秦簡(肆)》,第167頁。

(56) 睡虎地秦墓竹簡整理小組:《睡虎地秦墓竹簡》,第48頁。

(57) 陳偉主編,彭浩、劉樂賢等撰著:《秦簡牘合集:釋文注釋修訂本(壹)》,第108頁。

(58) 陳松長主編:《嶽麓書院藏秦簡(肆)》,第167頁。

(59) 睡虎地秦墓竹簡整理小組:《睡虎地秦墓竹簡》,釋文第54頁。

(60) 周海鋒:《秦律令研究——以〈嶽麓書院藏秦簡〉(肆)爲重點》,第91頁。

(61) 陳松長主編:《嶽麓書院藏秦簡(肆)》,第167頁。

(62) 朱紅林:《張家山漢簡中所見的勞績制度考析》,《考古與文物》2004年增刊。

(63) 彭浩:《談〈嶽麓書院藏秦簡(肆)〉的"執灋"》,《出土文獻與法律史研究》第六輯,法律出版社,2017年。

北大秦簡《田書》的逆次簡册背劃綫*

楊　博（中國社會科學院歷史研究所）
出土文獻與中國古代文明研究協同創新中心

北京大學藏秦簡牘中有卷七、卷八兩卷，形式内容相近。卷八首簡的背面近上端處寫有“田書”的篇題，應是這類書的專名。兩卷《田書》内容僅有數字的差别，應是供人學習田畝、租税計算的一種特殊算術教材或參考書。筆者曾有小文專論《田書》的文獻性質等問題，①而討論這些問題的基礎在於簡序的正確編聯。隨著出土簡牘的日益豐富，學界逐漸關注到簡牘的全面形態，②學者多有創獲，③而簡背劃綫、收卷與簡序編聯等正是討論的基礎與重點。依託保存較好的分卷與揭剥層位關係，對照整齊劃一的簡文内容，《田書》爲正確認識簡册背劃綫對簡册編聯復原的重要作用，提供了有益的樣本。

一

北大藏秦簡牘最初裝入竹笥時，應分左右兩部分層累擺放，亦即室内發掘固定後的東、西兩組。竹木簡牘以卷爲單位，保存情況較好。利用兩端面與兩側面進行觀察，可將竹簡分爲幾個大層，每個大層内包含多卷（枚）簡牘。《田書》位於西組第三大層，其與其他各卷的疊壓關係如圖1所示。可見較短之卷七横跨東西兩部，南部被卷五東端與中北部所疊壓，北部爲卷二所疊壓。卷七東端疊壓卷四。卷五大部疊壓卷八，④即卷七、卷八之獨立分卷明確。

---

* 本文是國家社會科學基金重大項目“北京大學藏秦簡牘整理與研究”（10&ZD90），教育部、國家語委甲骨文等古文字研究與應用專項重點項目“北京大學藏秦、漢簡牘文字、文本綜合研究”（YWZ-J020）的階段性成果之一；北京大學藏秦簡牘的入藏與整理承蒙馮燊均國學基金會資助。

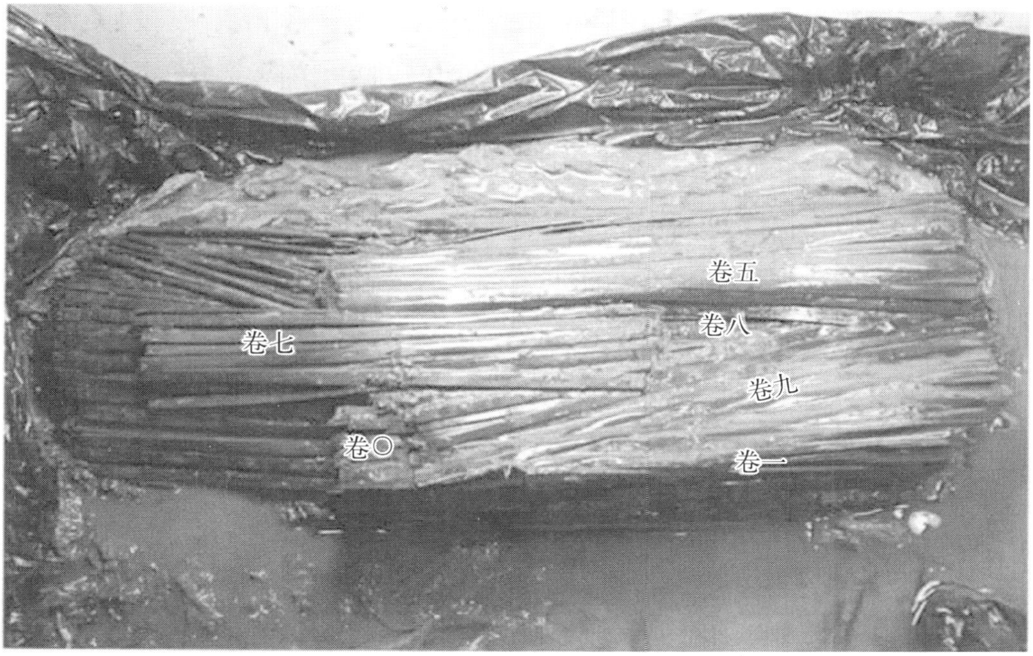

圖 1 《田書》卷七、卷八與相鄰各卷的疊壓關係
（《北京大學藏秦簡牘室内發掘清理簡報》，第 37 頁）

圖 2 卷七揭剥編號與東側視圖

卷七簡背並無劃綫,依照圖 2 揭剥分層與東側視圖,整卷 24 枚簡按出土號的編聯順序可如圖 4 所示。需要説明的是,由圖 2 東側視圖所見,簡 18 在簡 19 的後方下層,但是細察簡 17—24 俯視圖(圖 3),可發現簡 19 實應在簡 18 的下層,或由於擠壓,使其在東側出現了位移,形成誤差。按照此種情形推擬的編聯順序,其成田畝數恰是由一畝到廿一畝,餘三簡中簡 19 云"所以田者也",簡 17、簡 4 爲空白簡,由於卷七較短,是故從形制看,兩枚空白簡應屬該卷。

圖 3　卷七俯視圖(簡 17—24)

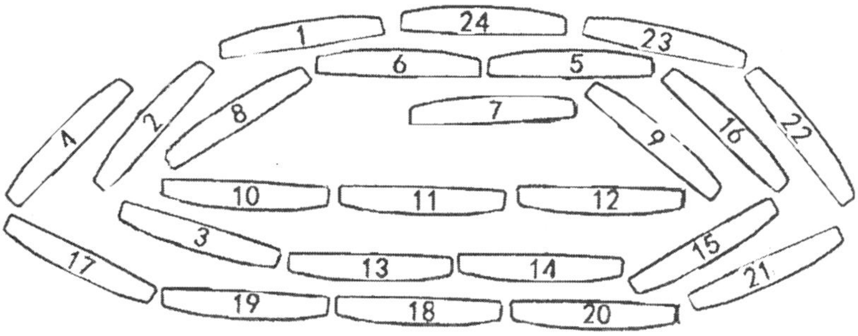

圖 4　卷七模擬分卷復原側視圖

若上述推擬的簡序不誤,則可順勢推導出背劃綫以外,《田書》復原簡序的基本原則一是分卷側視,二爲揭剥分層,最後驗之以成田畝數。

卷八雖簡背有劃綫,若僅依據分卷側視與分層俯視,亦即可大致復原其簡序,如據圖5東側視圖(簡1—9)與圖6俯視圖(簡1—6),可知簡2—6相互編聯當無疑義。將簡2—6的編聯結果驗之以成田畝數的13—17畝,數量順序亦相合。按此標準,又據散亂在外的0A、0B之成田畝數,可將卷八卷册復原如圖7所示。

尚需留意的是,上述推擬之《田書》簡序編聯,與簡文内容成田畝數的多寡正相對應,惟卷七爲軸的首簡7成田一畝,而卷八成田一畝的簡爲最外緣的首簡1,爲軸的簡31成田三頃七十五畝。故卷七收卷爲自首簡捲起式,卷八則爲自末簡捲起式,但是兩卷按照成田畝數編聯簡序的情況是一致的。

圖5　卷八東側視圖(簡1—9)

圖 6 卷八俯視圖(簡 1—6)

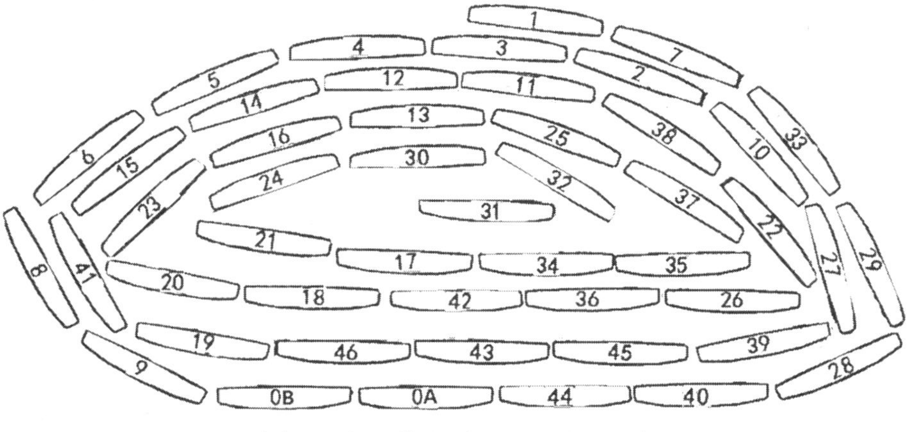

圖 7 卷八模擬分卷復原側視圖

二

簡背劃綫在簡册編聯中的作用不容小覷。孫沛陽曾基於嶽麓簡壹和清華簡壹對背劃綫的現象作了較爲詳盡而系統的探討,認爲背劃綫以刻綫最常見,墨綫情况較少。其絶大部分都是自左起,向右下斜行,形成於編聯之前,"其目的是爲竹簡標示次序,最終爲編聯成册做準備"。[5]何晉在此基礎上結合清華簡貳和北大漢簡《妄稽》的情況提出從已有資料看，面向簡背時，背劃綫都是自左起，向右下斜行，即左高右低。但從戰國、秦到西漢簡，其背劃綫劃過的簡數（或者説背劃綫的起止長度）不太一樣。但是在一篇之内，似乎各組背劃綫劃過的簡數還是基本相同或接近的，這説明書手在抄寫這一篇時，取用的是同一類竹簡，它們可能就是同一製簡人所做的同批簡。背劃綫製作的目的是對竹簡的順序進行標示。這種標示是對書寫文字之前的竹簡所作的一種初始序連。書手在抄寫中取用這些竹簡時可能完全遵守這種初始序連，有時也可能不那麽嚴格遵守。編聯成册則是最終的序連，此時無論是竹簡的物理順序還是文字内容順序都被徹底固定下來。由此來探討初始序連的背劃綫和最終序連的文字内容順序之間的相應關係時，就要看到二者之間的距離，給予背劃綫“同情之理解”，既不把這兩種序連作必然的等同，也不能認爲二者毫無關係。⑥這一認識誠屬卓論，這裏可就《田書》的相關情況對此問題作進一步討論。

《田書》卷七簡背並無簡背劃綫，卷八的48枚簡背則有46枚存在劃綫，上文已初步擬定簡序，可先按擬定簡序將卷八簡背劃綫、成田畝數等詳細情況總結如表一，而將簡背劃綫分組與簡文内容等情況總結爲表二。可知卷八簡背劃綫與簡序並不密合，如上述可明確編聯的簡2—6之劃綫，即相互不合。這也與學者總結的規律性認識存在不同。

表一 《田書》卷八簡序、劃綫對照表（釐米）

復原簡序	成田畝-步	出土號	長	劃痕（左）	劃痕（右）	恢復（左）	恢復（右）
1	1	08-001	27.5	0.3	1.1	/	/
2	2	08-007	27.6	1.1	1.8	/	/
3	3	08-033	27.7	1.9	2.7	/	/
4	4	08-029	27.8	2.6	3.3	/	/
5	5	08-028	27.5	3.1	3.8	/	/
6	6	08-040	27.1	3.6	4.2	/	/
7	7	08-044	27.5	4.5	5.0	/	/
8	8	08-00A+04-010	14.0	5.1	5.6	/	/
9	9	08-00B	25.4	22.0	21.6	3.8	3.4

續　表

復原簡序	成田畝-步	出土號	長	劃痕(左)	劃痕(右)	恢復(左)	恢復(右)
10	10	08-009	27.1	21.7	21.2	5.9	5.4
11	12	08-008	26.2	19.4	19.0	7.2	6.8
12	13	08-006	27.8	8.6	9.0	/	/
13	14	08-005	26.5	9.3	9.6	/	/
14	15	08-004	25.7	17.3	17.7	8.0	8.4
15	16	08-003	26.7	17.3	17.1	9.6	9.4
16	17	08-002	27.2	10.2	10.4	/	/
17	18	08-010	27.7	10.9	11.1	/	/
18	19	08-027	27.7	11.1	11.3	/	/
19	20	08-039	27.9	0.3	1.4	/	/
20	21	08-045	27.7	1.4	2.1	/	/
21	22	08-043	27.7	2.3	2.8	/	/
22	23	08-046	27.6	2.9	3.5	/	/
23	24	08-019	27.6	3.4	3.9	/	/
24	26	08-041	26.5	4.3	4.7	/	/
25	27	08-015	27.2	4.5	4.8	/	/
26	28	08-014	27.5	/	/	/	/
27	29	08-012	27.6	5.4	5.7	/	/
28	30	08-011	27.5	5.9	6.1	/	/
29	30	08-038	27.5	6.4	6.6	/	/
30	31	08-022	27.6	5.65	5.9	/	/
31	32	08-026	27.6	6	6.3	/	/
32	33-180	08-036	27.6	6.9	7.2	/	/
33	37.5	08-042	27.5	20.7	20.3	7.2	6.8
34	39-140	08-018	27.7	7.5	7.8	/	/
35	41-160	08-020	28.0	7.85	8.15	/	/
36	50	08-023	27.5	1.7	2.5	/	/
37	50-100	08-016	27.5	19.8	19.5	8	7.7
38	52-170	08-013	27.6	0.7	1.7	/	/
39	60	08-025	27.7	2.4	3.2	/	/
40	70-100	08-037	27.5	3.8	4.3	/	/

續 表

復原簡序	成田畝-步	出土號	長	劃痕（左）	劃痕（右）	恢復（左）	恢復（右）
41	81-60	08-035	27.5	23.3	22.8	4.7	4.2
42	93-80	08-034	27.5	22.8	22.3	5.2	4.7
43	100	08-017	27.6	5.2	5.6	/	/
44	125	08-021	27.5	/	/	/	/
45	165	08-024	27.7	6.4	6.8	/	/
46	183-80	08-030	27.8	6.8	7.1	/	/
47	220	08-032	27.7	7.2	7.5	/	/
48	375	08-031	27.6	7.5	7.8	/	/

表二 《田書》卷八劃痕分組對照表(釐米)

組號	數量	劃綫首尾(左-右)	成田畝數	出土號
1	8	0.3—5.6	1—8	1/7/33/29/28/40/44/0A
2	3	22—19↓	9/10/12	0B/9/8
3	2	8.6—9.6	13—14	6/5
4	1	17.3—17.7	15	4
5	1	17.3—17.1↓	16	3
6	3	10.2—11.3	17—19	2/10/27
7	10	0.3—6.6	20—24/26—27/29—30/30	39/45/43/46/19/41/15/12/11/38
8	3	5.65—7.2	31—32/33.75	22/26/36
9	1	20.7—20.3↓	37.5	42
10	2	7.5—8.15	39.583/41.667	18/20
11	1	1.7—2.5	50	23
12	1	19.8—19.5↓	50.4167	16
13	3	0.7—4.3	52.7083/60/70.4167	13/25/37
14	2	23.3—22.3↓	81.25/93.33	35/34
15	5	5.2—7.8	100/165/183.33/220/373.33	17/24/30/32/31

首先，卷八的簡背劃綫中不僅有一般的左低右高的情況，也存在著所謂“逆次簡册背劃綫”。孫沛陽認爲簡正面文字内容從左往右依次排列時，簡背面的背劃綫才能形成一條左高右低的斜直綫。何晉已指出極少數的時候書手在取簡時弄錯了上下方向，或竹簡背面劃上劃綫後並未翻過來，書寫者取用時可能從右到左把簡翻過來一支一支書寫，兩種情況都

能造成所謂的"逆次簡册背劃綫",惟其時證據不多。所以,此現象並不能用來説明簡册可能有小部分從左往右編的情況。《田書》卷八中交叉出現的5組8枚簡,印證了此種認識。因爲交叉出現的情況,抄手書寫時産生問題的可能性要比簡册抄寫次序的更大。

其次,表二將卷八簡背劃綫暫分爲15組,其中數量最多的3組劃綫,分别爲10枚、8枚與5枚相連,是可知其背劃綫劃過的簡數是不太一樣的,乍看去同一卷内每組背劃綫劃過的簡數似並不像過去認爲的那樣大致相同,而是存在不小的差距。因而"逆次簡册背劃綫"的問題即值得考慮。兼顧竹簡的殘損情況,根據表一所列劃綫資料,似可大膽推測原有劃綫應大致爲三組。第一組16枚,包括1-7-33-29-28-40-44-0A-09-08-06-05-03-02-10-27。第二組14枚,包括39-45-43-46-19-41-15-12-14-11-38-42-18-20。第三組亦14枚,包括13-23-25-37-35-34-17-22-26-24-30-32-31-16。如是,則同卷内每組背劃綫劃過的簡數仍相差不多。

第三,《田書》的成田畝數等數字内容是規律化的,假如卷八整理時已被擾亂,並未像現在一樣留下較爲清晰的分卷、分層情況,簡背劃綫即成爲最重要的參考,則不可避免地與簡文内容産生令整理者苦惱的抵牾。由於揭剥分卷與簡文内容的協調性,似可明確提出,簡背劃綫確實在同一分卷的小組内可以起到部分排定簡序的作用,但是對於整卷而言,劃綫的情況是複雜的,組與組之間的先後,組内簡序的排列,均需要與簡文内容等相關材料相互驗證。這也就提醒整理者與研究者,對簡背劃綫在復原簡序時所起的作用要保持審慎認知。

最後,據卷八推斷,劃綫應該製作在修治竹簡之時,而書手的取用存在著一定的隨意情況,所以造成劃綫次序的複雜。這固然與《田書》作爲數學文獻,其内容存在强烈之次序性有關。相較卷八,卷七簡文内容的次序性更加强烈且單一,是故書手用以書寫卷七的簡册並無背劃綫。當然,亦不排除由於《田書》類文獻雖可歸入"六略",但因其屬於"數術",不爲時人所重視的原因,是故此種"逆序"較少見於以記述經史内容爲主的清華簡中。

三

《田書》保存較好的分卷,有序的簡文内容爲簡序的編聯復原提供了可信的基礎。照此原則恢復的簡序,印證以簡背劃綫,提醒研究者在整理序連出土簡册時對簡背劃綫的作用應保留清醒認知,即簡背劃綫在編聯中起到的作用主要在於分組,且在一組内它又可部分起到簡單頁碼的作用(或由於書手疏忽,前後頁碼會出現顛倒)。這在排列簡序時意義重大,但各組的先後順序,並不能通過劃綫確定。此即要注意與内容的互驗,根據簡文内容的編聯,雖然要基本符合簡背劃綫,但切不可僅依據簡背劃綫而罔顧文意進行機械編聯。

附記:小文寫作得到朱鳳瀚、李零、雷興山三位先生的指導和幫助,《田書》最初整理工作由韓巍先生負責,陳侃理先生提供數碼相片,在此謹致謝忱。

注　釋

① 楊博:《北大藏秦簡〈田書〉初識》,《北京大學學報(哲學社會科學版)》2017 年第 5 期。

② 胡平生:《中國簡帛學理論的構建》,《中國史研究動態》2016 年第 2 期。

③ 孫沛陽:《簡册背劃綫初探》,《出土文獻與古文字研究》第四輯,上海古籍出版社,2012 年,第 449—462 頁;何晉:《淺議簡册制度中的"序連"——以出土戰國秦漢簡爲例》,《簡帛》第八輯,上海古籍出版社,2013 年,第 451—469 頁;肖芸曉:《清華簡收卷研究舉例》,《出土文獻》第七輯,中西書局,2015 年,第 172—186 頁;賈連翔:《戰國竹書形制及相關問題研究》,中西書局,2015 年;陶安:《嶽麓秦簡復原研究》,上海古籍出版社,2016 年。

④ 北京大學出土文獻研究所:《北京大學藏秦簡牘室内發掘清理簡報》,《文物》2012 年第 6 期。

⑤ 孫沛陽:《簡册背劃綫初探》,《出土文獻與古文字研究》第四輯,第 449—462 頁。

⑥ 何晉:《淺議簡册制度中的"序連"——以出土戰國秦漢簡爲例》,《簡帛》第八輯,第 451—469 頁。

中實沈靜　唯審與良[*]

——北大秦簡《教女》探略

陳美蘭（暨南國際大學中國語文學系）

北京大學藏秦簡《教女》正式發表於2015年，全篇共15枚簡，目前公布了7枚簡的圖版。作者託"帝"之言以教女，通篇以"善女子之方"、"不善女子之方"分別書寫，敘述兩類女子的種種規範與言行，是一篇教育女子的專論。秦簡《教女》比東漢班昭撰寫的《女誡》早約三百年，此乃學界研究古代女教的珍貴材料。本文在各家研究的基礎上，先大略梳理簡文，再以班昭《女誡》爲對照文本，比較二者異同，加以説明。最後提出一點推論：不排除《教女》乃出於此批秦簡主人（秦之地方官員）之手的可能。

前　　言

自來討論中國古代婦女教育專論者，多自東漢班昭《女誡》談起。[①]西漢以前論及婦女教育者，散見於各種古書，並無專門論述的著作。2010年，北京大學收藏了一批簡牘，從内容與字體判斷，整理小組認爲這批簡牘的抄寫年代在秦始皇時期，其主人應是秦的地方官員。[②]這批簡牘中有一篇關於婦女教育的材料，前所未見，十分珍貴。原簡無篇題，整理小組初題爲《善女子之方》，後改題《教女》，[③]並概括其意義如下：

> 此篇文章成文不晚於秦始皇時期，比東漢時期班昭之《女誡》一文至少要早近三百年，而班昭在《女誡》中所引《女憲》，今已不得見，所以這篇簡文應是迄今所發現的我國古代最早專論女教的文章。[④]

＊ 本文係專題計劃"戰國秦漢出土材料所見女性研究"（MOST 106-2410-H-260-033-MY2）研究成果之一，謹致謝忱。

此篇材料的面世,使得女教專論的時代向前提早到秦代,秦始皇時期還只是抄寫時代,文中觀念的形成可能更早。

對照秦簡《教女》與班昭《女誡》,前者成文不晚於秦始皇時期,後者則成於東漢,兩篇成作時代雖然有别,其中對於女性的期待則有不少相同處,如避剛守柔、勤於作務、善事公婆、以夫爲尊等(詳下),這些觀念都不是當時才出現的,猶可溯到先秦。此外,兩篇材料的作者或可略析,《女誡》作者爲班昭無疑,班昭是東漢女性知識分子的代表,其視角兼含女性與知識分子;《教女》的作者雖無可考,從該批簡牘之主人爲秦代地方官吏推之,本篇就算不是秦吏所作,但其所藴含的觀點當是男性(秦吏)或時人所認同的。

班昭《女誡》各章主題清楚,詳實可讀;秦簡《教女》雖同爲教育女性的專文,但因時空、作者之别,對於女性的形象與期待也有若干差異。目前對於秦簡《教女》的研究,有朱鳳瀚、高一致先生對全篇較爲詳細的考察,其他論著多是詞語考證,由於簡文有不少首次出現的詞語,落實考證也不易。筆者擬基於諸位先進的研究,以秦簡《教女》作爲主要考察對象,先略析簡文大要,再以班昭《女誡》爲主要對照文本,分析二者異同。

一、北大秦簡《教女》概述

北大秦簡《教女》正式公布於 2015 年,朱鳳瀚先生《北大藏秦簡〈教女〉初識》一文發表完整釋文、注釋、意譯。北大秦簡《教女》全篇共 15 枚簡,目前只刊出 7 枚簡文圖版,已發表圖版内容爲“善女子之方”的部分,前後有若干學者針對簡文詞語或文意提出不同看法。[5]爲便於討論,以下先列出筆者參酌各家考證後所得的釋文。[6]

〈0〉 昔者啻(帝)[7]降息女殷晦(牧)之壄(野),殷人將亡,以教其女曰:

1.1 凡善女子之方,固不敢剛。姻(?)[8]從事,唯審與良。西東夆[9]若,色不敢昌(猖)。疾績從事,不論【034】□明。善衣(依)夫家,以自爲光。百姓賢之,父母盡明。疾作就愛,如阤(陛)[10]在堂。雖與夫治,勿敢疾當。醜言匿之,善言是陽(揚)。

中毋妬心,有(又)毋奸腸。亦從[11]臣妾,若□【033】笑詇[12]。居處安樂,臣妾莫亡。

1.2 今夫威公,固有廠(嚴)剛。與婦子言,弗肎(肯)善當。今夫聖婦,自教思長,曰:痓(厓)石在山,尚臨中堂;松柏不落,秋尚反黄;羊矢竝下,或短或長;水寂(最)【032】平矣,尚有潰皇(隍)。[13]老人悲心,雖惡何傷;晨爲之齧,晝爲之羹;老人唯怒,戒勿敢謗。

1.3 夫與妻,如表與裏,如陰(陰)與陽。女子不作,愛爲死亡。唯愛大至,如日朝光。【027】男子之盧(慮),臧(藏)之心腸;茀(勃)然更志,如發幾(機)梁(梁)。[14]莫(暮)卧蚤(早)起,人婦恒常。絜身正行,心貞以良。慎毋剛氣,和弱心腸。玆(慈)愛婦妹,有(友)與(于)弟兄。有妻如此,可與久長。【013】[15]

1.4 有(又)曰:善女子固自正。夫之義,不敢以定。屈身受令,旁言百姓。威公所詔,頃耳以聽。中心自謹,唯端與正。外貌且美,中實沈清(靜)。莫親於身,莫久於敬。没【017】身之事,不可日[16]幸。自古先人,不用往聖。我日共(恭)敬,尚恐不定。監所不遠,夫在街廷,衣(依)彼顏(顏)色,不顧子姓。不能自令,毋怨天命,毋訽父母,寧死自屏。□【035】[17]

2.1 告子不善女子之方:既不作務,欬(恣)義(議)不已。口舌不審,失(迭)戲男子。䰍(纔)晦而卧,日中不起。不能清居,數之鄰里。抱人嬰兒,嗛(嫌)人顛(績)枲。餔人餈將(漿),撓人淫□。□【031】入門户,文奇人忌。甘語益之,不智(知)其久。旦而出鄰,即到於晦。男子視之,益粺(裨)笑喜(嘻),曰:我成(誠)好美,寂(最)吾邑里。澤沐長順,疏(梳)首三袚之。衣數以之□【030】者,意之父母。[18]良子有曰:女子獨居,淫與猒巫。曰:我有巫事,入益闌纑。不級(及)凡絓,附根惡兮。環善父母,言語自舉。臣去亡,妾去之逋。有妻如【029】此,孰能與居處。

2.2 不愛禾年,貏豬盜之,有(又)猒(厭)鳥鼠。居處次善,從事毋屠。居喜規(窺)朢(望),出喜談語。所與談者,大嫪行賈。買其畜生,及到牛馬。錢金【028】盡索,不智(知)用所。夫道行來,客在於後。不給歙(飲)食,出入行語。家室户賦,日奉起撟。貣(貸)於人,有未賞(償)者,小器靡亡(忘)。今此去,或焦日,或歹(朽)雨者。有妻如此,□【025】苛勿去。[19]

2.3　今夫不善女子不冐(肯)自計,夫在官役,往來必卒,不喜作務,喜歓(飲)日醉。與其夫家,音越₌剛气(氣)。街道之音,發人請察。夫【021】來旦到,□【016】必夕棄。數而不善在前,唯悔可遷(擇)。衆口銷金,此人所胃(謂)女子之敗。見人有客,數來數婦。益粺(裨)爲仁,彼沱(池)更澮(濊)。效人不出,梯以朢(望)外。夫雖教之,口羊(佯)曰若,其□□【023】外。直(值)此人者,不幸成(誠)大。有妻如此,蚤(早)死爲譆(旬)。[20]

3　今夫女子不冐(肯)自計,以爲時命不會。富者不可從,貧者不可去,必聽父母之令,以因天命。【022】

朱鳳瀚先生將《教女》分爲兩大部分:第一部分是"以帝教其女的口吻,講'教女',即作爲善女子要遵守的規則",又據内容分爲三點要義,其一是對善女子氣質的要求,其二是妻子對丈夫的服從,其三是善女子要避"剛",不只柔順,也要避免侵陵或張揚。第二部分則是列舉不善女子的惡行,"似更著重於批評有違婦道之不淑不賢、品位低下的行爲,以此用作婦女在操行方面之反面借鑒"。[21]在朱先生的基礎上,筆者將本篇簡文再細部分段,玆表列扼要説明如下:[22]

分段標號		説　　明
0. 起文		託帝言以教女道。
1. 善女子之方	1.1	首論善女子宜有之各種作爲。
	1.2	專論善女子宜體諒善事公婆。
	1.3	再論善女子夫妻相處、慈愛家人之道。
	1.4	又論善女子宜自我端正,順事丈夫與公婆等,若不能自善則寧死自以對,不可怨懟老天、父母。
2. 不善女子之方	2.1	首論不善女子之行,如懶惰好議論、口舌不審、與男子調笑、喜巫事等。
	2.2	再論不善女子之行,如不惜作物、好與商賈談語、用錢無度、待客無禮、爲人小器等。
	2.3	又論不善女子之行,如懶惰喜飲、對夫家剛氣、好事打聽、弄巧成拙等。
3. 結語		最後强調女子宜聽父母之令順應天命。

文章起筆,先託古寄言教女之道,從 1.1 開始才是正文所在。第 1 大類"善女子之方",從 1.1 到 1.4 皆以陽部字爲韻,視爲一大段本無不可,不過細繹内容,或可再分爲四小節。1.1"固不敢剛"一句乃從女子本質不宜剛談起,此當泛論女子秉性,不分已婚未婚,到"善依夫家"才轉至已婚婦人的視角,以"疾作就愛"作爲人婦守則,大意是指女子應努力做事以親近夫家獲得肯定信任,下文再具體説明做法,如勿與丈夫齊驅,難聽話藏在心裏,多説好話,不妬不奸,使家中臣妾奴僕和順相處。1.2 把話鋒轉到公公婆婆,其中"威公"、"聖婦"二詞,學者頗有異説(參注 5 所引),朱鳳瀚先生認爲"威公"即婆婆與公公,其引張家山漢簡《二年律令·告律》"子告父母,婦告威公"、《説文》"威,姑也"爲據,從"子"與"父母"相對、"婦"與"威公"相對看,此説正確可從。至於"聖婦",亦如朱先生所釋,即是與"威公"相對的"婦",本篇簡文以"聖"字形容婦,自是對善女子的期許,在古文字中,"聖"字基本結構从耳从人从口,與"聽"字同源,善聽人言而通達人情爲聖者的表現,本小節旨在説明公婆難免嚴厲,作者用了四組譬喻,其中"厓石"、"羊矢"兩組猶費解,不過從"松柏"、"水"兩組來看,應該都是用以説明老人難免有缺點,即使老人出言不當,也不與他們計較,期許爲人婦者要通情達理、善體人意,這不正是"聖"婦的表現嗎?1.3 先以表裏、陰陽譬喻夫妻關係,强調"作"——女子勤於做事才能得到丈夫之愛,又論男子善藏心事,人婦宜潔身端正,其中"慎毋剛氣"又與 1.1"固不敢剛"呼應,再説對家人要慈愛友善。最後"有妻如此,可與久長"應是總括 1.1 至 1.3 的内容。1.4 重申善女子之道,一再强調女子要潔身自愛,還必須秀外慧中——"外貌且美,中實沈靜",以夫爲依歸,若無善果,不能怨天尤人(特指父母),寧可自絶,此節與前文雖有所重疊,但最後側重毋怨父母老天,與前三節强調"可與長久"的要素有别,故可析爲一小節。

第 2 大類爲"不善女子之方",即説明不善女子的各種樣貌,此部分有不少難解之處,由於原簡尚未公布,僅能依朱鳳瀚先生發表的釋文略爲討論。筆者分三小節,實則各節内容並無明顯區隔,主要依據只在於各節之末均有"有妻如此,……"兩句。2.1 所描述"不善女子"的各種情況:如"不作務",也就是懶惰,"作務"也見於《墨子·非儒》"惰於作務",可對照"善女子"表示勤勞的"疾績從事"、"疾作";還有嚼舌根,早睡晚起,打擾鄰居，與男子調笑，喜巫事，言語自大，使得家中臣妾逃亡等。2.2 仍然歷數"不善女子"的種種作爲，例如不珍惜作物任各種動物偷吃，在家好窺探出外愛聊天，花錢無所節制，待客無道，器量狹小等。2.3 不只再度强調不善女子"不喜作務"，還嗜酒日醉，又待夫家以"剛氣"，悖於善女子"毋剛氣"之道，派人去打聽街談巷語，看别家來了客人就跟進跟出，想幫忙卻弄巧成拙，學人不出門時就攀上梯子看外頭。丈夫即使教育她，她也只口是心非。作者認爲遇到這種人是很大的不幸，有妻如此，不如早死算了，這真是很嚴重的控訴。最後一段 3 起首與 2.3 相仿，"今夫女子不肯自計"，不過此言對象當是泛指女子，意思是説：現在女子不掂掂自己斤兩，只怨時機命運（"以爲時命不會"），作者大有告誡之意，父母之命不可違，故以"必聽父母之令，以因天命"作爲女子的最高遵守原則，也遥遥呼應 1.4"毋怨天命，毋詢父母"。

以上略費篇幅梳理《教女》文意。本篇簡文就善女子、不善女子分别敘述，整體看來是提綱挈領的，通篇從正面、反面重複申説，如善女子宜"不敢剛"、"毋剛氣"對照不善女子之"剛氣"，善女子之"疾作"對照不善女子之"不作務"、"不喜作務"，又如 1.1"唯審與良"、1.2"心貞以良"、1.3"唯端與正"，一再强調女子良善端正。描繪不善女子的種種作爲時，作者似乎想到什麽就寫，2.1 雖然有些詞句還無法詳解，但整小節似以"口舌不審，迭戲男子"爲主，不善女子説話不審慎，常與男子嬉笑，後文卻又寫到抱别家小孩、吃人家食物；又如 2.2"居喜窺望"、2.3"梯以望外"，前後都寫不善女子好窺探的習性或舉動，似無嚴謹的章法可循。加上若干詞語也尚無明確的定見，讀來頗感窒礙。故筆者綜合各家説法，加上個人理解，先將簡文整理一過。這篇文章雖然以四言韻文爲主，但細繹其内容，又與先秦古書習見章法分明的文章略别，對於思考作者的背景或許有一點助益。

二、北大秦簡《教女》所見女教現象試析

析論秦簡《教女》之前，先略回顧傳世文獻對於當時女性教育或規範的概況。先秦文獻不乏相關記載，如《周禮 · 天官冢宰》有女祝、女史等女官，掌管王后内官祭祀與禮職等事宜，但限於《周禮》成書性質，並未具體説明女官遵守之規範或如何受教。又如《儀禮 · 士昏禮》記文提到女

子許嫁後,“教於公宫三月”,文中同樣也未述及所教内容爲何,鄭玄只補充:“教以婦德、婦言、婦容、婦功。”[23]相較之下,《禮記》應是記載女性規範較多的古書,如《曲禮上》“男女不雜坐,不同椸枷,不同巾櫛,不親授。嫂叔不通問,諸母不漱裳”,《禮運》“何謂人義? ……夫義、婦聽”,《禮器》“大明生於東,月生於西,此陰陽之分、夫婦之位也”,《郊特牲》“信,事人也;信,婦德也”、“男子親迎,男先於女,剛柔之義也”、“婦人,從人者也;幼從父兄,嫁從夫,夫死從子”,《内則》“女子出門,必擁蔽其面,夜行以燭,無燭則止”、“凡婦,不命適私室,不敢退。婦將有事,大小必請於舅姑”,《坊記》“男女無媒不交,無幣不相見,恐男女之無别”等,[24]例多不煩贅舉。其他如《左傳》《國語》及諸子等,也有零星記載。前引古書的作者不可盡考,但明顯可知的是,這些内容多與禮俗相關,闡述當時流傳的普世價值。至於作者明確的《女誡》,班昭的寫作動機與預期讀者無疑是十分具體的:

> 男能自謀矣,吾不復以爲憂也。但傷諸女方當適人,而不漸訓誨,不聞婦禮,懼失容它門,取恥宗族。吾今疾在沈滯,性命無常,念汝曹如此,每用惆悵。閒作《女誡》七章,願諸女各寫一通,庶有補益,裨助汝身。去矣,其勗勉之![25]

這是一篇專爲家中未出嫁的女子所寫的文章,班昭憂女眷適人而不知禮,有辱門風,特寫《女誡》七章,並囑咐女眷“各寫一通”,以爲自勉。《女誡》七章大要如下:第一章“卑弱”,不只論女子宜卑弱,實則從“主下人”(即卑弱之旨)、“主執勤”、“主繼祀”三種角度告誡諸女適人之道;第二章“夫婦”闡明夫婦如陰陽相配,夫賢以御婦、婦賢以事夫,班昭特别指出當時的君子只注重“訓其男,檢以書傳”、“但教男而不教女”,這會造成“蔽於彼此之數”,强調“教女”的重要,這恐怕也是她何以殷殷切切叮囑女眷必讀《女誡》的初衷,這種具體批判未見於先秦古書;第三章“敬慎”,以爲“敬順之道,婦人之大禮也”,蓋以夫婦朝夕相處,親近則不免心生侮慢,事有是非曲直則不免訟爭,如此一來造成夫婦恩義難存,故誡女必敬慎;第四章“婦行”,即以婦德、婦言、婦容、婦功四方面誡女;第五章“專心”,除了“婦無二適”的專一,也强調言行舉止的專心一致;第六章“曲從”,旨在説明無論舅姑對錯,都要聽從;第七章“和叔妹”,則是强調與丈夫之兄弟姊妹和善之重要，班昭甚解人情："舅姑之愛己，由叔妹之譽己"、"我臧否譽毁，一由叔妹"，换言之，她體認到想與舅姑相處融洽，丈夫之兄弟姊妹的臧否是主要關鍵，因此特别强調"和"叔妹。班昭在《女誡》前文自陳十四歲即適曹四十餘載，她累積數十年爲人婦的閱歷，加以學養豐贍，引經據典，不只文理曉暢，今日讀來，還是有許多值得借鑒之處。

至於秦簡《教女》，本篇託言於"帝"，敘事者爲"帝"，内容實則反映作者的觀點，全文略分爲"善女子"、"不善女子"兩類，各自舉例説明。表面上看來，《教女》以善、不善爲别，似乎比《女誡》更爲綱舉目張，從上一節分析可知，《教女》有不少重複的敘述，當然，這不必視爲行文缺點，只是反映作者念兹在兹的想法，故而再三申之。以下，本文擬以秦簡《教女》内容爲準，對照班昭《女誡》，針對幾項内容提出補充説明。

1. 與公婆之關係

《教女》有一節專論人婦與公婆的關係。我們先看班昭《女誡》第六章"曲從"，這也是專論人婦如何對待公婆。班昭舉了一個傳神的例子：

> 姑云不爾而是，固宜從令；姑云爾而非，猶宜順命。勿得違戾是非，爭分曲直。此則所謂曲從矣。[26]

意謂不管婆婆怎麼説，人婦都要從命，不可好爭是非曲直，這就是"曲從"。仔細揣摩，班昭以"曲"字爲章題，多少帶點批判意味。簡文1.2的視角不同，作者認爲公婆本來就"嚴剛"，字面上是嚴厲剛强的意思，又提到公婆説話不肯和善以對，可能指的是老人家難免端著公婆的架子，説話没好聲氣。自古以來，這種事情應該不少見，但作者不像班昭要人婦"曲從"，而是先以帶著善於傾聽且通人情的"聖"字來肯定善女子，再不厭其煩引四組例子，引導讀者思考：人非聖賢，孰能無過？"老人悲心，雖惡何傷"，這是貼近温柔敦厚的看待，公婆是年事已高的"老人"，面對人生夕陽，容或悲心乃生，看著日正當中的媳婦也許不免嚴苛，因此告誡讀者"雖惡何傷"，這不是"曲從"，而是理解與包容。不僅如此，平時仍要按時熬粥煮羹，善待公婆。最後"老人唯怒，戒勿敢謗"，則是與《女誡》相近的想法了。

2. 夫妻相處之道

班昭《女誡》除了第六章"曲從"，其餘各章或多或少皆涉及夫妻相處之道,其中以第三章"敬慎"著墨較爲具體,見上文所述。簡文 1.3 則提到"男子之慮,藏之心腸。勃然更志,如發機梁"四句,前兩句容易理解,指男子慣於隱藏心事,至於後兩句,"勃然"簡文作"茀然",解爲忽然,[27]"如發機梁"比喻速度之快,[28]並觀下兩句"暮卧早起,人婦恒常",高一致先生詮釋爲"俄頃之間男人想法、心思就變了,像發射機梁一樣快","人婦面對男人這種情況,晚睡早起,一起如常行事,無須煩憂",[29]結合幾位學者的考證,這幾句簡文如此理解,通順可從。唯可補充説明的是,這幾句話的重點不在於男子"勃然更志","勃然"是外人眼中的觀感,但是對於平時不輕易吐露心事者而言,所謂"更志"恐怕是老早就在心中醖釀的,人婦毋須擔心丈夫忽然"更志",只須待以平常心,便是對丈夫"更志"的最好支持,這是相當洞察人情的體會。另外,這種特别强調男子憂慮好藏於心、人婦宜淡定自若的類似記載,班昭《女誡》並未提及,當然,《女誡》未寫不表示班昭不理解男性這項心理特質,簡文這幾句話放在今天,一樣貼近人心。

此外,簡文一再强調"作",也就是善女子須勤勞做事,如 1.1"疾作就愛"從正面談,2.1"既不作務"、2.3"不喜作務"從反面舉例。有趣的是 1.3"女子不作,愛爲死亡",此"作"字,朱鳳瀚先生解爲"作爲",指 1.3 下文的慈愛婦妹、友於弟兄等事,[30]筆者認爲這兩句可能體現了作者的價值觀:女子如果不勤作務,丈夫的愛就會消亡。當然,所謂"作"應是指打點裏裏外外的人事,故下兩句"唯愛大至,如日朝光",則是作者期勉女子能得到丈夫的愛,如同早上的晨光般明亮。班昭《女誡》第一章也提到勤作的重要:"晚寢早作,勿憚夙夜,執務私事,不辭劇易,所作必成,手迹整理,是謂執勤也。"[31]但相較簡文從反面警示來看——"女子不作,愛爲死亡",作者十分重視勤於做事對於維持夫妻、家庭關係的重要。

3. 對女子外表的要求

《女誡》第四章"婦行"説:"婦容,不必顔色美麗也","盥浣塵穢,服飾鮮絜,沐浴以時,身不垢辱,是謂婦容"。[32]班昭所謂的"不必"可理解爲即使容貌不美也無妨,只要服飾乾淨,定期沐浴,維持整潔,就是婦女的好容態。這點看法宜古宜今,也就是不强調女性容貌的重要。

對照簡文則不然,1.4 提到"外貌且美,中實沈静",可看出作者不僅認爲女子德行重要,同時也要容貌姣好,這點與班昭的看法略異。比較差異不難,難在詮釋差異之故。班昭的看法比較理性客觀,外貌美醜本自天生,不可强求,簡文作者則提出善女子宜"外貌且美",這並非人人皆可符合的條件,筆者於上文曾提出秦簡《教女》的作者不排除是這批簡牘主人的可能,即使作者不是秦吏,由簡文理所當然視美貌爲善女子的條件看來,加之簡文起首託言"帝"以教女,這恐怕比較接近男性思維。

4. 强調聽從父母之命

簡文1.4除了再三强調善女子應自我端正恭敬之外,最後提到,如果"不能自令",意謂女子若不能自愛而得到好姻緣,則"毋怨天命,毋訽父母",亦即不可怨天命、詬罵父母,更有甚者是"寧死自屏",也就是寧可求死自絶也不能怨天尤人。對照結語3"必聽父母之令,以因天命"看來,作者似乎潛意識帶著"父母"的視角,雖然開始託帝言以教女,但這恐怕也是爲人父母,尤其是傳統父母的典型觀念。

以上幾點,主要討論已發布簡文的"善女子之方"部分。至於"不善女子之方",這部分與班昭《女誡》絶大不同,尤其簡文羅列不善女子的種種作爲,甚爲詳細。由於此部分的簡文還未正式發表,尚有若干文字詞語無法確解,不宜妄論。唯可補充説明的是,"不善女子之方"部分記載女子與"巫"(2.1)的關係,這可在其他秦簡找到旁證,如雲夢睡虎地秦簡《日書甲·星》75壹"取妻,妻爲巫"、94壹"生子,男爲覡,女爲巫"、《日書甲·直室門》120貳"屈門,其主昌富,女子爲巫,四歲更"等,[33]前兩例占卜娶妻、生子結果,簡文並未明言吉凶,[34]後一則從表面上也看不出來,不過參考《日書甲·直室門》121叁"高門,宜豕,五歲弗更,其主且爲巫"、124貳"食過門,大凶,五歲弗更,其主癃","弗更"指不改建,[35]124貳記載不改建則主人衰病,同樣是"五歲弗更",121叁記載"其主且爲巫",謂主人將爲巫,極可能也指涉不利之事,再回頭看120貳"女子爲巫",雖未言吉凶,事涉不利的可能性較高。

結　　語

北大秦簡《教女》的面世,使今日讀者得知秦代或戰國秦人具體教育女子的内容。綜觀先秦兩漢教育女子的傳世記載,大多著眼於貴族女性,學者曾歸納周代女子受教育的幾種情況：1. 商周時期女子習《易》或爲社會風氣，2. 熟悉《詩》《書》，3. 熟知歷史掌故，4. 關心政事且掌握形勢，5. 達人事明禮儀，6. 能詩能文。[36]若對照秦簡《教女》的内容，所謂"善女子"能對應上述項目者，只有第 5 項。《教女》著重女子要避免剛强、自我端正、勤於作務、善體舅姑丈夫等，無論是貴族或尋常百姓之女都適用；不過，"不善女子"的種種言行，明顯不符貴族之家的教養。我們也許可以合理地推敲，《教女》作者所預期的"讀者"，[37]很可能不是公卿貴族之女，頂多是基層官吏之女。

最後，筆者擬針對秦簡《教女》的作者問題提出一點淺見。班昭《女誡》不乏引《禮》、《易》、《詩》、《女憲》、禮俗、諺語、古語等内容爲據，以班昭的學養，如此引書，理所當然，而《教女》的文字則相對素樸淺白，通篇並未引經據典，尤其言不及"禮"，這點在重視女子禮教的古代，著實值得關注。實際上，從目前已發表的北大秦簡若干内容及篇目來看，也未見引用其他古書者，這不得不令人聯想李斯向秦始皇上奏的焚書令，[38]整理小組也指出北大秦簡並無成篇的六藝、諸子類文獻，符合傳世文獻對秦代社會文化的描述。[39]由此觀來，《教女》的寫作時代也許不排除是此時期的可能。[40]此外，《教女》通篇特别强調女子與夫家相處之道，一如班昭在《女誡》中對家族女眷所展現的殷切叮嚀，《教女》作者對於"讀者"的殷切期待也明顯可察，如 1.2 用了四種譬喻爲例，可知作者應具備一定的知識水準，更體現其强調人婦要體諒公婆的用心，又 1.4 和 3 一再申明必聽父母之言，讀來似是出自人生閱歷豐富又帶有長輩威嚴者的想法。因此，《教女》出現在這批秦簡中，而且是目前出土材料僅見的女教文獻，恐怕不是偶然，我們不排除一個可能：《教女》也許是這批秦簡的主人——秦之地方官吏——爲家族女眷所作之文。[41]這個可能還存在許多不定的因素，由於北大秦簡尚未完全公布，我們只是試圖從各種現象提出討論，至於真正的結論，有待更多的材料驗證。

後記：拙稿曾於"2017 經學與文化"研討會宣讀（中興大學中文系主辦，2017 年 12 月 8 日），承蒙講評人蘇建洲先生悉心閱讀，惠賜諸多寶貴意見，謹致謝忱。

注　釋

① 參《後漢書·列女傳》"扶風曹世叔妻"，中華書局，1963 年，第 2786—2791 頁。陳東原先生曾稱呼劉向、班昭爲"兩個女教的聖人"，西漢劉向著《列女傳》，東漢班昭作《女誡》，兩人提出當代女性的教化原則與典型，參氏著《中國婦女生活史》，上海書店，1984 年，第 45—51 頁。

② 北京大學出土文獻研究所：《北京大學藏秦簡牘概述》，《文物》2012 年第 6 期，第 65 頁。

③ 參朱鳳瀚：《北大藏秦簡〈教女〉初識》，《北京大學學報（哲學社會科學版）》2015 年第 2 期，第 5 頁。本篇簡文分别論述"善女子之方"、"不善女子之方"，當以《教女》之題爲是。

④ 北京大學出土文獻研究所：《北京大學藏秦簡牘概述》，《文物》2012 年第 6 期，第 67 頁。

⑤ 兹依發表先後羅列如下：朱鳳瀚：《北大藏秦簡〈善女子之方〉初識》，秦簡牘研究國際學術研討會，北京大學出土文獻研究所、湖南大學嶽麓書院，2014 年 12 月 5—7 日；網名"lilili"：《北大秦簡〈善女子之方〉"茀然更老，如發幾粱"》，復旦大學出土文獻與古文字研究中心論壇，2014 年 12 月 12 日；網名"審良"：《北大秦簡〈善女子之方〉訓釋小札》，復旦大學出土文獻與古文字研究中心論壇，2014 年 12 月 12 日；王挺斌：《讀北大秦簡〈善女子之方〉小札》，復旦大學出土文獻與古文字研究中心論壇，2014 年 12 月 12 日；網名"小疋"：《北大秦簡〈善女子之方〉識小（一）（二）》，復旦大學出土文獻與古文字研究中心論壇，2014 年 12 月 17 日；網名"知北遊"：《北大藏秦簡〈善女子之方〉散札》，http://blog.sina.com.cn/s/blog_57c4f8f10102vbk9.html；高一致：《初讀北大藏秦簡〈教女〉》，簡帛網，2015 年 8 月 13 日；朱鳳瀚：《北大藏秦簡〈教女〉初識》，《北京大學學報》2015 年第 2 期，第 5—15 頁，此文乃針對上揭《北大藏秦簡〈善女子之方〉初識》一文之修訂，故本文引用此後者爲準；高一致：《北大藏秦簡〈教女〉獻疑六則》，《簡帛》第十二輯，上海古籍出版社，2016 年，第 101—104 頁；胡寧：《北大秦簡〈教女〉補釋九則》，復旦大學出土文獻與古文字研究中心網，2017 年 11 月 17 日；夏增民：《北大秦簡〈教女〉與秦代性别關係的建構》，《山西師大學報》2017 年第 6 期，第 10—14 頁；夏增民、馬子舒：《北大藏秦簡〈教女〉與漢代女教書之比較》，《石家莊學院學報》2018 年第 2 期，第 5—10 頁。筆者案：朱先生《北大藏秦簡〈教女〉初識》一文雖發表於《北大藏秦簡〈善女子之方〉初識》之後，不過前文乃奠基後文正式發表於期刊的文章，學者皆引述《北大藏秦簡〈教女〉初識》。

⑥ "告子不善女子之方"以下内容，由於簡文尚未發表，無法核實簡文，故暫引朱鳳瀚

先生《北大藏秦簡〈教女〉初識》一文所附之釋文。各段釋文的序號爲筆者所加,釋文嚴式、寬式並陳,無法確定通讀者,只出嚴式隸定。

⑦ 蘇建洲先生講評拙作時(2017 年 12 月 8 日)指出,此字釋文當作“啇(帝)”,可從。秦漢文字有不少以“啇”字表示“帝”的例子,參王輝:《秦文字編》,中華書局,2015 年,第 218—219 頁。

⑧ 簡文此形作“”,朱鳳瀚先生隸定爲“安”,學者並無異議,但考諸本篇典型“安”字皆作“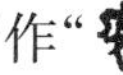”,與“”形頗見差異,除非書手抄錯,否則此形未必是“安”字,不過從目前發表的圖版來看,筆者一時也無法判斷應爲何字,故暫將原形貼出。“從事”一語在本篇出現三次,除本句外,另有“疾績從事”、“從事毋居”,“姻”語意不明,可能是形容“從事”的狀態,如傳世文獻習見“黽勉從事”一語,“黽勉”有盡力、努力之意,也可能如“疾績”一樣,指具體從事之事,簡文字形不清楚,不宜妄斷,姑且存疑。

⑨ “夅”字簡文作“”,學者有幾種説法:朱鳳瀚《北大藏秦簡〈善女子之方〉初識》隸定作“夆”,讀爲“螽”;網名“審良”《北大秦簡〈善女子之方〉訓釋小札》首先質疑,不過未有新説;網名“知北遊”《北大藏秦簡〈善女子之方〉散札》以爲“蜂”字簡體,讀爲“逢若”,謂即《左傳》“不逢不若”,指遭遇、遇到之意;網名“小疋”從朱鳳瀚先生釋爲“夆”,謂與秦駰玉版“西東若惷”意近;高一致《初讀北大藏秦簡〈教女〉》也讀此字爲“惷”,其析形爲“上部疑即从又,爲‘廾’之省形,中部‘十’形即所謂‘午(杵)’,下部爲‘臼’”,謂此句意思指“女子不論在哪裏都要憨厚木訥一點”。筆者案:“”字“夊”下不从“虫”,由“審良”先生率先指出,其後高一致先生詳論,疑此字當从夊从古,可隸定作“夅”,目前發表的簡文中,“古”字及其偏旁有下列字形:

古:(圖簡 7)

固:(圖簡 1)/(圖簡 3)/(圖簡 6)

居:(圖簡 3)

“”下之“”與上引“固”字第二形(圖簡 3)頗類,理解爲“古”,應該是有可能成立的。如果隸作“夅”形無誤的話,這可能是個从“古”得聲的字,可讀爲“苦”,解爲勤勞、勤苦義,《吕氏春秋·慎人》:“湯武修身積善爲義,以憂苦於民,人也。”高誘注:“苦,勞也。”(參許維遹撰,梁運華整理:《吕氏春秋集釋》,中華書局,2009 年,第 336 頁)“勤苦”一詞則習見於先秦兩漢典籍,如《墨子·兼愛下》“萬民多有勤苦凍餒”、《禮記·學記》“時過然後學,則勤苦而難成”等,然則簡文“西東苦若”乃指善女子不論在哪裏都要表現勤勞的樣子,語意也合於教女的目的。

⑩ 從朱鳳瀚《北大藏秦簡〈善女子之方〉初識》讀。

⑪ “從”,朱鳳瀚《北大藏秦簡〈善女子之方〉初識》解爲引領或牽從義。案:“從”字在古書有和順之義,《左傳》昭公五年“豎牛禍叔孫氏,使亂大從”,《釋文》引服虔曰:“使亂大和順之道也。”參陸德明:《經典釋文》,上海古籍出版社,1985 年,第

1082 頁(據北京圖書館藏宋刻本影印)。簡文"亦從臣妾"之"亦"承上而言,謂爲人之妻除了無妬心肝腸之外,也要積極地使臣妾和順,呼應後文"臣妾莫亡",使臣妾没有人想逃亡,"從"字解爲使動用法。

⑫ "笑訣",也見北大秦簡《禹九策》簡 5"宎₌□(笑)訣(殃)",李零先生注云:"□訣讀笑殃,指幸災樂禍。"參氏著《北大藏秦簡〈禹九策〉》,《北京大學學報》2017 年第 5 期。案:本篇"若□笑訣"有缺文,參之李先生對《禹九策》的釋讀,似也難以讀通,只能暫且存疑。

⑬ 朱鳳瀚《北大藏秦簡〈教女〉初識》語譯爲"但還會使人有決潰之恐惶",讀來有點怪,這兩句是以"水"爲喻,"尚有潰皇"應該是指水的狀態或造成之現象,筆者以爲"皇"或可讀"隍",指城池,《説文》:"隍,城池也。""潰隍"指潰決城池。

⑭ 朱鳳瀚《北大藏秦簡〈教女〉初識》釋文作"茀然更志,如發㡬(饑)粱",讀"茀"爲"拂"或"怫"。網名"lililili"讀爲"勃然更老,如發機梁",見《北大秦簡〈善女子之方〉"茀然更老,如發㡬粱"》,復旦大學出土文獻與古文字研究中心論壇,2014 年 12 月 11 日。筆者以爲網名"lililili"讀簡文"茀"、"㡬"、"粱"三字可信,唯"更老"當作"更志"。準此,拙文改讀此二句爲"茀(勃)然更志,如發㡬(機)粱(梁)",前後文大意是,男子思慮都深藏内心,若表面忽然改變心志,就像發射機梁一樣快,實際上他們只是不輕易説出口,内心思慮可能早已千回百轉了。换言之,也是提醒爲人妻者宜裏裏外外地理解丈夫。

⑮ 以上畫一横綫處爲韻字,押陽部。本篇押韻現象,朱鳳瀚《北大藏秦簡〈教女〉初識》有詳説,拙作參考,唯對若干韻字意見不同則徑改之。

⑯ "不可日幸"與下句"我日共(恭)敬"之"日",朱鳳瀚《北大藏秦簡〈教女〉初識》釋文原作"曰",高一致《初讀北大藏秦簡〈教女〉》辨析本篇"日"、"曰"二字之别,改釋"日",其説可從。

⑰ 以上畫雙横綫處爲韻字,押耕部。

⑱ 以上畫一波浪綫處爲韻字,押之部。

⑲ 以上畫雙波浪綫處爲韻字,押魚部。唯"後"、"撟"各爲侯、宵部。

⑳ 2.3 小節押韻比較不規律,朱鳳瀚先生認爲:"'計'押質部韻;'卒'、'醉'、'氣'皆押物部韻;'察',押月部韻。質、物皆入聲韻而旁轉,月、質亦旁轉。"筆者以爲卒、醉、气押微部,語意自成一小段。其後以月(祭)部爲主,如敗、澮、外、外、大、譪等字。至於夾雜其中的數字未必爲韻,如棄(脂部)、還(擇,鐸部)、娽(屋部)等。

㉑ 朱鳳瀚:《北大藏秦簡〈教女〉初識》,《北京大學學報》2015 年第 2 期,第 13、14 頁。

㉒ 拙文於 2017 年 9 月開始撰寫,當時已針對《教女》一文重新分段,2017 年 11 月交出"2017 經學與文化研討會"論文初稿前夕,得見胡寧先生於 2017 年 11 月 17 日在復旦網發表《北大秦簡〈教女〉補釋九則》一文,其文末在朱鳳瀚先生大作的基礎上重

新排列,與拙文不謀而合,唯胡文將簡 30+29 讀爲"□者意之,父母良子。有(又)曰:……",與拙文不同,特此説明。

㉓《儀禮注疏》,臺北藝文印書館,1997 年,第 60 頁。

㉔ 同上書,第 37 頁(《曲禮上》)、第 431 頁(《禮運》)、第 471 頁(《禮器》)、第 506 頁(《郊特牲》)、第 520、522 頁(《内則》)、第 871 頁《坊記》)。

㉕《後漢書·列女傳》,第 2786 頁。

㉖ 同上書,第 2790 頁。

㉗ 參王挺斌:《讀北大秦簡〈善女子之方〉小札》,復旦大學出土文獻與古文字研究中心論壇,2014 年 12 月 12 日。

㉘ 參網名"lililili":《北大秦簡〈善女子之方〉"苐然更老,如發幾粱"》,復旦大學出土文獻與古文字研究中心論壇,2014 年 12 月 12 日。

㉙ 參高一致:《初讀北大藏秦簡〈教女〉》,簡帛網,2015 年 8 月 13 日。

㉚ 朱鳳瀚:《北大藏秦簡〈教女〉初識》,《北京大學學報》2015 年第 2 期,第 13 頁。

㉛《後漢書·列女傳》,第 2789 頁。

㉜ 同上書,第 2789 頁。

㉝ 陳偉主編:《秦簡牘合集(壹)·睡虎地秦墓簡牘》,武漢大學出版社,2014 年,第 388—389、407 頁。

㉞ 簡文並未明言吉凶,有學者認爲巫在當時的社會地位應該不高,因此列爲嫁娶不利的事項,參吕亞虎:《戰國秦漢簡帛文獻所見巫術研究》,科學出版社,2010 年,第 57 頁。

㉟ "更"字,原整理者解爲改建,參陳偉主編:《秦簡牘合集(壹)·睡虎地秦墓簡牘》,第 409 頁。

㊱ 參王子今、張經:《中國婦女通史·先秦卷》,杭州出版社,2010 年,第 305—314 頁。書中所謂"達於人事,明於禮儀",仍以貴族爲考察對象,不過其中對於人情的關注内容如親睦家人、誠信守諾、觀察人微、合於時節、變通處世等,多少還是適用於百姓之家的。

㊲ 此處所謂的"讀者"是狹義的,一如班昭作《女誡》,她要女眷"各寫一通",女眷即她書寫的預期"讀者"。《教女》作者在行文時所預期的對話對象是女子,亦毋庸置疑。

㊳《史記·秦始皇本紀》:"臣請史官非秦記皆燒之。非博士官所職,天下敢有藏《詩》、《書》、百家語者,悉詣守、尉雜燒之。有敢偶語《詩》、《書》者弃市。以古非今者族。"(中華書局,1963 年,第 255 頁)

㊴ 北京大學出土文獻研究所:《北京大學藏秦簡牘概述》,《文物》2012 年第 6 期,第 69 頁。

㊵ 關於秦簡《教女》的寫作年代及作者的推敲,論者如朱鳳瀚、高一致先生皆以作者當

是秦人,但時代難定,朱先生認爲最早可溯至戰國晚期,高一致先生則推論上限可能在商鞅變法之後,説見前引之文。

㊶ 蘇建洲先生講評拙作時指出:“作者爲何一定是墓主人?有無可能是流傳在秦地的文本?或是由別地傳進來的?”(參蘇先生2017年12月8日惠贈之講評資料)首先説明,“墓主人”是拙作初稿的描述,北大藏秦簡非出於科學考古挖掘,宜修改爲此批秦簡之主人。蘇先生提出的兩種可能,當然是存在的,筆者撰寫初稿時也想過,但詳讀相關資料後,一心朝向《教女》作者極可能爲此批秦簡主人而思考,故行文時未加説明。以蘇先生提出的兩種可能,加上筆者所提出,總共三種,由目前的材料看來,似乎没有哪一種可能是可以完全删除的,故筆者思量再三,仍保留當初寫作時的想法,有待來者驗證。

秦縣令、丞、尉問題發微*

沈　剛（吉林大學古籍研究所）
出土文獻與中國古代文明研究協同創新中心

春秋末期分封制度開始瓦解，進入戰國，各國陸續建立起中央直接控制地方的郡縣制度。秦國也同樣如此，秦孝公十二年，“並諸小鄉聚，集爲大縣，縣一令，四十縣”。[①]對於縣的職官設置，長期以來學界以漢制比況秦制，即設置令、丞、尉三長吏。[②]不過也有一種意見認爲秦開始只有令、丞，而無尉。[③]隨著出土資料中關於秦代縣制材料的增多，一些討論也開始涉及秦縣的職官制度，比如縣嗇夫、大嗇夫與縣令關係等。[④]特別是近年來學界開始注意到秦制和漢制的一些差異。[⑤]而新近公布的秦簡中多有縣級行政資料，使重新討論縣級主要職官的設置問題成爲可能。本文擬以出土文獻爲基礎，對秦縣中令、丞、尉等職官在職能、身份方面的一些特點，特別是縣尉的特殊性等問題提出一孔之見。

一、令、丞的職責及其分野

《史記·商君列傳》：“集小都鄉邑聚爲縣，置令丞。”言外之意，令、丞是秦縣的主要職官，負有管理一縣的職責。從出土文獻看，也的確如此。比如對政府財政收入的管理，在睡虎地秦簡和嶽麓書院藏秦簡中有兩條相似的《金布律》律文：

> 官府受錢者，千錢一畚，以丞、令印印。不盈千者，亦封印之。錢善不善，雜實之。出錢，獻封丞、令，乃發用之。[⑥]

---

* 本文爲國家社科基金重點項目“秦簡所見地方行政制度研究”（16AZS006）階段性成果。

●金布律曰：官府爲作務、市受錢，及受齎、租、質、它稍入錢，皆官爲銗，謹爲銗空（孔），嬃（須）毋令錢能出，以令若丞印封銗而入，與入錢者三辨券之，輒入錢銗中，令入錢者見其入。[⑦]

這兩條律文的共同點都是講到政府收入的錢，需要令和丞共同封緘，儘管存儲錢財的器具與形式不同，這或許與律文書寫的時代相關，就其基本精神來説，還是没有太多的變化，令、丞擁有縣級財政管理權。

與這一職能比較近似的還有對糧食和公共物品的管理權，如：

●倉律曰：縣官縣料出入必平，稟禾美惡相襍∟，大輸令丞視，令史、官嗇夫視平∟，稍稟，令令史視平∟，不從令，貲一甲。[⑧]

□□律曰：諸當叚（假）官器者，必有令、丞致乃叚（假），毋（無）致官擅叚（假），貲叚（假）及假者各二甲。[⑨]

這兩條律文均來自《嶽麓書院藏秦簡（肆）》，第一條倉律律文是説日常糧食稟給，由令史等負責，如果數額較大的糧食輸出，即大輸，則需要令、丞檢視。第二條律文則是在出借官府器具時，需要有令、丞的券書，即"致"才能生效。以上兩條説明令與丞有共同掌控縣級財政的權力。

政府的日常行政也是由令、丞負責：

□律曰：傳書受及行之，必書其起及到日月夙莫（暮），以相報，報宜到不來者，追之。書有亡者，亟告其縣官。不從令者，丞、令、令史主者貲各一甲。[⑩]

秦漢時期文書行政是其重要特點，也是保證信息暢達的基本途徑，因而文書傳遞有細緻的法律規定，若在傳遞過程中出現問題，令、丞一起連坐。從責任劃分角度，他們還是一致的，都有對日常行政的部分管理權限。

除此以外，對社會的管理也是作爲縣中長官令、丞職責之内的事情：

●里人令軍人得爵受賜者出錢酒肉歓（飲）食之，及予錢酒肉者，皆貲戍各一歲。其先自告，貲[典]、[老]☑各一甲，弗智（知），貲各一盾，有不從令者而丞、令、令史弗得，貲各一盾，以爲恒。[⑪]

對於里中不按法度飲食者，除了對直接責任人和具體負責的典、老進行處罰，令、丞同樣也會被處以貲刑。

以上説明令和丞一道對縣中財政、行政和社會進行管理，擁有同樣的權力和責任。另外，我們在後文列舉相關官員連坐的律文中，常令、丞並稱，其中令、丞受到連坐的理由，包括畜牧業、手工業生産，糧食管理，以及官吏考課等諸方面，[12]亦未超出民政和行政範疇，説明這在其職責範圍之内，而這些都是日常行政工作的主要方面。而且從處罰標準看，顯示不出二者的差異。《效律》中有一條關於貲刑處罰標準的律文："官嗇夫貲二甲，令、丞貲一甲；官嗇夫貲一甲，令、丞貲一盾。其吏主者坐以貲、誶如官嗇夫。其它冗吏、令史掾計者，及都倉、庫、田、亭嗇夫坐其離官屬於鄉者，如令、丞。"[13]對官員貲刑處罰的標準，令、丞不僅因爲其責任而成爲一個等次，而且也是都倉、庫、田官、亭嗇夫等職官的參照標準。在里耶秦簡中也有這類法律執行的具體例證：

廿八年遷陵隸臣妾及黔首居貲贖責作官府課。·泰（大）凡百八十九人。死亡·衛（率）之，六人六十三分人五而死一人。Ⅰ已計廿七年餘隸臣妾百一十六人。Ⅱ廿八年新·入卅五人。Ⅲ·凡百五十一人，其廿八死亡。·黔道（首）居貲贖責作官卅八人，其一人死。Ⅳ （7-304）

令拔、丞昌、守丞膻之、倉武、令史上、上逐除，倉佐尚、司空長、史郤當坐。 （7-304背）[14]

從里耶秦簡作徒簿看，秦縣廷中負責管理刑徒等懲罰性勞役者的機構是倉和司空，因此除了倉的官員武、尚和司空的官員長等受到懲罰外，令和丞同樣也受到處罰，當是因職務導致的連坐。

雖然令、丞作爲主管官員，受到相同的處罰，但並不意味著在任何場域下，其職責完全相同。在秦律中並没有明確提出過這一點，但在其他材料中卻能夠發現一些痕迹。

首先和縣丞相比，縣令擁有決策權。《史記·高祖本紀》："沛令恐，欲以沛應涉。……沛令後悔，恐其有變，乃閉城城守，欲誅蕭、曹。"[15]劉邦在起兵初期圍攻沛縣，在決定沛縣前途問題上，沛令個人意志一直起決定作用，説明對於需要作出抉擇的大事，最終決定權還是掌握在縣令手中。在具體的政務處理中也能體現出這一點，《嶽麓書院藏秦簡（叁）》中案例〇三是一條奏讞文書，我們選取其中關於令、丞職責部分：

廿(二十)三年四月,江陵丞文敢瀐(讞)之:廿(二十)三〔二〕年九月庚子,令下,劾:挔(録)江陵獄:上造敞、士五(伍)猩智(知)人盗埱冢,分臧(贓)。得。敞當耐鬼薪,猩黥城旦。遝戊午赦(赦),爲庶人。鞫審,瀐(讞)。……江陵守感、丞暨、史同論赦(赦)猩、敞爲庶[人]。達等令(?)别(?)論。敢瀐(讞)之。[16]

抛開案件内容本身,令、丞在處理程序中的作用頗可注意。這篇奏讞文書的開頭部分是由縣丞上呈需要奏讞的内容,爲日常的一種行政程序,當是由縣丞負責。結尾部分記録了當時江陵縣廷對該案件的處理意見,最終決定的除了丞以外,還包括縣令。這反映出在秦代日常行政中,各種庶務處理皆由丞負責,但是最終由縣令作出裁決。里耶秦簡中,也有一條材料:"☐事志一牒。有不定者,謁令饒定。敢☐"(8-42+8-55)[17]這大概就是在日常行政中令、丞分工的大致情形。

縣令作爲一縣的主官,也是與郡等機構交往的代表:

卅三年正月壬申朔戊戌,洞庭叚(假)守☐謂縣嗇夫:廿八年以來,縣所以令糴(糴)粟固Ⅰ各有數,而上見或别署或弗居。以書到時,亟各上所糴(糴)粟數後上見存,Ⅱ署見左方曰:若干石、斗不居日。☐署主倉發,它如律令,縣一書。·以臨Ⅲ沅印行事。Ⅳ二月壬寅朔甲子,洞庭叚(假)守☐追縣,亟上勿留。/巸手。·以上衍印行事。Ⅴ (12-1784正)

三月丙戌日中,郵人☐以來。/☐發。　　歇手。

(12-1784背)[18]

這是洞庭郡直接把縣嗇夫作爲發文對象,縣嗇夫即爲縣令。下發的文書是要求規範糴粟文件式樣。同樣,《語書》也是以"廿年四月丙戌朔丁亥,南郡守騰謂縣、道嗇夫"開頭。[19]法律文獻中也有類似的表述:

☐會獄治,詣所縣官屬所執灋,即亟遣,爲質日,署行日,日行六十里,留弗亟遣過五日及留弗傳過二日到十日,貲縣令以下主者各二甲∟。[20]

這條律文是官員出差處理公務的時間要求,如果因延遲而超出規定時間,則對有關官員給予貲刑的處罰,但"縣令以下",從法律語言表述的嚴謹性看,縣令也被認爲是一縣之最高長官,是一縣官員的代表。不過,從文書發送的角度,在秦的文書中也有郡守對縣丞直接發文的材料:

卅四年六月甲午朔乙卯,洞庭守禮謂遷陵丞:Ⅰ丞言徒隸不田,奏曰:司空厭等當坐,皆有它罪Ⅱ耐爲司寇。有書,書壬手。令曰:吏僕、養、走、工、組Ⅰ織、守府門、劼匠及它急事不可令田,六人予田徒Ⅱ四人。徒少及毋徒,薄(簿)移治虜御史,御史以均予。今遷陵Ⅰ廿五年爲縣,廿九年田廿六年盡廿八年當田,司空厭Ⅱ等失弗令田。弗令田即有徒而弗令田且徒少不傳於Ⅰ奏。及蒼梧爲郡九歲乃往歲田。厭失,當坐論。即Ⅱ如前書律令。/七月甲子朔癸酉,洞庭叚(假)守Ⅰ繹追遷陵。/歇手。·以沅陵印行事。Ⅱ

(8-755+8-759)

歇手　(8-755 背)[21]

廿七年十一月戊申朔癸亥洞庭叚守昌謂遷陵丞遷陵上坐反適辠當均輸郡中者六十六人今皆輸遷陵其聽書從事它如律令以新武陵印行事

十二月丁酉遷陵守丞敦狐告司空主以律令從事丿夫手走郤即行

(9-23)

司

十二月丙申日□佐黑以來丿莫邪半　瘫手　(9-23 背)[22]

從文書内容看,這是洞庭郡守針對遷陵丞所呈報上行文書給予的回覆,是就具體事情而言,不具有普遍性。而且反過來也説明,令、丞行政職能分野在於令負責主要的具有普遍性、規範性的事務,丞則負責一般的具體事務。並且縣令比起縣丞更具有實際的權力:

·田律曰:吏休歸,有縣官吏乘乘馬及縣官乘馬過縣,欲貣芻稾、禾、粟、米及買菽者,縣以朔日平賈(價)受錢乚,先爲錢及券,缿以令、丞印封,令、令史、賦主各挾一辨。[23]

前引兩條《金布律》均提到由令和丞封緘政府入錢。這條田律更具體明確了縣令可以保管一份券書,而丞則無此職能,這反映了在財政權方面丞的權力更爲泛泛。

二、尉的職責

論者在談及戰國秦縣尉的職掌,指其負責一縣軍政事務,如《商君書·境内》"爵吏而爲縣尉,則賜虜六,加五千六百",高亨注:"縣尉,官名,掌一縣的兵政。"[24]又如睡虎地秦簡《秦律十八種·置吏律》"除吏、尉,已除之,乃令視事及遣之",整理組注:"尉,此處指縣尉,管理縣中軍務的官,見《漢書·百官表》。"[25]除了《漢表》以外,《續漢書·百官志》劉昭本注講述漢代制度時,對其職責有更細緻的描述:"尉主盜賊。凡有賊發,主名不立,則推案索行尋,案察奸宄,以起端緒。"[26]由漢制上推秦制,對縣尉職能的概括可以成立。我們再從新出史料分析武質性縣尉具體的職掌,大略可以分爲地方治安和戍役管理兩方面。里耶秦簡 8-1152:"敢告尉:以書到時,盡將求盜、戍卒喿(操)衣、器詣廷,唯毋遺。"[27]求盜,按《漢書·高帝紀》"令求盜之薛治"應劭注曰:"求盜者,亭卒。舊時亭有兩卒,一爲亭父,掌開閉埽除,一爲求盜,掌逐捕盜賊。"[28]求盜即爲亭長的下屬,幫助亭長緝捕盜賊;戍卒則是屯戍之卒,是秦漢時期屯駐地方的常備兵。這條簡文是上級命令尉帶領求盜、戍卒攜帶衣物與器物到縣廷,反映的正是縣尉職掌的兩個方面。

縣尉的治安職能是與亭連接而實現的。下面這兩條簡能夠看出尉與亭之間的密切關係:

尉廣貲四甲。 校長舍四甲。 ☑Ⅰ佐犴四甲。貲已歸。 ☑Ⅱ (8-565)[29]

☑校長援,丙子盡丙戌十一日,不肆□☑Ⅰ☑□丁亥朔戊子,尉守建、尉史午劾☑Ⅱ (8-671+8-721+8-2163)

☑朔戊子,尉守建敢言之:寫上。謁☑ (8-671+8-721+8-2163 背)[30]

前一條是在貲刑中,將尉和校長歸到一類;後一條雖然不明原因,但從殘存的文字看,大約是尉守建對校長援進行舉劾。校長在睡虎地秦墓竹簡《封診式》"群盜"條中曾經出現過,整理者引《續漢書·百官志》劉昭注:"主兵戎盜賊事。"[31]校長爲亭吏則無疑。這兩條材料放在一起表明,尉與校長是一個體系中的上下級關係,縣尉通過亭來實現其地方治安職責表

現爲兩點。一是直接幫助亭緝拿盜賊:

廿六年二月癸丑朔丙子,唐亭叚(假)校長壯敢言之:唐亭Ⅰ旁有盜可卅人。壯卒少,不足以追。亭不可空。謁Ⅱ遣【卒】索(索)。敢言之。/二月辛巳,遷陵守丞敦狐敢告尉、告鄉主,以律Ⅲ(9-1112)

令從吏(事)。尉下亭鄣,署士吏謹備。貳鄉上司馬丞。/亭手。/即令Ⅰ走涂行。Ⅱ二月辛巳,不更輿里戌以來。/丞半。壯手。Ⅲ (9-1112背)[32]

這段是説唐亭附近發現"盜",因其數量衆多,亭的武備無力應付,因而向縣廷求助,縣丞交付給縣尉和所在鄉的主管官員依律令提供幫助。縣尉則直接向唐亭部署士吏。在這一程序中,尉對亭之校長提供支援有法可依,而且也有相應的武力。當然,這還需要貳春鄉的配合。縣尉對亭的管轄還表現在對相關吏員的任命和調遣:

小男子説。今尉徵説以爲求盜。☑ (8-2027)

員吏勿。☑ (8-2027背)[33]

這裏縣尉可以徵發小男子説作爲亭之求盜,並不需要經過上級官吏或機構的批准,説明他可以獨擅此權。其原因大概求盜是亭中的廝役。而對亭的主要吏員校長的管理,縣尉似乎就没有這麽大權力:

尉敬敢再捧(拜)謁丞公:校長寬以遷陵船徙卒史Ⅰ【酉陽,酉陽】□□【船】□元(沅)陵,寬以船屬酉陽校長徐。今司空Ⅱ□□□□□□□丞公令吏徒往取之,及以書告酉陽令Ⅲ來歸之。盜賊事急,敬已遣寬與校長囚吾追求盜Ⅳ

(8-167+8-194+8-474+8-1011)

發田官不得者,敢再捧(拜)謁之

(8-167+8-194+8-474+8-1011背)[34]

文書前半段講校長寬本來處理其他公事,但因盜賊事發,縣尉敬臨時將校長寬與校長囚吾調去捕盜,説明他對轄境内的校長有統一調配指揮的權力。但是他需要向縣丞彙報,又反映了這種調撥權力需要得到縣廷許可,這大約是因爲校長算作吏的範疇,和求盜不同。

由縣尉治安職能衍生出來的另一項工作是對人口遷移的管理:

●尉卒律曰：緣故徼縣及郡縣黔齒〈首〉、縣屬而有所之，必謁于尉，尉聽，可許者爲期日。[35]

結合整理者注釋的意見，這條律文是説没有設塞的邊縣，百姓和屬吏外出，必須要讓縣尉知曉並批准。制訂這一規定還是著眼於通過人口控制來穩定社會，和尉的基本職責相關。

作爲縣級機構負責武備的官員，戍卒也歸其管理，包括徵發戍卒和對駐紮本地戍卒的日常管理。睡虎地秦墓竹簡《秦律雜抄》："·戍律曰：同居毋並行，縣嗇夫、尉及士吏行戍不以律，貲二甲。"[36]這條律文要求縣尉按照法律規定來派發戍役，並且置於戍律，即關於行戍的法律條目下，説明這是其常態職掌。《秦律雜抄》中另一條律文也與此相關："·縣毋敢包卒爲弟子，尉貲二甲，免；令，二甲。"所謂"包卒爲弟子"，睡虎地秦墓竹簡整理小組的意見：包意謂藏，卒是有二至四級爵的軍士。藏卒爲弟子，是逃避軍役的行爲。[37]縣中如果發生逃避軍役的行爲，縣尉受到貲刑懲罰並免職，是因派發軍役爲其職責所在。令受貲刑，是因其總管一縣事務所致。

除負責向外地派出戍卒，在本地執行屯守、勞作任務的戍卒的日常工作也由縣尉負責，《秦律雜抄》："戍者城及補城……縣尉時循視其攻（功）及所爲，敢令爲它事，使者貲二甲。"[38]戍役者築城，縣尉負責監督工程質量。

不僅如此，尉的職責從對屯守者的管理進而衍生出對與戍卒一樣承擔屯戍任務的其他群體的管理。《嶽麓書院藏秦簡（肆）》載《戍律》：

●戍律曰：城塞陛鄣多陜（決）壞不修，徒隸少不足治，以閒時興大夫以下至弟子、復子無復不復，各旬以繕之。盡旬不足以索（索）繕之，言不足用積徒數屬所尉，毋敢令公士、公卒、士五（伍）爲它事，必與繕城塞。歲上城旦舂、居貲續〈贖〉、隸臣妾繕治城塞數、用徒數及黔首所繕用徒數于屬所尉，與計偕。[39]

縣尉對勞役中的工程總量、用工數都要全面掌握和彙總。在日常行政工作中也可以找到互相印證的具體事例，里耶秦簡中有這樣兩條考課資料：

☑冗募群戍卒百卌三人。AⅠ☑廿六人。·死一人。AⅡ☑六百

廿六人而死一人。AⅢ

尉守狐課。BⅠ十一月月己酉視事，盡十二月丁未BⅡ

（8-132+8-334）

【尉】課志：AⅠ卒死亡計，AⅡ司寇田計，AⅢ卒田課。BⅠ·凡三課。BⅡ　　（8-482）[40]

這是對尉工作進行考績的記録，第一條材料是對尉所控制的冗募和戍卒兩類人群的情況進行考績，第二條的主要項目除了和卒相關的死亡、田作外，還有對司寇田的考課記録。司寇爲輕刑徒，將其放到縣尉的考課範圍内，是因爲和戍卒一起從事田作的緣故。冗募，按《校釋》引孫言誠先生的説法，冗是冗邊者，募是應募而從軍戍的。[41]而且冗戍大概只包括贖身一種情況而不包括讁戍，[42]他們和戍卒死亡情況作爲縣尉考核指標，也應基於同樣原因。因爲各類屯戍人口勞作、死亡皆爲縣尉的考核指標，故可以推測縣尉有干預這些人群日常生活的權力：

廿八年七月戊戌朔癸卯，尉守竊敢之：洞庭尉遣巫居貸公卒Ⅰ安成徐署遷陵。今徐以壬寅事，謁令倉貣食，移尉以展約日。敢言之。Ⅱ七月癸卯，遷陵守丞膻之告倉主，以律令從事。/逐手。即徐□入□。Ⅲ　　（8-1563）

癸卯，朐忍宜利錡以來。/敞半。　　齮手。　　（8-1563背）[43]

居貸，《校釋》認爲是"疑與居貲贖債類似"；展爲"記録、校録"；約日"疑指署遷陵的日期"。屯駐遷陵的巫縣公卒在支取糧食時，由尉記録其時間，説明縣尉至少是參與了這些人群的口糧供給。從秦簡牘看，廩給糧食是政府控制服役人口的一項重要手段。當然，對戍卒以外服役群體的管理，還是只限於分配到其所統領的那部分。畢竟縣中掌管刑徒的主要機構是司空和倉。如下簡：

二人付□□□。AⅠ一人付田官。AⅡ一人付司空：枚。AⅢ一人作務：臣。AⅣ一人求白翰羽：章。AⅤ一人廷守府：快。AⅥ其廿六付田官。BⅠ一人守園：壹孫。BⅡ二人司寇守：囚、嬐。BⅢ二人付庫：恬、擾。BⅣ二人市工用：饋、亥。BⅤ二人付尉□□。BⅥ▨

（8-663）

五月甲寅倉是敢言之：寫上。敢言之。☐ (8-663背)

這是倉向各機構分配刑徒的記録，尉只分得其中一部分，而對尉進行考課的應該也只是這一部分。令、丞民政系統對服役者管理也擔負相關的責任。《嶽麓書院藏秦簡（肆）》的一條律文如下：

丞相其以制明告郡縣∟，及毋令吏以苛繇（徭）奪黔首春夏時，令皆明焉。以爲恒，不從令者，貲丞、令、令史、尉、尉史、士☐吏、發弩各二甲。[45]

這似乎是説明令、丞和縣尉系統在徭役方面職責有交叉的一面，不過考慮到這是從中央視角，對於違反徭役相關規定官員的處罰，可能就不需要作出更細緻的區分。而且如果結合其他律文，還是隱約可以看出二者在這方面的職責分野。《嶽麓書院藏秦簡》有一條律文單獨提到令、丞徵發徭役的場合：

繇（徭）律曰：發繇（徭），自不更以下繇（徭）戍，自一日以上盡券書，及署于牒，將陽倍（背）事者亦署之，不從令及繇（徭）不當券書，券書之，貲鄉嗇夫、吏主者各一甲，丞、令、令史各一盾。[46]

這條律文强調基層組織對服役者身份、服役時間的登記。雖然前引睡虎地秦墓竹簡《秦律雜抄》戍律記載尉也有類似職能，但是它强調"同居毋並行"，是對特殊情況的要求。二者一屬《徭律》，一屬《戍律》，前者範圍寬泛，後者較爲專門。並且對服役者的管理是由縣尉實際負責的。此外，尉還有置吏的權力，這一點鄒水傑、楊振紅先生都曾討論過，不贅述。[47]

三、尉與令、丞身份差異

從前面的討論可以看出，在秦代縣廷中，令總攬各類事務，丞主要負責行政事務，尉負責與軍政相關事務。這與《漢書・百官公卿表》《續漢書・百官志》描述的情況一致。在睡虎地秦簡和嶽麓書院藏秦簡，以及里耶秦簡中有多條關於令、丞、尉犯罪連坐的律文，我們以這類材料爲切入點，從犯罪事由，對當事人、主管官員、長吏的處罰措施等幾方面列表，來觀察令、丞和尉的區分。

秦律縣域官員連坐表

序號	事　由	當事人處罰措施	直接主管者處罰措施	長吏與相關官員處罰措施	出　處
1	漆園殿		貲嗇夫一甲	令、丞及佐各一盾	《秦律雜抄》
2	漆園三歲比殿		貲嗇夫二甲而灋(廢)	令、丞各一甲	《秦律雜抄》
3	縣工新獻,殿		貲嗇夫一甲	縣嗇夫、丞、吏、曹長各一盾	《秦律雜抄》
4	臧(藏)皮革橐(蠹)突		貲嗇夫一甲	令、丞一盾	《秦律雜抄》
5	軍人稟所、所過縣百姓買其稟	貲二甲	吏部貲各一甲	令、丞貲各一甲	《秦律雜抄》
6	驀馬五尺八寸以上,不勝任,奔摯(縶)不如令		縣司馬貲二甲	令、丞各一甲	《秦律雜抄》
7	材官、趨發、發弩、善士敢有相責(債)入舍錢酉(酒)肉及予者		士吏坐之	貲丞、令、令史、尉、尉史各一甲	《嶽麓書院藏秦簡(肆)》
8	里人令軍人得爵受賜者出錢酒肉歓(飲)食之,及予錢酒肉者	皆貲戍各一歲	貲典、老⍁各一甲,弗智(知),貲各一盾	有不從令者而丞、令、令史弗得,貲各一盾	《嶽麓書院藏秦簡(肆)》
9	戍告犯令者一人以上		鄉嗇夫謹禁弗得,以爲不勝任,免之	貲丞、令、令史各一甲	《嶽麓書院藏秦簡(肆)》
10	丞相其以制明告郡縣,及毋令吏以苛繇(徭)奪黔首春夏時,令皆明焉。以爲恒,不從令者			貲丞、令、令史、尉、尉史、士⍁吏、發弩各二甲	《嶽麓書院藏秦簡(肆)》
11	責(債)及司寇、踐更者不足,乃遣城旦、鬼薪、有□不疑亡者。遣之不如令或□殺及□□□□		吏主遣者,貲各二甲	丞、令、令史各一甲	《嶽麓書院藏秦簡(肆)》
12	毋病,黔首爲故不從令者			貲丞、令史、執灋、執灋丞、卒史各一甲	《嶽麓書院藏秦簡(肆)》
13	當居弗居者		貲官嗇夫、吏各一甲	丞、令、令【史】各一盾	《嶽麓書院藏秦簡(肆)》
14	不從令及繇(徭)不當券書,券書之		貲鄉嗇夫、吏主者各一甲	丞、令、令史各一盾	《嶽麓書院藏秦簡(肆)》

續 表

序號	事　由	當事人處罰措施	直接主管者處罰措施	長吏與相關官員處罰措施	出　處
15	發吏力足以均繇(徭)日,盡歲弗均		鄉嗇夫、吏及令史、尉史主者貲各二甲,左署(遷)	令、尉、丞繇(徭)已盈員弗請而擅發者貲二甲,免	《嶽麓書院藏秦簡(肆)》
16	留弗亟遣過五日及留弗傳過二日到十日			貲縣令以下主者各二甲	《嶽麓書院藏秦簡(肆)》
17	書有亡者,亟告其縣官。不從令者			丞、令、令史主者貲各一甲	《嶽麓書院藏秦簡(肆)》
18	買及賣馬牛、奴婢它鄉、它縣,吏爲(?)取傳書及致以歸及(?)免(?),弗爲書		官嗇夫吏主者,貲各二甲	丞、令、令史弗得,貲各一甲	《嶽麓書院藏秦簡(肆)》
19	歲上城旦舂、居貲續〈贖〉、隸臣妾繕治城塞數、用徒數及黔首所繕用徒數于屬所尉,與計偕,其力足以爲而弗爲及力不足而弗言者			貲縣丞、令、令史、尉、尉史、士吏各二甲	《嶽麓書院藏秦簡(肆)》
20	所【將】疾病有瘳、已葬、劾已而敢弗遣拾日		貲尉、尉史、士吏主者各二甲	丞、令、令史各一甲	《嶽麓書院藏秦簡(肆)》
21	毋令租者自收入租,入租貣者不給,令它官吏助之。不如令		官嗇夫、吏各貲二甲	丞、令、令史弗得及租貣不給,不令它官吏助之,貲各一甲	《嶽麓書院藏秦簡(肆)》
22	興繇(徭)及車牛及興繇(徭)而不當者及擅傳(使)人屬弟子、人復復子、小敖童、弩		鄉嗇夫吏主者,貲各二甲	尉、尉史、士吏、丞、令、令史見及或告而弗劾,與同辠	《嶽麓書院藏秦簡(肆)》
23	爲它里典、老,毋以公士及毋敢以丁者,丁者爲典、老		貲尉、尉史、士吏主者各一甲	丞、令、令史各一盾	《嶽麓書院藏秦簡(肆)》
24	所之它縣,不謁	非緣故徼縣毆(也),貲一盾	典、老弗告,治(笞)□□ 尉令不謹,黔首失令,尉、尉史、士吏主者貲各一甲	丞、令、令史各一盾	《嶽麓書院藏秦簡(肆)》

續 表

序號	事　由	當事人處罰措施	直接主管者處罰措施	長吏與相關官員處罰措施	出　處
25	及禁賈人毋得以牡馬、牝馬高五尺五寸以上者載以賈市及爲人就(僦)載	犯令者,皆貲各二甲,没入馬縣官	鄉亭嗇夫吏弗得,貲各一甲	丞、令、令史貲各一盾	《嶽麓書院藏秦簡(肆)》
26	黔首居田舍者毋敢醢〈醯(酤)〉酒	不從令者䙴(遷)之	田嗇夫、吏、吏部弗得,貲各二甲	丞、令、令史各一甲	《嶽麓書院藏秦簡(肆)》
27	盈卅日弗入及有遣不入者	貲其人各一甲	官嗇夫、吏主者各一甲	丞、令、令史各一盾	《嶽麓書院藏秦簡(肆)》
28	來入之中縣、道,無少長,舍人室,室主舍者,智(知)其請(情)卅人以上		貲鄉部嗇夫一甲	令、丞誶	《嶽麓書院藏秦簡(肆)》
29			吏監令史貲二甲免	令、丞二甲左遷	《里耶秦簡(貳)》9-2127
30	(從人逃亡)所求在其縣道官畍中而脱、不得,後發覺			鄉官嗇夫吏及丞令、令史主者,皆以論獄失辠人律論之	《嶽麓書院藏秦簡(伍)》
31	繫盈一日不自言吏歸久者	耐。其奠辠當耐以上,駕(加)辠一等	吏治者見其佩久毄(繫),及雖弗見或告而弗奪,亦耐之,弗見及莫告,貲二甲	令、丞貲各一甲	《嶽麓書院藏秦簡(伍)》
32	菌淳濕……壞及傷人	匠辨長贖	【縣】官及宫嗇夫、吏主者,貲各二甲	令、丞、令史各一甲	《嶽麓書院藏秦簡(伍)》
33	□爲除叚(假)責(債)者	與同辠		丞、令、令史智(知)而弗劾論當爲縱辠人	《嶽麓書院藏秦簡(伍)》

觀察上表,可以發現這樣幾個問題:從法律責任角度,在多數情況下,令、丞多一起連坐,承擔同樣的責任,而尉則多不在其中。其中睡虎地秦簡中有6條,里耶秦簡1條,嶽麓書院藏秦簡有15條,約占七成,也就是説,令、丞並稱,尉又無法與其等量齊觀。另,睡虎地秦簡和嶽麓秦簡相比,縣長吏連坐中,只提令、丞,而嶽麓簡則丞、令、令史已經成爲相對固定

的組合,只有一條例外。與此相對的是尉、尉史、士吏的組合,仍然改變不了令、丞與尉之間的分野。這種連坐組合的繁化,應和時代先後有關,嶽麓簡時代稍晚,行政技術更爲複雜和成熟。嶽麓書院藏秦簡《尉雜律》:"●尉卒律曰:縣尉治事,毋敢令史獨治,必尉及士吏與,身臨之,不從令者,貲一甲。"[48]整理者認爲"史"是指縣尉佐吏,就是指尉史,他們和士吏恰好可以構成表中尉、尉史、士吏的組合,縣尉處理事務,與尉史、士吏一起構成了標準配置。

其實尉和令、丞兩分這一現象在傳世文獻中也有表現。《漢書·樊噲傳》:"擊章平軍好畤,攻城,先登陷陣,斬縣令丞各一人。"[49]《漢書·高帝紀》:"異日秦民爵公大夫以上,令丞與亢禮。"[50]這也没有把秦代的縣尉和令、丞放到一個層次。令、丞發生連坐的領域多集中在民政和日常行政的場合,上面的表格可以歸納爲官營手工業和商業管理、官府物資儲存發放、徭役、日常行政、社會秩序與社會生活的管理等。當然,也有幾例,令、丞、尉同等連坐,如例 7、10、15、19、22 等,主要集中在人員流動、徭役徵發、民間秩序等方面的管理,這是縣尉武質性職責的延伸,和縣中主要官員令、丞職能交叉有關,並不能改變尉與令、丞分屬兩個系統的特點。

不過,這並不意味著尉與令、丞是平行關係。從連坐看,尉或以尉爲中心的組合通常是令、丞、令史組合的下一層級。比如 20 號材料"貲尉、尉史、士吏主者各二甲,丞、令、令史各一甲";23 號材料"貲尉、尉史、士吏主者各一甲,丞、令、令史各一盾";24 號材料"尉、尉史、士吏主者貲各一甲,丞、令、令史各一盾"。在貲刑體系中,尉所受處罰始終比令、丞重,其地位和官嗇夫等相當。

從上表還可以看出,令、丞和尉的上下級關係還表現在連坐責任方面,尉通常是作爲直接主管官員而受到處罰,而令、丞則是因其長吏身份而負有領導責任,在他們之前還有直接負責的官員,且所受處罰更重。

尉與令、丞關係放置在日常行政活動中觀察,也能看出這一點:一是尉與令、丞之間的文書往來,算是上行文書:

☐朔甲午,尉守傰敢言之:遷陵丞昌曰:屯戍士五(伍)桑唐趙歸Ⅰ☐日已,以迺十一月戊寅遣之署。遷陵曰:趙不到,具爲報·問:審以卅Ⅱ☐【署】,不智(知)趙不到故,謁告遷陵以從事。敢言之。/六月甲午,Ⅲ臨沮丞秃敢告遷陵丞主、令史,可以律令從事。敢告主。/胥手。Ⅳ九月庚戌朔丁卯,遷陵丞昌告尉主,以律令從事。/氣手/九月戊辰旦,守府快行。Ⅴ (8-140)

▨倍手 (8-140 背)[51]

尉守𠎝的發文對象是遷陵丞,在呈報文書時使用了"敢言之"這一上行文書的典型敬語,丞、尉之間的地位高下立判。二是若尉違法,令、丞連坐。睡虎地秦簡《秦律十八種 · 效律》:"尉計及尉官吏節(即)有劾,其令、丞坐之,如它官然。"[52]尉如果因爲"計"犯法,則令、丞連坐。前面令、丞同時連坐的例子,皆因縣司馬、官嗇夫等官吏違法行爲所致,他們是上下級關係無疑,尉也可以與此相比照。此外,縣司空在分配刑徒時,縣尉和其他官嗇夫等量齊觀,里耶秦簡 8-145:"……二人付都鄉。三人付尉。一人付□。二人付少内……"[53]不過尉的地位還不能簡單地和官嗇夫這些純粹的縣轄屬官畫等號。如里耶簡 8-140 縣丞回覆縣尉的文書就使用了"告"字,在有的簡牘中使用了"敢告"一詞:

卅二年四月丙午朔辛未,遷陵守丞色敢告尉主,尉橐▨Ⅰ福皆有論,以書到時,定名吏(事)里、它坐、訾,遣詣廷。#以▨Ⅱ□發。▨Ⅲ (8-2260+12-1786)[54]

在里耶簡中,"敢告"一詞使用的範圍既有下行文書,如簡 8-657"▨亥朔辛丑,琅邪叚(假)【守】□敢告内史、屬邦、郡守主",[55]而且還有平行文書,如簡 8-158"卅二年四月丙午朔甲寅,遷陵守丞色敢告酉陽丞主"[56]是兩縣縣丞之間的文書往來,簡 8-1515"卅年十月辛卯朔乙未,貳春鄉守綽敢告司空主"[57]是屬鄉與縣屬司空之間的交往。[58]而縣丞針對屬鄉與其他下屬機構則使用"謂"這一完全表示下行文書的術語,[59]如簡 8-1560"卅一年後九月庚辰朔辛巳,遷陵丞昌謂倉嗇夫",[60]甚至在簡 12-1178 中有"敢告尉謂鄉官嗇夫"、[61]簡 9-260 有"告尉謂鄉守嗇夫▨",[62]在尉和鄉官嗇夫同時出現的場合,分别使用了"敢告"(或"告")與"謂"來區分不同層級。這表明尉在縣級官僚體系中的位置高於各類官嗇夫,介於令、丞與下屬機構之間,甚至在吏員統計時被視爲長吏,如:

遷陵吏志:AⅠ吏員百三人。AⅡ令史廿八人,AⅢ【其十】人繇

(徭)使,AⅣ【今見】十八人。AⅤ官嗇夫十人。BⅠ其二人缺,BⅡ三人繇(徭)使,BⅢ今見五人。BⅣ校長六人,BⅤ其四人缺,BⅥ今見二人。CⅠ官佐五十三人,CⅡ其七人缺,CⅢ廿二人繇(徭)使,CⅣ今見廿四人。CⅤ牢監一人。CⅥ長吏三人,DⅠ其二人缺,DⅡ今見一人。DⅢ凡見吏五十一人。DⅣ (7-67+9-631)[63]

這是遷陵縣吏員的統計記録,在羅列的這些官員中,有令史、嗇夫、官佐、校長、牢監等,那麼長吏三人雖然没有明言具體官稱,但應該是指令、丞、尉無疑。

秦代縣尉與縣令、縣丞相比,除了地位上的差異之外,其身份也不相同。令、丞負責縣的政務,而尉尚未取得佐官的資格,身份和倉、庫、司空等機構長官比較接近。首先他要接受考課,如前言"尉課志"。在里耶簡中,同樣需要考課的機構有田官課志(8-479)、鄉課志(8-483)、司空課志(8-486)、倉課志(8-495)、畜官課志(8-490+8-501)等,因此它們性質大致一樣,都是需要接受縣廷考績的機構。其次,在里耶秦簡中還出現了尉曹,如:

尉曹書二封,丞印。AⅠ一封詣零陽,AⅡ一封詣昆陽邑。AⅢ九月己亥水下八,走印以☑B (16-3)[64]

尉曹書三封,令印。AⅠ其一詣銷,AⅡ一丹陽,AⅢ一□陵。AⅣ廿八年九月庚子水下二刻,走禄以來。B (8-453)[65]

尉曹書二封,遷陵印,一封詣洞庭泰(太)守府,一封詣洞庭尉府。Ⅰ九月辛丑水下二刻,走□以來Ⅱ (8-1225)[66]

尉曹書一封詣洞庭主司空。/□☑ (8-1616)[67]

郭洪伯先生以里耶簡的材料爲基礎,將秦代的縣道基層部門設置分成職能部門的稗官和輔助部門的諸曹。倉、畜官、司空等屬前者,領導層由嗇夫和佐組成,而相對應的倉曹(8-480)、司空曹(8-481)屬於後者,成員主要是令史。[68]縣廷設置尉曹,這類機構的設置模式,意味著尉和這些稗官嗇夫性質接近,而與令、丞差别較大。不過,郭先生還是將縣尉看成與令、丞一樣的中樞,尉管理尉曹。從我們前面的分析看,儘管縣尉有一定的特殊性,地位略高,但若將其與令、丞等同看待,似可商榷。並且,從各曹書使用封印看,他們多使用丞印或令印,如簡 8-375:"司空曹書一封,丞印,詣零陽。七月【壬申】□□☐”[69]簡 8-728+8-1474：“☐獄南曹書二封，遷陵印：一洞庭泰守府，一洞庭尉府。·九月☐”[70]若尉管尉曹，簡 8-453 尉曹書當由尉印封緘，然而這份文書卻是以令印封緘，這也顯示出尉和令、丞的差異。此外，我們曾排比過里耶秦簡中守官的材料，丞的守官稱爲“守丞”，而稗官嗇夫的守官稱爲“某守”，如倉守等，尉的守官同樣叫“尉守”。[71]這也是説明縣尉身份的一條旁證。

結語：令、丞、尉關係在漢代的變化

如前所述，秦代縣尉的身份和縣中各種職能部門的稗官主官類似而地位高於後者。進入漢代，這種局面發生了改觀，令、丞、尉已經相提並論。如《漢書·高帝紀》：“舉民年五十以上，有脩行，能帥衆爲善，置以爲三老，鄉一人。擇鄉三老一人爲縣三老，與縣令丞尉以事相教，復勿繇戍。”[72]這發生在劉邦稱帝之前。如果説這是班固以後世制度比況的話，那麽在反映西漢初年制度的張家山漢簡《二年律令》中也能夠發現這一現象。《二年律令·秩律》在羅列部分縣道和機構後説“秩各八百石，有丞、尉者半之”。[73]這是將丞、尉看成同等身份的一個例子。至少從此時起，尉和丞一樣以佐官的面目出現在漢代官制當中。《續漢書·百官志》劉昭注引《漢官解詁》：“秋冬歲盡，各計縣户口墾田，錢穀入出，盜賊多少，上其集簿。丞尉以下，歲詣郡，課校其功。”[74]《漢書·朱博傳》：“欲言縣丞尉者，刺史不察黄綬，各自詣郡。”[75]丞、尉在監察方面的管轄權已經放到郡，並特别一起提出，説明丞、尉身份相同而與縣的其他僚屬有異。[76]除了丞、尉合稱以外，《二年律令》中還有一條材料能夠説明丞和尉地位接近。《具律》曰：“縣道官守丞毋得斷獄及𤅊（讞）。相國、御史及二千石官所置守、叚（假）吏，若丞缺，令一尉爲守丞，皆得斷獄、𤅊（讞）獄，皆令監臨庳（卑）官，而勿令坐官。”[77]若丞出現空缺，尉成爲法定的第一候補人選，説明二者差别不大。

當然，令、丞、尉關係的變化並非在漢初一蹴而成。我們還是將張家山漢簡材料作爲一個斷面，從職責變化角度來觀察這個過程。一方面，漢初制度中有明顯的秦制成分。比如前引睡虎地秦墓竹簡《秦律十八種·金布律》“官府受錢者，千錢一畚，以丞、令印印”，張家山漢簡中也有類似的描述：“官爲作務、市及受租、質錢，皆爲缿，封以令、丞印而入，與參辨券之,輒入錢缿中,上中辨其廷。"[78]也就是説同秦代一樣,令和丞還主宰著民政領域。[79]同樣,尉在秦代的一些職責也繼承下來,比如徵發戍役,在《奏讞書》高祖十一年的一個案例中有一段話:"變(蠻)夷大男子歲出五十六錢以當繇(徭)賦,不當爲屯。尉窯遣毋憂爲屯,行未到,去亡。"[80]另一方面,他們的職責也開始有交叉的地方。比如張家山漢簡《二年律令·捕律》:"盜賊發,士吏、求盜部者,及令、丞、尉弗覺智(知),士吏、求盜皆以卒戍邊二歲,令、丞、尉罰金各四兩。令、丞、尉能先覺智(知),求捕其盜賊,及自劾,論吏部主者,除令、丞、尉罰。一歲中盜賊發而令、丞、尉所不覺智(知)三發以上,皆爲不勝任,免之。"[81]在秦簡中雖然有令、丞與尉相關的連坐,但尚未發現丞與尉職責交叉的地方,而這條律文中,盜賊發時,對"令、丞、尉弗覺知"的處理標準相同,説明其責任亦同,反映出丞深涉到尉的職責領域中。[82]秦漢時期縣廷主要官吏令、丞、尉的職能、身份、地位的變化,反映了剛剛脱胎於分封制度的中央集權體制,第一次將統治的觸角直接深入到縣域社會後在制度上的設計與調適。

注 釋

①《史記·秦本紀》,中華書局,2014 年,第 257 頁。

②《漢書·百官公卿表》:"縣令、長,皆秦官,掌治其縣。萬户以上爲令,秩千石至六百石。減萬户爲長,秩五百石至三百石。皆有丞、尉,秩四百石至二百石,是爲長吏。"孫詒讓認爲:"令丞尉三老五大夫等制,並在商鞅前。"孫楷亦贊同此説。參看孫楷:《秦會要訂補》卷十四《職官上》,中華書局,1998 年,第 218 頁。現代史家多依此説。嚴耕望説:"令長相之佐官有丞與尉,亦猶郡之有丞與尉也。其制亦始見於戰國時代之秦及三晉。"參看嚴耕望:《中國地方行政制度史——秦漢地方行政制度》,上海古籍出版社,2007 年,第 218 頁。《戰國會要》采用《漢表》説法,參看楊寬、吴浩坤:《戰國會要》,上海古籍出版社,2005 年,第 506 頁。楊寬《戰國史》中亦有相似的表述:"商鞅在秦變法時,每縣設有令、丞和尉。縣令是一縣之長,下設丞、尉,丞主管民政,尉主管軍事。"參看楊寬:《戰國史》,上海人民出版社,1998 年,第 230 頁。左言東《先秦職官表》將縣丞和縣尉排在一起,似乎也是令、丞、尉三分。參左言東:《先秦職官表》,商務印書館,1994 年,第 426 頁。

③ 如《七國考》在對秦代職官分類時,只列縣令和縣丞,而無縣尉,參看繆文遠:《七國考訂補》,上海古籍出版社,1987 年,第 16—17 頁。安作璋、熊鐵基也認爲秦本無縣

尉,只有郡尉,漢(最多是秦末)開始有縣尉。參看其著《秦漢官制史稿》,齊魯書社,2007 年,下册第 164 頁。

④ 如高敏:《從雲夢秦簡看秦的若干制度》,收入其著《雲夢秦簡初探(增訂本)》,河南人民出版社,1981 年;鄭實:《嗇夫考——讀雲夢秦簡札記》,《文物》1978 年第 2 期;裘錫圭:《嗇夫初探》,收入其著《古代文史研究新探》,江蘇古籍出版社,1992 年。

⑤ 如鄒水傑認爲丞、尉屬於縣令長下的一個行政層級,他們在秩次和級别上是一樣的,秦代簡牘中丞和尉的複雜關係是因爲"同樣在秦時期,地域的不同會導致丞、尉在具體行政權力上的稍微差異"。參看鄒水傑:《兩漢縣行政研究》,湖南人民出版社,2008 年,第 80 頁。楊振紅重點討論了以前不曾關注過的縣尉的置吏權,並在文中將尉看成是縣之長吏,參看楊振紅:《秦漢時期的"尉"、"尉律"與"置吏"、"除吏"——兼論"吏"的屬性》,《簡帛》第八輯,上海古籍出版社,2013 年。

⑥ 陳偉主編:《秦簡牘合集(壹)·睡虎地秦墓簡牘》,武漢大學出版社,2014 年,第 90 頁。

⑦ 陳松長主編:《嶽麓書院藏秦簡(肆)》,上海辭書出版社,2015 年,第 108 頁。

⑧ 同上書,第 122 頁。

⑨ 同上書,第 148 頁。

⑩ 同上書,第 142 頁。

⑪ 同上書,第 220 頁。

⑫ 此外,在龍崗秦簡中,還有兩條内容相似的殘簡:"令、丞弗得,貲各二甲。關外及【縣、道官馬】▨"(53/46/46/223)"部主者各二甲,令、丞、令史各一甲。【馬】。▨"(152/77A/76A/188A)見陳偉主編:《秦簡牘合集(貳)·龍崗秦墓簡牘》,武漢大學出版社,2014 年,第 45、89 頁。

⑬ 陳偉主編:《秦簡牘合集(壹)·睡虎地秦墓簡牘》,第 162 頁。

⑭ 里耶秦簡牘校釋小組:《新見里耶秦簡牘資料選校(一)》,《簡帛》第十輯,上海古籍出版社,2015 年。

⑮《史記·高祖本紀》,第 445 頁。

⑯ 朱漢民、陳松長主編:《嶽麓書院藏秦簡(叁)》,上海辭書出版社,2013 年,第 119、124 頁。

⑰ 陳偉主編:《里耶秦簡牘校釋(第一卷)》,武漢大學出版社,2012 年,第 38 頁。

⑱ 里耶秦簡牘校釋小組:《新見里耶秦簡牘資料選校(三)》,簡帛網,2015 年 8 月 7 日。

⑲ 陳偉主編:《秦簡牘合集(壹)·睡虎地秦墓簡牘》,第 30 頁。

⑳ 陳松長主編:《嶽麓書院藏秦簡(肆)》,第 145 頁。

㉑ 陳偉主編:《里耶秦簡牘校釋(第一卷)》,第 217 頁。
㉒ 湖南省文物考古研究所編:《里耶秦簡(貳)》,文物出版社,2017 年,釋文第 6 頁。
㉓ 陳松長主編:《嶽麓書院藏秦簡(肆)》,第 104 頁。
㉔ 高亨:《商君書注譯》,中華書局,1974 年,第 150 頁。
㉕ 睡虎地秦墓竹簡整理小組:《睡虎地秦墓竹簡》,文物出版社,1990 年,釋文第 56 頁。
㉖《續漢書·百官志》,中華書局,1965 年,第 3623 頁。
㉗ 陳偉主編:《里耶秦簡牘校釋(第一卷)》,第 356 頁。
㉘《漢書·高帝紀》,中華書局,1962 年,第 6 頁。
㉙ 陳偉主編:《里耶秦簡牘校釋(第一卷)》,第 180 頁。
㉚ 同上書,第 199 頁。
㉛ 睡虎地秦墓竹簡整理小組:《睡虎地秦墓竹簡》,釋文第 152 頁。
㉜ 里耶秦簡牘校釋小組:《新見里耶秦簡牘資料選校(二)》,《簡帛》第十輯。
㉝ 陳偉主編:《里耶秦簡牘校釋(第一卷)》,第 420 頁。
㉞ 同上書,第 101 頁。
㉟ 陳松長主編:《嶽麓書院藏秦簡(肆)》,第 111 頁。
㊱ 陳偉主編:《秦簡牘合集(壹)·睡虎地秦墓簡牘》,第 189 頁。
㊲ 睡虎地秦墓竹簡整理小組:《睡虎地秦墓竹簡》,釋文第 81 頁。
㊳ 陳偉主編:《秦簡牘合集(壹)·睡虎地秦墓簡牘》,第 190 頁。
㊴ 陳松長主編:《嶽麓書院藏秦簡(肆)》,第 130 頁。
㊵ 陳偉主編:《里耶秦簡牘校釋(第一卷)》,第 165 頁。
㊶ 同上書,第 70 頁。
㊷ 沈剛:《里耶秦簡所見戍役種類辨析》,楊振紅、鄔文玲主編:《簡帛研究二〇一五(秋冬卷)》,廣西師範大學出版社,2015 年。
㊸ 陳偉主編:《里耶秦簡牘校釋(第一卷)》,第 361 頁。
㊹ 同上書,第 196 頁。
㊺ 陳松長主編:《嶽麓書院藏秦簡(肆)》,第 217 頁。
㊻ 同上書,第 152 頁。
㊼ 鄒水傑:《里耶簡牘所見秦代縣廷官吏設置》,《咸陽師範學院學報》2007 年第 3 期;楊振紅:《秦漢時期的"尉"、"尉律"與"置吏"、"除吏"——兼論"吏"的屬性》,《簡帛》第八輯。
㊽ 陳松長主編:《嶽麓書院藏秦簡(肆)》,第 114 頁。
㊾《漢書·樊噲傳》,第 2070 頁。
㊿《漢書·高帝紀》,第 54 頁。

㊿ 陳偉主編:《里耶秦簡牘校釋(第一卷)》,第 80 頁。
52 陳偉主編:《秦簡牘合集(壹)·睡虎地秦墓簡牘》,第 163 頁。
53 陳偉主編:《里耶秦簡牘校釋(第一卷)》,第 85 頁。
54 里耶秦簡牘校釋小組:《新見里耶秦簡牘資料選校(三)》,簡帛網,2015 年 8 月 7 日。
55 陳偉主編:《里耶秦簡牘校釋(第一卷)》,第 193 頁。
56 同上書,第 95 頁。
57 同上書,第 343 頁。
58 除此以外,鄒水傑先生等還曾找出幾個郡與郡之間的例子,並認爲是平行文書用語。鄒水傑、李斯、陳克標:《國家與社會視角下的秦漢鄉里秩序》,湖南師範大學出版社,2014 年,第 78—93 頁。
59 李均明、劉軍:《簡牘文書學》,廣西教育出版社,1999 年,第 157 頁。
60 陳偉主編:《里耶秦簡牘校釋(第一卷)》,第 359 頁。
61 里耶秦簡牘校釋小組:《新見里耶秦簡牘資料選校(三)》,簡帛網,2015 年 8 月 7 日。
62 湖南省文物考古研究所編:《里耶秦簡(貳)》,釋文第 14 頁。
63 里耶秦簡牘校釋小組:《新見里耶秦簡牘資料選校(一)》,《簡帛》第十輯。
64 里耶秦簡牘校釋小組:《新見里耶秦簡牘資料選校(三)》,簡帛網,2015 年 8 月 7 日。
65 陳偉主編:《里耶秦簡牘校釋(第一卷)》,第 152 頁。
66 同上書,第 295 頁。
67 同上書,第 369 頁。
68 郭洪伯:《稗官與諸曹——秦漢基層機構的部門設置》,《簡帛研究二〇一三》,廣西師範大學出版社,2014 年。
69 陳偉主編:《里耶秦簡牘校釋(第一卷)》,第 140 頁。
70 同上書,第 211 頁。
71 沈剛:《也談秦簡所見縣級守吏》,中古中國的政治與制度學術研討會會議論文,北京,2014 年 5 月。
72《漢書·高帝紀》,第 33 頁。
73 張家山二四七號漢墓竹簡整理小組:《張家山漢墓竹簡〔二四七號墓〕(釋文修訂本)》,文物出版社,2006 年,第 72 頁。
74《續漢書·百官志》,第 3623 頁。
75《漢書·朱博傳》,第 3393 頁。
76 漢代也有將令、丞和尉分言的,《漢書·韓延壽傳》:"一縣莫知所爲,令丞、嗇夫、三老亦皆自繫待罪。於是訟者宗族傳相責讓,此兩昆弟深自悔,皆自髡肉袒謝,願以田相移,終死不敢復爭。延壽大喜,開閤延見,内酒肉與相對飲食,厲勉以意告鄉部,有以表勸悔過從善之民。延壽乃起聽事,勞謝令丞以下,引見尉薦。"不過這有其特殊語境,與本文論題關係不大。

⑦ 張家山二四七號漢墓竹簡整理小組:《張家山漢墓竹簡〔二四七號墓〕(釋文修訂本)》,第 23 頁。

⑧ 同上書,第 67 頁。

⑲ 令、丞共同主管民政,在張家山漢簡中,類似的例證還有《行書律》:"書以縣次傳,及以郵行,而封毁,[過]縣□劾印,更封而署其送徼(檄)曰:封毁,更以某縣令若丞印封。"《户律》:"民宅園户籍、年細籍、田比地籍、田命籍、田租籍,謹副上縣廷,皆以篋若匣匵盛,緘閉,以令若丞、官嗇夫印封,獨别爲府,封府户。"《津關令》:"相國、御史請關外人宦爲吏若繇(徭)使,有事關中,[不][幸][死],縣道若屬所官謹視收斂,毋禁物,以令若丞印封櫝槥,以印章告關。"見張家山二四七號漢墓竹簡整理小組:《張家山漢墓竹簡〔二四七號墓〕(釋文修訂本)》,第 46、54、85 頁。

⑳ 張家山二四七號漢墓竹簡整理小組:《張家山漢墓竹簡〔二四七號墓〕(釋文修訂本)》,第 91 頁。

㉑ 同上書,第 28 頁。

㉒ 後來這似乎變成一種常態,《肩水金關漢簡(貳)》簡 73EJT22:111A:

日勒守尉道人將居延罷卒三百一十二人
屋蘭右尉千秋將居延罷卒三百一十人
觻得守丞忠將居延罷卒三百一十二人八月丁酉
昭武左尉廣將居延罷卒二百八十七人八月☑
删丹右尉長安將居延罷卒三百一十一人
删丹守尉賢將居延罷卒三百六十九人八月庚
昭武守丞世安上居延罷卒三百一十八人八月庚□

這是各縣佐官帶領居延罷卒的統計簿,佐官既有尉,也有丞,説明丞不僅在地方治安管理方面與尉的職掌有交叉,而且在軍事方面也有涉獵。

《老子》第二十五章“字之曰道”考

季旭昇（聊城大學）

今本《老子》第二十五章“字之曰道”的“道”，一般都以爲就是指宇宙本體。郭店《老子》刊布以後，我們以爲這樣理解是有問題的。它應該是指宇宙萬物運作的法則。

今本《老子》第二十五章：

> 有物混成，先天地生。寂兮寥兮，獨立不改，周行而不殆，可以爲天下母。吾不知其名，字之曰道，强爲之名曰大。大曰逝，逝曰遠，遠曰反。故道大，天大，地大，王亦大。域中有四大，而王居其一焉。人法地，地法天，天法道，道法自然。①

在“吾不知其名，字之曰道，强爲之名曰大”句下，河上公章句説：

> 我不見道形容，不知當何以名之？見萬物皆從道所生，故字之曰道也。不知其名，强曰大者，高而無上，羅而無外，無不包容，故曰大也。②

其意以“字”爲“命字”。王弼注説：

> 名以定形，混成無形，不可得而定，故曰不知其名也。夫名以定形，字以稱可。言道取於無物而不由也，是混成之中可言之稱最大也。吾所以字之曰道者，取其可言之稱最大也。責其字定之所由，則繫於大，大有繫，則必有分，有分則失其極矣，故曰：强爲之名曰大。③

從他説“吾所以字之曰道者，取其可言之稱最大也”，顯然也是爲“有物混成”的“物”命字定稱。可見他們理解以上這一章中的“名”、“字”與傳統意義的“名”、“字”是一樣的，就是《禮記·檀弓上》所説“幼名，冠字”的

“名”與“字”。[④]此後學者大抵都把“字之曰道”的“字”理解成命字定稱，把“道”理解成“有物混成”的“物”。

其實，歷來對這一段話中的“吾不知其名，字之曰道，强爲之名曰大”的解釋是很有問題的：

一、“有物混成，先天地生”，表示這個“物”是《老子》思想體系中最根源的東西，是天地萬物之本。而本章中的“道”顯然不是這樣。本章中的“道”只是“域中四大”中的一項，“道大，天大，地大，王亦大”，説明了本章中的“道”只是跟“天”、“地”、“王”並列的四大之一，這個“道”還要“法自然”，因此絶非“先天地生”的“物”。

二、如果“字之曰道”表示的是把“有物混成”、“吾不知其名”的“物”稱作“道”，而緊接著卻又説“强爲之名曰大”，那麽《老子》到底把這個“物”叫作“道”，還是叫作“大”？

三、已經“字之曰道”了，爲何接著還説“吾不知其名”？“名”與“字”所指涉的對象其實是相同的。在中國古代社會，自稱及稱晚輩用“名”，稱平輩以上用“字”。如果“有物混成，先天地生”的“物”就是“字之曰道”的“道”，它是《老子》哲學體系中的最高位，没有必要既有“名”又有“字”。再説，《老子》也説：“唯之與阿，相去幾何？善之與惡，相去何若？”（傳本《老子》第二十章，類似的句子見郭店《老子》簡 4）這些俗世的階級禮貌，在《老子》的體系中是不重要的，《老子》似乎没有什麽必要爲“有物混成”既命字又稱名。

四、先命字，再命名，不合中國命名的傳統。前引《禮記·檀弓上》“幼名，冠字”。“字”是從“名”引申發揮得來的，《白虎通德論·姓名》云：“或旁其名爲之字者，聞名即知其字，聞字即知其名，若名賜，字子貢，名鯉，字伯魚。”古人名字相因，一定先有名才有字。没有名，何來字？

高亨《老子正詁》已經看出了這一章有問題，他以爲“强爲之名”的“名”當爲“容”之訛，“容”就是“形容”：

> 亨按：此十五字疑本作“强爲之容曰大，曰遠，曰逝，曰反”。名容形近，且涉上文而訛。重大遠逝三字，後人所益也。道既字之曰道，不能又名之曰大，本書及《莊子》等書，亦無名道曰大者，“大”、“逝”、“遠”、“反”皆道之形容，而非道之稱謂，則“名”當作“容”明

矣。其證一也。十五章曰:"古之善爲道,微妙玄通,深不可識,夫唯不可識,故强爲之容,豫兮若冬涉川,猶兮若畏四鄰"云云,彼以强爲之容領起"豫兮"以下諸句,此以"强爲之容"領起"曰大,曰逝,曰遠,曰反",其例正同。則"名"當作"容",又明矣。其證二也。下文曰:"故道大,天大,地大,王亦大"正承此而言,若大爲道之名,則大亦爲天之名,地之名,王之名矣。決非如此,則"名"當作"容",又明矣。其證三也。"强爲之容曰大,曰逝,曰遠,曰反"者,言道其體至大,其運周環也。⑤

高亨指出"强爲之名曰大"的"名"應作"容",意思是"形容",這是非常正確的。⑥馮友蘭的《中國哲學史新編》上册便采用了這個説法,把這一章疏解爲:

《老子》説:"有物混成,先天地生,寂兮寥兮,獨立而不改,周行而不殆,可以爲天下母。吾不知其名,字之曰道。强爲之名曰大,大曰逝,逝曰遠,遠曰反。"(25章)(末十五字當爲"强爲之容,曰大,曰逝,曰遠,曰反。"高亨説,見《老子正詁》本章注)意思就是説,道是不可名的,所以只能勉强給它一個稱呼,既不可名,所以也不可形容,若果要形容它,只能勉强舉出四個點:大、逝、遠、反。第一是大,因爲道是"衆妙之門",一切事物都出於它。第二是逝,一切事物都出於道,其出就是道的逝。第三是遠,一切事物出於道以來,都各有生長變化,這就是道的遠。第四是反,一切事物生長變化以後,又都復歸於道。⑦

這樣的解釋,解決了上面提到的四個問題中的第三個問題。由於把"名"改成"容"字,所以看起來第四個問題好像也解決了,其實並没有真正解決。没有"名",哪來的"字"呢?中國社會從來未見没有"名"而卻有"字"的。

於此,新出材料對這個問題似乎可以提供一些不同的思考。

郭店《老子甲》簡21有大致相同的一章,以下是參考各家的考釋所作的隸定:

又(有)牀(狀)蟲(混)成,先天埅(地)生,敓繆(穆),蜀(獨)立不亥（改），可以爲天下母。未智（知）亓（其）名，笲之曰道，虐（吾）㢡（强）爲之名曰大＝（大，大）曰瀳＝（逝，逝）曰逋＝（轉，轉）曰反。天大，埅（地）大，道大，王亦大。國中有四大安（焉），王尻（居）一安（焉）。人灋（法）地，地灋（法）天，天灋（法）道，道灋（法）自然。

“𤖅（狀）”，各家都認爲比傳本《老子》的“物”要好。這個“狀”，也就是今本《老子》第十四章的“狀”：

視之不見，名曰夷；聽之不聞，名曰希；搏之不得，名曰微。此三者不可致詰，故混而爲一。其上不皦，其下不昧。繩繩不可名，復歸於無物。是謂無狀之狀，無物之象，是謂惚恍。迎之不見其首，隨之不見其後。執古之道，以御今之有。能知古始，是謂道紀。

“視之不見”、“聽之不聞”、“搏之不得”、“謂無狀之狀，無物之象”其實就是《老子》對其哲學系統中最根源的本體的描述，也就是簡本簡 21 的“有狀混成”。十四章的“無狀之狀，無物之象”，既已名之爲“夷”、“希”、“微”，後又説它“繩繩不可名”，可見得“繩繩不可名”的“名”應該是“形容”的意思。兩段文字的相似性非常高。

“又（有）𤖅（狀）蟲（混）成”是什麽模樣？“敓纓（穆），蜀（獨）立不亥（改）”或讀爲“敓纓（穆）、蜀（獨）立、不亥（改）”，都是對“有狀混成”的形容，因此其下的“未知其名”，不能解爲“不知道怎麽形容它”，只能解爲“不知道它的名稱”。接下去的“笲之曰道”，如果要理解成勉强爲它命名，那就應該説“名之曰道”，而不應該説成“字之曰道”。前句稱“名”，下句稱“字”，文意的銜接非常不合理。

我以爲“笲之曰道”應該讀成“（有狀混成），孳之，曰道”，也就是説：在天地先的“有狀混成”經過演化，就成爲“道”。“笲”可以讀成“孳”，是孳生、演化的意思。

“笲”字楚簡多見，从丝（同“兹”）、才二聲，是一個兩聲字，在其他楚簡中可讀爲“災”、“蒠”、“兹”、“哉”。[8] 在郭店《老子甲》此處宜讀爲“孳”，是孳生、演化的意思。全章的意思可以理解爲：有狀混成（即宇宙萬物最根源的本體），它是先天地而生的，它是寂寥[9]、獨立不改的，它可以生出天下（萬事萬物）。我不知道它的名稱，它經過孳生、演化，就成爲

“道”，我勉强形容“道”的特質是“大”，“大”會“周流不息”，“周流不息”就會“轉變”，“轉變”就會“復歸本原”。天大，地大，道大，王也大。宇宙間有四大，王是其中之一。人取法於地，地取法於天，天取法於道，道取法於自然。

《老子》的“道”有很多不同的解釋，最容易糾纏的有二義：第一義是萬物之源的宇宙本體，如：“道生一，一生二，二生三，三生萬物。”（《老子》第四十二章）第二義是本體及宇宙萬物運作的法則，如：“古之善爲士者，微妙玄通，深不可識。夫唯不可識，故强爲之容。豫兮若冬涉川；猶兮若畏四鄰；儼兮其若容；涣兮若冰之將釋；敦兮其若樸；曠兮其若谷；混兮其若濁。孰能濁以靜之徐清？孰能安以久動之徐生？保此道者，不欲盈。夫唯不盈，故能蔽不新成。”（《老子》第十五章）

細味傳本《老子》第二十五章的“字之曰道”、郭店《老子》簡21“𦤃之曰道”的“道”，應該不是萬物之源的本體，它只是“有狀混成”所“孳生”的本體及宇宙萬物運作的法則。“本體及宇宙萬物運作的法則”也是“萬物之源的宇宙本體”的一部分，因此可以由“萬物之源的宇宙本體”所孳生。由於它與“天”、“地”、“王”同爲“萬物之源的宇宙本體”所孳生，而且重要性約略相同，因此可以與“天”、“地”、“王”並列爲“域中四大”。但它又是“宇宙萬物運作的法則”，是天、地、人所必需遵守的法則，因此《老子》會説“人法地，地法天，天法道，道法自然”。句中的“自然”相當於“有狀混成”，因此“道”須“法自然”。有學者主張“道法自然”的“自然”不是“道”所取法的更高對象，而是“自然而然”的意思，“道法自然”即“道純任自然”。[10]這是因爲他們把本章的“道”視爲“萬物之源的宇宙本體”，因此它不可能“法自然”。但是這樣一來，“人法地，地法天，天法道，道法自然”四句結構完全相同的句子，最後一句卻與前三句的解釋方式完全不同，這是不合理的。現在已經知道本章的“道”是“本體及宇宙萬物運作的法則”，那麽“道”當然可以“取法於自然”。

前人對這一章所以會有誤解，一個重要的原因是先秦的《韓非子》中已經把“强字之曰道”釋爲“强名之曰道”了。《韓非子·解老》云：

凡理者，方圓、短長、麤靡、堅脆之分也。故理定而後物可得道也。故定理有存亡，有死生，有盛衰。夫物之一存一亡，乍死乍生，初盛而後衰者,不可謂常。唯夫與天地之剖判也俱生,至天地之消散也不死不衰者謂常。而常者,無攸易,無定理。無定理,非在於常,是以不可道也。聖人觀其玄虛,用其周行,强字之曰道,然而可論。故曰:“道之可道,非常道也。”⑪

《韓非子》的《解老》和《喻老》本來就不是從道家老子的立場來詮釋,它只是根據自己的需要,選擇一些《老子》的文句來討論而已。由於這個緣故,《解老》和《喻老》有很多地方不合《老子》的原意。胡適《中國哲學史大綱》説:“章太炎極推崇《韓非子·解老》《喻老》兩篇。其實這兩篇所説,雖偶有好的,大半多淺陋之言。如解‘攘臂而扔之’、‘生之徒十有三’、‘帶利劍’等句,皆極無道理。但這兩篇所據《老子》像是古本,可供我們校勘參考。”⑫我們看上引《解老》篇以爲“理定而後物可得道”的“道”不是“常道”,是可以論述的,而“與天地之剖判也俱生,至天地之消散也不死不衰”的“常”是不可以論述的,但是聖人“觀其玄虛,用其周行”的部分,就可以論述了。這樣的論述,和《老子》的原始義理並不相同,當然也不必是《老子》古本。先秦没有出版業,典籍的流傳都靠筆抄口傳,各式各樣的異文極多。《韓非子》此處雖然寫的是“强字之曰道”,但對於正確認識《老子》第二十五章實際並没有多大的幫助。

注　釋

① 這一段話的異文很多,可以參看朱謙:《老子校釋》,中華書局,2000年,第100—104頁。本文姑且先采用河上公注:《老子道德經》(明嘉靖時期顧氏世德堂刊本),卷上,第十七至十八頁;王弼注:《老子道德經》(《四庫全書》本),上篇,第二十七至二十九頁;樓宇烈校釋:《老子道德經注》,中華書局,2011年,上篇二十五章,第65—70頁。

② 參河上公注:《老子道德經》(明嘉靖時期顧氏世德堂刊本),卷上,第十七頁。

③ 參王弼注:《老子道德經》(《四庫全書》本),上篇,第二十八至三十頁。

④《禮記注疏·檀弓上》,臺北藝文印書館,1997年,第一三六頁。

⑤ 高亨:《老子正詁》,開明書店,1943年,第61頁。爲了方便讀者,本文把文中的“名”與“容”都加上“引號”,以求醒目。

⑥ 不過,他説“名容形近,且涉上文而訛”是没有必要的,“名”、“容”字形並不相近,

"名"本來就有"形容"的意思,如《論語·泰伯》:"大哉,堯之爲君也! 巍巍乎,唯天爲大,唯堯則之! 蕩蕩乎,民無能名焉!"

⑦ 馮友蘭:《中國哲學史新編》,人民出版社,2001年,上册第334頁。

⑧ 上博簡有關此字的解釋,可參徐在國:《上博楚簡文字聲系(一—八)》,安徽大學出版社,2013年,第416—417頁。

⑨ "敓纓"一詞很不好解,李零以爲"敓"疑"祝"字之誤,"祝纓"讀爲"寂寥"。見《郭店楚簡校讀記(增訂本)》,中國人民大學出版社,2007年,第7頁。

⑩ 參陳鼓應:《老子今注今譯》,商務印書館,2006年,第173頁。

⑪ 這一段有一些異文,此處用王先慎撰,鍾哲點校:《韓非子集解》,中華書局,2003年,第148—149頁。

⑫ 胡適:《中國哲學史大綱》,東方出版社,1996年,第41頁。近人對《韓非子·解老》和《喻老》這方面的性質多有討論,此不具引。

馬王堆漢墓帛書《陰陽五行》甲篇《雜占之六》《築(二)》《五行禁日》綴合校釋*

[日] 名和敏光(日本山梨縣立大學)

關於《陰陽五行》甲篇的整體結構,我們發表過復原方案。①此外,我們曾撰文介紹過《諸神吉凶》章圖版等的一些修改意見。②本文討論該篇《雜占之六》《築(二)》《五行禁日》章(《集成〔壹〕》第261—262頁)的復原問題,拼綴一些殘片,提供新的釋文。

一、上半截拼綴殘片

我們先看《集成》的原始圖版和整理圖版:

		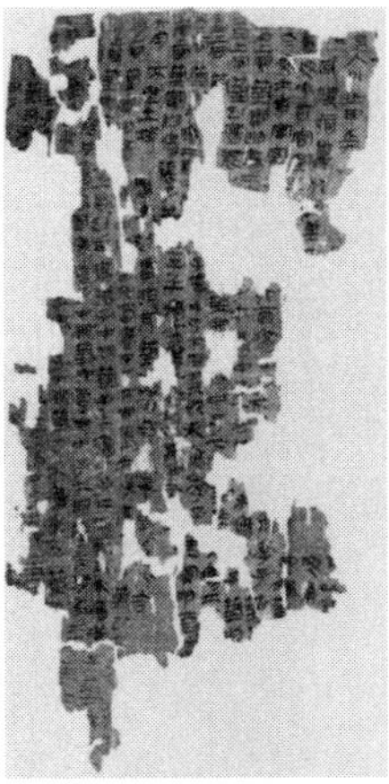
原始圖版(《集成〔柒〕》第153頁)	原始圖版(《集成〔柒〕》第154頁)	整理圖版(《集成〔壹〕》第261頁)

* 本文爲日本學術振興會科學研究費補助金[基盤研究(C)]"中國古代の陰陽五行一占と科學の成立一"(16K02157)、[基盤研究(B)]"Multi Disciplinary Approachによる戰國秦漢期新出土資料研究"(26284010)、[基盤研究(B)]"前近代東アジアにおける術數文化の形成と傳播・展開に關する學際的研究"(16H03466)的成果之一。

第一，整理圖版右下的一個帛片，蓋誤綴於此，當剔除。

毋爲/毋爲/可以□

第二，殘片 278，從筆畫密合程度看，可以放在《堪輿》章 14—18 行。[③]殘片 7，與殘片 278 有反印關係，可以放在《雜占之六》章第 10—13 行。

殘片 278

與《堪輿》章拼綴後

殘片 7

上圖翻轉後

第三，殘片 11 和殘片 75，從筆畫密合程度及紅色欄綫看，可以拼綴。所以《雜占之六》章和《築（一）》可以連接。[④]

殘片 11	殘片 75	拼綴後

殘片 70 右上邊的帛片,蓋誤綴於此,當剔除。

殘片 70	殘片 70 左	殘片 70 右上

殘片 3,從文字内容看,可以放在《堪輿》章第 14—20 行。[5]殘片 11 和殘片 70,與殘片 3 有反印關係,可以放在《雜占之六》章第 8—14 行。

殘片 3	殘片 3 翻轉後	殘片 70+殘片 11

第四,殘片 71,從筆畫密合程度看,可以放在《築(二)》章第 4—9 行。

殘片 71	拼綴後

第五,殘片 69 和殘片 89,從筆畫密合程度看,可以放在《築(二)》章第 10—12 行。

殘片 69	殘片 89	拼綴後

二、下半截拼綴殘片

我們先看《集成》的原始圖版和整理圖版:

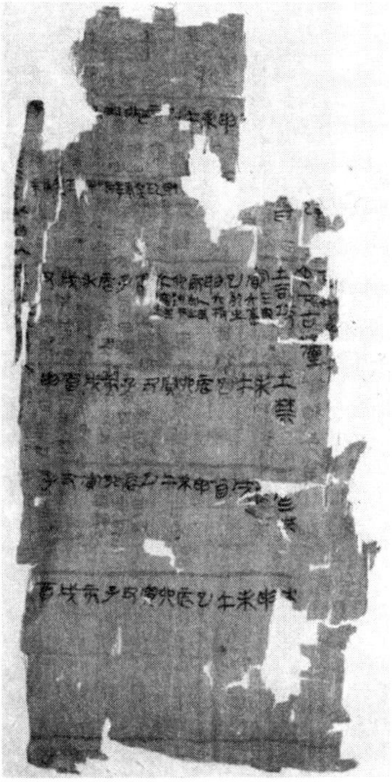	
原始圖版(《集成〔柒〕》第 155 頁)	整理圖版(《集成〔壹〕》第 262 頁)

第一,整理圖版《集成(壹)》第 272 頁左上的帛片(原始圖版《集成〔柒〕》第 157 頁左下帛片)"丑/子/〔亥〕",蓋誤綴於此,當剔除。該帛片應該移動到《五行禁日》章第一欄。

原始圖版(《集成〔柒〕》第 157 頁左下)	整理圖版(《集成〔壹〕》第 272 頁左上)	〔亥〕/子/丑

原來放在《集成(柒)》第 157 頁左上帛片和殘片 47,從筆畫密合程度及反印文看,可以跟《集成(壹)》第 272 頁左上的帛片拼綴。該帛片又與殘片 2 有反印關係。殘片 2,從筆畫密合程度及文字内容看,應該放在《堪輿占法》章第 15—19 行。在綴合以上殘片後,我們發現該殘片第 1 行的"父死之以",與第 258—259 帛片最後 1 行(即《築〔一〕》第 7 行)的文句完全一致,據此可以確定,《築(一)》第 7 行和該殘片第 1 行當是相鄰的兩行。所以《雜占之六》章和《築(一)》可以連接。[⑥]

《集成〔柒〕》第 157 頁左上帛片	殘片 47	拼綴後

第二,《五行禁日》章第二欄的帛片"甲/乙",蓋誤綴於此,應該移到靠右邊。

		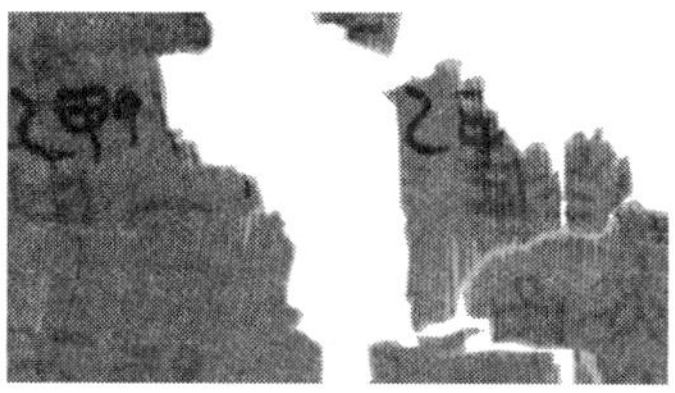
整理圖版(《集成〔壹〕》第 262 頁)	乙/甲	拼綴後

第三,原來放在《集成(柒)》第 278 頁的帛片“木禁”,從筆畫密合程度及文字内容來看,可以放在《五行禁日》章第六欄開頭部分。

	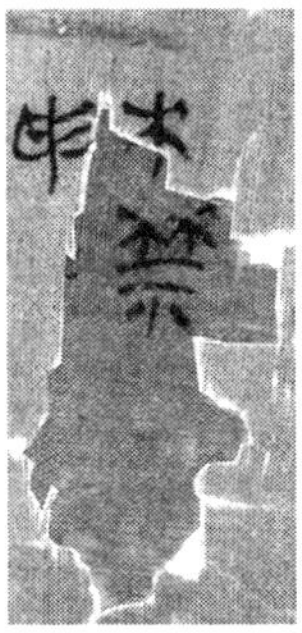
《集成〔柒〕》第 278 頁帛片	拼綴後

第四,上文剔除的帛片“丑/子/〔亥〕”,從筆畫密合程度及文字内容來看,可以放在《五行禁日》章第一欄末部。

〔亥〕/子/丑	拼綴後

三、新釋文

一四　築(一)

一六　雜占之六

(一)

□月,陰從丑逆行;𥐿(鑿)居毋(母)死之。【●□】會☐1上

□月,陽從寅順行;筑(築)居父死之。【●□】會【□□□□】2上室。2下

(二)

□月,可以筑(築)正南,西南毀,以【□□□□】丁卯堪(基),以食朝成,七吉。●起(起)土攻(功)之【□□】3上□□柏。3下

□月,可以筀(築)西北,正西毀,以□【□□□】□卯⌊【堪(基),以

□】□成,五吉。●起(起)土攻(功)筑(築)【□□】4上攻(功),一人死,亡地百里,其鄉(嚮)立者,死。4下

三月,可以筑(築)正北,西北毀,以□【□□□□□堪(基),以□□成】,二吉。5上

□月,父(?)□▨朝成,三吉。取【□】□益□。6上

(三)

▨四(?)月上【旬□□7上□□□】父死之。以▨7下

▨□月上【旬□□8上□□□】父死之。以□東南▨8下

(四)

□□▨　　　　𨐋(鑿)浴(谷)【□□□□9上□□】。夜(夜)分,不可以有𨐋(鑿)。9下

▨　　　　𨐋(鑿)浴(谷)【□□□□】10上立者死亡。10下

【□】毀,入(内)外亡甲兵。▨□以薺兵□□之,民病(?)。　　　　𨐋(鑿)浴(谷)【□□□□】11上甲兵。11下

【□】□,民痺病囂死。□至□▨□以薺果喪【□】之。　　　　【鑿】浴(谷)▨12上

12上

(五)

【春】夏,毋少(小)古(故)宫室之□▨以臨正室。▨毋矰(增)高下,皆▨13上□　毋筑(築)步。　可以𨐋(鑿)□□。13下

【秋】冬,毋大古(故)宫室之【□□□】▨毋大□毋下古(故)門。□▨14上▨□。　母(毋)下古(故)蘠(牆)。14下

一七　築(二)

端月上旬筑(築)寅、申,傷二君;【中旬筑(築)】卯、酉傷中子;下旬【筑(築)辰、戌】傷季子;筑(築)巳、【午、子、□、□吉】。1

二月上旬筑(築)巳傷張(長)子;【中旬筑(築)】子、午傷中子;下旬筑(築)□、未傷季子;筑(築)申、【……吉】。2

三月上旬筑(築)【……傷……】;筑(築)卯、【□】傷中子;下旬筑(築)辰、未傷二君;【筑(築)……吉】。3

四月上旬埅(築)□、亥傷二君;中旬【埅(築)】□、子傷中子;下旬埅(築)丑、未傷季子;埅(築)寅、申、酉、【……】吉。4

五月上旬埅(築)寅、申傷張(長)子;埅(築)子、午傷畜生;中旬埅(築)丑、未、亥、□。5

六月不起土攻(功),胃(謂)□起(起)事於所埅(築),才(在)歲前大吉,才(在)歲後少(小)吉。6

七月上旬埅(築)寅、申,傷二君;中旬埅(築)卯、酉傷中子;下旬埅(築)辰、戌傷季子;埅(築)巳、午、子、□、□吉。7

八月上旬埅(築)卯、酉傷一君∟,巳、亥傷張(長)子;中旬埅(築)子、午傷中子;下旬埅(築)丑、未傷季子;埅(築)亥、□吉。8

九月上旬埅(築)辰、戌傷一君,寅傷張(長)子;中旬埅(築)卯、酉傷中子;下旬埅(築)辰、戌傷二君;埅(築)午、【……吉】。9

十月上旬埅(築)巳、亥傷【……;中旬埅(築)子、】午傷中子;下旬埅(築)丑、未傷季子;埅(築)申、【……吉】。10

十一月上旬埅(築)子、午【傷……,埅(築)……傷……,;中旬埅(築)】卯、酉傷中子;下旬埅(築)辰、【……;埅(築)……吉】。11

【十二月】上旬埅(築)丑、未【傷……;中旬埅(築)……傷□】子;【下旬】埅(築)【……傷……;埅(築)……吉】。⍁12

⍁月甲子□⍁13

一八　五行禁日等

【□禁:戌】、酉、申、未、午、巳、辰、卯、寅、丑、子、亥。1欄

□日:【丙丁】、甲乙、【壬癸、庚辛】、丙丁、甲乙、壬癸、庚辛、丙丁、甲【乙】、壬癸、庚辛。2欄

司攻(空):寅、巳、申、亥、卯、午、酉、子、辰、未、戌、丑。三板(版),六畜死之;六板(版),人民死之;九板(版)以上,室生死之。3欄

土禁:未、午、巳、辰、卯、寅、丑、子、亥、戌、酉、申。4欄

水禁:亥、戌、酉、申、未、午、巳、辰、卯、寅、丑、子。5欄

木禁:申、未、午、巳、辰、卯、寅、丑、子、亥、戌、酉。6欄

附記:筆者在撰寫本文的過程中得到了廣瀨薰雄先生的幫助。謹致謝忱!

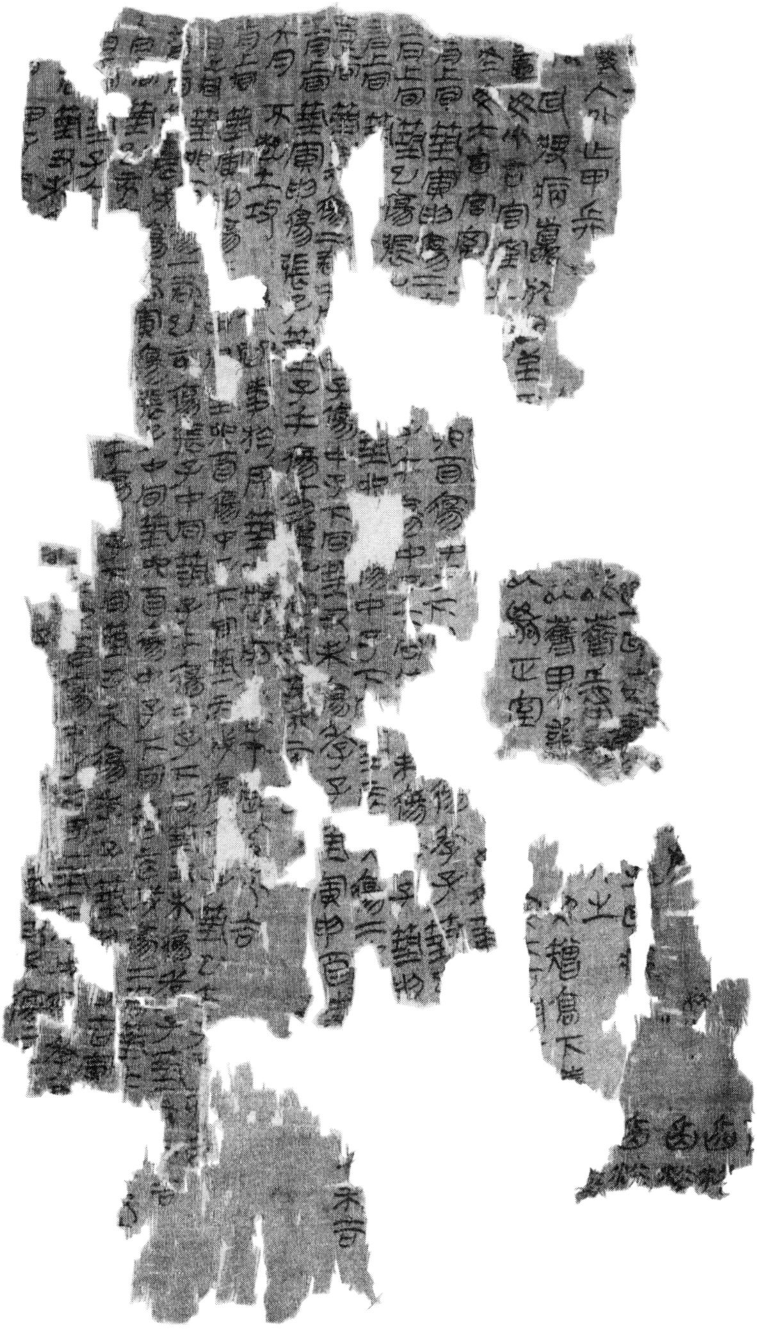

附圖 1　《雜占之六》《築(二)》《五行禁日》綴合復原圖(上部)

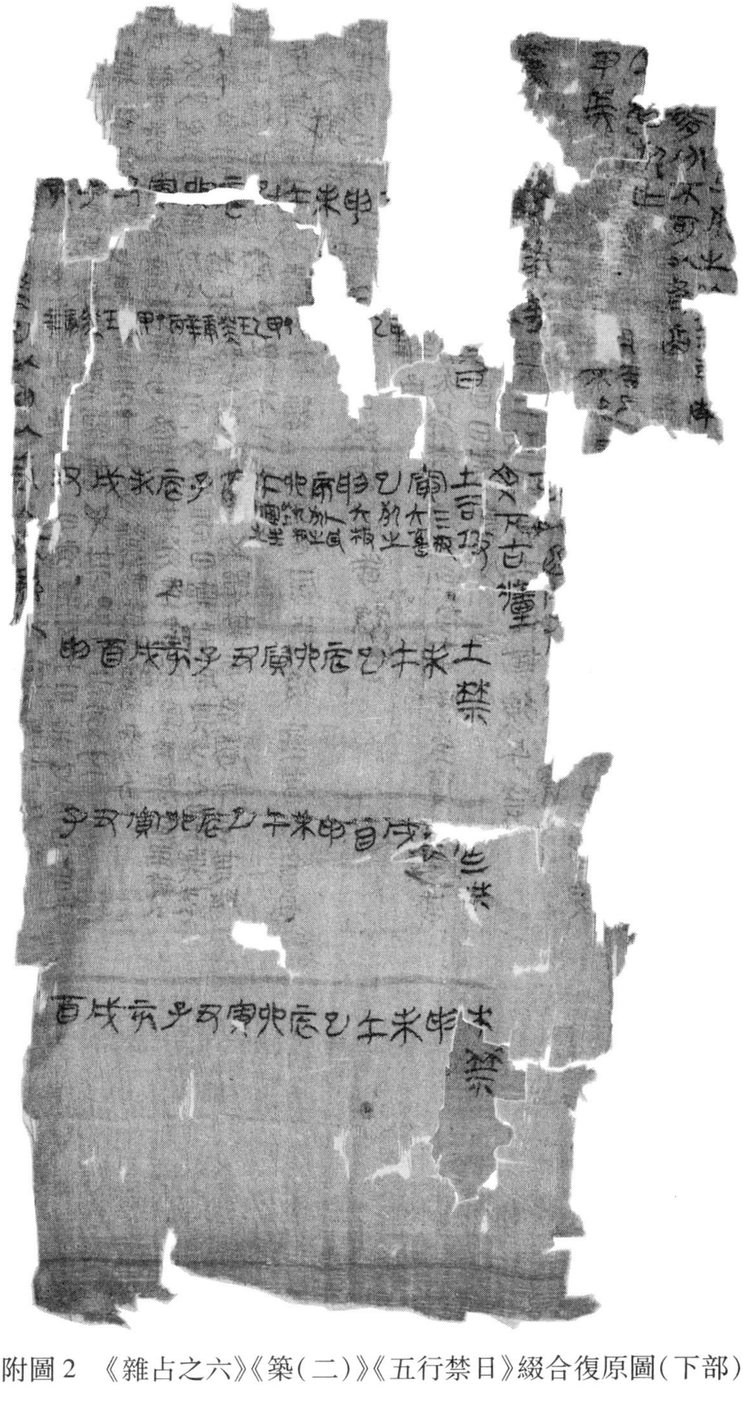

附圖2 《雜占之六》《築(二)》《五行禁日》綴合復原圖(下部)

注 釋

① 名和敏光、廣瀨薰雄:《馬王堆漢墓帛書〈陰陽五行〉甲篇整體結構的復原》,“《長沙馬王堆漢墓簡帛集成》修訂國際研討會”報告,復旦大學,2015 年 6 月 28 日,後收入《出土文獻研究》第十五輯,中西書局,2016 年,第 228—258 頁,圖版壹—肆。

② 名和敏光:《馬王堆漢墓帛書〈陰陽五行〉甲篇〈諸神吉凶〉綴合校釋》,湖南省博物館編:《紀念馬王堆漢墓發掘四十周年國際學術研討會論文集》,嶽麓書社,2016 年,第 206—210 頁;《馬王堆漢墓帛書〈陰陽五行〉甲篇〈衔〉〈雜占之四〉綴合校釋》,“《長沙馬王堆漢墓簡帛集成》修訂國際研討會”報告,後收入《出土文獻》第八輯,2016 年,第 146—158 頁;《馬王堆漢墓帛書〈陰陽五行〉甲篇〈雜占之一〉〈天一〉綴合校釋——兼論〈諸神吉凶〉下半截的復原》,“出土文獻與先秦經史國際學術研討會”報告,香港大學中文學院,2016 年 10 月 16 日;《馬王堆漢墓帛書〈陰陽五行〉甲篇〈諸神吉凶〉前半章綴合校釋》,《漢字研究》第十五輯,2016 年,第 33—55 頁;《馬王堆漢墓帛書〈陰陽五行〉甲篇〈室〉〈築〉綴合校釋》,第 28 屆中國文字學國際學術研討會論文,2017 年 5 月;《馬王堆漢墓帛書〈陰陽五行〉甲篇〈雜占之七〉校釋》,出土文獻與上古漢語研究(簡帛專題)高端學術論壇會議論文,2017 年 8 月;《馬王堆漢墓帛書〈陰陽五行〉甲篇〈徙〉〈天地〉〈女發〉〈雜占之二〉綴合校釋》,世界漢字學會第五屆年會會議論文,2017 年 9 月。

③ 名和敏光:《馬王堆漢墓帛書〈陰陽五行〉甲篇〈堪輿式圖〉〈堪輿神煞表〉〈堪輿占法〉綴合校釋》,待刊。

④ 名和敏光、廣瀨薰雄:《馬王堆漢墓帛書〈陰陽五行〉甲篇整體結構的復原》,《出土文獻研究》第十五輯,第 237—239 頁。

⑤ 名和敏光:《馬王堆漢墓帛書〈陰陽五行〉甲篇〈堪輿式圖〉〈堪輿神煞表〉〈堪輿占法〉綴合校釋》,待刊。

⑥ 名和敏光、廣瀨薰雄:《馬王堆漢墓帛書〈陰陽五行〉甲篇整體結構的復原》,《出土文獻研究》第十五輯,第 237—239 頁。

讀《長沙馬王堆漢墓簡帛集成》札記二則*

范常喜（中山大學中文系）
出土文獻與中國古代文明研究協同創新中心

《長沙馬王堆漢墓簡帛集成》刊布了長沙馬王堆漢墓出土的全部簡帛材料，整理者作了精到的注釋與考校，爲研究者提供了極大的便利。我們研讀後發現，尚有個别問題可稍作補充，故草此小文，略作補苴。文中共有札記兩則，涉及一、三號墓遣册與簽牌文字。具體來説，三號墓簽牌中的“衣薈乙笥”當是指薈聚衣服的第二號竹笥，其中的“乙笥”應與簽牌“裞衣丙笥”中的“丙笥”合觀；三號墓遣册407號木牘的性質當爲記録賻贈人所贈衣物的賵書。

一、衣薈乙笥、乙笥、裞衣丙笥

衣薈乙笥。（三號墓簽牌7）

整理者注：“二、三號墓報告：‘薈’本意爲草木繁密貌，此處似指香草。‘衣薈’意爲衣服與香草共聚。今按：此説可疑，待考。”①

乙笥。（三號墓簽牌8）

整理者注：“二、三號墓報告：此牌特小，長方形，頂部未用墨塗黑，出土時候與東78（引者按：指上“衣薈乙笥”）均在東112（引者按：東112號竹笥）附近。本牌未記係何物。推定東78‘衣薈乙笥’當屬東

---

* 本文爲國家社會科學基金項目“出土文獻中上古漢語方言語料彙考”（15BYY111）、國家社科基金重大項目“戰國文字詁林及資料庫建設”（17ZDA300）的階段性成果。

112 號竹笥木牌,而東 111 木牌(引者按:即指"乙笥")當屬象徵物。"[②]

按:《説文·艸部》:"薈,艸多貌。"段玉裁注曰:"引伸爲凡物會萃之義。"另有不少从"會"得聲之字同樣具有會聚、會集之義。[③]《禮記·月令》:"以會天地之藏。"注:"會,猶聚也。"《廣雅·釋詁三》:"會,聚也。"《説文·糸部》:"繪,會五采繡也。"《小爾雅·廣訓》:"雜彩曰繪。"據此推測,7 號簽牌上的"薈"亦當是會聚、會集之義。"衣薈"與後世的"文薈"、"詩集"、"詞彙"等構詞應相類。因此,7 號"衣薈乙笥"簽牌的字面意思應是衣服會聚之乙笥,意即裝了多件衣服的第二件笥。

據發掘報告稱,三號墓共出土竹笥 52 件,簽牌 52 枚。[④]然而 7、8 兩簽牌均爲"乙笥",且均出於東 112 號竹笥附近,故發掘報告認爲 8 號簽牌是象徵性的,遂將這兩個簽牌共同對應了東槨箱中部 65 之下編號爲東 112 的竹笥。該笥中尚殘存"夾服、裙及絲織物",與 7 號簽牌上所記"衣薈乙笥"正相吻合。[⑤]可見,發掘報告的意見基本可信。只不過 8 號"乙笥"簽牌的形制大小和字迹均與 7 號"衣薈乙笥"不同,顯爲兩人所書,如圖 1 所示。[⑥]

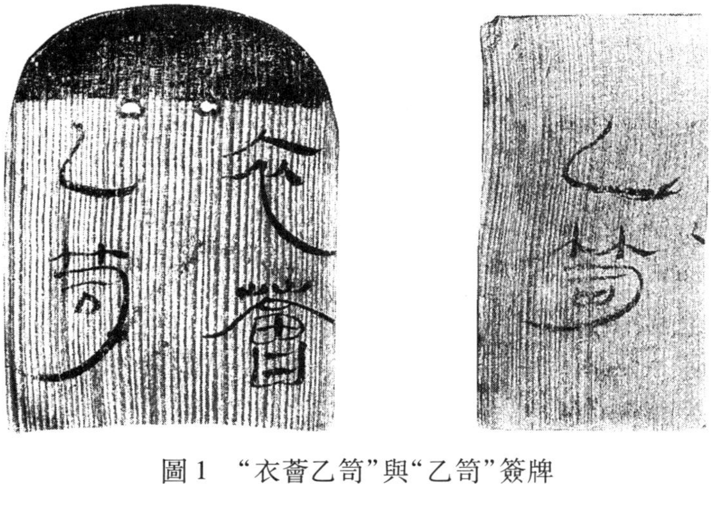

圖 1 "衣薈乙笥"與"乙笥"簽牌

爲何 7、8 號簽牌同時掛在"東 112"號竹笥之上,頗令人費解。值得注意的是,同墓出土 407 號木牘第二欄末尾小結云"乙笥凡十五物不發"。[⑦]據此可知,下葬前本有一竹笥編號爲"乙笥",笥中裝著 407 號木牘所記的"毋尊禪衣、鮮支禪衣、鮮支長襦、緒(紵)胡衣、賁(蕡)"等"十五物”。我們懷疑牘文所云“乙笥凡十五物不發”中的“發”不當理解爲發送,應是拆封、發啓的意思。睡虎地秦簡《法律答問》簡 53:“有投書,勿發。”整理小組注:“發,把書信拆開觀看。”⑧里耶秦簡牘文書中也多見此類“發”字,大都指拆閱文書。⑨因此,牘文“乙笥凡十五物不發”應是指該笥中的十五種衣物不要打開,直接入葬。所以 8 號“乙笥”短札簽牌和 407 號木牘原來都應該附在“東 112”號竹笥之上一起下了葬。在入葬之前,負責清點物品統一書寫簽牌的人又寫了一個“衣蓄乙笥”的簽牌掛於其上,而原先附在笥上的“乙笥”短札簽牌和 407 號木牘卻未被摘除,於是造成了“東 112”號竹笥上附有兩枚簽牌和一枚賵書木牘⑩的現象。另據發掘報告介紹,“東 112”號竹笥除了殘存有“夾服、裙及絲織物”之外,還有絹質香囊,編號爲“東 112-2”。⑪可見,竹笥内的殘存物品與 407 號木牘所記衣服和香囊等也十分相符,亦可印證我們的這一推論。

既然有“乙笥”簽牌,照理來説也應該有“甲笥”才算合理,但墓内實未見之。不過值得注意的是,“丙笥”卻兩見,其中一處見於西 37 號簽牌,具體如圖 2 所示。⑫

圖 2 “裞衣丙笥”(西 37)簽牌照片與摹本

此簽牌在發掘報告中被誤釋作“裞衣兩笥”,⑬並因之與尚殘存“絲綿袍、絹服等衣著”的“南 123”和“南 124”兩個竹笥相對應。⑭從字形來看,其中的字當釋作“丙”。同批遣册中另有“兩”、“丙”二字,分别作(簡

373/392“兩”)、[15] (簡 396/154“丙”),[16] 兩相對比自明。由此亦可知,“禭衣丙笥”應該只對應“南 123”和“南 124”兩個竹笥中的一個。

另外一處“丙笥”見於 396/154 號簡,簡文云:“右方二十一牒丙笥。”[17] 發掘報告指出:“‘丙笥’,隨葬物中似按甲、乙、丙分爲三類。但簡文未見‘甲笥’。‘乙笥’僅見於東槨箱出土的木牘。其餘簡牘均在西槨箱中,此爲‘丙笥’簡文。”[18] 由此可知,簡文中的“丙笥”應即簽牌“禭衣丙笥”中的“丙笥”。如此一來,本簡文中的“右方二十一牒”所記物品當即“禭衣”。《説文·衣部》:“禭,贈終者衣被曰禭。”《漢書·酈陸朱劉叔孫傳》:“辟陽侯乃奉百金禭,列侯貴人以辟陽侯故,往賻凡五百金。”可見,“禭衣”即賻贈給死者的衣被之類。湖南長沙望城坡西漢漁陽墓中發現有“陛下所以幩(贈)物”、“王禭”的簽牌,[19] 正可與古書記載相印證。馬王堆三號墓編號爲“南 123”和“南 124”的二竹笥中殘留物均是“絲綿袍、絹服等衣著”,正與“禭衣”相契合。

“乙笥”和“丙笥”都得到合理的解釋之後,便出現了下列表一中的情況。據發掘報告稱,在所有出土竹笥中只有“東 112”、“西 21”、“西 19”三個存放衣服,而從表一可知,“乙笥”和“丙笥”分别與“東 112”和“西 21”兩個竹笥相對應,唯獨“西 19”竹笥没有簽牌對應。[20] 綜合前文的分析推測,西 19 號竹笥很可能即“甲笥”,其簽牌本應寫作“XX 甲笥”,只不過可能在搬運過程中遺失,抑或是漏寫等原因,致使我們未能在墓中發現“甲笥”的簽牌。

表一 簡牘、簽牌所記“乙笥”、“丙笥”與實物對照情況[21]

簡牘編號	簡牘所記	簽牌編號	簽牌所記	竹笥編號	笥内殘留物
407 號木牘	乙笥凡十五物不發	東 78	衣蕡乙笥	東 112	夾服、裙及絲織物
		東 111	乙笥		
396/154 號簡	右方二十一牒丙笥	西 37	禭衣丙笥	西 21	絲綿袍、絹服等衣著
				西 19	絲綿袍、絹服等衣著

湖南長沙望城坡西漢漁陽墓中發現了大量簽牌,許多都有“苐(第)×”的編號,可與此處簽牌的編號現象相參照,具體如圖 3 所示。[22] 不過,漁陽墓出土簽牌數量衆多,可能因“甲、乙、丙”編號遠不夠用,故而采用了“苐(第)×”的方式。

圖 3　漁陽墓出土標有“第十一”、“第十四”、“第百四”序號的簽牌

二、關於 407 號木牘的内容與性質

齊(緀)繐禪衣一,毋尊禪衣一,鮮支禪衣一、縠椽(緣),鮮支長襦一、素掾(緣),緒(紵)胡衣一,緒(紵)繐禪衣一,帛傅(薄)質一、沙(紗)掾(緣),繼(盭—綟)縠長襦一、桃華掾(緣),草(皂)複衣一、草(皂)掾(緣),帛小傅(薄)襦一,紫縱(衳)一、素裏,繨(綈)禪縱(衳)一,緹禪便常(裳)一,緒(紵)綺一、素裏,賁(黂)十四囊。●乙笥凡十五物不發。━召所來。　　(三號墓竹簡遣册 407 木牘)

整理者注:“二、三號墓報告將簡末三字釋爲‘白馬末’。今按:當釋爲‘召所來’。此牘應剔除出遣册簡單獨歸類。首先,三號墓木牘中有一件出自東槨箱,其餘木牘和遣册簡皆出自西槨箱。但究竟哪一件牘出自東槨箱,《長沙馬王堆二、三號漢墓發掘簡報》的説法和二、三號墓報告相抵牾。二、三號墓報告説‘木牘的一件,即紀年木牘(東 64)出自東槨箱’,而簡報則説‘單獨出於東邊箱的一支木牘,記載著‘禪衣’、‘複衣’、‘長襦’、‘便常(裳)’等不同質料的多種衣物,但在牘末寫明‘乙笥’凡十五物不發’(《文物》1974 年第 7 期 43 頁)。若以簡報説法爲準,則此牘的出土位置已説明它與其他遣册和木牘有别。再來看内容:此牘與其他

小結簡不同,無'右方……'字樣,此其一;其重點在説明'乙笥凡十五物不發',跟校讎語'今幾'相類,應與遣送物之清點核對記録有關,此其二;所記主要爲衣物,又混入一'賁(蕡)十四囊',跟遣册記物以類相從亦不合,此其三。再看形制,此牘形制與同墓簽牌不同,其上端平齊無用以縣掛之穿孔;但兩側上下兩道共有四個三角形,仍適合綁縛在"乙笥"之上。簽牌中有一件'乙笥',二、三號墓報告説'此牌特小,長方形,頂部未用墨塗黑','當屬象徵物',按本牘中的'乙笥'似即指此。由於本牘被剔除出遣册,則簡205'賁(蕡)十四囊'仍應歸入五種囊等類中。"㉓

按:首先來看牘文中的"賁(蕡)十四囊",此内容又見於185/205號遣册簡,簡文記作"賁(蕡)十四囊"。整理者注曰:"二、三號墓報告將此簡排在五種囊類之後。伊强(2005):簡355'緒繶禪衣一'、簡205'賁(蕡)十四囊',根據小結簡407(木牘)所記,分别排在398、406之後正合適。今按:伊説不可從,詳參簡407注〔一〕。又本簡及簡407之'賁'可能當讀爲'黂',指麻的種子。《周禮·考工記·弓人》'牛筋蕡灂',鄭玄注:'蕡,枲實也。'字又作'黂',《爾雅·釋草》:'黂,枲實。'蕡常和菽、麥、稻、黍等一起供尊者所食,詳參《禮記·内則》。"㉔

我們認爲,《集成》整理者對牘末所記"賁(蕡)十四囊"的理解有誤,將185/205號遣册簡歸入五種囊等類中,亦不可取。如果將"賁(蕡)十四囊"與五種囊等簡相對比,便可發現其間的區别,試將五種囊相關簡文羅列如次:

稻白鮮米五石,布囊。(173/193)
稻白秫米五石,布囊。(174/194)
黍米五石,布囊。(175/195)
白粢五石,布囊。(176/196)
黄粢五石,布囊。(177/197)
麥五石,布囊二。(178/198)
麴二石,布囊一。(179/199)
麻穜(種)二石,布囊。(180/200)
葵穜(種)五斗,布囊。(181/201)
賴穜(種)五斗,布囊。(182/202)

莬(蔥)穜(種)五斗,布囊。 (183/203)

五穜(種)五囊=(囊,囊)各盛三石,其三石黍。 (184/204)㉕

與185/205號簡"賁(蕡)十四囊"相比,上述簡文所記對象一般多記其重量,並説明其囊的材質,"賁(蕡)十四囊"則未見如此。因此,僅從記録形式來看,185/205號簡也不應與上述諸簡相並列。而且從字迹來看,簡185/205"賁(蕡)十四囊"與五種囊相關簡文不同,但與簡217—230所記14件衣服的字迹相同,具體如圖4所示。㉖

圖4 簡185/205"賁(蕡)十四囊"與五種囊類簡及217—230衣物簡字迹對比

此外,本牘所記已明確指出"乙笥凡十五物"顯然是將前面所記十四件衣服和"賁(蕡)十四囊"一物相加之後的結果。"蕡"還見於一號墓遣册,如一號墓竹簡遣册160:"右方土(杜)衡、賁(蕡)三笥。"整理者注:"賁即蕡。《漢晉西陲木簡彙編》有《急就篇》名'賁薰脂粉膏臖筩',蕡作賁可證。《説文·艸部》:'蕡,雜香草。'"㉗自古及今,人們皆以香囊或熏香爲衣物除味除蟲。㉘407號木牘所記"賁(蕡)十四囊"恰好與前面所記14件衣服相配,這説明一件衣服配有一個蕡囊。估計是由於蕡囊較小且爲熏衣的附屬物,清點者才將14個蕡囊作爲一個整體計作了一物,所以才出現了 14 件衣服與 14 個蕡囊一起被記作“乙笥凡十五物”的情形。

綜上可見，根據 407 號木牘所記，遣册 185/205 號簡“蕢（蕡）十四囊”應改置於 230/406 號簡“緒（紵）綺一、素裏”之後。伊强先生的觀點可從，不過伊先生將 407 號木牘作爲小結牘置於 185/205 號簡之後則不妥當。[29]

接下來再對 407 號木牘的性質和用途作一點補充。《集成》整理者已經指出，從出土位置、内容、形式等來看，該牘實非遣册，應與遣送物之清點核對記録有關。此木牘兩側上下兩道共有四個三角形，仍適合綁縛在“乙笥”之上。我們認爲，整理者的這些推斷都正確可信。但遺憾的是，整理者未能再進一步指明此牘的性質。

我們認爲，407 號木牘當是記載治葬時他人賻贈物品的“賵書”，與同墓所出遣册簡性質不同。《儀禮 · 既夕禮》：“書賵於方，若九、若七、若五。書遣於策。”鄭玄注：“方，板也，書賵奠賻贈之人名與其物於板。每板若九行，若七行，若五行。策，簡也。遣，猶送也。謂所當藏物茵以下。”賈公彦疏：“以賓客所致，有賵、有贈、有奠，直云書賵者，舉首而言，但所送有多有少，故行數不同。”可見，賵書並非只書寫所賵的車馬，襚、賵、贈和奠都被統記在牘板上。之所以僅以“書賵”來加以概括，不過是“舉首而言”而已。考古發掘也證明，賵板所記並非只限於車馬，還包括衣、食、住等多種生活用具。楊華先生據此將墓葬中出土的賵贈記録統稱爲“賵書”。[30]

陳偉、楊華、劉國勝等先生結合包山楚墓出土賵書竹牘實物對賵書與遣册的區别作了總結，現撮其要者羅列如次：（1）在内容上，賵書是對助喪賵贈人員及其所贈物品的記録；遣册是對遣送死人所用物品的記録。（2）在形制上，賵書因文字少用方牘書寫；遣册文字多用簡策書寫。（3）賵贈物品可以用來隨葬，所以遣册上會登記有賵書中記録的物品。總體而言，賵書是針對助喪的賵贈物品的記録，遣册是針對送葬的遣送物品的記録。二者可能有所重合，但絶不可能全然相同。[31]

對照上述賵書特徵可知，401 號木牘當爲賵書。首先，該牘最下端書有“召所來”三字，其中的“所”字原牘文寫作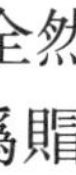，與馬王堆漢墓出土簡帛中的常見“所”字有别，[32]故不當釋“所”，然究係何字，仍待詳考。此字在牘文中應是一人名。其中的“來”當即送來之義。由此可見，407 號木牘

所記衣服和蕡囊是一位叫"召所(?)"的人送過來或賻贈而來的。[33]"召"可作姓氏,如《漢書·循吏傳》:"召信臣字翁卿,九江壽春人也。"其次,407號木牘是標準的方牘,共有三欄,前兩欄每欄8行,在形式上也符合賵書的特點,具體如圖5所示。[34]最後,407號木牘所記"十五物"同時分别記在217—230、185/205共15支遣册簡上,[35]但字迹卻明顯不一,顯爲不同人所分書。這一情形與包山楚墓所出竹牘賵書高度一致。[36]綜合以上三點可以推定,407號木牘當歸爲賵書。[37]

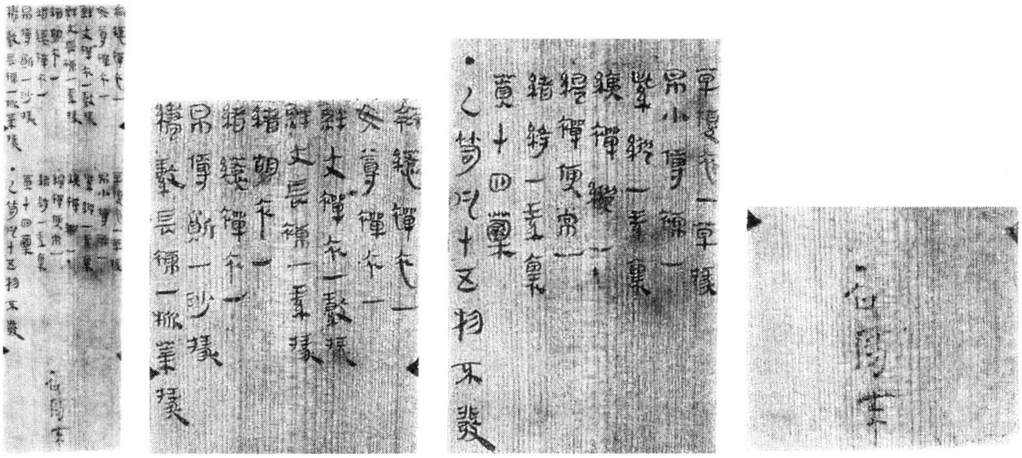

圖5 407號木牘照片及三欄文字

附記:本文原爲"《長沙馬王堆漢墓簡帛集成》修訂國際研討會"(2015年6月27—28日,復旦大學)論文中的兩則札記,會上蒙諸位先生賜正,在此謹致謝忱。

注 釋

① 裘錫圭主編:《長沙馬王堆漢墓簡帛集成》,中華書局,2014年,第六册第265頁。

② 同上書,第六册第265頁。

③ 王力:《同源字典》,商務印書館,1982年,第487頁。

④ 簽牌實爲53個,參見裘錫圭主編:《長沙馬王堆漢墓簡帛集成》,第六册第173頁。

⑤ 湖南省博物館、湖南省文物考古研究所編:《長沙馬王堆二、三號漢墓(第一卷:田野考古發掘報告)》,文物出版社,2004年,第186—188、200頁。

⑥ 裘錫圭主編:《長沙馬王堆漢墓簡帛集成》,第二册第295頁。

⑦ 參見上書,第六册第 263 頁。按: 407 號木牘的性質及所記物品的分析詳參後文。
⑧ 睡虎地秦墓竹簡整理小組:《睡虎地秦墓竹簡》,文物出版社,1990 年,第 106 頁。
⑨ 陳偉主編:《里耶秦簡牘校釋(第一卷)》,武漢大學出版社,2012 年,第 7 頁。
⑩ 關於此枚木牘性質的討論,參見後文所述。
⑪ 參見湖南省博物館、湖南省文物考古研究所編:《長沙馬王堆二、三號漢墓(第一卷:田野考古發掘報告)》,第 228 頁。
⑫ 裘錫圭主編:《長沙馬王堆漢墓簡帛集成》,第二册第 299 頁。
⑬《集成》沿其誤,參見裘錫圭主編:《長沙馬王堆漢墓簡帛集成》,第六册第 265 頁。
⑭ 湖南省博物館、湖南省文物考古研究所編:《長沙馬王堆二、三號漢墓(第一卷:田野考古發掘報告)》,第 195、201—202 頁。
⑮ 裘錫圭主編:《長沙馬王堆漢墓簡帛集成》,第二册第 291 頁。
⑯ 同上書,第二册第 293 頁。
⑰ 同上書,第六册第 262 頁。
⑱ 湖南省博物館、湖南省文物考古研究所編:《長沙馬王堆二、三號漢墓(第一卷:田野考古發掘報告)》,第 58 頁。
⑲ 長沙市文物考古研究所、長沙簡牘博物館:《湖南長沙望城坡西漢漁陽墓發掘簡報》,《文物》2010 年第 4 期,第 32 頁、封二:1、封二:2。
⑳ 因爲"祱衣丙笥"可以對應"西 21"和"西 19"中的任何一個,因此也可以説"西 21"號竹笥未有對應的簽牌。
㉑ 表中編號悉依發掘報告,參見湖南省博物館、湖南省文物考古研究所編:《長沙馬王堆二、三號漢墓(第一卷:田野考古發掘報告)》,第 58、73、188、195、200、201—202 頁。
㉒ 長沙市文物考古研究所、長沙簡牘博物館:《湖南長沙望城坡西漢漁陽墓發掘簡報》,《文物》2010 年第 4 期,第 32—33 頁、封二:3、封二:4。按:報告中稱爲"木楬"。
㉓ 裘錫圭主編:《長沙馬王堆漢墓簡帛集成》,第六册第 263 頁。
㉔ 同上書,第六册第 244 頁。
㉕ 同上書,第六册第 243—244 頁。
㉖ 同上書,第二册第 274、278 頁。
㉗ 同上書,第四册第 196—197 頁。按:《集成》整理者認爲簡文此處所記之"賁(蕡)"與三號墓遣册簡、簽牌、木牘等處所記的"賁(蕡)"所指不同,並不可從。
㉘ 參見閆豔:《古代香囊的形制及其文化意義》,《内蒙古師範大學學報(哲學社會科學版)》2006 年第 2 期,第 119—122 頁。
㉙ 伊强:《談〈長沙馬王堆二、三號漢墓〉遣策釋文和注釋中存在的問題》,北京大學碩

士學位論文,2005 年,第 55、71—72 頁。

㉚ 楊華:《襚·賵·遣——簡牘所見楚地助喪禮制研究》,《學術月刊》2003 年第 9 期,第 50 頁。

㉛ 陳偉:《包山楚簡初探》,武漢大學出版社,1996 年,第 191 頁;楊華:《襚·賵·遣——簡牘所見楚地助喪禮制研究》,《學術月刊》2003 年第 9 期,第 49—59 頁;劉國勝:《戰國簡牘遣策、賵書説》,馮天瑜主編:《人文論叢(2004 年卷)》,武漢大學出版社,2005 年,第 234—241 頁;劉國勝:《楚喪葬簡牘集釋》,科學出版社,2011 年,前言第 vi 頁。

㉜ 參見陳松長主編:《馬王堆簡帛文字編》,文物出版社,2001 年,第 572 頁。

㉝ 這與前文所論"裞衣丙笥"中的衣物屬於相同性質。戰國楚墓及漢代墓葬中亦多見賻贈衣物的記述,參見前引劉國勝、楊華等先生文。

㉞ 裘錫圭主編:《長沙馬王堆漢墓簡帛集成》,第二册第 294 頁。

㉟ 同上書,第二册第 277—278 頁。

㊱ 陳偉:《包山楚簡初探》,第 187—191 頁。

㊲ 此前也已有學者意識到了這一點,參見劉尊志:《漢代喪葬禮俗物質文化淺論》,《南開學報(哲學社會科學版)》2014 年第 3 期,第 92 頁。

張家山漢簡《二年律令》考釋(三則)*

何有祖(武漢大學歷史學院、簡帛研究中心)

2001 年公布的《張家山漢墓竹簡〔二四七號墓〕》,①是了解漢初法律的重要資料。本文爲研讀《張家山漢墓竹簡〔二四七號墓〕·二年律令》所得三則札記。第一則在已有研究基礎上釋 305 號簡"比地爲伍,以辨券爲長",指出簡文是對伍長身份憑證的記載;第二則釋 331—335 號簡"治"等字;第三則釋 436—438 號簡"成鐵"、"成銀"、"踐"。不妥之處,敬請方家指教!

一

自五大夫以下,比地爲伍,以辨□爲長,居處相察,出入相司。

(《二年律令》305)

"辨"下一字原釋文未釋,修訂本作"券"。②李均明先生指出,"以辨□爲信"之"辨□"當爲身份凴證,一式多份,類今身份證。③

《二年律令與奏讞書》指出可參考《漢書·馮唐傳》:"夫士卒盡家人子,起田中從軍,安知尺籍伍符?"李奇曰:"尺籍所以書軍令。伍符,軍士五五相保之符信也。"如淳曰:"漢軍法曰吏卒斬首,以尺籍書下縣移郡,令人故行,不行奪勞二歲。伍符亦什伍之符,要節度也。"④

邢義田先生指出,"辨"下一字極模糊,無以辨識,據前引嶽麓簡中頻頻出現的"辨券",這裏很可能也是"券"字。並贊同李均明先生說,指出

---

* 本文寫作得到國家社會科學基金重大項目"雲夢睡虎地 77 號西漢墓出土簡牘整理與研究"(16ZDA115)、武漢大學人文社科青年學者學術團隊"史前至秦漢漢水流域人類文化的跨學科研究"項目的資助。

唯不知辨券形式的身份證是以户爲單位，還是以個人爲單位，個人或户有此辨券憑證在手，即可據以明確知道“比地爲伍”者，哪些人或户彼此間有“居處相察，出入相司”的義務和責任。⑤

按：從殘存筆畫看，釋“券”以及“辨券”作爲身份憑證之説可從。至於是何種身份憑證，則還需進一步探討。

“辨券”下一字原釋文作“信”，《張家山漢簡〈二年律令〉釋文校訂》釋作“長”。⑥今按：

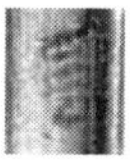（原圖） （紅外）

與下列《二年律令》“長”作：

 2  104

形體相近，可知釋“長”可從。陳偉師指出簡文與“設伍長之事”有關，可惜未采用“辨券”的釋讀，推測“辨”下一字是“者”，指出“辨者”，猶今言“明白人”。⑦

結合已有研究，簡文可改讀作“自五大夫以下，比地爲伍，以辨券爲長”，大意是爵五大夫以下，相鄰五家爲伍，伍長以辨券作爲身份憑證。

文獻中有設置“伍長”的記録，如《管子·立政》：“分國以爲五鄉，鄉爲之師。分鄉以爲五州，州爲之長。分州以爲十里，里爲之尉。分里以爲十游，游爲之宗。十家爲什，五家爲伍，什伍皆有長焉。”《漢官舊儀》：“五人爲伍，伍長一人。十人爲什，什長一人。”《漢書·平帝紀》“太僕王惲等二十五人”顔師古曰：“軍法，五人爲伍，二伍爲什，則共其器物。”

里耶秦簡户籍資料中有標列“伍長”、“五長”字樣，如：⑧

1. 南陽户人荆不更蠻强 A
妻曰嗛 B
子小上造□C
子小女子駝 D
臣曰聚 Ⅰ
伍長⑨ Ⅱ E （K27）

2. 南陽户人荆不更黄得 A

妻曰嗛 B

子小上造台 Ⅰ

子小上造 Ⅱ

子小上造[定] Ⅲ C

子小女虖 Ⅰ

子小女移 Ⅱ

子小女[平] Ⅲ D

五長[10]E (K1/25/50)

3. 南陽户人荆不更□□A

[妻]曰義 B

……C

母睢 D

伍長 E (K42/46)

4. ……A

伍長◇B (K36)

據整理者介紹,出土於 11 號坑的户籍簡牘"經整理拼復綴合得整簡 10 枚,殘簡 14 枚(段)。完整簡長均爲 46 釐米,寬 0.9—3 釐米不等"。[11] 可知完整的户籍簡約合秦尺二尺。這與《漢書·馮唐傳》所言"尺籍伍符"在形制上略有别。劉欣寧先生曾對這批簡作過分析:

> 由保存完整之簡推知,這批户籍簡每簡應分作五欄,欄間有墨綫或刻痕。第一欄登載户主及户主之弟,也有户主之子二例(簡 5、簡 9);第二欄登載户主之妻、妾及户主弟妻,另見户主之母一例(簡 8),"隸"一例(簡 9);第三欄登載户主之子及户主弟子;第四欄登載户主之女及户主弟女,亦有户主之母二例(簡 7、簡 11);第五欄登載"臣",並附有户主擔任伍長之注記。[12]

可知此類户籍簡牘,是對身爲伍長的户主户内人口的詳細記録,其上所標"伍長"、"五長"字樣,是其伍長身份的憑證。此外新出里耶秦簡有一枚牘:

☒伍長。A
大女二人。BⅠ
小男一人。BⅡ
小女一人。BⅢ
四人。C (9-1530)

似是更簡略的記録。

總的來看,對伍長以何種憑證來證明其身份,除了《漢書·馮唐傳》"尺籍伍符"之外,還有里耶簡二尺牘記録作爲伍長的憑證。《二年律令》305號簡"比地爲伍,以辨券爲長"使我們對伍長身份憑證在法律中的規定,有更具體的了解,也對"辨券"在債權、商業等範圍以外的運用有了新的認識。

二

民宅園户籍、年細籍、田比地籍、田合籍、田租籍,謹副上縣廷,皆以篋若匣匱盛,緘閉,以令若丞、官嗇夫印封,獨别爲府,封府户;節(即)有當治爲者,令史、吏主者完封奏(湊)令若丞印,嗇夫發,即襍治爲。其治已,輒復緘閉封臧(藏),不從律者,罰金各四兩。其或爲詐(詐)僞,有增減也,而弗能得,贖耐。官恒先計讎籍,有不相應(應)者,輒劾論之。民欲先令相分田宅、奴婢、財物,鄉部嗇夫身聽其令,皆參辨券書之,輒上如户籍。 (《二年律令》331—335)

"其治已",原釋文作"臧(藏)□已",[13]《二年律令與奏讞書》作"其事(?)已"。今按,"其"下一字圖版作:

左从水,右疑从台,即治字,同篇332號簡有"治"字作:

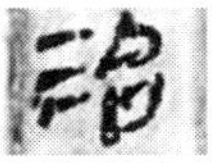

可參看。"其治已"承接前面所提及的"節(即)有當治爲者,令史、吏主者完封奏(湊)令若丞印,嗇夫發,即襍治爲"之"襍治爲"而言。"治爲"也

見於里耶秦簡8-434號簡“三月壹上發黔首有治爲不當計者守府上薄(簿)式”。里耶秦簡牘校釋小組指出:“治爲,猶言‘治’、‘爲’,治理、作爲義。《墨子·號令》:‘非其分職而擅取之,若非其所當治而擅治爲之,斷。’岑仲勉先生云:‘治爲,治也。’《論衡·問孔》:‘夫孔子之問使者曰:“夫子何爲?”問所治爲,非問操行也。’黄輝先生云:‘“爲”猶“治”,常訓也。故知問所治爲。’”[14]“治爲”、“治”二者同時出現的例子見於《墨子·號令》“若非其所當治而擅治爲之”。已,完成、完畢。《國語·齊語》:“有司已於事而竣。”韋昭注:“已,畢也。”《漢書·藝文志》:“每一書已,向輒條其篇目,撮其指意,録而奏之。”顔師古注:“已,畢也。”“其治已”,指“有當治爲者”之“治”完畢。

“官恒先計讎”、“籍”之間,原釋文作一未釋字,《張家山漢簡〈二年律令〉釋文校訂》在“讎”下逗開,作“官恒先計讎,籍有不相(?)應者,輒劾論之”。[15]《二年律令與奏讞書》作一未釋字。[16]今按:看紅外圖版,“讎”、“籍”之間確實並無墨迹。此處直接作“官恒先計讎籍”,這裏所“讎”的“籍”指前面提及的“民宅園户籍、年細籍、田比地籍、田合籍、田租籍”等簿籍,應屬上讀。“官恒先計讎籍”即“官”在“計”之前通常應先核對已有簿籍文書。睡虎地秦簡《秦律十八種·倉律》:“縣上食者籍及它費大(太)倉,與計偕。都官以計時讎食者籍。”其中“以計時讎食者籍”,在“計”之時校對“籍”。可以參看。

“讎籍”下一字,原釋文未釋,《張家山漢簡〈二年律令〉釋文校訂》作“有”,[17]《二年律令與奏讞書》仍作一未釋字。今從殘存的左部來看,釋“有”可從。癧(應),原釋文作“復”,《張家山漢簡〈二年律令〉釋文校訂》作“癧(應)”,[18]施謝捷先生作“癧(應)”,[19]《二年律令與奏讞書》仍作一未釋字。按,該字簡文作:

(原圖)　(紅外)

從殘存的左部來看,釋“癧(應)”可從。與“有不相應者”相近的表述見於里耶秦簡:

不與辭相癧(應)是□⧄　(8-25)

不與校券相癧(應)⧄　(8-1603+8-1818)

☐　　毋癒(應)此里人名者。　(8-8)

☐有癒(應)書者,爲奏當上薄(簿)☐　(8-251)

有不相癒(應)者,指“讎籍”的時候發現有不合、不實之處。這是“官恒先計讎籍”的結果之一。

“官恒先計讎籍,有不相癒(應)者,輒劾論之”,指官在“計”之前要提前校對“籍”,發現有不合之處,立刻舉劾論罪。

三

有贖買其親者,以爲庶人,勿得奴婢。諸私爲菌〈菌(鹵)〉鹽煮濟漢,及有私鹽井煮者,税之,縣官取一,主取五。采銀租之,縣官給橐(橐)。銀十三斗爲一石,【十】石縣官税成銀三斤。其踐也,牢橐,石三錢。租其出金,税二錢。租賣穴者,十錢税一。采鐵者五税一;其鼓銷以爲成鐵,有(又)五税一。采鉛者十税一。采金者租之,人日十五分銖二。民私采丹者租之,男子月六斤九兩,女子四斤六兩。

(《二年律令》436—438)

“其鼓銷以爲成鐵”之“鐵”,原釋文作“器”。按,該字簡文作:

與“器”不類,殘存筆畫與437號簡“采鐵者”的“鐵”字作:

右部形同。當改釋作“鐵”。從文意看,簡文没有提及進一步加工,所采集的鐵礦石經過銷鎔提煉,所得只是鐵坯,而非有特定形狀的器物。“其鼓銷以爲成鐵”,類似的記載見於以下文獻:

《史記·司馬相如列傳》“琳瑉琨珸”《索隱》引《河圖》云:“流州多積石,名琨珸石,煉之成鐵,以作劍,光明如水精。”

《後漢書·郡國志》“臺登出鐵”李賢注引《華陽國志》曰:“有孫水,一曰白沙江。山有砮,火燒成鐵。”

《左傳》昭公二十九年:"遂賦晉國一鼓鐵,以鑄刑鼎,著范宣子所謂刑書焉。"

《史記·司馬相如列傳》"煉之成鐵,以作劍","鐵"指提煉好的優質鐵坯,"劍"是成型的器物。《後漢書·郡國志》"臺登出鐵"之"鐵"指提煉好的優質鐵坯。《左傳》昭公二十九年"遂賦晉國一鼓鐵,以鑄刑鼎"之"鐵"與"鼎"對應,可知也是鐵坯。

鼓銷,《二年律令與奏讞書》注曰:

鼓銷,鼓風熔化金屬。《漢書·終軍傳》:"(徐)偃矯制,使膠東、魯國鼓鑄鹽鐵。"顔師古注引如淳曰:"鑄銅鐵,扇熾火,謂之鼓。"《説文》:"銷,鑠金也。"[20]

"其鼓銷以爲成鐵"指利用鼓風設備提升爐温熔化鐵礦石去除雜質,提煉出優質鐵坯。

"税成銀三斤"之"成",原釋文未釋。按從該字殘筆看,疑是"成"字。"成銀",指提煉好的銀。文獻中還有"成鹽"、"成金"的説法,如《管子·輕重甲》:

管子對曰:"楚有汝、漢之黄金,而齊有渠展之鹽,燕有遼東之煮,此陰王之國也。且楚之有黄金,中齊有蔷石也。苟有操之不工,用之不善,天下倪而是耳,使夷吾得居楚之黄金,吾能令農毋耕而食,女毋織而衣。今齊有渠展之鹽,請君伐菹薪,煮沸火爲鹽,正而積之。"桓公曰:"諾。"十月始正,至於正月,成鹽三萬六千鍾。召管子而問曰:"安用此鹽而可?"管子對曰:"孟春既至,農事且起,大夫無得繕冢墓,理宫室,立臺榭,築牆垣,北海之衆,無得聚庸而煮鹽。若此,則鹽必坐長而十倍。"桓公曰:"善,行事奈何?"管子對曰:"請以令糶之梁、趙、宋、衛、濮陽,彼盡餽食之也,國無鹽則腫,守圉之國,用鹽獨甚。"桓公曰:"諾。"乃以令使糶之,得成金萬壹千餘斤。

即提及齊得"成鹽三萬六千鍾",並用所煮的鹽賣於梁、趙、宋、衛、濮陽等處,得"成金"萬一千餘斤。"成鹽"、"成金"之文例與前面所論及的"成鐵"可互參。"銀十三斗爲一石,【十】石縣官税成銀三斤","十"係我們按文意擬補。前面提及多少斗爲一石,是對"石"的定義,緊接著出現的

某石,“石”前的數詞在十進制的前提下較有可能進一位,即“十”。相似的情形也見於《二年律令》246 號簡:

> 田廣一步,袤二百卌步,爲畛,畝二畛,一佰(陌)道;百畝爲頃,十頃一千(阡)道,道廣二丈。

其中“百畝爲頃,十頃一千(阡)道”,“百畝爲頃”是對“頃”的定義,緊接著再次出現的“頃”,前加數詞“十”,即進了一位。本簡“銀十三斗爲一石,【十】石縣官税成銀三斤”,指規定銀十三斗爲一石,每十石官府抽税三斤成銀。

“其踐也,牢橐,石三錢”的“踐”,整理小組指出,缺字左从“足”旁。按:簡文作,右部仍可看出是二戈上下疊加,即右部所从爲“戔”,字即“踐”。踐,履行。《禮記·曲禮》:“修身踐言,謂之善行。”鄭玄注:“踐,履也,言履而行之。”“其踐也,牢橐,石三錢。”指在履行采銀規定或約定的過程中,縣官因所租給的牢橐,每石銀要收三錢。

注　釋

① 張家山二四七號漢墓竹簡整理小組:《張家山漢墓竹簡〔二四七號墓〕》,文物出版社,2001 年,第 146 頁。

② 張家山二四七號漢墓竹簡整理小組:《張家山漢墓竹簡〔二四七號墓〕(釋文修訂本)》,文物出版社,2006 年。

③ 李均明:《張家山漢簡所見規範人口管理的法律》,《政法論壇(中國政法大學學報)》2002 年第 5 期。

④ 彭浩、陳偉、工藤元男主編:《二年律令與奏讞書——張家山二四七號漢墓出土法律文獻釋讀》,上海古籍出版社,2007 年。

⑤ 邢義田:《再論三辨券——讀嶽麓書院藏秦簡札記之四》,簡帛網,2016 年 6 月 15 日。

⑥ 武漢大學簡帛研究中心、荆州博物館、早稻田大學長江流域文化研究所(何有祖執筆):《張家山漢簡〈二年律令〉釋文校訂》,《中國文字》新 32 輯,臺北藝文印書館,2006 年,第 11 頁。

⑦ 陳偉:《〈二年律令〉新研》,《中國古代法律文獻研究》第五輯,社會科學文獻出版社,2012 年。

⑧ 釋文参看湖南省文物考古研究所:《里耶發掘報告》,嶽麓書社,2007 年,第 203—207 頁;劉欣寧:《里耶户籍簡牘與"小上造"再探》,簡帛網,2007 年 11 月 20 日。

⑨ 整理者指出,"伍長"字體大。

⑩ 整理者指出,"五長"字體大且偏左。

⑪ 湖南省文物考古研究所:《里耶發掘報告》,第 203 頁。

⑫ 劉欣寧:《里耶户籍簡牘與"小上造"再探》,簡帛網,2007 年 11 月 20 日。

⑬ 張家山二四七號漢墓竹簡整理小組:《張家山漢墓竹簡〔二四七號墓〕》,第 178 頁。

⑭ 陳偉主編:《里耶秦簡牘校釋(第一卷)》,武漢大學出版社,2012 年,第 148 頁。

⑮ 武漢大學簡帛研究中心、荆州博物館、早稻田大學長江流域文化研究所(何有祖執筆):《張家山漢簡〈二年律令〉釋文校訂》,《中國文字》新 32 輯,第 12 頁。

⑯ 彭浩、陳偉、工藤元男主編:《二年律令與奏讞書——張家山二四七號漢墓出土法律文獻釋讀》,第 223 頁。

⑰ 武漢大學簡帛研究中心、荆州博物館、早稻田大學長江流域文化研究所(何有祖執筆):《張家山漢簡〈二年律令〉釋文校訂》,《中國文字》新 32 輯,第 12 頁。

⑱ 同上。

⑲ 郭永秉先生《張家山漢簡〈二年律令〉釋文校讀記》(復旦大學出土文獻與古文字研究網,2008 年 4 月 4 日)所引施謝捷先生《張家山 M247 漢簡釋文》(未公開發表)指出此字當釋讀爲"瘫(應)"。

⑳ 彭浩、陳偉、工藤元男主編:《二年律令與奏讞書——張家山二四七號漢墓出土法律文獻釋讀》。

銀雀山漢簡《尉繚子·治談》殘卷復原嘗試*

賈連翔(清華大學出土文獻研究與保護中心)
出土文獻與中國古代文明研究協同創新中心

《尉繚子》一書傳世本共五卷二十四篇,以南宋刻《武經七書》本爲最古,《續古逸叢書》有影印本(以下簡稱"宋本"),唐初魏徵等編《群書治要》,節録了《尉繚子》四篇(以下簡稱"《治要》本"),此二本中皆有題爲《兵談》的篇目。1972 年山東臨沂銀雀山 1 號西漢前期墓出土了一批竹簡古書,其中發現了與《尉繚子》相合的竹書六篇(以下簡稱"竹書本"),也包括與《兵談》相合的篇目。在銀雀山漢簡的相關研究中,《尉繚子》雖不如《孫子兵法》《孫臏兵法》等篇備受世人矚目,然隨著資料的陸續刊布,《尉繚子》是僞書、疑書之説已徹底得到釐正,對於傳世本的研究也涌現了一批重要成果。[①]

《兵談》篇作爲三本皆見的内容,在《尉繚子》相關研究中是最受關注的。如 1977 年何法周先生最早發表的《〈尉繚子〉初探》一文,就從篇章内容、文字記録、文章風格等角度對三個本子的《兵談》部分内容進行了比較。[②]徐勇先生也曾專門對本篇的軍事思想進行討論。[③]此外,學者們在文字釋讀、詞句訓釋、傳本校勘以及軍事思想等方面還有一些討論,散見於其他相關論著中,近期,有同好將這些成果從不同角度進行了綜述和集録,[④]可供大家參看。

銀雀山漢簡出土時殘斷比較嚴重,《治談》篇尤甚。整理者對本篇的

---

* 本文係國家社科基金青年項目"中國古代竹書形制及出土竹書整理方法研究"(17CZS054)、北京市社科基金青年項目"先秦兩漢竹書形制及相關問題研究"(16LSC020)、清華大學自主科研項目"中國古代竹書形制及出土竹書整理方法研究"(2016THZWJC05)階段性成果。

綴合編聯做了很好的基礎工作，[⑤]除對與傳本可相比勘的竹簡進行了準確的綴合編聯之外，還將字迹風格相同、内容密切相關的若干殘簡歸入本篇附録。是以得知，竹書本《治談》不僅包含傳世《兵談》二本的章句，而且内容更爲豐富。然受當年的整理技術條件所限，整理報告中的圖版是以最初拍攝的黑白照片配以高水平的摹本發表的，且只有竹簡正面信息，對於竹簡圖像不很清楚的地方，後來的研究也都以整理者的意見爲準。因此，對於該篇的綴合、編聯等涉及竹書本復原方面的問題，尚未見有更進一步的討論和推動，這從一定意義上講，也限制了相關研究的進一步深入。

2015 年，山東博物館啓動了對館藏銀雀山漢簡進行再整理的工作，利用目前最新的技術手段，重新采集了全部竹簡的紅外、彩色圖像，且包含竹簡的正、背兩面，[⑥]使我們對這批竹簡的形制等信息有了更爲全面的掌握，也爲竹書的再整理提供了前所未有的條件。藉此契機，我們試就《治談》篇的文本復原提出一些不成熟的意見，請大家批評指正。

竹書本原有兩個字的篇題，是在正文内容之後施以"●"符，其後記"治□"二字。第二字筆畫殘損，原整理者未釋。[⑦]今據新采集的紅外綫圖像可辨析，此殘字左从"言"，右乃"炎"字所餘左半，故可定爲"談"。此殘字與《守法守令十三篇》中第八九九號簡之"談"字對比可參看圖 1。

圖 1 篇題之"談"字與完整"談"字對比

由是可知竹書本原篇名爲"治談"。《武經七書直解》解釋傳本篇題時稱："兵談者，談論治兵之法也。蓋取書中義以名篇焉。"[⑧]然無論是傳本内容，還是竹書本的内容，全篇都不只論"治兵之法"。篇中内容實際上大略包括治國、治將、治軍三個方面。治者，治理、統治也，故"治談"一題顯然要比"兵談"更能隱括全篇文意。即便如此，我們目前尚無法認定"兵談"一名爲後出，因爲從近些年出土的古代竹書來看，同書異名的情況並不鮮見，雖然漢初抄本已有"治談"之名，然並不排除"兵談"一題也有較古的來源。我們以“治談”改命本篇,是從竹書本整理的角度出發,並非對傳本的否定。⑨

原整理者以字迹特徵爲基礎,審核内容,共將60枚殘簡歸入《治談》篇。其中見於傳本的内容被編爲24支簡,整理報告編號四五六至四七九號,這裏的首簡是據宋本首句内容而定,尾簡則是據其文末所見的“●”符以及下面所記篇題而定。不見於傳本而疑似本篇的内容被編爲15支簡,整理報告編號四八〇至四九四號,附列尾簡之後。這些分類基礎工作是十分堅實可靠的。此外,我們又將整理者誤編入《孫子兵法·用間》的1枚殘簡(編號一四二c)綴入本篇。本文對於《治談》的相關討論,即以此61枚殘簡爲研究對象。

今見宋本《兵談》篇共有340字,《治要》本《兵談》節録有164字,其中約有一半文字爲宋本所無,因此,我們能够知道的傳本内容約在420字左右。同時,從《治要》本節録的内容來看,《兵談》當時的傳本篇幅應遠在420字以上。竹書本比傳本内容大爲豐富是顯而易見的,僅以可與傳本相對應的内容來算,原整理者已編有24支簡(第四五六至四七九號),推測這部分所涉完簡字數已在700字以上。如果我們承認其餘15支不見於傳本内容的殘簡也確是本篇的散遺,想要進一步恢復竹書本的原貌,就需要將它們儘可能地綴合編聯入原篇之中。

利用新獲取的圖像,我們先將61枚殘簡的形制信息進行了整理,並製成了表格,爲進一步的綴合編聯工作提供參考依據。具體情況詳見表一。

對於表一中各項内容還需作以下説明:

1. 原整理號,即《銀雀山漢墓竹簡(壹)》中整理者排定的簡序。

2. 原簡序號,即《銀雀山漢簡釋文》中所記序號,應即原始出土編號。

3. 竹簡長度,由於原簡實物已十分脆弱,不宜測量,故此數據是在電腦中對數字圖像測算所獲得的,數值精確到0.1釐米。

4. 編痕情況,除記編痕數量外,還對其所屬“上”、“中”、“下”三道編痕的位置作以説明。

5. 簡背劃痕,除“有”、“無”之外,還對疑似沿劃痕處折斷的竹簡注以“疑有”。

表一 《治談》篇竹簡形制信息表

序號	原整理號	原簡序號	竹簡長度(釐米)	編痕情況		簡背劃痕
				數 量	所屬位置	
1	四五六 a	0792	10.0	1	中	無
2	四五六 b	2334	7.5	1	下	無
3	四五七 a	3224	5.9	0	—	疑有
4	四五七 b	2385	6.0	1	下	無
5	四五八 a	3721	4.2	0	—	有
6	四五八 b	3446	4.4	0	—	無
7	四五九	1971	8.5	0	—	無
8	四六〇a	4350	2.4	0	—	無
9	四六〇b	2115	9.5	1	下	無
10	四六一	2098	8.7	1	下	無
11	四六二 a	1040	12.5	1	中	有
12	四六二 b	4604	5.3	0	—	無
13	四六二 c⑩	3775	4.6	1	下	無
14	四六三 a	0752	15.5	1	中	有
15	四六三 b	1085	10.4	1	下	無
16	四六四 a	0898	14.9	1	中	有
17	四六四 b	2117	8.2	1	下	無
18	四六五 a	3307	4.8	0	—	疑有
19	四六五 b	2174	6.4	1	中	無
20	四六六	S12-01	2.8	0	—	無
21	四六七 a	1313	12.4	1	上	有
22	四六七 b	3312	5.3	1	中	無
23	四六七 c	2081	9.6	1	下	無
24	四六八 a	2068	12.4	1	中	有
25	四六八 b	1094	8.4	1	下	無
26	四六九 a	1015	14.1	1	中	疑有
27	四六九 b	0502	10.1	1	下	無
28	四七〇a	0825	14.6	1	中	有

續 表

序號	原整理號	原簡序號	竹簡長度（釐米）	編痕情況		簡背劃痕
				數 量	所屬位置	
29	四七〇b	2116	9.7	0	—	無
30	四七〇c	3255	6.0	0	—	無
31	四七一	0657	10.1	1	中	無
32	四七二	1053	9.7	1	下	無
33	四七三 a	1447	13.4	1	中	有
34	四七三 b	1629	8.6	1	下	無
35	四七四 a	S03-14	2.0	0	—	—⑪
36	四七四 b	0706	10.8	1	下	無
37	四七五	0757	13.9	1	中	有
38	四七六	0902	13.2	1	中	有
39	四七七	1092	10.9	1	下	無
40	四七八 a	0914	9.9	1	中	疑有
41	四七八 b	0672	9.9	1	下	無
42	四七九 a	2362	7.1	0	—	無
43	四七九 b	0641	9.8	1	下	無
44	四八〇	3350	5.36	0	—	無
45	四八一	2149	8.5	1	下	無
46	四八二	1364	10.5	1	中	有
47	四八三	1732	6.8	1	下	無
48	四八四 a	4883	13.3	1	中	無
49	四八四 b	0712	10.1	1	下	無
50	四八五	3100	3.8	0	—	無
51	四八六	2176	5.4	0	—	有
52	四八七	1081	9.9	1	下	無
53	四八八	3518	3.4	0	—	無
54	四八九	1867	13.2	1	中	有
55	四九〇	1067	10.7	1	下	無
56	四九一 a	3984	4.3	0	—	有

續　表

序號	原整理號	原簡序號	竹簡長度(釐米)	編痕情況		簡背劃痕
				數　量	所屬位置	
57	四九一 b	1799	7.8	1	中	無
58	四九二	2566	7.1	0	—	疑有
59	四九三	3309	5.4	1	中	無
60	四九四	3334	6.8	0	—	有
61	一四二 c[12]	S74-27	1.8	0	—	無

由表一不難看出,本篇所涉 61 枚竹簡已全部殘斷,根據綴合後最爲完整的第四六七號簡(含 a、b、c 三枚)測算,整簡長度應在 27.5 釐米左右,[13]寬約 0.5 釐米。簡身見有三道編痕,中間一道位於竹簡正中,第一道編痕至簡首的“天頭”部分皆已不見,唯第四六七號簡見有第一道編繩的殘痕,第三道編痕至簡尾的“地脚”部分大多保存完整,現存完整簡尾的有 21 枚。根據簡尾的殘存數量以及其他殘簡所屬竹簡的位置關係綜合判斷,原篇應至少有整簡 28 支。

竹簡背部未見竹節,也没有次序編號,當是取材於兩竹節之間的部分,製作比較考究。我們在 15 枚竹簡的背部發現有刻劃痕迹,另有 5 枚竹簡懷疑在劃痕處殘斷。這些劃痕采用了較爲常見的自左上至右下的刻劃方向,[14]約略可以排列爲三組。根據傳本可以確定的内容判斷,本篇簡文應是按照簡背劃痕的順序編聯的,因此,我們在復原過程中將劃痕的貫連關係作爲了重要的參考依據。

爲便於討論,我們先將新整理的釋文抄録出來,並與傳本逐句進行對勘,具體情況可見表二。所録釋文用嚴式,其中重文、合文符號,以“₌”標出;通假、異體、重文、合文之字,以“(　)”注出;可按宋本、《治要》本或傳世文獻成語補充之缺文,以“[　]”標出;可依殘存筆畫、抄寫間距和形制信息推算出具體字數的缺文,以“□”標出;不確定所缺字數者,以“……”標示。釋文中的簡號是我們重新編排的序號,其與原整理號、原簡序號的對應關係詳見表三。釋文中的段落是我們據文意擬分的,原篇乃連續抄寫,不分段落。原篇中見有大量斷讀符號,因本釋文已添加標點,故不再標注。

表二 《兵談/治談》三本對勘表

宋本	《治要》本	竹書本
量土地肥墝而立邑建城,稱地,以城稱人,以人稱粟。三相稱,則内可以固守,外可以戰勝。		[量土地肥]墝而立邑建城。⑮以城稱地,以地稱[人,以人稱粟,三相]稱也,故迵(退)可以守固,【簡一】[進可以]戰勝。⑯
戰勝於外,備主於内,勝備相應,猶合符節,無异故也。		戰勝於外,福産於内。
治兵者,若秘於地,若邃於天,生於無。		……□₌焚₌(焚焚),産於無。【簡二】
故關之,大不窕,小不恢。		[開之,]大而不咷(窕);關之,細而不欬。
	王者,民望之如日月,歸之如父母,歸之如流水。	行廣[足以容]衆,故王者民之歸之如流水,朢(望)[之如日月,親]【簡三】[之如父母,]□□□□少而歸之。
明乎禁舍開塞,	故曰明乎禁舍開塞,其取天下若化。	故曰明於[禁舍開塞,其]取天下若化。
民流者親之,地不任者任之。	故曰國貧者能富之,地不任者任之,四時不應者能應之。	國貧者能富之,【簡四】……□而行必廣其處……[四]時不應者能應之。
夫土廣而任,則國富,民衆而治,則國治。	故夫土廣而任,則其國不得無富,民衆而制,則其國不得無治。	土廣【簡五】[而任則]國不得毋富。民衆而制,則國不得毋治。
富治者,民不發軔,車不出暴,而威制天下。	且富治之國,兵不發刃,甲不出暴,而威服天下矣。	夫[治]且富之國,車不發[軔,甲]不出睪(櫜),而畏(威)【簡六】[服]天下。⑰
故曰兵勝於朝廷。	故曰兵勝於朝廷,勝於喪絶,勝於土功,勝於市井。	故兵勝於朝廷,勝於喪紀,勝於土功,勝於市井。
不暴甲而勝者,主勝也;陳而勝者,將勝也。	暴甲而勝,將勝也;戰而勝,臣勝也;	睪(櫜)甲而勝,主勝也。陳而勝,主勝也。戰勝,臣【簡七】[勝]也。
	戰再勝,當一敗。	戰再勝,當壹敗。
	十萬之師出,費日千金。故百戰百勝,非善之善者也,不戰而勝,善之善者也。	十萬之師出,費日千金,□□□□₌□□□□故百戰百勝,不善者善【簡八】[者也,不戰而勝,]善者善者也。
兵起非可以忿也,見勝則與,不見勝則止。		故善者成其刑而民□……勝而止,出……【簡九】……外不能成其勝。

續　表

宋　　本	《治要》本	竹書本
		大兵無創，與鬼神［通］，□□國可滅也。無衝籠而攻，無【簡一〇】［渠詹而守。］小魚₌（漁漁）淵（淵）而擒亓（其）魚，[18] 中魚₌（漁漁）國而擒亓（其）士夫₌（大夫），大魚₌（漁漁）天下而擒亓（其）萬國諸侯。故大之注【簡一一】大矣，壹收而天下并。[19]
患在百里之内，不起一日之師；患在千里之内，不起一月之師；患在四海之内，不起一歲之師。		故患在百里之内者，不起一日之師；患在千里之内，不起一月之師；【簡一二】［患在］四海内者，不起一歲之師。
		戰勝其國，則攻亓（其）［都，不勝其］國，不攻其都。戰勝天下，【簡一三】［則攻其國，］不勝天下，不攻亓（其）國。
將者，上不制於天，下不制於地，中不制於人。		故名將而無家，絶苦俞（逾）根（垠）而無主，左提鼓右慮（攄）枹而【簡一四】［無］生焉。故臨生不爲死，臨死不爲生。得帶甲十萬，驪（馳）車千乘，[20] 兵絶苦俞（逾）根（垠），不□□□【簡一五】□日，不有虜將，必有□君。十日，不□□□兵□□……勝議也，故能戰勝。【簡一六】
寬不可激而怒，清不可事以財。		……［寬不可激而］怒，精（清）不可事以財。
		將之自治兆₌（兆兆）【簡一七】……
		……耳之生匆（聰），目之生明。然使心狂【簡一八】者誰也？難得之貨也。使耳聾者誰也？曰□□［也。使目盲］者誰也？曰脕澤好色也。【簡一九】
夫心狂、目盲、耳聾，以三悖率人者，難矣。		……耳聾……
兵之所及，羊腸亦勝，鋸齒亦勝，緣山亦勝，入谷亦勝，方亦勝，圓亦勝。		［兵之所］及者，羊腸亦勝，鋸齒亦勝，緣山入【簡二〇】溪亦勝，方亦勝，圜亦勝，適（楕）亦勝。
重者，如山如林，如江如河；輕者，如炮如燔，如垣壓之，如雲覆之。		兵重者如山……【簡二一】之麇（壓）人，如雲鯢（霓）復（覆）人。

續 表

宋 本	《治要》本	竹書本
		閉關辤(辭)交而廷中之故人……塞邪而食□……【簡二二】□食,發号(號)出令不□……如秋冬如□喬□□……【簡二三】□□如春□如夏□事□……地利,中失民請(情)。夫民飢者不得食,【簡二四】[寒]者不得衣,勞者不得息。故舉兵而加□□□□□□□□□不殺夭(夭)台(胎),不膾(劊)不成之財(材)。【簡二五】□□□□之如春夏。所加兵者……
令之聚不得以散,散不得以聚,左不得以右,右不得以左。		所加兵者,令聚者不得【簡二六】[散=(散,散)者不得]聚;儁(俛)者不得迎=(仰,仰)者不得儁(俛);左者不[得右=(右,右)者不]得左。
		知(智)士不給慮,甬(勇)士不【簡二七】……
兵如總木,弩如羊角,人人無不騰陵張膽,絶乎疑慮,堂堂決而去。		……□木,弩如羊角,民人無……昌于=(于)者,勝成去。
		●治談【簡二八】

表二中簡一、二、六、七、一一、一二、一三、一四、一五、一七、一八、一九、二〇、二一、二七、二八係原整理者舊已綴合,其餘諸簡爲新調整的内容,下面我們將對綴合編聯的理由逐一加以説明,相關内容可與圖2、圖3相參看。

簡三,包括原整理號四五八、四五九兩支,係3721+3446、1971號三枚綴合。[21]3721和3446號斷口契合,文意相聯,舊已綴接。3721號簡背有劃痕,根據劃痕關係及傳本内容,3721+3446號離上道編繩應有2字之距。此段末二字爲"行廣",不見於傳世本,按《晏子春秋·内篇諫上》曰:"古之王者,德厚足以安世,行廣足以容衆,諸侯戴之以爲君長,百姓歸之以爲父母。"[22]1971號文曰"故王者民之歸之如流水望(望)","故"前一字仍見有殘餘筆畫,似爲"衆"字右下,因此我們將其與上一段遥綴。"行廣"後可補"足以容衆"四字,"望(望)"後可補"之如日月"4字,之後又有1字距而至簡尾。後面可能爲"親之如父母"一類文辭,行款轉入下一支簡,現已殘損不可確知。

簡四,包括原整理號四八八、四六〇兩支,係3518+4350、2115號三枚綴合。3518號文曰"□少而歸之",應與前面"王者"、"行廣"内容相關,其下端斷口可與4350號契合。4350、2115乃原整理者遥綴,可信,其間可據傳本補入"禁舍開塞其"5字。2115號已見下道編痕及簡尾,以此爲據,三枚殘簡皆可準確定位。

簡五,包括原整理號四八〇、四六一兩支,係3350、2098兩枚綴合。2098號見下道編痕及簡尾,原整理者已準確定位,其文曰"時不應者能應之土廣",3350號文曰"□而行必廣其處",應與上一簡所補"禁舍開塞"以及本簡之"土廣"内容相關,據形制可將其置於上、中兩道編繩之間。㉓又簡二至簡八背面劃痕形成貫連關係(如圖3所示),3350號簡背不見劃痕,故其位置應在劃痕以下,離上端編繩至少有5字之距。

簡八,包括原整理號四六四、一四二c兩支,係0898+S74-27、2117號三枚綴合。0898號見中道編痕,簡背有劃痕,其上端離上道編繩應有1字距,缺文可據文意補全,其下端中裂,見有"費日千金"四字右半。S74-27號見"費日千"三字左半,原整理者以爲是《孫子兵法·用間》篇之語,遥綴在一四二簡中,不確,今將其拼綴於0898號下端,可吻合。2117號已見下道編痕及簡尾,文曰"故百戰百勝不善者善"。0898號在"費日千金"後仍見有4字右半殘筆,不可識,且第4字有重文(或合文)符號,皆爲傳本所無。《治要》本"費日千金"後直接接"故百戰百勝",因此,原整理者即已將0898與2117綴爲一簡。

簡九,包括原整理號四六五、四六六兩支,係3307+2174、S12-01號三枚綴合。3307上端疑似在劃痕處折斷,其下端與2174號可吻合拼接。2174號見中道編痕,故這一段可準確定位,其離上道編繩應缺6字,原整理者補"者也不戰而勝",可從。S12-01號文曰"勝而止出",當是宋本"兵起非可以忿也,見勝則與,不見勝則止"的殘文,㉔據宋本此句在篇中的位置,我們將此殘簡綴於本簡。

簡一〇,包括原整理號四八二、四八一兩支,係1364、2149號兩枚綴合。1364號簡背見有中道編痕和劃痕,劃痕可與簡六、七、八的劃痕及簡九的斷口貫連,其文曰"□外不能成其勝大兵無創與鬼神",約距上道編繩有6字之缺。2149號見下道編痕及簡尾,文曰"國可滅也無衝籠而攻無"。此二處内容均不見於傳本。按《六韜·武韜·發啓》:"全勝不鬥,大兵無創,與鬼神通。微哉微哉!與人同病相救,同情相成,同惡相助,同好相趨。故無甲兵而勝,無衝機而攻,無溝塹而守。"㉕銀雀山漢簡《六韜》亦見此後一句,作"毋(無)甲兵而勝,毋(無)衝龍(隆)而功(攻),毋(無)渠詹而守"。㉖傳本《尉繚子·武議》:"古人曰:'無蒙衝而攻,無渠答而守。'"整理者已指出《治談》此處當是襲用《六韜》之語,故據《發啓》之文將兩段殘簡遥綴。二者之間應缺 3 字,可據《發啓》文將第一字補爲"通"。又《淮南子·兵略訓》:"刑,兵之極也,至於無刑,可謂極之矣。是故大兵無創,與鬼神通,五兵不厲,天下莫之敢當。"㉗前一簡見有"故善者成其刑而民□"之語,或與《兵略訓》所述相關,故將本簡編聯於此。

簡一六,包括原整理號四八九、四八三兩支,係 1867、1732 號兩枚綴合。1867 號見中道編痕,簡背有劃痕,此劃痕可以與簡一二、一三、一五以及簡一四的斷口貫連,其文曰"□日不有虜將必有□君十日不□□□兵□□",不見於傳本。整理者指出,《六韜·龍韜·輪將》:"故曰:兵不兩勝,亦不兩敗,兵出逾境,期不十日,不有亡國,必有破軍殺將。"語與此近。我們認爲此應接前一簡"得帶甲十萬驅車千乘"之後,故編聯於此。1732 號見下道編痕及簡尾,其文曰"勝議也故能戰勝",在全篇中與此處文意最爲密切,故綴於此。

簡二二,包括原整理號四七六、四八五兩支,係 0902、3100 號兩枚綴合。0902 號見有中道編痕,簡背有劃痕,上端在上道編繩處殘斷,故簡首並不缺字,其文可與傳本相對應。3100 號文曰"塞邪而食□",不見傳本,或可與下一簡上段文意聯屬,故綴於此。

簡二三,包括原整理號四八六、四九三兩支,係 2176、3309 號兩枚綴合。2176 號簡背有劃痕,可與簡一九、二一、二二相貫連,㉘故編聯於此,據劃痕定位後,上端已近上道編繩,蓋簡首不缺字,其文曰"□食發号(號)出令不□",不見傳本。3309 號見中道編痕,其文曰"如秋冬如□喬□□",似與下一簡上半文意相聯,故綴於此。

簡二四,包括原整理號四九四、四九〇兩支,係 3334、1067 號兩枚綴合。3334 號簡背有劃痕,可與簡二三相接,故編聯於此,據劃痕定位後,上端距上道編繩約缺 2 字,簡文曰"□□如春□如夏□事□",不見傳本。

1067 號見下道編痕及簡尾，其文曰“地利中失民請夫民飢者不得食”，蓋前面還有“天時”一類的文辭，[29]故將其綴於此。

簡二五，包括原整理號四九一、四八七兩支，係 3984+1799、1081 號三枚綴合。3984 號簡背有劃痕，可與簡二四相接，據劃痕定位後，上端距上道編繩約缺 1 字，其下端可與 1799 號吻合相接。1799 號見有中道編痕。此段文曰“者不得衣勞者不得息故舉兵而加”，原整理者已指出此可與 1067 號内容相接。1081 號見下道編痕及簡尾，其文曰“不殺夭台不膾不成之財”。按“夭台”當讀爲“夭胎”，[30]《逸周書・文傳》：“無殺夭胎，無伐不成材，無墮四時，如此者十年，有十年之積者王。”[31]《漢書・禮樂制・帝臨》：“青陽開動，根荄以遂。膏潤并愛，跂行畢逮。霆聲發榮，壧處頃聽。枯槁復産，乃成厥命。衆庶熙熙，施及夭胎。羣生啿啿，惟春之祺。”顔師古注：“少長曰夭，在孕曰胎。”[32]夭胎又可作胎夭，又《吕氏春秋・季冬紀》：“季冬，行秋令則白露蚤降，介蟲爲妖，四鄰入保。行春令則胎夭多傷，國多固疾，命之曰逆。行夏令則水潦敗國，時雪不降，冰凍消釋。”[33]可見土地所宜與四時關聯密切，下一簡有“□之如春夏”，故將其綴於此。

簡二六，包括原整理號四九二、四七七兩支，係 2566、1092 號兩枚綴合。2566 號上端疑似在劃痕處折斷，文曰“□之如春夏所加兵者”，[34]不見於傳本，若據劃痕定位，上端距上道編繩約缺 4 字。1092 號見下道編痕及簡尾，文曰“所加兵者令聚者不得”，後 5 字見於宋本，前 4 字當與 2566 號相關，故綴合於此。

綜上所述，重新編聯綴合後的《治談》篇由 28 支簡組成，推算其完篇約有 911 字，現殘存 629 字（含重文），約占原篇規模的三分之二。復原後的《治談》正面情況如圖 2 所示，背面情況如圖 3 所示。最後，我們以《治談》篇的復原情況表作爲本文的結論，參看表三。

表三 《治談》篇復原情況表

新整理號	原整理號	原簡序號	簡背劃痕	現存字數	約缺字數	可補字數	重文、合文數
一	四五六	0792、2334	無	21	11	11	0
二	四五七	3224、2385	疑有	13	19	3	4

續 表

新整理號	原整理號	原簡序號	簡背劃痕	現存字數	約缺字數	可補字數	重文、合文數
三	四五八、四五九	3721+3446、1971	有	23	11	10	0
四	四八八+四六〇	3518+4350、2115	無	20	14	5	0
五	四八〇、四六一	3350、2098	無	16	17	1	0
六	四六二、?[35]	1040、4604、S03-12+3775	有	28	6	6	0
七	四六三	0752+1085	有	36	1	1	0
八	四六四+一四二 c	0898+S74-27、2117	有	29	5	1	1
九	四六五、四六六	3307+2174、S12-01	疑有	18	15	6	0
一〇	四八二、四八一	1364、2149	有	24	9	1	0
一一	四八四	4883+0712	無	30	4	4	4
一二	四六七	1313+3312+2081	有	34	0	0	0
一三	四六八	2068、1094	有	26	6	6	0
一四	四六九	1015+0502	疑有	28	4	4	0
一五	四七〇	0825+2116+3255	有	29	3	1	0
一六	四八九、四八三	1867、1732	有	25	8	0	0
一七	四七一	0657	無	12	21	5	0
一八	四七二	1053	無	12	21	0	0
一九	四七三	1447、1629	有	25	5	4	0
二〇	四七四	S03-14、0706	無	15	18	3	0
二一	四七五	0757	有	17	14	0	0
二二	四七六、四八五	0902、3100	有	23	10	0	0
二三	四八六、四九三	2176、3309	有	16	17	0	0
二四	四九四、四九〇	3334、1067	有	21	10	0	0
二五	四九一、四八七	3984+1799、1081	有	26	5	1	0
二六	四九二、四七七	2566、1092	疑有	21	10	0	0
二七	四七八	0914、0672	疑有	23	8	8	3
二八	四七九	2362、0641	疑有	18	11	0	1

圖 2 《尉繚子 · 治談》篇正面復原示意圖

圖 3 《尉繚子·治談》篇背面復原示意圖

注 釋

① 參看八六九五五部隊理論組、上海師範學院古籍整理研究室:《尉繚子注釋》,上海古籍出版社,1978 年;華陸綜:《尉繚子注譯》,中華書局,1979 年;鍾兆華:《尉繚子校注》,中州書畫社,1981 年;徐勇:《尉繚子淺説》,解放軍出版社,1989 年;李解民:《尉繚子譯注》,河北人民出版社,1992 年;劉春生:《尉繚子全譯》,貴州人民出版社,1993 年。

② 何法周:《〈尉繚子〉初探》,《文物》1977 年第 2 期,第 28—34 頁。

③ 徐勇:《從〈兵談〉篇看尉繚子"談兵"》,《松遼學刊》1989 年第 2 期,第 23—24 頁。

④ 相關研究綜述,可參看張申:《二十世紀七十年代以來〈尉繚子〉研究回顧》,《高校社科動態》2015 年第 3 期,第 12—17 頁,該内容又收入氏著《〈尉繚子〉研究》,河北師範大學碩士學位論文,2016 年。此外,另有多位研究生在學位論文中專辟章節,總結相關研究成果,如張小文:《〈尉繚子〉軍事用語研究》,西南師範大學碩士學位論文,2003 年;張盼盼:《〈尉繚子〉思想研究》,聊城大學碩士學位論文,2015 年。論著觀點集録,可參看蔣魯敬:《銀雀山漢墓竹簡〈尉繚子〉〈晏子〉〈六韜〉集釋》,吉林大學碩士學位論文,2012 年;張海波:《銀雀山漢簡兵書類文獻校釋》,吉林大學博士學位論文,2015 年。

⑤ 本文引"整理者"觀點,皆見於銀雀山漢墓竹簡整理小組編:《銀雀山漢墓竹簡(壹)》,文物出版社,1985 年。如無特殊情況,不再出注。

⑥ 參見郭思克:《銀雀山漢墓簡牘研究及保護整理》,《中國文物報》2015 年 2 月 13 日。

⑦ 陳偉武先生曾推測所殘之字爲"兵"或"軍",見氏著《試論出土古文字資料之擬補》,《華學》第五輯,中山大學出版社,2001 年,第 178 頁。

⑧《武經七書直解》(丁氏八千卷樓藏書影明本),《中國兵書集成》編委會編:《中國兵書集成》第 10—11 册,解放軍出版社、遼瀋出版社,1990 年,第 809 頁。

⑨ 本文所稱之《治談》篇,即指《銀雀山漢墓竹簡(壹)》中的《尉繚子·一》,下文皆同,不再注出。

⑩ 此簡中裂爲二,《銀雀山漢墓竹簡(壹)》的圖版和摹本只録其左半,僅見"不出罫而"四字左側筆畫,此段在殘簡中編號爲 S03-12。《銀雀山漢簡釋文》第 3775 號,釋文作"……出□而□",乃此簡右半。將二者綴合後可見"不出罫而畏"五字,且位於簡之下端,故知整理報告釋文所録"甲不出罫(橐)。威",乃多一"甲"字,漏一"而"字,又將"畏"誤作"威"。今以 3775 爲號,相關信息以綴合後的殘簡測算。參見銀雀山漢墓竹簡整理小組編:《銀雀山漢墓竹簡(壹)》,圖版第 45 頁,摹本第 77 頁,釋文注釋第 77 頁;吴九龍:《銀雀山漢簡釋文》,文物出版社,1985 年,第 184 頁。

⑪ 此簡未能采集簡背圖像,劃痕信息不明。

⑫ 此簡原整理者據傳本遥綴於《孫子兵法·用間》篇中,然根據形制及殘存筆畫,我們認爲此簡可與本篇四六四 a 簡綴合。

⑬ 該簡綴合後長 26.4 釐米,然其第一道編繩以上的"天頭"部分已殘損,以"地脚"的長度推算,約缺 1 釐米,故完簡約長在 27.5 釐米。

⑭ 這種劃痕應自戰國竹書修治方式中繼承而來,在簡背劃痕中屬 A 型 I 式,參見賈連翔:《戰國竹書形制及相關問題研究:以清華大學藏戰國竹簡爲中心》,中西書局,2015 年,第 89—95 頁。

⑮ "墝"字左殘,據宋本補,又銀雀山漢墓竹簡《田法》有"量土地肥膮而立邑建城"之語,或簡本皆用"膮"字。

⑯ 整理者指出或可補爲"出可以"。

⑰ 暫據《治要》本補缺字"服"。

⑱ 腨,陳劍先生釋,在 2017 年 8 月 22 日銀雀山漢簡整理初稿討論會上提出的意見。

⑲ 收,王輝先生釋,見氏著《銀雀山再讀釋字》,2018 年 6 月 15 日内部傳閱稿。

⑳ 驨,陳劍先生釋,同注 18。

㉑ 本文對遥綴的殘簡中間以"、"號相連,直接綴合的殘簡以"+"號相連,下文及表格中的内容情況相同,不再注出。

㉒ 張純一撰,梁運華點校:《晏子春秋校注》,中華書局,2014 年,第 37 頁。

㉓ 整理者已指出此簡與前四五八號内容相關,又劉春生先生認爲《兵教下》云"兵弱能强之,主卑能尊之,令弊能起之,民流者親之,人衆能治之,地大能守之",或與此處相類,其説可參,然殘簡中並不見相關内容。參見氏著《尉繚子全譯》,第 9 頁。

㉔ 李解民先生指出,銀雀山竹簡佚書《王兵》有"見勝而起,不見勝而止"。參見氏著《尉繚子譯注》,第 13 頁。

㉕ 唐書文撰:《六韜·三略譯注》,上海古籍出版社,2012 年,第 33—34 頁。

㉖ 銀雀山漢墓竹簡整理小組編:《銀雀山漢墓竹簡(壹)》,釋文注釋第 114 頁。

㉗ 何寧撰:《淮南子集釋》,中華書局,1998 年,第 1052 頁。

㉘ 簡二〇上部已殘損。

㉙ 整理者已指出,四九〇、四九一、四九二號原位置可能在四七六、四七七號之間。

㉚ 參見吴九龍:《簡牘帛書中的"夭"字》,《出土文獻研究》,文物出版社,1985 年,第 251 頁。

㉛ 黄懷信、張懋鎔、田旭東撰:《逸周書彙校集注》,上海古籍出版社,2007 年,第 247 頁。

㉜《漢書》,中華書局,1962 年,第 1054—1055 頁。

㉝ 許維遹撰:《吕氏春秋集釋》,中華書局,2009 年,第 261 頁。

㉞ 劉春生先生指出,簡本又有殘簡"……地利,中失民請(情)。夫民饑者不得食,

【490】【□】者不得衣,勞者不得息,故舉兵而加【491】……□之如春夏。所加兵者【492】……",與此文相近,或是"□□□□所加兵者"之上殘文。參見氏著《尉繚子全譯》,第 12 頁。

㉟ 3775 號簡,原整理報告未收録。

讀簡筆記三則

胡平生（中國文化遺產研究院）
出土文獻與中國古代文明研究協同創新中心

一、釋"盎"——讀《居延漢簡》筆記一

居延漢簡 488.1（圖 1）爲一簡下段，上段已殘闕，簡文三行：

桂十二
胡豆三
⿱肉耳十七

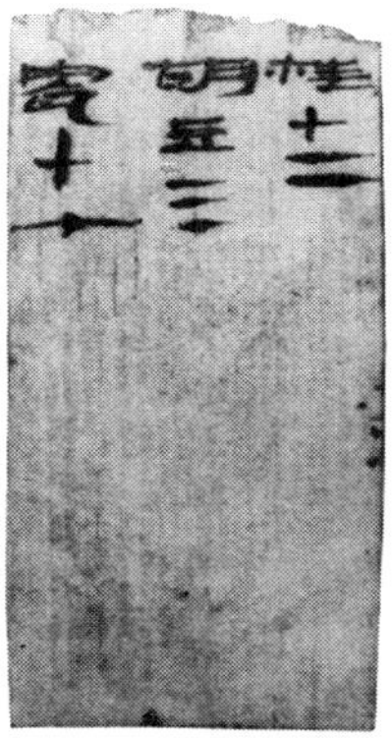

圖 1

末行第一字釋爲"⿱肉耳"，此字自勞榦先生釋讀之後，未見有人提出異議。從字形結構看，上从肉下从耳，似乎也並無不妥。但"⿱肉耳"爲何物，卻没有人考證過。我們認爲此字釋讀有誤，此字應上爲"央"下爲"瓦"，應釋爲"⿱央瓦"，即"盎"之別體。

漢代隸書之"央"，見於銀雀山漢簡《孫子兵法》116，作，與居延簡 488.1 之字上半形近。漢隸"耳"與"瓦"，形態略似，但仍有細微差異，參表一。

表一①

耳	 76	 442	 686
瓦	 807	 807	 812

試加比較可以看到,"耳",頂上一横畫比較明顯,通常中央有二短横;而"瓦"字,頂上無横畫,中央一般爲一短横。因此,我們認爲,將居延簡原釋爲"鼻"的字改釋爲"瓮",字形上更加妥帖。

《説文·皿部》:"盎,盆也。从皿,央聲。瓮。盎,或从瓦。"段注:"《釋器》:'盎謂之缶。'注云:'盆也。'假借爲酒名。《周禮》'盎齊'注曰:'盎,猶翁也。成而翁翁然,葱白色,如今酇白矣。'按,翁者,滃之假借,滃滃,猶泱泱也。酒之成似之。"《急就章》卷三"甀缶盆盎甕罃壺",顔注:"缶、盆、盎,一類耳。缶即盎也,大腹而斂口,盆則斂底而寬上。"

在居延漢簡裏,這個"盎"究竟是什麽物品呢?"盎"與"桂"、"胡豆"排列在一起,我們推測,有兩種可能性,一種可能是指盆缶一類的陶器,另一種可能是指盎齊酒。盎齊,爲五酒之一。《周禮·天官·酒正》:"辨五齊之名,一曰泛齊,二曰醴齊,三曰盎齊,四曰緹齊,五曰沈齊。"注:"盎,猶翁也。成而翁翁然,葱白色,如今酇白矣。"《釋文》:"酇白,即今白醝酒也。"《釋名·釋飲食》:"盎齊,盎,滃也,滃滃然濁色也。"《説文·酉部》:"醠,濁酒也。"盎齊,可省稱"盎"。《禮記·祭統》:"士執芻,宗婦執盎從。"孔疏:"此則上公之祭,宜有醴齊、盎齊,但言盎者,略言之。"桂、胡豆、盎齊酒,似皆爲食品,因此"盎"爲盎齊的可能性似乎較大。

二、《盜者》殘簡——讀《居延漢簡》筆記二

勞榦先生《居延漢簡釋文》7130(圖2)作:

> 屬夜半者男子取之其人兑喙兵須皆善取俘人事數人也姓孫氏字子孫物載乏内中嬰間立中　　(458.1A)

《合校》[②]改訂釋文作:

> □屬夜半者男子取之其人兑喙爪須□目善□乳人事數人也姓孤氏字子
>
> □孫臧之内中嬰閒立中

按:此簡内容實與睡虎地秦簡《日書·盜者》相關,其内容講述盜者與十二屬相的關係,此節文字應講"鼠"。睡簡此節文字作:

> 子,鼠也。盜者鋭口,稀須,善弄,手黑色,面有黑子焉,疵在耳,

藏於垣内中糞蔡下。·名鼠鼷孔午郢。

放馬灘秦簡《日書》乙 66 簡的相關内容作：

子，鼠也。以亡盜者中人取之，臧穴中，糞土中，爲人鋭面小目，□然扁然，名曰輒，曰耳，曰蒽，曰聲。賤人也。得。[③]

孔家坡漢簡《日書·盜日》367 簡作：

子，鼠也。盜者鋭口，稀須，□□□有黑子焉。藏安内〈穴〉中，糞蔡下，女子也。其盜在内〈穴〉中。[④]

將幾種簡相互參校，我們還可以對某些簡文作進一步的修訂。如，根據放簡的“穴中”以及老鼠打洞的特點，我們可將原釋“内”的字，都改釋爲“穴”，在秦漢隸書中，二字差别甚小，經常混淆。因此，都改釋爲“穴”字應當是没有問題的。

現在，我們對《居延漢簡》458.1A 的簡文作一校正，修訂後的文字爲：

屬夜半者，男子取之。其人兑喙，長須，出目，善□亂人事。數人也。姓□氏，字子□，物(?)藏之内〈穴〉中，嬰(罌)間，土中。

圖 2

此處的“内”應是“穴”字之誤。“善”下一字筆畫不清，難以辨識。“姓”下幾字也不是很清楚，據睡簡當羅列名字，此簡之“姓□氏，字子□”，顯然是較晚的形式。“土”，舊釋多作“立”，隸書“土”字右下加一點是常態，且“土中”是有詞例的，睡簡有“戌，老羊也”，“藏於糞蔡中土中”。

三、《肩水金關漢簡(伍)》“九變復貫”簡考校

整理校核《肩水金關漢簡(伍)》過程中發現一枚内容非常有意思的簡，即 72EJC：607，訂正後的簡文作：

·子贛曰：九變復貫，知言之簺。居而俟合，憂心橾₌，念國之虐。子曰：念國者橾₌呼，衡門之下

這段表明是“子贛曰”和“子曰”的文字，在現有的傳世典籍中找不到出

處,但是經過仔細檢索,我們注意到其中的部分内容是可以查到出處的,分述如下。

第一,"九變復貫,知言之篹"。見於《漢書·武帝紀》:

(元朔元年)春三月甲子,立皇后衛氏。詔曰:"朕聞天地不變,不成施化,陰陽不變,物不暢茂。《易》曰:'通其變,使民不倦。'《詩》云:'九變復貫,知言之選。'朕嘉唐虞而樂殷周,據舊以鑒新。其赦天下,與民更始。諸逋貸及辭訟在孝景後三年以前,皆勿聽治。"

顔師古注云:

應劭曰:"逸《詩》也。陽數九,人君當陽,言變政復禮,合於先王舊貫。知言之選,選,善也。"孟康曰:"貫,道也。選,數也。極天之變而不失道者,知言之數也。"臣瓚曰:"先王創制易教,以救流弊也,是以三王之教有文有質。九,數之多也。"師古曰:"貫,事也。選,擇也。《論語》曰'仍舊貫',此言文質不同,寬猛殊用,循環復舊,擇善而從之。瓚説近之也。"

顔注引應劭語已明確指出"九變復貫,知言之選"乃逸《詩》,那麼此詩是什麼時候亡逸的呢?一種可能性是該詩早已亡逸,但是其詩句仍以單句的形式在社會上流傳,並仍然被引用。另一種可能性是,該詩在武帝元朔元年(前128年)頒詔引《詩》時還在流傳,其亡逸是在西漢至東漢末的時期。這兩種情況,目前似乎還難以斷定究竟哪一種可能性更大。

武帝詔書引詩的"選"字,在金關簡中作"篹"。上古音"選"爲心母元部字,"篹"爲初母元部字,二字音近可通。選,从巽得聲;篹,从算得聲。典籍相通之例甚多。《論語·子路》:"斗筲之人,何足算也。"《漢書·公孫賀等傳贊》及顔注"算"引作"選"。《詩·齊風·猗嗟》:"舞則選兮。"《文選·舞賦》李注"選"作"纂"。《漢書·司馬遷傳》:"太史公仍父子相繼纂其職。"顔注:"纂讀與撰同。"

第二,是簡文"子贛曰"下,除"九變復貫,知言之篹"之外的"居而俟合,憂心橾₌,念國之虐"一句。"居而俟合"不知出自何處,"憂心橾₌,念國之虐",亦見於武帝詔書。《漢書·武帝紀》:

元狩元年冬十月,行幸雍,祠五畤,獲白麟,作《白麟之歌》。……夏四月,赦天下。丁卯,立皇太子。賜中二千石爵右庶長,民爲父後者一級。詔曰:“……日者淮南、衡山修文學,流貨賂,兩國接壤,怵於邪説,而造篡弑,此朕之不德。《詩》云:‘憂心慘慘,念國之爲虐。’已赦天下,滌除與之更始。”

顔師古注曰:

《小雅·正月》之詩也。慘慘,憂戚之貌。

《小雅·正月》詩:“魚在于沼,亦匪克樂,潛雖伏矣,亦孔之炤。憂心慘慘,念國之爲虐。”“憂心慘慘”,簡文作“憂心橾橾”,在典籍中从參之字與从喿之字常相混,通常認爲是轉抄中的誤書。《漢書·西域傳》:“莽封欽爲剼胡子。”顔注:“剼,本字作剿,轉寫誤耳。”《詩·小雅·北山》:“或慘慘劬勞。”《釋文》:“慘字又作懆。”《詩·鄭風·遵大路》:“摻執子之袪兮。”馬瑞辰《詩經傳箋通釋》云:“摻,疑爲‘操’字之譌。”“魏晉間避武帝諱,八分从喿之字多寫从參,形近易誤。《北山》詩‘或慘慘畏咎’,《釋文》‘慘本作懆’;《抑》詩‘我心慘慘’,張參《五經文字》作‘懆’。餘如‘勞心慘兮’、‘憂心慘慘’,並當爲‘懆’,是其類也。”也有的學者或從二字字義接近理解其之混用。《廣雅·釋言》:“摻,操也。”《戰國策·燕策三》:“摻其室。”鮑彪注:“摻,把持也,與操同。”《墨子·號令》:“及摻太守之節而使者。”孫詒讓《閒詁》引畢云:“摻,即操異文。”《學林》卷十云,草書法喿字與參字同形,故晉人書操字皆作摻。《説文》本無“摻”字,朱駿聲《説文通訓定聲》“摻”下説:“按,此字隸辨訂即操,或謂魏避武帝諱改從參。今據《詩》正義引《説文》有此字,補附于此。”又在“慘”下説,“慘、懆雙聲”,他將此作爲从喿、从參混用的理由,顯然是不對的。段玉裁《説文解字注》亦收“摻”,云:“各本摻篆及解,今依《鄭風·遵大路》正義所引補。……蓋因俗二字相亂,故分引之。今本無摻篆,亦由南朝以來摻操不别之故。”現在看來,从參从喿之字的混用,其來甚早,至少在漢代就已如此。對於其混用的正確的解釋應當是由於在隸變的過程中字形的相似而造成了混淆與錯訛。

金關簡文“憂心橾=”後爲“念國之虐”,詩句爲四字句;而《小雅·正月》詩“憂心慘慘”後是“念國之爲虐”,詩句爲五字句。我們在整理阜陽雙古堆漢簡《詩經》時已注意到傳世本與簡本詩句有字數的差異。值得注意的是,《正月》詩全詩十三章,八章章八句,五章章六句,只有一句五言,即此句"念國之爲虐",一句六言,即"誰知烏之雌雄",其餘全部都是四言句。按照陳喬樅的説法,"四家之詩其始口相傳授,受之者非一邦之人,人各用其鄉音,故有同音而異字,同字而異音者"(《詩經四家異文考·自敘》)。根據阜陽《詩經》詩句有減少語助詞的情形,因此傳世本"念國之爲虐"簡本作"念國之虐",似乎提示我們,《正月》或者也可能有一種全部是四字句的本子。

第三,"衡門之下",見於《詩·陳風·衡門》:

> 衡門之下,可以棲遲。泌之洋洋,可以樂飢。豈其食魚,必河之魴。豈其取妻,必齊之姜。豈其食魚,必河之鯉。豈其取妻,必宋之子。

惟該詩句在簡文中僅存四字,本簡至此結束,未見下一簡,後面的内容不得而知了。奇怪的是,"衡門之下"有"子曰:念國者橾₌呼"一句,目前未查到出處。簡首的"子贛曰"及此段的"子曰",應該都是胡亂編出來的,簡文既引用《詩》句,自然不會是子贛或孔子的話。至於"子曰念國者橾₌呼"中的"橾",可能也要讀爲"慘","呼"應讀爲語助詞"乎",其文自前面的《正月》脱出,似仍是"憂心慘慘,念國之爲虐"的意思。

以上一節文字,是《肩水金關漢簡(伍)》審校時提交給甘肅簡牘博物館館長張德芳的,時在 2016 年 2 月。關於此次審校,《肩水金關漢簡(伍)》前言説,"2016 年 3 月上旬,五家整理單位在蘭州召開《肩水金關漢簡(伍)》校讀定稿會","胡平生先生因故未能參會,但他在春節期間認真校閲了全稿,並將書面意見提交會議"。説的"書面意見"就是包括上節文字在内的讀稿筆記。由於《肩水金關漢簡(伍)》的體例決定,書稿采納簡牘修訂釋文的校訂意見,而無法將具體的考證文字刊出。《肩水金關漢簡(伍)》出版後,很快就有幾位年輕朋友發表了他們的研究文章,如陳晨《肩水金關漢簡所見〈詩〉類文獻輯證》、[⑤] 悦園《〈肩水金關漢簡(伍)〉有關的〈詩〉〈書〉的兩條記載》[⑥] 以及王楚寧、張予正《肩水金關漢簡〈齊論語〉的整理》。[⑦] 粗粗讀過,感到都有較好的文獻基礎和學術敏感。惟或以爲"橾、慘皆爲齒音,當可通用"之説,誠如陳晨所説,二字韻部相差甚遠,"或不當爲音近通假"。不過,陳晨説二者"可能屬形近訛混",應當是拙稿所説,隸變過程中出現的訛誤,並非一般的形近而訛。

至於"子贛(貢)曰"一句爲《齊論》之説,陳晨表示"有待探討",我也認爲目前尚缺少明確的證據。拙文已指出,此簡簡首的"子贛曰"及其後的"子曰",應該都是胡亂編出來的,因爲簡文既引用了《詩》句,自然已經不可能再是子贛或孔子的話了。邊塞士吏寫經典,常有東抄一點西抄一點的情形,而且那時寫簡,有時或有範本擺在邊上照録,而一般情況是憑記憶提筆就寫,"前言不搭後語",很正常。

附記:前兩則筆記曾於2017年9月在山東博物館舉行的"簡牘學研討會"上宣讀。

2018年6月於北京

注 釋

① 引自駢宇騫編:《銀雀山漢簡文字編》,文物出版社,2001年。
② 謝桂華、李均明、朱國炤:《居延漢簡釋文合校》,文物出版社,1987年。
③ 據孫占宇:《天水放馬灘秦簡集釋》,甘肅文化出版社,2013年。本文略有改訂。
④ 據湖北省文物考古研究所:《隨州孔家坡漢墓簡牘》,文物出版社,2006年。
⑤ 簡帛網,2017年10月20日。
⑥ 簡帛網簡帛論壇,2016年8月28日。
⑦ 載《中國文物報·文物考古周刊》2017年8月11日第6版。

河北望都一號漢墓壁畫“戒火”考釋*

蕭　燦（湖南大學建築學院）

河北望都一號漢墓是東漢浮陽侯的墓葬。[①]墓室壁畫裏有一處“戒火”題字和圖畫（圖1），[②]繪於墓室的前室東壁拱門左上方。[③]陳直先生在《望都漢墓壁畫題字通釋》一文中考釋“戒火”説：“漢代陶井欄常有‘東井’、‘戒火’題字。本壁畫描繪戒火，畫一瓦盆，上有花葉六莖，紅花緑葉，與井欄刻畫不同。《本草》載景天，一名戒火，一名火母，主名目輕身。據此，則瓦盆所畫爲景天，因又名戒火，取繪其象徵性也。”[④]之後學界多沿用此説。我贊同壁畫中描繪的“戒火”正是藥草景天，而本文旨在更詳細地考訂，擬從三方面闡述：（一）辨識“戒火”畫面的細節特徵；（二）分析題字“戒火”與景天圖像之間的關係；（三）判斷壁畫“戒火”的歸類。

一

首先，辨識“戒火”（景天）畫面的細節特徵。

陳直先生的描述是“花葉六莖，紅花緑葉”，而我的疑問在於：畫中沿弧形排列的六組橢圓紅點是景天的花還是景天的果？這就需要找到其他的景天圖畫加以對比。

在已發現的墓葬壁畫裏尚未見到其他處有景天的圖畫。很多古代中醫藥著作裏記載了景天，多爲文字描述，偶見圖畫，如宋代唐慎微的《證類本草》、[⑤]清代吴其濬的《植物名實圖考》。[⑥]現代新編的《〈神農本草經〉彩色圖鑑》繪製了景天的花、果、植株圖像。[⑦]把這些圖像與望都壁畫中的

* 本文爲國家社會科學基金項目“出土文獻中的數學史史料研究”（15BZS005）階段性成果。

河北望都一號漢墓壁畫(《中國出土壁畫全集 1》)

“戒火”局部放大圖

墓室前室東壁壁畫内容示意圖(姚鑒《河北望都縣漢墓的墓室結構和壁畫》)

圖 1　河北望都一號漢墓壁畫裏的“戒火”圖畫

景天圖像對比(圖 2),可看到,在《證類本草》和《植物名實圖考》中明顯描繪出了景天的傘房花序特徵。劉春生主編的《實用中草藥圖典》[8]給出藥草景天的植株照片並指出識别要點:“① 莖直立,不分枝。② 葉對生,少有爲互生或 3 葉輪生,矩圓形至卵狀矩圓形,邊緣有疏鋸齒。③ 傘房花序頂生;花密生,萼片披針形;花瓣白色至淺紅色,寬披針形;花藥紫色;鱗片矩圓狀楔形。”而望都壁畫中的六支成簇的紅色橢圓點圖像與景天花的特徵不符。壁畫描繪的更像是結果時的景天。景天果特徵是:“蓇葖果,直立,帶紅色或薔薇紅色。花期 7—9 月,果期 10 月。”[9]中國傳統繪畫講究“隨類賦彩”,畫花草,其形態和色彩不背離植物的自然特徵。所以我認爲望都漢墓壁畫“戒火”圖像描繪的是結果的景天。若如此,則有個猜測,墓主人的離世時間會不會是在景天的果期?

壁畫用筆簡略粗糙，不能細究花形，單從色彩判斷，壁畫裏的或有可能是紅景天（*Rhodiola rosea L.*）。雖説紅景天與景天植物形態有相似之處，但它們的藥性歸經、功用主治等都不同，是兩種不同的藥草。據《中藥大辭典》記載，紅景天爲景天科紅景天屬植物大花紅景天、庫頁紅景天、聖地紅景天、唐古特紅景天等的根或根莖，藥性甘、澀、寒，歸肺經。景天，爲景天科景天屬植物八寶的全草，藥性苦、酸、寒，歸心肝經。[10]所以，壁畫"戒火"圖像爲紅景天的可能性不大。

采自《證類本草》　采自《植物名實圖考》　采自《〈神農本草經〉彩色圖鑒》　采自《實用中草藥圖典》

圖 2　中醫藥書籍裏的景天圖像

二

第二個我要探尋的問題是，題字"戒火"與景天圖像之間的關係。

壁畫題字"戒火"與景天圖像是如何相關聯的呢？正如陳直先生所説，象徵。成書於漢代的中醫藥經典著作《神農本草經》記載："景天，味苦酸平。主大熱火創，身熱煩，邪惡氣。花，主女人漏下赤白，輕身，明目。一名戒火，一名慎火。生川谷。"[11]"戒火"、"慎火"是中草藥景天的别名。這兩個名稱似乎與景天的藥性和所主治的病症有關，字義又可衍生出防備、警惕火災的含義。

題字"戒火"和景天圖像組合在一起，用來表達防範火災的含義，在當時能被大多數人認知嗎？在馬王堆漢墓帛書《五十二病方》裏記載的治療癃病的第十六方："一，痒（癃），取景天長尺、大圍束一，分以爲三，以淳酒半斗，三沥煮之，孰（熟），浚取其汁，歠（歠）之。不已，復之，不過三飲而已。先莫(暮)毋食,旦飲藥。令"[12]馬王堆漢墓二號墓主人是漢惠帝二年在長沙丞相任上被封爲軑侯的利倉,一號墓主人是利倉妻辛追,三號墓主人是他們的兒子。[13]這説明,在馬王堆漢墓主人生活的年代,藥草景天曾被用於治療癃病。癃病在秦漢出土文獻裏多有記載,是一種常見病。睡虎地秦墓竹簡《秦律雜抄》:"匿敖童,及占痒(癃)不審,典、老贖耐。"《法律問答》:"罷痒(癃)守官府,亡而得,得比公痒(癃)不得? 得比焉。"(133)《爲吏之道》:"老弱痒(癃)病。"(30 叁)[14]《嶽麓書院藏秦簡(伍)》:"爵、毋受爵,毋免以除它人。年皖老以上及罷痒(癃)不事從皖老事及有令終身不事、疇吏解爵而當復。"(141/1692)[15]張家山漢簡《二年律令·傜律》:"金痍、有□病,皆以爲罷痒(癃),可事如皖老。"(408)《脈書》:"瘚(厥)陰之脈……其所産病:熱中,痒(癃),穨(癩),扁(偏)山(疝),爲五病。"(37—38)《引書》:"引痒(癃),端立,抱柱,令人□其要(腰),毋息,而力引尻。"(60)[16]而當時使用藥草治病的人,並不只是貴族,也包括平民。《里耶秦簡(貳)》裏就見到有文書記録:"都鄉黔首無良藥芳草□"(1305)[17]該簡殘斷,上下文未知,似是上行文書,即向上級官員報告都鄉的平民没有好藥草了。從以上史料可推知,在漢代,藥草景天很可能廣爲人們所知,進而推斷題字"戒火"和景天圖像組合,其象徵含義也是能被人們認知的。

景天圖像與"戒火"的關聯僅呈現在壁畫中嗎?《藝文類聚》裏記載:"慎火,《南越志》曰:廣州有樹可以禦火,山北謂之慎火,或謂之戒火,多種屋上以防火也。但南中無霜雪,故成樹。梁范筠《詠慎火詩》曰:兹卉信叢叢,微榮未足奇。何期糅香草,遂得遶花池。忘憂雖無用,止談或有施。早得建章立,幸蓺柏梁垂。"[18]人們熟悉的藥草景天,因其别名有防火的象徵意義,所以被種植在屋上以求防範火災。

特别值得注意的是梁范筠《詠慎火詩》的詩句"早得建章立,幸蓺柏梁垂",説的是,早在漢代,皇家宫苑建章宫裏種植了景天以祈求避火。建章宫,建於武帝太初元年(前 104 年),柏梁臺,建在未央宫中,未央宫始建於高祖七年(前 200 年)。[19]《史記·孝武本紀》記載:"上還,以柏梁烖故,朝受計甘泉。公孫卿曰:'黄帝就青靈臺,十二日燒,黄帝乃治明庭。明庭,甘泉也。'方士多言古帝王有都甘泉者。其後天子又朝諸侯甘泉,甘泉作諸侯邸。勇之乃曰:'越俗有火烖,復起屋必以大,用勝服之。'

於是作建章宫,度爲千門萬户。”[20]在柏梁臺遭遇了火災後興建的建章宫,建造者當然就更重視防火,采用各種方法:《史記》記載的是采納勇之的諫言,建造宏大的房屋“鎮壓”火患;梁范筠詩句説出了種植藥草景天,不因其藥性,而是取其别名“戒火”,“忘憂雖無用,止燄或有施”。雖然景天不是什麽奇花異草,卻因其象徵意義被種植在皇家宫苑,“何期糅香草,遂得遶花池”。

“戒火”題字與景天圖像之間是一一映射關係嗎?顯然不是。陳直先生提到,“漢代陶井欄常有‘東井’、‘戒火’題字”,而在望都漢墓壁畫裏“與井欄刻畫不同”。在偃師縣中州大渠出土的灰陶井,是西漢晚期至東漢早期隨葬明器(圖3),陶井欄有“戒火”、“東井”題字,井欄的圖案裏不見景天的圖像,繪有人物和大鳥,“畫面中部爲一人左手執瓶,右肩扛長竿,身後有雄雞,作疾走狀”[21],我以爲圖案裏的大鳥不是雄雞而是朱雀,與“東井”對應。因“東井”是“井宿”(Well,Jing)的别稱,“南方朱雀(Vermilion Bird)七宿中的第一宿,大抵相當於雙子星座的腳部(8 stars,Gemini)”。[22]《史記·天官書》:“東井爲水事。”[23]《後漢書·天文上》:“東井爲水衡,水出之爲大水,是歲五月及明年,郡國大水,壞城郭,傷禾稼,殺人民。”[24]因此井欄的“東井”兩字也是象徵水,有以水戒火之意。明器陶井欄上有題字“戒火”,無景天圖像,説明題字“戒火”和景天圖像不是一個固定組合。

圖3　偃師縣中州大渠出土的灰陶井,及井欄的“戒火”、“東井”字樣與圖案

三

從“戒火”(景天)的位置及象徵意義來看,它在望都一號漢墓壁畫中具有相對獨立性。

據《魯班經》[25]記載,古代在房屋建成時,工匠可能把某種圖案、符號、文字等刻畫在房屋某處,其目的或爲祈求福佑,或爲鎮壓妖邪,或爲禳解災厄,或爲詛咒加禍。例如:畫“山海鎮”保穩固平安,畫桂樹葉“藏於斗中主發科甲”,畫松樹枝葉“不拘藏於某處,主主人壽長”,畫鬼魅“此披頭五鬼藏中柱内,主死喪”等。(道教的符咒亦分爲鎮壓、祈禳、請召、醫治等類。)壁畫“戒火”(景天)正是此種圖像,它被繪於墓室的前室東壁拱門左上方,以期禳解火災。它所在的位置可能由“多種屋上以防火也”衍化而來。它的所屬,應歸入建築的“魘禳解咒”圖像。

張媛媛在《試論河北望都一號漢墓壁畫布局及其意義》一文中没有把“戒火”(景天)歸入祥瑞圖像裏,文中提到“望都一號漢墓中的祥瑞圖像可以分爲三組:1. 北壁西部的鳳凰,東部畫面漫漶不清;2. 西壁和東壁北部的獐子、一對雞、一對鶩、芝草、鸞鳥、白兔、鴛鴦;3. 東壁南部的羊酒”,[26]唯獨不提“戒火”(景天)。可能作者認爲,“戒火”(景天)圖像是用來避免災禍的,而其他圖像則是直接象徵著祥瑞。我以爲壁畫“戒火”(景天)還是可以歸屬於祥瑞圖像的。

另外我想提及一點,壁畫“戒火”的六支景天,這個數字六,似乎也有象徵含義。寧波藏書樓天一閣爲防火患,爲了契合“天一生水,地六成之”的象徵意義,取名“天一”,建築面闊六間。然而秦漢時期的文獻中尚未發現相關證明材料,郭店楚簡雖有“太一生水”篇,卻未提及“六”。

注　釋

① 何直剛:《望都漢墓年代及墓主人考訂》,《考古》1959 年第 4 期,第 197—200 頁;林樹中:《望都漢墓壁畫的年代》,《考古通訊》1958 年第 4 期,第 66—71 頁。

② 徐光冀主編:《中國出土壁畫全集(第 1 卷 河北)》,科學出版社,2011 年,第 15、19 頁。

③ 姚鑒:《河北望都縣漢墓的墓室結構和壁畫》,《文物參考資料》1954 年第 12 期,第 47—65 頁。

④ 陳直:《望都漢墓壁畫題字通釋》,《考古》1962 年第 3 期,第 161—164 頁。

⑤ 唐慎微著,郭君雙等校注:《證類本草》,中國醫藥科技出版社,2011 年,第 216 頁。

⑥ 吴其濬著,張瑞賢等校注:《植物名實圖考》,中醫古籍出版社,2008 年,第 203—204 頁。

⑦ 沐之編著:《〈神農本草經〉彩色圖鑒》,北京聯合出版公司,2015 年,第 120 頁。

⑧ 劉春生主編:《實用中草藥圖典》,中醫古籍出版社,2013 年,第 517 頁。

⑨ 南京中醫藥大學編著:《中藥大辭典》,上海科學技術出版社,2006 年,第 3315 頁。

⑩ 同上書,第 1404—1407、3315 頁。大花紅景天 *Rhodiola crenulata* (*Hook. f. & Thomson*) *H. Ohba*、庫頁紅景天 *Rhodiola sachalin-ensis A. Bor.* [*Sedum sachalinensis* (*A. Bor.*) *Vorosh.*]、聖地紅景天 *Rhodiola sacra* (*Prain ex Hamet*) *S. H. Fu*[*Sedum sacra Prain Harmet*]、唐古特紅景天 *Rhodiola algida* (*Ledeb.*) *Fisch. et Mey. var. tangutica* (*Maxim.*) *S.H. Fu*。

⑪ 葉磊、高亞慧、周鴻飛點校:《神農本草經》,河南科學技術出版社,2017 年,第 10 頁。

⑫ 張雷編著:《馬王堆漢墓帛書〈五十二病方〉集注》,中醫古籍出版社,2017 年,第 230—232 頁。

⑬ 傅舉有、陳松長編著,周士一、陳可風譯:《馬王堆漢墓文物綜述》,湖南出版社,1992 年,第 2 頁。

⑭ 睡虎地秦墓竹簡整理小組編:《睡虎地秦墓竹簡》,文物出版社,1990 年,釋文第 87、124、170 頁;陳偉主編,彭浩、劉樂賢等撰著:《秦簡牘合集:釋文注釋修訂本(壹)》,武漢大學出版社,2016 年,第 171、234、308 頁。

⑮ 陳松長主編:《嶽麓書院藏秦簡(伍)》,上海辭書出版社,2017 年,第 114 頁。

⑯ 張家山二四七號漢墓竹簡整理小組:《張家山漢墓竹簡〔二四七號墓〕(釋文修訂本)》,文物出版社,2006 年,第 64、122、179 頁。

⑰ 湖南省文物考古研究所:《里耶秦簡(貳)》,文物出版社,2017 年,圖版第 152 頁,釋文第 49 頁。

⑱《藝文類聚》,上海古籍出版社,2013 年,第 2093—2094 頁。

⑲ 周維權:《中國古典園林史》,清華大學出版社,2008 年,第 84—85 頁。

⑳《史記》,中華書局,2014 年,第 610 頁。

㉑ 河南博物院編著:《河南出土漢代建築明器》,大象出版社,2002 年,圖第 100 頁,文第 181 頁。

㉒ 陳己雄:《中國古星圖》,香港太空館編製,康樂及文化事務署出版,2007 年,第 144 頁;吕樹芝:《東漢"戒火東井"陶井欄》,《歷史教學》1984 年第 2 期,第 64 頁。

㉓《史記》,第 1553 頁。

㉔《後漢書》,中華書局,1965 年,第 3223 頁。

㉕ 午榮彙編:《魯班經》清同治庚午(1870 年)秋刊,藏於劍橋東亞科學史圖書館(EAST ASIAN HISTORY OF SCIENCE LIBRARY, CAMBRIDGE)。

㉖ 張媛媛:《試論河北望都一號漢墓壁畫布局及其意義》,《考古學研究》2016 年第 12 期,第 18—27 頁。

居延新簡釋文補遺(四則)*

鄔文玲(中國社會科學院歷史研究所
出土文獻與中國古代文明研究協同創新中心

居延新簡自出土以來,備受學界關注,經過多年的研究與積累,在釋文整理和再整理方面也取得了豐碩的成果,出版了多本專著,爲學界提供了更爲準確的釋文和清晰的紅外圖版,極大地推進了相關研究,功不可没。[①]不過,由於這批簡數量龐大,加上部分簡文墨迹漫漶,不夠清晰,通過對照圖版仔細校讀,可以發現部分釋文仍有未安之處,需進一步校補。爲方便起見,本文所涉諸簡皆先録寫校補後的釋文,再展開説明和討論。

一

五月戊辰丞相光下少府大鴻臚京兆尹定陶相承書從事下當用者京兆尹以

道次傳別書相報不報者重追之書到言

(E.P.T48：56,圖版見附圖 1)

第一行"定陶",《新簡》[②]作"定□",《集釋》[③]作"宗□"。從圖版字形來看,應作"定陶"。第二行"道",《新簡》和《集釋》皆作"□",從圖版殘存墨迹和文意來看,應作"道"。故該簡當讀作:

五月戊辰,丞相光下少府、大鴻臚、京兆尹、定陶相,承書從事,下當用者,京兆尹以道次傳,別書相報,不報者,重追之,書到言。

* 本文係國家社科基金重大項目"中國古文書學研究"(14ZDB024)的階段性成果。

"丞相光",即丞相孔光。《漢書・百官公卿表》:"(成帝綏和二年)三月丙戌,左將軍孔光爲丞相。"④同一天,漢成帝去世。《漢書・成帝紀》:"(綏和二年三月)丙戌,帝崩于未央宫。"⑤關於孔光拜受相印的詳情,見於《漢書・孔光傳》:"丞相方進薨,召左將軍光,當拜,已刻侯印書贊,上暴崩,即其夜於大行前拜受丞相博山侯印綬。"⑥綏和二年,丞相翟方進去世後,漢成帝於三月丙戌日召見左將軍孔光,準備拜他爲丞相,當時已經刻好了印章寫好了策書,漢成帝突然死去,於是當天夜裏,孔光在成帝靈柩前拜受丞相和博山侯印綬。

該文書以"丞相光"之名頒發,即孔光任丞相之職期間所下發的文書。孔光幾起幾落,根據他任丞相之職的年限,可以推定該文書的年代。孔光於成帝綏和二年三月丙戌,第一次擔任丞相,至哀帝建平二年四月乙未,被免職。⑦哀帝元壽元年七月丙午,孔光第二次擔任丞相,⑧至元壽二年五月甲子,改任大司徒。⑨該文書頒發於"五月戊辰",從孔光任丞相之職的年月來看,僅有綏和二年、建平元年、元壽二年這三個年份,孔光才能在五月以丞相之名下發文書。從日干支來看,綏和二年五月的朔日爲戊辰;建平元年五月的朔日爲壬辰,無戊辰日;元壽二年五月朔日爲癸亥,甲子日孔光已改任大司徒,故不會於此後的戊辰日以丞相之名下發文書。因此,只有綏和二年五月戊辰日,孔光才能以丞相之名下發文書。由此可推定該文書的年代爲綏和二年。

"定陶相",定陶王國之相。該文書特別下發至定陶王國,很可能與哀帝的出身有關。哀帝名劉欣,字和,是漢元帝劉奭之孫,漢成帝劉驁之侄,定陶恭王劉康之子,生母爲丁姬。由於漢成帝無子嗣,因此立定陶王劉欣爲太子。《漢書・成帝紀》載,綏和元年二月癸丑,詔曰:"朕承太祖鴻業,奉宗廟二十五年,德不能綏理宇内,百姓怨望者衆。不蒙天祐,至今未有繼嗣,天下無所係心。觀于往古近事之戒,禍亂之萌,皆由斯焉。定陶王欣於朕爲子,慈仁孝順,可以承天序,繼祭祀。其立欣爲皇太子。封中山王舅諫大夫馮參爲宜鄉侯,益中山國三萬户,以慰其意。賜諸侯王、列侯金,天下當爲父後者爵,三老、孝弟力田帛,各有差。"⑩《漢書・哀帝紀》有更爲詳細的記載:

孝哀皇帝,元帝庶孫,定陶恭王子也。母曰丁姬。年三歲嗣立爲王,長好文辭法律。元延四年入朝,盡從傅、相、中尉。時成帝少弟中山孝王亦來朝,獨從傅。上怪之,以問定陶王,對曰:"令,諸侯王朝,得從其國二千石。傅、相、中尉皆國二千石,故盡從之。"上令誦《詩》,通習,能説。他日問中山王:"獨從傅在何法令?"不能對。令誦《尚書》,又廢。及賜食於前,後飽。起下,襪係解。成帝由此以爲不能,而賢定陶王,數稱其材。時王祖母傅太后隨王來朝,私賂遺上所幸趙昭儀及帝舅票騎將軍曲陽侯王根。昭儀及根見上亡子,亦欲豫自結爲長久計,皆更稱定陶王,勸帝以爲嗣。成帝亦自美其材,爲加元服而遣之,時年十七矣。明年,使執金吾任宏守大鴻臚,持節徵定陶王,立爲皇太子。謝曰:"臣幸得繼父守藩爲諸侯王,材質不足以假充太子之宫。陛下聖德寬仁,敬承祖宗,奉順神祇,宜蒙福祐子孫千億之報。臣願且得留國邸,旦夕奉問起居,俟有聖嗣,歸國守藩。"書奏,天子報聞。後月餘,立楚孝王孫景爲定陶王,奉恭王祀,所以奬厲太子專爲後之誼。⑪

劉欣被立爲太子之後,成帝於綏和元年冬十一月,立楚孝王之孫劉景爲定陶王,以奉恭王之祀。⑫綏和二年三月,成帝駕崩。四月丙午,太子即皇帝位,謁高廟。尊皇太后曰太皇太后,皇后曰皇太后。大赦天下。賜宗室王子有屬者馬各一駟,吏民爵,百户牛酒,三老、孝弟力田、鰥寡孤獨帛。太皇太后詔尊定陶恭王爲恭皇。五月丙戌,立皇后傅氏。詔曰:"《春秋》'母以子貴',尊定陶太后曰恭皇太后,丁姬曰恭皇后,各置左右詹事,食邑如長信宫、中宫。"追尊傅父爲崇祖侯、丁父爲褒德侯。封舅丁明爲陽安侯,舅子滿爲平周侯。追謚滿父忠爲平周懷侯,皇后父晏爲孔鄉侯,皇太后弟侍中光禄大夫趙欽爲新成侯。⑬由此可見,哀帝即位之後,有上尊號、大赦天下、立皇后等一系列舉措,上述丞相孔光五月戊辰下發的文書,很可能就是爲了貫徹哀帝即位之初推行的某項舉措。從文書下發至少府、大鴻臚、京兆尹、定陶相來看,很可能涉及宗室成員的安置措施。

"以道次傳",指文書傳遞方式,即按郵路逐次傳遞。比如居延新簡E.P.T50:48:"七月癸亥,宗正丹〈下〉郡、司空、大司農,承書從事,下當用者,以道次傳,别書相報,不報者,重追之,書到言。"除了"以道次傳"之外,還有"以縣次傳"、"以次傳"、"以亭次傳"等。茲不贅舉。

二

☐甲溝守候得移過所遣隧長皇並賜

(E.P.T43∶298,圖版見附圖 2)

按:"甲",《新簡》未釋,《集釋》補釋作"甲",可從;"移",《新簡》作"□",《集釋》改作"移",可從;"過所",《新簡》和《集釋》皆作"□□",從圖版來看,應作"過所";"遣",《新簡》和《集釋》皆作"□",從圖版和文意來看,應作"遣";"皇",《新簡》作"□",《集釋》改作"皇",可從。故該簡當讀作:

☐甲溝守候得移過所,遣隧長皇並賜

"過所",這裏意指所經過之地。後來演變爲通關文書之名,相當於現今的通行證明。《漢書・匈奴傳》:"漢遣車騎都尉韓昌迎,發過所七郡,郡二千騎,爲陳道上。"顔師古注曰:"所過之郡,每爲發兵,陳列於道,以爲寵衛也。"

"移過所",即移送文書至所經過之地。居延新簡 E.P.T26∶1:"建武三年十月乙亥,甲渠候君移過所,遣城北隧長(後缺)。"居延漢簡 170.3:"元延二年七月乙酉,居延令尚、丞忠移過所縣道河津關,遣亭長王豐以詔書買騎馬酒泉、敦煌、張掖郡中。當舍傳舍,從者如律令。/守令史詡、佐褒。七月丁亥出。"[⑭]敦煌懸泉漢簡 I0210①∶63:"建始二年三月戊子朔乙巳,氐池長延壽移過所,遣傳舍佐普就爲詔送徒民敦煌郡,乘軺車一乘,馬一匹。當舍傳舍,從者如律令。/掾長、令史臨、佐光。·四月己亥過,西。"敦煌懸泉漢簡 I0110①∶5:"永始二年三月丙戌朔庚寅,濼涫長崇、守丞延移過所,遣□佐王武逐殺人賊朱順敦煌郡中。當舍傳舍,從者如律令。"[⑮]

除了"移過所"之外,也有作"謂過所"者,含義相類。比如,敦煌懸泉漢簡Ⅱ0114④∶338:"甘露三年四月甲寅朔庚辰,金城太守賢、丞文謂過所縣、道官,遣浩亹亭長桼(漆)賀,以詔書送施刑伊循。當舍傳舍,從者如律令。"敦煌懸泉漢簡Ⅱ0115③∶99:"甘露三年九月壬午朔甲辰,上郡太守信、丞欣謂過所,遣守屬趙稱逢迎吏騎士從軍烏孫罷者敦煌郡。當舍傳舍,從者如律令。十月,再食。"

三

吞北隧卒居延陽里士伍蘇政年廿八　詐復爲庸數逋亡離署不任候望　(E.P.T40∶41,圖版見附圖3)

"詐",《新簡》和《集釋》皆作"□",從圖版字形來看,應作"誁(詐)"。簡文當讀作:

吞北隧卒居延陽里士伍蘇政,年廿八,詐復爲庸,數逋亡,離署,不任候望。

"詐復",即假冒被免除賦役者。從相關律令規定來看,"詐"、"詐僞"的行爲根據事項和後果的嚴重程度,會受到相應的處罰。如:

諸誁(詐)增減券書,及爲書故誁(詐)弗副,其以避負償,若受賞賜財物,皆坐臧(贓)爲盜。其以避論,及所不當【得爲】,以所避罪罪之。所避毋罪名,罪名不盈四兩,及毋避也,皆罰金四兩。

(張家山漢簡《二年律令·賊律》14—15簡)

譯訊人爲誁(詐)僞,以出入罪人,死罪,黥爲城旦舂;它各以其所出入罪反罪之。　(張家山漢簡《二年律令·具律》111簡)

數人共捕罪人而獨自書者,勿購賞。吏主若備盜賊、亡人而捕罪人,及索捕罪人,若有告劾非亡也,或捕之而非群盜也,皆勿購賞。捕罪人弗當,以得購賞而移予它人,及誁(詐)僞,皆以取購賞者坐臧(贓)爲盜。　(張家山漢簡《二年律令·捕律》154—155簡)

田宅當入縣官而誁(詐)代其户者,令贖城旦,没入田宅。

(張家山漢簡《二年律令·户律》319簡)

諸誁(詐)僞自爵免、爵免人者,皆黥爲城旦舂。吏智(知)而行者,與同罪。　(張家山漢簡《二年律令·爵律》394簡)

□、相國上内史書言,請諸誁(詐)襲人符傳出入塞之津關,未出入而得,皆贖城旦舂;將吏智(知)其請(情),與同罪。·御史以聞。·制曰:可,以闌論之。

(張家山漢簡《二年律令·津關令》496—497簡)

十五、相國、御史請郎騎家在關外,騎馬節(即)死,得買馬關中人一匹以補。郎中爲致告買所縣道,縣道官聽,爲質〈致〉告居縣,受數而籍書馬職(識)物、齒、高,上郎中。節(即)歸休、徭使,郎中爲傳出津關。馬死,死所縣道官診上。其詐(詐)貿易馬及僞診,皆以詐(詐)僞出馬令論。其不得買及馬老病不可用,自言郎中,郎中案視,爲致告關中縣道官,賣更買。·制曰:可。

(張家山漢簡《二年律令·津關令》513—515簡)⑯

"爲庸",這裹意指替人服役戍邊獲取報酬。謝桂華先生對漢代的取庸代戍制度作過專門的研究。他指出,雖然漢代的徭戍名義上是義務服役制,凡是適齡者皆要盡戍邊的義務,但實際上不僅丞相之子不需自行戍邊,即使一般編户齊民,也可用錢取庸代戍。漢代的取庸代戍制度,在籍貫、年齡、爵稱、取庸代戍的期限、庸價等方面,皆有明確的具體規定。比如籍貫,雇主和被雇者均爲同縣人。年齡大致限定在法定的服役範圍内。被雇者的爵位一般與雇主同級,或者低於雇主。⑰

四

居延甲渠候官第十隧長公乘徐譚功將
中功一勞二歲
其六月十五日河平二年三年四年秋試射以令賜勞
(以上爲第一欄)
能書會計治官民頗知律令文
應令 (以上爲第二欄)
居延鳴沙里家去大守府千六十三里
爲吏五歲三月十五日
其十五日河平元年陽朔元年病不爲勞 (以上爲第三欄)
産居延縣
居延縣人 (以上爲第四欄)

(E.P.T50:10,圖版見附圖4)

第二欄第二行"應",《新簡》作"□",謝桂華先生根據文例擬補爲"應",⑱胡平生先生亦據殘存墨迹補作"應",⑲《集釋》作"遷"。從圖版字形和文意來看,謝桂華先生和胡平生先生的補釋可從,當作"應"。以往皆將"應令"二字置於第一欄第三行末,從圖版來看,應爲第二欄第二行。

第四欄"産居延縣"、"居延縣人",《新簡》和《集釋》皆分别置於第二欄和第三欄,從圖版來看,應爲第四欄。[20]故該簡當讀作:

居延甲渠候官第十隧長公乘徐譚功將:中功一,勞二歲,其六月十五日,河平二年、三年、四年秋試射,以令賜勞。能書、會計、治官民,頗知律令,文。應令。居延鳴沙里,家去大守府千六十三里。爲吏五歲三月十五日,其十五日,河平元年、陽朔元年病不爲勞。産居延縣。居延縣人。

"秋試射",又稱"秋射",即秋天舉行騎射會試,史籍中通常稱爲"都試"。漢代已經形成了比較完備的秋射制度,對射箭成績及相應的奬懲有專門的律令規定:

·功令第卌五:候長、士吏皆試射,射去埻帘、弩力,如發弩。發十二矢,中帘矢六爲程,過六,矢賜勞十五日。 (居延漢簡 45.23)

·功令第卌五:士吏、候長、烽隧長,常以令秋試射,以六爲程,過六賜勞,矢十五日。 (居延漢簡 285.17)

☑□發十二矢,中帘六爲程,過六及不滿六,賜、奪勞,矢各十五日。

(居延新簡 E.P.T11:1)

謝桂華先生以出土簡牘資料爲基礎,對漢代邊塞的秋射制度作了專門的研究,其基本結論包括以下幾點:(一)根據功令第四十五條的規定,部隧吏員包括士吏、候長、烽隧長,皆須參加每年秋季的試射,時間爲七月或八月,地點在候官。(二)功令不僅對參加秋射的吏員作了規定,而且對秋射的射程、弩力、發矢數、中帘矢數和賜勞或奪勞日數,均作了明確規定。(三)秋射必須由長吏主持會試,並將參加秋射的吏員所屬的官署(包括郡、都尉府、候官)、本人所任職務、爵位、姓名以及發矢數、中帘矢數,逐一登記,編製成秋射名籍,作爲申報或核准賜勞或奪勞的憑證。(四)由候官爲其下屬參加秋射的吏員,根據都尉府的指示,起草向都尉府報請賜勞或奪勞的秋射爰書,並將秋射名籍作爲附件,一道呈報給都尉府核准。[21]

"應令",符合律令或者命令的規定。這裏的令,很可能就是指"功令",即考績計算功勞的法令。目前所見第四十五條有關秋射的相關規定只是其中之一。秋射之後根據射箭成績申請相應的功勞時,須經長官審核,審核的内容包括弩力、埻帑、發矢數、中矢數等是否符合相關規定,如果符合,則注明"應令",然後集中上報。比如:

> 甘露二年八月戊午朔丙戌,甲渠令史齊敢言之:第十九隧長敞自言,當以令秋射署功勞。即石力、發弩、矢數、埻帑,[22]皆應令。甲渠候漢彊、守令史齊署發、中矢數于牒,它如爰書。敢言之。
>
> (居延新簡 E.P.T53:138)

秋射成績經過核准之後,會將相應的功勞獎賞計入個人的功勞名籍之中。同時也會注明"應令",表示其功勞計算符合"功令"的相關規定。前述居延新簡 E.P.T50:10,即是居延甲渠候官第十隧長徐譚的功勞墨將名籍。根據記録,徐譚的功勞中,有六個月十五日是河平二年、三年和四年這三個年份參加秋射所獲得的獎勵。按照功令第四十五條的規定:"發十二矢,中帑矢六爲程,過六,矢賜勞十五日。"據此可推知,他在三年的秋射中,除了射中達標的六箭之外,還另外射中了十三箭,每箭獎勵勞十五日,一共一百九十五日,即六個月零十五日。

某些吏卒的功勞名籍的記録,只有功勞總數,没有提及計算依據,但依然會注明"應令",表示其功勞計算的合法性,比如:

> 延城甲溝候官第三十隊長上造范尊:中勞十月十桼日。能書、會計、治官民,頗知律令,文。年三十二歲,長桼尺五寸。應令。居延陽里,家去官八十里。屬延城部。 (居延新簡 E.P.T59:104)
>
> ☐候官窮虜隧長簪褭單立:中功五,勞三月。能書、會計、治官民,頗知律令,文。年卅歲,長七尺五寸。應令。居延中宿里,家去官七十五里。屬居延部。 (居延漢簡 89.24)

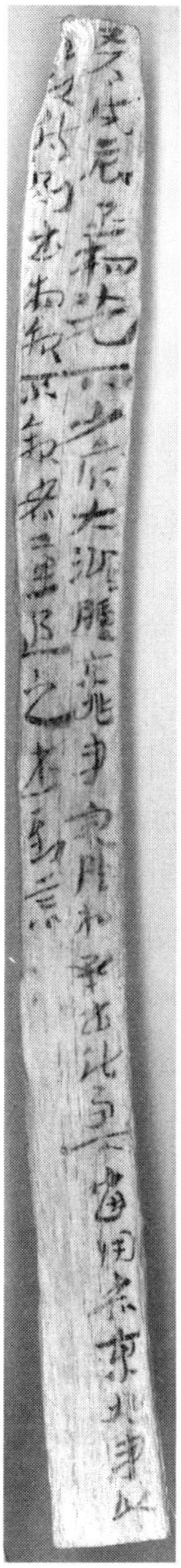

E.P.T48：56

附圖 1

E.P.T43：298

附圖 2

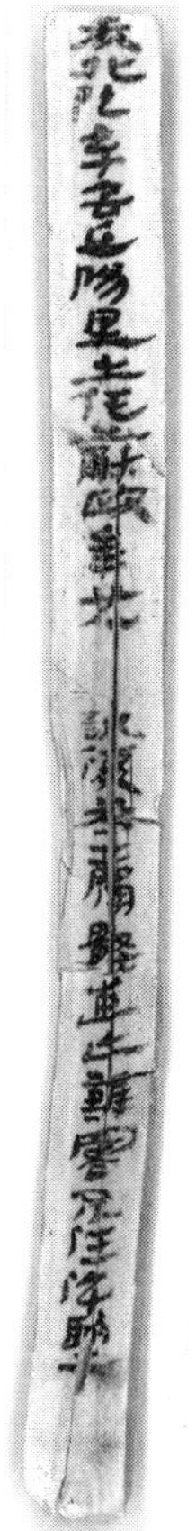

E.P.T40：41

附圖 3

E.P.T50：10

附圖 4

附記:本文曾提交華東政法大學法律古籍整理研究所、湖南大學嶽麓書院、湖南大學法學院與中國法律史學會法律古籍整理專業委員會主辦的“第七届出土文獻與法律史研究學術研討會”(2017 年 12 月 11—12 日)和北京師範大學古籍與傳統文化研究院主辦“出土文獻研究的新進展暨京師出土文獻研讀班年終學術報告會”(2017 年 12 月 15 日)討論,與會學者提出了不少寶貴的意見,謹致謝忱!

注 釋

① 1990 年,甘肅省文物考古研究所、甘肅省博物館、文化部古文獻研究室、中國社會科學院歷史研究所合編《居延新簡——甲渠候官與第四燧》32 開平裝本,由文物出版社出版,公布了甲渠候官和第四隧遺址出土簡牘的釋文,無圖版。1994 年,甘肅省文物考古研究所、甘肅省博物館、中國文物研究所、中國社會科學院歷史研究所合編《居延新簡——甲渠候官》8 開精裝本,由中華書局出版,公布了甲渠候官與第四隧遺址出土簡牘的釋文和圖版,又增加了 1972 年至 1982 年間在居延地區及復查甲渠候官遺址時所獲簡牘的釋文和圖版。2001 年,中國簡牘集成編輯委員會編,初世賓、張德芳主編《中國簡牘集成》第九至十二册《居延新簡》一至四,由敦煌文藝出版社出版,對簡文作了標點和注釋。2013 年,馬怡、張榮强主編《居延新簡釋校》,由天津古籍出版社出版,對簡文進行了釋校。2016 年,張德芳主持編纂《居延新簡集釋》,由甘肅文化出版社出版,重新拍攝公布了這批簡牘的彩色圖版和紅外圖版,在吸收以往成果的基礎上,對照新的圖版,對釋文進行了全面的校訂,同時對簡文中涉及的人名、地名、職官、曆法、典章、名物、事件、語詞、稱謂等進行通解集釋,爲學界提供了更爲準確的新釋文本。

② 甘肅省文物考古研究所、甘肅省博物館、中國文物研究所、中國社會科學院歷史研究所:《居延新簡——甲渠候官》,中華書局,1994 年。本文簡稱“《新簡》”。本文所引居延新簡,凡未特别注明者,皆出自此書,不另注。引用簡文標明簡號,不注頁碼。

③ 張德芳主編:《居延新簡集釋》,甘肅文化出版社,2016 年。本文簡稱“《集釋》”。

④《漢書》卷一九《百官公卿表》,中華書局,1962 年,第 843 頁。

⑤《漢書》卷一〇《成帝紀》,第 330 頁。

⑥《漢書》卷八一《孔光傳》,第 3356 頁。

⑦《漢書》卷一九《百官公卿表》:“(哀帝建平二年)四月乙未,丞相光免。”(第 845 頁)

⑧《漢書》卷一九《百官公卿表》:“(哀帝元壽元年)七月丙午,御史大夫孔光爲丞相。”(第 849 頁)

⑨《漢書》卷一九《百官公卿表》:“(哀帝元壽二年)五月甲子,丞相光爲大司徒,九月辛酉爲太傅。”(第 852 頁)

⑩《漢書》卷一〇《成帝紀》,第 328 頁。

⑪《漢書》卷一一《哀帝紀》,第 333—334 頁。

⑫《漢書》卷一〇《成帝紀》,第 329 頁。

⑬《漢書》卷一一《哀帝紀》,第 334—335 頁。

⑭ 謝桂華、李均明、朱國炤:《居延漢簡釋文合校》,文物出版社,1987 年。本文所引居延漢簡,凡未特別注明者,均出自此書,不另注。引用簡文標明簡號,不注頁碼。

⑮ 胡平生、張德芳:《敦煌懸泉漢簡釋粹》,上海古籍出版社,2001 年。本文所引敦煌懸泉漢簡,凡未特別注明者,均出自此書,不另注。引用簡文標明簡號,不注頁碼。

⑯ 彭浩、陳偉、工藤元男主編:《二年律令與奏讞書——張家山二四七號漢墓出土法律文獻釋讀》,上海古籍出版社,2006 年。

⑰ 謝桂華:《漢簡和漢代的取庸代戍制度》,原載甘肅省文物考古研究所編:《秦漢簡牘論文集》,甘肅人民出版社,1989 年;後收入其所著《漢晉簡牘論叢》,廣西師範大學出版社,2014 年。

⑱ 謝桂華:《居延簡所見秋射及其相關文書考述》,原載《炎黄春秋》增刊《炎黄文化研究》第 5 期,1998 年 12 月;後收入其所著《漢晉簡牘論叢》。

⑲ 胡平生:《居延漢簡中的功與勞》,《文物》1995 年第 4 期。

⑳ 此乃北京師範大學歷史學院汪桂海先生的教示。

㉑ 謝桂華:《居延簡所見秋射及其相關文書考述》,原載《炎黄春秋》增刊《炎黄文化研究》第 5 期,1998 年 12 月;後收入其所著《漢晉簡牘論叢》。

㉒“矢數、埻帑”,原作“矢□、弩臂”,今據圖版字形及文意改。

讀肩水金關漢簡《張宣與稚萬書》

劉樂賢(首都師範大學歷史學院)
出土文獻與中國古代文明研究協同創新中心

肩水金關漢簡《張宣與稚萬書》抄寫在73EJT30：28號木牘的正面，保存較爲完好，唯左邊靠上的部分有少量殘損(見附圖)。[①]該木牘背面的文字也是書信，但内容與此信無關，應當是另外一封書信，[②]故這裏不一併進行討論。

先將整理者的釋文按原行款録出：

宣伏地言

稚萬足下善毋恙勞道決府甚善願伏前會身小不快更河梁難以故不至門下

拜謁幸財罪請少偷伏前因言累以所市物謹使=再拜受幸

願稚萬以遺使天寒已至須而以補願斗食遺之錢少不足請知數

推奏叩頭幸甚謹持使奉書宣再拜

□□　　　　　　　張宣　　　　　　　(73EJT30：28A)[③]

該書信在文字辨識方面的問題較少，但在句讀及文意理解方面卻有一些需要仔細斟酌的地方。就瀏覽所及，只知有孫春葉、侯旭東等學者引述過這件書信的釋文，並爲其加了標點。

孫春葉的標點是：

宣伏地言：

稚萬足下，善毋恙，勞道決府，甚善，原伏前會身小不快，更河梁難以故不至門下拜謁幸，財罪請，少偷伏前因言累以所市物，謹使使再拜，受幸原稚萬以遺使，天寒已至須而以補願斗食遺之，錢少不足請知數推奏叩頭,幸甚。謹持使奉書。宣再拜。

□□　　　　　　張宣　　　　　　(73EJT30：28A)④

侯旭東的標點是:

宣伏地言

稚萬足下:善毋恙,勞道決府,甚善。願伏前會,身小不快,更河梁難,以故不至門下/拜謁,幸財罪。請少偷伏前,因言累以所市物謹使使再拜受,幸/願稚萬以遣使。天寒已至,須而以補,願斗食,遣之。錢少不足,請知數/推奏。叩頭幸甚,謹持使奉書,宣再拜

□□張宣　　　　　　(73EJT30：28A)⑤

孫春葉將該書信的大意概括爲:"宣向稚萬表達了因病不能親自登門拜訪的歉意,傳達了對受信人的慰問。"⑥侯旭東認爲:"張宣給稚萬的信是在告知他本希望在伏日前去拜謁,因病和事務未能成行,'請少偷伏前'的'偷'當通'踰',表示稍過幾天。不能親往拜謁,則遣使並要呈上禮物。伏日與臘日一樣,是個重要節日,下級利用此機會拜謁上級,恐亦是常態。"⑦

我們讀後覺得,孫春葉的斷句問題較多,對全信大意的概括也不準確。侯旭東的斷句大都比孫春葉合理,但由於對其中"伏"字的含義理解不當,故對全信大意的概述也不可信。因此,這裏仍有必要對該信的内容再作討論。

下面,拟先對其中一些字詞或句子進行解釋,然後再分析寫信人撰寫此信時的意圖或動機。

該信共計六行。

第一行"宣伏地言"的"宣"是寫信人的名字,在第六行末尾又署作"張宣",故知此人姓張名宣。寫信人張宣自稱時用名,符合漢代的書信禮儀。第二行的"稚萬"是收信人的名字。按照漢代的書信禮儀,寫信人要用字來稱呼對方,此處"稚萬"就是以字相稱。

第二行在"勞道"處最好讀斷。因爲"勞道"和"決府",説的是兩件事。勞道,漢代書信或作"苦道",如肩水金關漢簡《轉與幼卿書》的開頭説:"轉伏地再拜請:幼卿足下善毋(無)恙,甚苦道,來至,甚善。"(73EJT30：27+T26：21A)⑧敦煌懸泉置出土帛書《元與子方書》的開頭説:"元伏地再拜請:子方足下善毋(無)恙,苦道。子方發,元失候不侍駕,有死罪。"⑨漢代人在相逢或寫信問候時往往要互道"勞苦",如《漢

書·張耳陳餘傳》載泄公奉命去探視在獄中受審的故人貫高時,貫高"印視泄公,勞苦如平生歡",顏師古注:"勞苦,相勞問其勤苦也。"[10]《後漢書·岑彭列傳》載岑彭等人圍攻朱鮪堅守的洛陽而不能下時,"帝以彭嘗爲鮪校尉,令往説之。鮪在城上,彭在城下,相勞苦歡語如平生"。[11]勞苦,有時也可以省寫作"苦"。《後漢書·王良列傳》載王良任大司徒司直時,"在位恭儉,妻子不入官舍,布被瓦器。時司徒史鮑恢以事到東海,過候其家,而良妻布裙曳柴,從田中歸。恢告曰:'我司徒史也,故來受書,欲見夫人。'妻曰:'妾是也。苦掾,無書。'"李賢注:"掾,即謂鮑恢,司徒之掾史也。言勞苦相過,更無書信。"[12]上述漢代書信"勞道"或"苦道"中的"勞"或"苦",顯然也是這種用法。有學者將上引《元與子方書》中的"苦道子方發"連讀,以爲"苦道"是一個位於敦煌附近的地名,[13]不確。另有學者將"苦道"理解爲路途辛苦,[14]可從。"勞道"或"苦道"都是書信中的問候語,是説對方即收信人在路上辛苦或勞累了的意思。

決,或作"訣",訣别。決府,在"府"告别。西北漢簡中所説的"府",在大多數情況下是指都尉府。張宣和稚萬上次可能是在都尉府分手的。簡文"決府,甚善"大致是説,上次在都尉府分手後您一切都好。

"願伏前"處也應當讀斷。此處及第三行"伏前"的"伏"字皆爲動詞,與伏日無關。類似表述在漢簡特别是書信簡中常見,如肩水金關漢簡《孫賞與宋巨卿書》中有"欲伏前面相見"(73EJT23：359A),[15]居延漢簡《蕭晏與李子真書》中有"屬見,願伏前,暑不敢"(35.20A),[16]居延新簡《忠與尊長定書》中有"宜當伏前謝"(EPT56：347A)。[17]傳世文獻中也有類似用例,如《新書·益壤》:"臣誼竊昧死,願得伏前陳施,下臣誼所以爲治安,陛下幸以少須臾之間聽,以驗之於事,未有妨損也。"[18]《漢書·霍光傳》:"太后被珠襦,盛服坐武帳中,侍御數百人皆持兵,期門武士陛戟,陳列殿下。羣臣以次上殿,召昌邑王伏前聽詔。"[19]這些句子中的"伏"字,都是俯伏或匍匐在地的意思,與漢代書信中常見的"伏地"或"伏地再拜"中的"伏"字用法一致。可能是由此引申,"伏"字又成爲了一個表示尊敬對方的敬詞。古書中"伏"字的這種用法,多見於臣下向君主的上奏文字當中。如《史記·孝文本紀》:"丞相平等皆曰:臣伏計之,大王奉高帝宗廟最宜稱,雖天下諸侯萬民以爲宜。"[20]《漢書·薛宣傳》:"臣竊伏思其一端,殆吏多苛政,政教煩碎,大率咎在部刺史,或不循守條職,舉錯各以其意,多與郡縣事,至開私門,聽讒佞,以求吏民過失,譴呵及細微,責義不量力。"[21]出土文獻中"伏"字的這種用例分布較廣,在臣下向君主的上奏文字中可以見到,在其他場合也可以見到。見於臣下向君主上奏文字的,如敦煌馬圈灣漢簡"臣厶伏自念,天姓愚頓,未有以結誠達信"(970)。[22]見於其他場合的,如居延新簡"將軍仁恩,不忍誅傷,伏自念,毋(無)以塞厚恩。叩頭,死罪死罪"(EPT65:197),[23]肩水金關漢簡"寒時,壽伏願長倩茆(節)衣,强幸酒食,慎出入"(73EJH2:47A)。[24]此處"願伏前"的"伏"字,還是以理解爲俯伏或匍匐更爲合理。願伏前,是願意俯伏於您跟前的意思。

"會身小不快"處也應當讀斷。會身小不快,是碰上身體有小恙的意思。不快,不適,有病。《三國志·魏書·方技傳·華佗》:"又有一士大夫不快,佗云:'君病深,當破腹取。然君壽亦不過十年,病不能殺君,忍病十歲,壽俱當盡,不足故自刳裂。'"[25]《後漢書·方術列傳·華佗》:"體有不快,起作一禽之戲,怡而汗出,因以著粉,身體輕便而欲食。"[26]小不快,小恙,小病。

"更河梁難"處也可以讀斷。河梁,橋梁。更,可以訓爲動詞"經",也可以訓爲連詞"與"或"和"。

第二行至第三行間的"以故不至門下拜謁"是一句,意思十分清楚,不應再與别的字詞連讀。

第三行的"幸"與"財罪"應當連讀爲一句。在居延新簡的一封書信殘簡中,也有"幸財罪"之語(EPT51:233B)。[27]幸,希望。財,通"裁"。《漢書·食貨志上》:"其後,上郡以西旱,復修賣爵令,而裁其賈以招民;及徒復作,得輸粟於縣官以除罪。"顔師古注:"賈讀曰價。裁謂減省之也。"[28]幸財(裁)罪,希望減省(我因病不能前來問安的)罪過。

少偷,古書作"少愈",也作"小愈",是疾病稍有痊癒的意思。《史記·封禪書》:"神君言曰:'天子無憂病。病少愈,彊與我會甘泉。'"[29]《孟子·公孫丑下》:"孟仲子對曰:'昔者有王命,有采薪之憂,不能造朝。今病小愈,趨造於朝,我不識能至否乎?"[30]居延漢簡中的"偷"字,多用作表示病癒的"愈"字。如居延漢簡52.12號"飲藥廿齊不偷它如爰書"、58.26號"病年月日署所病偷不偷狀名籍候官如律令"中的"偷"字,裘錫圭已經指出應讀作"愈"。[31]漢簡中表示病癒的"愈"字有時也寫作"瘉",如武威漢代醫簡第一類簡第10號"治諸癃(癃):石癃(癃)出石,血癃(癃)出血,膏癃(癃)出膏,泔癃(癃)出泔,此五癃(癃)皆同樂(藥)治之。茱、薑、瞿麥各六分,兔糸(絲)實、滑石各七分,桂半分,凡六物,皆冶合,以方寸匕飲酒,日六七,病立瘉(愈),石即出。”整理者注:“‘瘉’即‘愈’字,《流沙墜簡》醫方簡,‘愈’亦作‘瘉’。”[32]請少偷(愈)伏前,請允許我病情稍好以後俯伏於您跟前請安。這裏的“伏前”,與前面已經解釋過的“伏前”用法一致。

“因言”處,顯然也應當讀斷。

“累以所市物”也可以讀斷,意謂煩累您所購買的物品。這裏的“市”作動詞用,是購買的意思。

“謹使使再拜受”也宜讀斷,是説謹派專人前來領取。此處要領取或接受的,就是前文“累以所市物”中所説的“物”。

第三行至四行間的“幸願稚萬以遣使”也應作一句讀,是説希望稚萬讓來取東西的人把東西取走。

第四行“天寒已至”以後,“須而以補,願斗食遣之”等句頗不易解。從上下文猜測,這一段文字可能是説寒冷季節已至,我等著進補,希望您能讓人帶來一些食物。其中個别字詞的確切所指,尚待進一步研究。

“錢少不足”與“請知數”,是前後相承的兩句話。意思是説,錢少了或不夠的話,請告知數字。此處“少”與“不足”語義相近,似嫌重複,但古書和出土文獻確實可以如此表達。劉向《戰國策書録》:“護左都水使者光禄大夫臣向言:所校中《戰國策》書,中書餘卷,錯亂相糅莒,又有國别者八篇,少不足。”[33]居延新簡 EPT6∶75:“告第三候長,移三月以往卒食少不足名,至今不移,趣之毋到”。[34]知,告知。大概張宣以前在請稚萬幫忙購物時已經留下過一些錢,故有此問。

第五行首字,整理者釋作“推”。該字原作“”形,釋“推”恐不可信。將其右邊與收信人“稚萬”中“稚”字作“”的右邊比較,可以看出二者判然有别。其中區别最爲明顯的,是該字右邊下面的“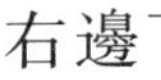”形爲“稚”字右邊所从的“隹”所無。兩字右邊的上面部分,也存在明顯差别。該字右邊明顯是“逢”,故該字應當改釋爲“摓”。“摓”字也見於居延漢簡《周仁與范掾書》(157.10A)[35]及另一封書信殘簡的背面(193.11+193.27B)。[36]邢義田説,“摓即奉或捧”,[37]可從。《史記·龜策列傳》:“夫摓策定數,灼龜觀兆,變化無窮,是以擇賢而用占焉,可謂聖人重事者乎!”司馬貞索隱:“徐廣摓音逢。摓謂兩手執蓍分而扐之,故云摓策。”[38]《集韻·鍾韻》:“搼、拌、捧,奉也。孫佃曰:兩手分而數,或省,亦作捧,

通作撻。"[39]可見,"撻"是"搼"或"捧"的異構,與"奉"也是音義俱近。此處"撻奏"二字連讀,應大致相當於"奉奏"。"奉奏"連用亦見於敦煌出土的帛書《政與幼卿君明書》,其所在文句是"未有奉奏"。[40]"奏"字在漢代書信及地方行政文書中多用作動詞,用法與"進"、"上"等相近,所"奏"對象較廣,與傳世文獻中的"奏"字主要用於臣下向帝王進言陳事不盡一致。此處"撻奏"的"撻"字應讀爲"奉",可以訓爲"進",與"奏"同義;也可以理解爲敬詞,即書信中常見的"奉聞"的"奉"。

第五行"謹持使奉書"的"持"字,左邊字形已經殘去,不易確釋。整理者釋作"持",與殘存字迹雖然相合,但文意不好解釋。今按:"傅"、"傳"等字的草書,其右邊的寫法也能與此處殘存筆迹相合。可見,該字未必只有釋"持"一種可能。可惜迄今尚未想到一種在字形和文意兩方面都很恰當的説法,故暫時只好當作不識字處理。

第六行上部殘損嚴重,現在只能看出兩個字的部分筆迹,整理者釋文以"□□"表示。今按:這兩個字的殘存筆畫與前面曾兩次出現的"稚萬"二字相近,似可釋爲"稚萬"。從文例看,此處釋作"稚萬"也很合適。"稚萬"下面是否還有文字,或還有幾個字,現在已經難以估計。按照慣例,釋文可以暫且在"稚萬"後面加上"☑"號。

根據上面的考釋,可以將這一書信重新釋寫並標點於下:

> 宣伏地言/:
>
> 稚萬足下善毋(無)恙。勞道,決府,甚善。願伏前,會身小不快,更河梁難,以故不至門下/拜謁。幸財(裁)罪,請少偷(愈)伏前。因言:累以所市物,謹使使再拜受,幸/願稚萬以遣使。天寒已至,須而以補,願斗食遣之。錢少不足,請知數/。撻(奉)奏,叩頭,幸甚,謹□使奉書,宣再拜/。
>
> 稚萬☑　　　　　　　　　　　　　　　　　張宣
>
> (73EJT30:28A)

從表面看,此信的大意似乎像上述孫春葉所説,是寫信人張宣"向稚萬表達了因病不能親自登門拜訪的歉意,傳達了對受信人的慰問"。實際上,因故不能親自前往而需要委託他人代爲拜訪或辦事時,寫信人先向收信人致歉或問候,是大多數書信都會有的客套之辭,此信自然也不例外。在我們看來，其中“累以所市物，謹使使再拜受，幸願稚萬以遣使”，及後面“天寒已至，須而以補，願斗食遣之。錢少不足，請知數”等句，才是反映張宣此次寫信的確切目的。原來，張宣以前曾委託稚萬代購物品，並留下過貨款。張宣此次派人前往稚萬處，在向稚萬致歉和慰問的同時，更重要的是要讓人取回託稚萬代購的物品，並想弄清楚以前留下的貨款是否夠用。

總之，張宣此次寫信並非只是爲了向稚萬致歉或表示慰問，也與所謂伏日拜謁上級或派人向上級送禮無關。張宣此次寫信的目的甚爲明確，就是要派人去稚萬處取回以前委託稚萬購買的物品，並想確認以前給稚萬留下的貨款是否夠用。此外，“天寒已至，須而以補，願斗食遣之”等句，可能也是張宣此次寫信時的目的之一。

此信的收信人“稚萬”，目前已無綫索可考。寫信人“張宣”的名字，在居延漢簡中還能見到，或與此處的張宣是同一個人。例如，肩水金關漢簡中有涉及張宣籍貫的殘文，“吉佐並敢告尉史步昌里張宣自言取”（73EJT4：41A）。[41]居延漢簡中還有張宣擔任過隧長職務的記載，如“弟十二隧長張宣迺十月庚戌擅去署私中部辟買榆木壹宿”（82.2），[42]“校甲渠候移正月盡三月四時吏名籍，第十二隧長張宣史。案府籍，宣不史。不相應，解何？”（190.30+129.22）。[43]居延漢簡中還有令史張宣曾與尉史史承禄等同時任職的記載，如一件文書中有“令史張宣粟三石三斗三升少□”和“尉史史承禄粟三石三斗”（142.9+139.20）等記録。[44]學者參照史承禄在初元元年開始擔任甲渠尉史的記載，推斷張宣應當是初元年間的甲渠令史。[45]如果這些記載中的張宣就是《張宣與稚萬書》中的張宣的話，則此信的寫信人張宣應當是曾經在甲渠候官工作過的一位戍吏。不過，漢代人同姓名的情況較爲常見，上述聯繫和推測是否合乎事實，有待今後發現更多相關材料以後才能確定。

附記：本文初稿曾作爲《讀居延漢簡中的幾封書信》的一部分，於2018年2月1日、2018年6月2日分别在“中研院”歷史語言研究所和吉林大學古籍研究所演講。現將其獨立爲一文，並作了適當修改。修改時蒙胡敕瑞先生指正，得以改正若干錯誤，如將“伏前”的“伏”而不是“前”理解爲動詞，就是出自胡敕瑞先生的啓發。在此，謹向“中研院”歷史語言研究所和吉林大學古籍研究所的同仁及胡敕瑞先生致謝。

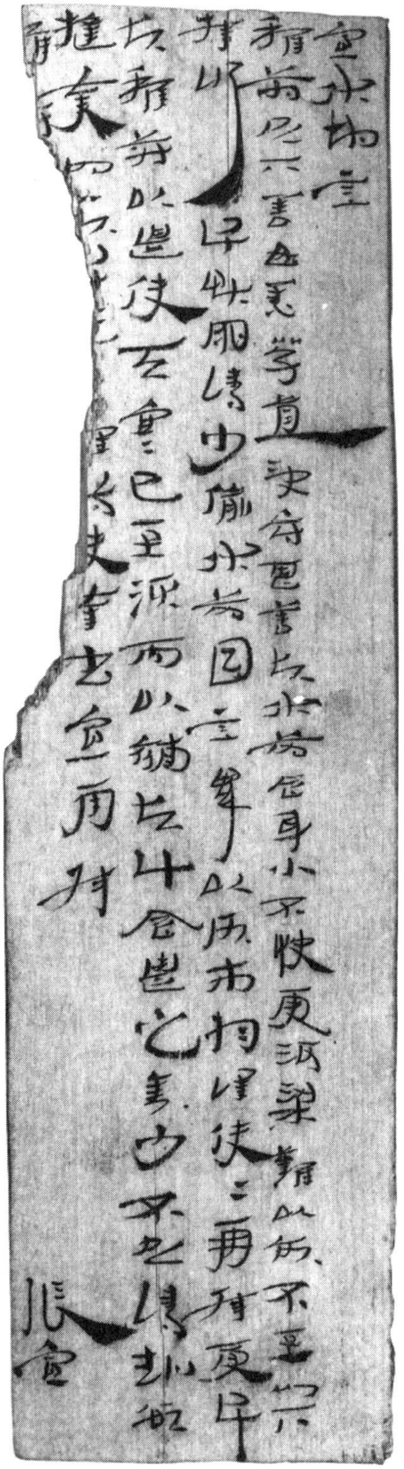

附圖　肩水金關漢簡 73EJT30：28A

注 釋

① 甘肅簡牘博物館等:《肩水金關漢簡(叁)》,中西書局,2013 年,中册第 172 頁。

② 侯旭東已經指出,該木牘"正反面各爲一信,發信人一爲張宣,一名爲禹,不清楚爲何書寫在一枚木牘兩面"。他在注釋中又説,"2015 年 11 月 8 日游逸飛先生來信,認爲可能是收信人保留的副本,可爲一説"。侯旭東:《寵:信—任型君臣關係與西漢歷史的展開(下)》,《清華大學學報(哲學社會科學版)》2017 年第 1 期,第 105 頁。

③ 甘肅簡牘博物館等:《肩水金關漢簡(叁)》,下册第 106 頁。

④ 孫春葉:《西北書信漢簡研究》,鄭州大學碩士學位論文,2016 年,第 26 頁。

⑤ 侯旭東:《寵:信—任型君臣關係與西漢歷史的展開(下)》,《清華大學學報(哲學社會科學版)》2017 年第 1 期,第 105 頁。

⑥ 孫春葉:《西北書信漢簡研究》,第 26 頁。

⑦ 侯旭東:《寵:信—任型君臣關係與西漢歷史的展開(下)》,《清華大學學報(哲學社會科學版)》2017 年第 1 期,第 105 頁。

⑧ 甘肅簡牘博物館等:《肩水金關漢簡(叁)》,中册第 171 頁。

⑨ 甘肅省文物考古研究所:《敦煌懸泉漢簡釋文選》,《文物》2000 年第 5 期,第 39 頁,圖版見封二。釋文據照片略有改動。

⑩《漢書》,中華書局,1962 年,第 1841 頁。

⑪《後漢書》,中華書局,1965 年,第 655 頁。

⑫《後漢書》,第 933 頁。

⑬ 王冠英:《漢懸泉置遺址出土元與子方帛書信札考釋》,《中國歷史博物館館刊》1998 年第 1 期,第 59 頁。

⑭ 胡平生、張德芳:《敦煌懸泉漢簡釋粹》,上海古籍出版社,2001 年,第 188 頁。

⑮ 甘肅簡牘保護研究中心等:《肩水金關漢簡(貳)》,中西書局,2012 年,中册第 165 頁。

⑯ 簡牘整理小組:《居延漢簡(壹)》,"中研院"歷史語言研究所,2014 年,第 112 頁。按:"頋"字諸家皆釋作"頃",兹據文例改釋爲"頋"。

⑰ 馬智全:《居延新簡集釋(四)》,甘肅文化出版社,2016 年,第 233 頁。

⑱ 閻振益、鍾夏:《新書校注》,中華書局,2000 年,第 58 頁。

⑲《漢書》,第 2939 頁。

⑳《史記》,中華書局,1959 年,第 416 頁。

㉑《漢書》,第 3386 頁。

㉒ 張德芳:《敦煌馬圈灣漢簡集釋》,甘肅文化出版社,2013 年,第 325 頁。

㉓ 張德芳、韓華:《居延新簡集釋(六)》,甘肅文化出版社,2016 年,第 145 頁。
㉔ 甘肅簡牘博物館等:《肩水金關漢簡(肆)》,中西書局,2015 年,中册第 267 頁。
㉕《三國志》,中華書局,1959 年,第 801 頁。
㉖《後漢書》,第 2740 頁。
㉗ 李迎春:《居延新簡集釋(三)》,甘肅文化出版社,2016 年,第 251 頁。
㉘《漢書》,第 1135—1136 頁。
㉙《史記》,第 1388 頁。
㉚ 楊伯峻:《孟子譯注》,中華書局,1960 年,第 88 頁。
㉛ 裘錫圭:《〈居延漢簡甲乙編〉釋文商榷》,原載《人文雜志》1982 年第 2—5 期,1983 年第 1—4 期;後收入《裘錫圭學術文集》第二卷,復旦大學出版社,2012 年。此據後者,第 134、139 頁。
㉜ 甘肅省博物館等:《武威漢代醫簡》,文物出版社,1975 年,摹本釋文注釋第 2 頁。
㉝ 繆文遠:《戰國策新校注》,巴蜀書社,1987 年,"劉向《戰國策書録》"第 1 頁。
㉞ 孫占宇:《居延新簡集釋(一)》,甘肅文化出版社,2016 年,第 176 頁。
㉟ 簡牘整理小組:《居延漢簡(貳)》,"中研院"歷史語言研究所,2015 年,第 138 頁。
㊱ 簡牘整理小組:《居延漢簡(貳)》,第 229 頁。
㊲ 邢義田:《漢代邊塞隧長的文書能力與教育——對中國古代基層社會讀寫能力的反思》,《"中研院"歷史語言研究所集刊》第 88 本第 1 分,2017 年,第 107 頁。
㊳《史記》,第 3224—3225 頁。
㊴ 丁度等:《集韻》,上海古籍出版社,1985 年,第 18 頁。
㊵ 羅振玉、王國維:《流沙墜簡》,中華書局,1993 年,第 70 頁(圖版),第 225 頁(考釋);甘肅省文物考古研究所:《敦煌漢簡》,中華書局,1991 年,第 189 頁(圖版壹捌玖),第 292 頁(釋文)。
㊶ 甘肅簡牘保護研究中心等:《肩水金關漢簡(壹)》,中西書局,2011 年,中册第 83 頁。
㊷ 簡牘整理小組:《居延漢簡(壹)》,第 245 頁。
㊸ 簡牘整理小組:《居延漢簡(貳)》,第 69 頁。
㊹ 同上書,第 93 頁。
㊺ 李振宏、孫英民:《居延漢簡人名編年》,中國社會科學出版社,1997 年,第 122、126—127 頁。

肩水金關漢簡所見廪食及相關問題

謝文奕(湖南大學嶽麓書院)

肩水金關漢簡經整理陸續出版後,大量的廪食簡及相關資料對研究漢代肩水塞部隧以及金關的功能、性質都有幫助,很是珍貴。雖然有關肩水地區仍有很多地方記載不夠全面,但與金關所出的資料結合,仍可以進一步了解肩水塞部的設置、部隧的隸屬關係,通過金關更清晰地看到肩水内部的聯繫與外部的交流。

一、廪食簡中的"廪"與"以食"

金關與廪食相關的簡不僅出於《肩水金關漢簡》A32 遺址,還有一部分是《居延漢簡》中同是 A32 金關遺址出土的簡,對材料進行篩選、歸納總結後試述如下。

早在里耶秦簡的廪食相關簡中,就有許多研究者注意到了"出廪"、"出食"的不同,"出食"的表達方式有多種,如"食之"、"出……食"、"出以食"、"出食",對此産生了許多不同的觀點。[①]筆者認爲,這種差異到了漢代,在漢簡裏表現爲"廪……食"與"以食……",且對象不再有很大的區别,同爲亭、隧的吏卒,"廪"記録的廪食簡是吏卒按月按量領取糧食,這一點已是學術界的共識,可在漢簡廪食制度中兩者依然没有確切的定義區分。

郭偉濤認爲記録爲"食"是臨時性招待消費,記録爲"廪"則相反,但是"廪"記録的,哪怕記録中所領糧食只是一日而非整月,也當知其爲廪食,並非臨時性招待消費。[②]筆者認爲,此觀點有一定的參考性,特别對於大多數傳食相關的簡,由於金關承擔著重要的交通運輸功能,且有通道廄的存在,爲臨時路過的人員提供食物的傳食記録中有"以食"

相關的簡便不在此討論。但除此之外，用“以食”記録廩食的對象到底有什麽不同、相比用“廩”記録的簡“以食”簡有什麽特點等問題仍然值得探討。

金關出土漢簡的廩食對象中，所屬機構爲亭的多用“以食”記録，“以廩”有一例：

(1) 出糜六斗三月丙戌以食亭故吏偃丙戌書乙未 (288.33)
(2) ☑出麥六斗五月乙亥以食亭故☑ (73EJT22：75)
(3) ☑ 以食亭卒三人五月☑ (73EJT21：494)
(4) ☑ 凡一石七斗四升以食亭吏一人九月癸酉☑ (73EJT24：528)
(5) 出粟小石六石 以亭吏一人一月食 (73EJT10：86)
(6) 出穬麥一斗一升大 以食稽落亭卒樂安四月八日劇食 马 (73EJT29：101)
(7) 石南亭卒朱護 就食城官 (73EJF3：394)
(8) ☑穀二斗 以廩騂北亭卒李甲十二月食☑ (73EJT22：77)
(9) ☑ 稟曲河亭卒□ ☑ (72EJC：196)

明確亭名的有稽落亭、石南亭、沙頭亭、騂北亭，其中稽落亭與石南亭不知是否屬於肩水地區的亭，沙頭亭屬肩水候官，騂北亭屬肩水候官東部。侯旭東考證騂北亭就在金關内側的塢内，③那麽由騂北亭卒廩食記録，是否可認爲屬於肩水内部的亭卒在廩食時會被記録爲“廩”。和稽落亭、石南亭情況類似的是喜山隧、虜下隧，此二隧爲新見隧：

(12) 出麥一石四斗 以食喜山卒姚賜七月廿一日食 (73EJT21：17)
(13) ☑食虜下隧卒趙建十二月五日劇食 (73EJT37：16)

發現於金關，候官所屬不詳的隧可見“以食”的簡僅有卻適隧，簡文如下：

(14) ☑三斛虞李受 以食卻適隧長孟軍二月☑ (73EJT22：131A)
(15) ☑以食卻適隧卒尚乃使五月七日劇食 ☑ (73EJT24：432)

例(14)食的數量和領取的時間因爲殘斷而不可知,按常例判斷,當是卻適隧長孟冣二月的糧食,但從例(15)可以清楚地看到,所領只是卻適隧卒五月七日的糧食。因爲卻適隧所屬不詳,[④]所以可以認爲是在肩水金關地區進行的臨時稟食,但有些屬於肩水候官的隧在大量"稟"的記録裏依然有被記録爲"以食"的,如下:

(16) 出稟一石九斗三升少　　以食逆寇隧卒王廣國二月食　　☐　(73EJT30:40)

(17) ☐食並山隧卒靳安世五月　☐　(73EJT30:74)

(18) ☐　　以食當井隧長周勝五月食　(73EJT32:49)

(19) ☐以食萬福☐　(73EJT22:108)

(20) ☐　　以食登山隧卒孟長安三月☐　(73EJT37:1345)

(21) ☐□　　稟登山隧卒董得□☐　(73EJT29:58)

(22) 出稟一石二斗六升大　　以食强漢隧☐　(73EJT29:1)

逆寇隧雖被認爲屬於肩水候官,但是所屬部不詳,其他五隧是已被證實屬於肩水候官所轄的幾個部之下,並山隧屬北部,當井隧屬西部,萬福隧屬左後部,登山隧屬東部,强漢隧屬中部。例(20)(21)甚至同爲登山隧,既有"以食"也有"稟"的記録。作爲肩水内部的隧進行稟食怎麽會存在臨時之説,應是長期存在的行爲,可這些"以食"記録的出現讓我們不得不思考,因爲年代原因,有些亭和隧的歸屬可能會發生變化,從而使這些亭、隧的稟食成爲臨時領取。[⑤]也有可能肩水候官或肩水塞的卒外出辦事,稟食的記録依然有一份被送回所屬機構,早在秦代就有類似的規定,[⑥]如此就能解釋爲什麽這些隧在所屬機構出土的稟食記録仍有臨時稟食了。

二、從"稟"與"以食"看部隧的隸屬關係

大部分金關遺址出土的稟食簡都和具體的部隧有緊密聯繫,是除了利用封檢、郵書簡之外,可以用來研究肩水塞内部組織結構的重要資料。雖然從稟食簡看不出部隧與金關具體的交流互動,但通過對照已有的肩水塞部隧設置的相關研究,可以明確一些在金關所轄倉進行領取的部隧,進而由"就近領取"原則粗略地判斷出某些在金關管轄範圍内的部隧與金關的遠近。

這些稟食簡中，出現候官、部名的簡並不多，可以參考的僅稟食對象爲候長或候史以及部的稟名籍，例（2）至（6）分别是肩水候官、左前部、右前部、西部、東部：

（1）·肩水候官初元四年吏卒一歲用食　　度簿
　　■右第卅五車廿人　　⧄　　（73EJT33：43）
（2）出粟三斛　　稟左前候長孫龠九月食　　⧄　　（73EJF3：458）
（3）出粟二斗　　稟右前候史王隆十月食　　（73EJT23：284）
（4）出粟二石　　稟東部候長王族十二月食　　十二月晦自取卩
　　（72EJC：290）
（5）·西部河平四年五月吏卒稟城官名籍　　⧄　　（72EJC：182）
（6）元始元年八月丙戌朔壬子西部候史武敢言之謹
　　移吏卒稟名籍一編敢言之　　（73EJT21：108）

將出現於稟食簡中的部隧與已有的肩水部隧設置研究⑦進行對照整理後列表如下：

金關出土稟食簡所見部隧

部名	部	“稟”記録的隧	“以食”記録的隧	出現次數
東部	東部候長王族	登山隧卒董得	登山隧卒孟長安	3
西部	西部河平四年五月吏卒稟城官名籍、西部候史武	直隧卒孫輔	當井隧長周勝	4
北部			並山隧卒靳安	1
中部			强漢隧⧄	1
左前	左前候長孫龠	萬世卒杜崇		2
左後		辟非隧長莊道、獲胡隧卒張恩、第六卒李褒、如意隧長淳于、臨渠隊長張放、萬福隊卒狄臨、臨渠卒張誼	萬福⧄	8
右前	右前候史王隆	禽寇隧卒莊武、禽寇隧卒狄捐、禁奸隊長王誼		3

續　表

部名	部	“稟”記録的隧	“以食”記録的隧	出現次數
不詳		辟之隧長華豐、要害隧卒孟崇、要害隧長杜護、强斷卒李、廣新隧卒范讓、受降安世隧長李敞牛成、受降隧卒莊充、受降隧卒吕充、逆寇隊卒審彭、東望隧長劉承、望城隧長卜、河上卒禮猛、安竟隧長張誼、安竟隧卒、始安隧卒陳聖、始安隧長☐、止虜隧卒都、臨田隧長□□宋輔、通望卒祝識、陷陳隧長薛宗	守望隧卒張乙、通道隧卒、通道卒三人、喜山卒姚賜、虜下隧卒趙建、卻適隧長孟瑕	26

從上表可以看出,整個肩水候官的部都有出土於金關的稟食記録,按距離金關遠近,長期由金關管轄的倉提供糧食的部,按照可能性由大到小,依次是左後、右前、東部、左前,北部和中部僅有一次且是“以食”的記録,所以很可能不由金關所轄倉供給糧食,而由候官所轄倉供給糧食,西部稟食城官,僅外出吏卒稟食金關。[⑧]

在候官不詳的隧之中,以“稟”記録的受降隧、要害隧、安竟隧、始安隧極有可能是由金關供給糧食隸屬於肩水候官的隧,而“以食”記録的隧中,通道隧應和通道廄有關,[⑨]屬於金關轄區内;有爭論的隧如通望隧,郭偉濤並未將其列入肩水塞部隧,[⑩]黄豔萍則認爲通望隧是肩水候官與槖他候官的同名隧,[⑪]筆者認爲有“稟”記録稟食的通望隧隸屬肩水候官的可能性更大一些。未見於任何候官的喜山隧、虜下隧、陷陳隧可作爲肩水地區隧的補充,有待更多資料的發現。

三、稟食簡所見金關的内外交流

(一) 金關的糧食出入記録

傳食、部隧吏卒的稟食是金關糧食對外的供給方式之一,發現於金關的糧食運輸記録讓我們得以了解到以金關爲主的肩水内部及肩水與周邊的關係。

先將相關的簡列舉如下:

(1) ☐□小石卌五石輸居延　(73EJT24:981)

(2) ☐□□騎士□喜里□幼都□　□□☐

☐麥小石卌五石輸居延 ☐ (73EJT24：999)

(3) 河南匽師西信里蘇解怒 車一兩爲觻得騎士利成里留安國鄴載
肩水倉麥小石卌五石輸居延
弓一矢□二枚劍一 (73EJT21：21)

(4) ☐水倉穀小石卌五石輸居延☐ (73EJT4：45)

(5) ☐牛車一兩爲觻得騎士功歲里孫青弓就載肩水穀小石卌五石輸
居延矛一刀一 (73EJT27：5)

(6) □六千八百九十四兩輸居延
卅一兩輸橐他 (32.18B)

(7) ☐麥卅七石二斗 偷廣地 已移 ☐ (73EJT21：282)

(8) ☐出倉麥十石輸廣地累山亭 (72EJC：137)

"肩水塞屬於居延漢塞的一部分，是居延漢塞七處候官要塞中距張掖郡最近的一處重要塞防……是居延地區整體防禦體系的重要組成部分"。[12]這種重要性從糧食傳輸中能清楚地感受到，例(1)至例(6)可看出金關向外部傳輸糧食記録和傳送量最多的地方就是居延，多由觻得騎士承擔起輸送的任務，不管是運糧的次數還是數量都遠遠多於内部的廣地、橐他兩地。涉及輸送到候官下面更小的單位的僅例(8)廣地累山亭，例(3)(4)(5)(8)中的肩水穀、肩水倉麥都表明肩水塞的糧食不僅要供給内部其他候官還需要大量輸送到居延。居延倉及其倉吏也頻繁見於金關簡中，且看下列簡：

(9) 肩水士吏胡充受
居延倉掾護 (62.8+62.47)

(10) ·肩水候官始建國二年三月癸卯尹府調居延城倉粟九千石已入未 (73EJF3：249)

(11) 月十一日具記都倉置牛車皆毋它已北尊以即日發去有屬證居者言
居延穀倉出入百十二石耳·禄得遣史壟廉卿送卒□肩水以今月二
……屠李君及諸君凡六人車數十百兩禄得吏民爲
(73EJF3：336+324)

(12) ☐……詣肩水都尉府一封居令延印
☐檄一封居延倉長詣張掖大守府

☐卒充即行日蚤食時付沙頭亭卒合 (73EJT23:1021)

(13) 肩水金關遣就人□☐ (73EJT24:60A)

居延倉丞印 ☐ (73EJT24:60B)

(14) 居延倉長司馬君□☐ (73EJT24:737)

(15) 建平三年八月己卯朔乙巳居延城倉長護移過所縣道津關遣從史周武歸武威取衣用當

舍傳舍從者如律令 嗇夫長佐□ (73EJT37:749A)

居延倉長印 (73EJT37:749B)

(16) ·酒泉居延倉丞葆建始三年十一月傳副 (73EJC:617)

(17) ☐居延倉丞印 陽朔三☐

☐□都尉章詣張掖大 守府二封□☐

☐都尉章八月辛酉 起詣肩水府□☐ (73EJC:395)

肩水與居延糧食的輸出是相互的,由例(10)可看出,始建國二年居延城倉亦向肩水候官調入了九千石粟,數目巨大,肩水和居延的往來更多見於轉車的記録:

(18) 入居延轉車一兩粟大石二十五石 始建國二年十月丁未肩水掌官士吏惲受訾家廣都里社惲就人平明里□☐

(73EJF3:106)

(19) 入居延轉車一兩粟大石二十五石 始建國二年十月丁未肩水掌官士☐ (73EJF3:405)

(20) 入居延轉車一兩粟大石二十五石 始建國二年十月戊申肩水☐ (73EJF3:459)

(21) 入居延轉車一兩糜大石二十五石☐ (73EJT21:145)

(22) 入居延轉車一兩粟☐ (73EJF3:474)

雖然有紀年的簡都集中在始建國二年,但依然可以説明肩水與居延在糧食運輸方面往來密切。除了肩水倉與居延倉之間的調動,甚至有肩水收受居延訾家的糧食的記録,是否等同於金關接受居延的糧食還有待如例(23)這樣的資料的發現:

(23) ☐□粟大石二十五石 始建國二年十月甲寅肩水掌官士吏

惲受貲家居延萬歲里衣戎就人西道里王竟　　(73EJF3：101)

金關簡除了體現出肩水與居延往來密切,是“居延漢塞賴以存在的重要的屯戍生活區”,⑬互相輸送糧食也是肩水內部糧食運輸的一部分,如例(24)。初元四年和初元五年出現了“肩水候官吏卒一歲用食度簿”與“受城官穀簿”,筆者認爲這不應該是需要向金關上報的內容,更像是給候官所轄倉上報的內容,由此可能涉及肩水候駐地移動的問題。郭偉濤認爲,“約自陽朔四年十一月始,肩水候即移駐A32遺址”,⑭例(25)的確可以説明陽朔四年十一月肩水候宗是位於A32金關遺址的,但例(26)有關肩水候丹移觻得出穀付廄佐的簡文,李均明認爲,“從這枚簡可看出金關由肩水候直接領導”,⑮如此,肩水候駐地由A33移至A32的時間至少可以上移至陽朔元年。筆者發現初元四年的“肩水候官吏卒一歲用食度簿”以及初元五年的“受城官穀簿”也不像是金關所管的範圍,更像是候官的職責,因此,或可大膽推測肩水候駐地早在初元四年就已搬遷至A32。

(24) 廣地轉三百廿兩已入三百一兩奇廿二石八斗米糒十八兩奇二石二斗
　　 槖佗轉二百八十兩已入二百七十七兩奇三石六斗米糒二兩廿一石四斗
　　 肩水二百卌兩已入二百卅五兩今少廿一石一斗五升米糒四兩奇三石八斗五升　　(73EJT28：102)

(25) ☐朔四年十一月丁巳朔庚辰肩水候宗移槖佗就人載穀名□☐　　(73EJT21：109A)

(26) 陽朔元年五月丁未朔丁卯肩水候丹移觻得出穀付廄佐丁充食柱馬石斗如牒
　　 書到願令史簿入六月四時報如律令　　已入　　(73EJT21：102A)

(27) ·肩水候官初元四年吏卒一歲用食　　度簿　　☐
　　 ■右第卅五車廿人　　☐　　(73EJT33：43)

(28) 受城官穀簿
　　 ·初元五年六月所受城官穀簿　　(204.3)

(二) 金關簡所見倉

上文討論的肩水與内外部的糧食運輸記録體現的是作爲傳輸作用的金關以及曾在一定時期作爲肩水候駐地的金關,除了之前涉及的居延倉、肩水倉,通過分析金關出土的和倉相關的簡能對A32遺址的性質及其存在的意義進行補充完善。

A32金關遺址早在昭帝時期就有出糧給城尉的記録,見例(29),例(29)(30)(32)是金關在昭帝年間就有倉的佐證。還有一些簡因爲殘破已不見紀年但記録數量之多,可以看出金關所轄倉的糧食調動之多,例(35)至(40)都是統計倉内糧食數量的簡,其中少的有十幾石,大多是幾百石,更有甚者爲萬石,糧食數量的差距和倉的大小有關。例(42)(43)是對餘糧的統計,没有過千石的記録,應爲中等大小的倉。穀出入簿也是管理倉必備的帳簿。

(29) 出穈廿六石大石　爲小石卌三石出穈小石十石
出麥小石廿六石　·三斗六升六月食盡正月爲穀小石廿三石七斗
出麥小石十五石
·凡出穀小石百一十八石六斗
元鳳五年十二月中付城尉李□□　(73EJT21∶129)

(30) 出麥大石□廿八石二斗　元鳳四年十一月☑(左齒)
(73EJT21∶140A)

(31) 今粟小石百六十一石二斗　元鳳五年十一月癸卯受紀子移
(73EJT10∶116)

(32) 神爵二年十二月壬申朔戊寅將轉肩水倉令史☑
轉折穀就家縣名里各如牒出入復籍敢言　(73EJT3∶113)

(33) ·右□轉穀百九十三石二斗☑　(73EJT5∶45)

(34) ·右七百六十六石六斗麥　☑　(73EJT10∶189A)

(35) 凡穀小石七百八十八石四升　其四百一十八石六斗粟
三百七十石二斗四升麥
(73EJT10∶68)

(36) 凡穀八百六十七石二斗　其四百卌五石粟
三百七十石二斗四升麥
(73EJT10∶82)

(37) ·凡出穀小石六石斗一升 其卅石八斗五升粟 ·廿九石七斗六升麥
(73EJT10:85)

(38) ☐穀七百八石二斗九升 其三百卅八石五升粟 三百七十石二斗四升麥
(73EJT10:94)

(39) ☐穀十五萬六千一百卌二石六斗四升少其四千☐
(73EJT3:71)

(40) ·凡麥萬一千二百卅七石一斗五升少 ☐ (73EJT3:72)

(41) 今餘穀百七十八石二斗四升 其百六十八石二斗四升麥☐ 九石粟
(73EJT10:101)

(42) 受八月餘穀十二石六斗五升☐ (73EJT10:325)

(43) 受九月餘穀百七十三石二斗四升 其百六十四石二斗四升麥粟 九石粟麥
(73EJT10:113)

(44) 受十一月餘穀七百五十五石六☐ (73EJT10:180)

(45) ☐餘穀小石六百卅八石四升 其二百六十七石八斗粟 三百七十石二斗四升麥 ☐
(73EJT10:117)

(46) 謹移穀出入簿一編敢言之 (73EJT10:203A)

(47) ☐□□五年九月穀出入簿 (73EJT10:100)

(48) 年十月穀出入簿 其
☐六百一十一石六斗 二百二☐(削衣)
□百八十八石□□四十其 (73EJT10:397)

這些統計的糧食數目都分别屬於哪些倉呢？前面提到和居延往來最頻繁、互運糧數量最多的即肩水倉，筆者認爲例(39)(40)很有可能是肩水倉的賬目。城倉雖見於金關簡，但除去指明居延城倉的簡，例(49)(50)中的城倉據簡文内容都不大可能爲肩水城倉，僅有的例(51)也只是肩水城倉出入，所以城倉不可能爲金關所管轄：

(49) 城倉受稟或多或少肩水未推校候不能曉知戎遣□☐

(73EJF3 : 54)

(50) ☐□迎錢城倉書到出□如 (73EJT3 : 11A)

(51) ☐肩水城倉出入☐ (73EJT24 : 510)

與城倉類似,都倉的記録也有不少,雖没有具體的地點作參考,但據例(52)這封家書可知,都倉並不在金關:

(52) 五十度以月二日至都倉毋憂也

高博叩頭謝丈人陳山都夫人請君公君阿 (73EJD : 39B)

前面討論稟食的時候涉及了很多部隧,可部倉没有任何記録,隧倉可見一二,如例(53)(54):

(53) 臨利卒轢得長求秋里閔奄年廿三 二月食稟臨利倉

三月食已稟

(73EJT37 : 1512)

(54) ·萬世隧倉元始五年八月穀出入簿 ☐ (73EJT24 : 144)

臨利隧屬於肩水候官右前部,萬世隧爲肩水候官左前部,例(37)這樣少量的糧食記録更符合隧倉的糧食數量。

結　語

本文通過對金關簡中稟食簡的分類整理,以"稟食"與"以食"差别爲切入點對稟食對象亭、隧的歸屬問題進行了探討,認爲"以食"這種臨時糧食的記録形式出現在未確定歸屬的亭、隧中是正常的,因爲是隸屬於肩水候官以外的亭、隧在金關所轄倉進行領取的記録。偶有出現在肩水候官所轄亭、隧稟食記録中的"以食"可能是因爲年代原因,本屬於肩水候官的亭、隧的歸屬發生了變化,也可能是隸屬肩水候官的卒外出辦事,在外臨時稟食的記録被送回所屬機構登記。

將出現部隧的稟食簡分爲"稟"和"以食"兩種,與已有的肩水部隧設置進行對照,列表進行了歸納分析,認爲隸屬於左後部、右前部的隧由金關管轄的倉長期提供糧食的可能性比較大,東部的隧可能是一段時間内在此領取糧食,北部、中部的隧則由候官所轄倉供給糧食。對候官不詳的隧也按出現頻率以及内容稍作分析,認爲受降隧、要害隧、安竟隧、始安隧極有可能隸屬肩水候官且由金關所轄的倉供給糧食。由於新資料的公布,首次出現的喜山隧、虜下隧、陷陳隧是對已知部隧的補充,但是這些隧的具體情況還有待更多資料的發現。

糧食運輸簡是肩水通過金關與居延密切往來的見證,更是肩水内部地區通過糧食交流的寫照,讓我們對金關的性質與功能有了全面的了解。作爲傳輸的重要地點,金關應從設立之初就有相當規模的倉。最早於初元四年,最遲於陽朔元年,金關也是肩水候的駐地,這使得 A32 遺址出土的資料具有複雜性,但也在一定程度上解釋了簡文涉及的倉在糧食容量上爲何跨度如此之大,糧食統計相關的簡數量如此之多,這些廩食相關的簡應是肩水候官與肩水金關兩個機構所擁有的記録。

注　釋

① 平曉婧、蔡萬進《里耶秦簡所見秦的出糧方式》(《魯東大學學報〔哲學社會科學版〕》2015 年第 4 期,第 78—81 頁)認爲出食簡牘可能是司空、貳春鄉負責統計刑徒人員的口糧(不計具體名字)上報,進而由倉運輸糧食到具體事務部門。孫聞博在《秦及漢初的司寇與徒隸》(《中國史研究》2015 年第 3 期,第 73—96 頁)中引用了蔣非非"稟"爲官府直接提供糧食,"食"則是官府直接做好飯來提供,以及陶安以天數折算,不能與城旦舂的日食相比的觀點。劉鵬(《秦代地方廩食的幾個問題》,《中國農史》第 37 卷 2018 年,第 57—68 頁)認爲"出稟"多采用按月出糧的方式,單獨發放給個人;"出食"則按日出糧,發放給多人。

② "☐廩安衆隧卒田紀五月十九日食　卩"(219.21/A33),見郭偉濤:《漢代肩水塞部隧設置研究》,《文史》2018 年第 1 期,第 25—69 頁。

③ 侯旭東:《西漢張掖郡肩水候官騂北亭位置考》,《湖南大學學報》2016 年第 4 期,第 32—37、161—163 頁。

④ 黄豔萍指出:"……臨之燧、卻適燧、箕山燧與甲渠候官下轄燧同名,雖皆出土於肩水金關遺址,但尚不明確其具體歸屬,有待遺址考察及新簡證明。"黄豔萍:《肩水金關漢簡所見"燧"及其命名探析》,《敦煌研究》2016 年第 1 期,第 116—122 頁。

⑤ 郭偉濤在《漢代肩水塞部隧設置研究》中用居延簡中出土於 A33 的册書,論證了永光三年六月,夷胡、廣谷、並山等三隧隸屬於北部塞。

⑥ 睡虎地秦簡《倉律》規定:"宦者、都官吏、都官人有事上爲將,令縣貣(貸)之,輒移其

稟縣,稟縣以減其稟。已稟者,移居縣責之。"睡虎地秦墓竹簡整理小組:《睡虎地秦墓竹簡》,文物出版社,1990 年,第 30 頁。

⑦ 第十隧表,參看陳家夢:《漢簡綴述》,中華書局,1980 年,第 95 頁。肩水塞部、隧隸屬,參看郭偉濤:《漢代肩水塞部隧設置研究》,《文史》2018 年第 1 期,第 25—69 頁。《肩水金關漢簡》新增隧,參看黄豔萍:《肩水金關漢簡所見"燧"及其命名探析》,《敦煌研究》2016 年第 1 期,第 116—122 頁。

⑧ 居延簡中地灣出土的廩食簡可以證明此觀點:

中部地節五年四月廩名籍(255.34)

· 北部永光三年六月卒廩名籍(177.14)

見簡牘整理小組:《居延漢簡(貳)》,"中研院"史語所,2015 年,第 190 頁;簡牘整理小組:《居延漢簡(叁)》,"中研院"史語所,2016 年,第 129 頁。

⑨ 黄豔萍在《肩水金關漢簡所見"燧"及其命名探析》一文中,將通道燧分在候官不詳裏。李均明認爲"通道卒"是"通道廄卒"的簡稱。參看李均明:《通道廄考——與敦煌懸泉廄的比較研究》,《出土文獻》第二輯,中西書局,2011 年,第 255—266 頁。

⑩ 郭偉濤認爲"僅知通望、破適兩隧轄於橐他塞"。參看郭偉濤:《漢代張掖郡廣地塞部隧設置考》,《出土文獻研究》第十六輯,中西書局,2017 年,第 210—225 頁。

⑪ 通望隧,陳夢家據《居延漢簡》505.14 簡"通望隧戍卒宋晏,迎穀肩水,廩五月廿六日入"出土於大灣(肩水都尉所在地)判定其屬肩水候官,依據不足。《肩水金關漢簡》T3 : 89 簡"橐他通望隧長成褒"明確記録爲橐他候官,故"通望燧"屬橐他候官,屬"肩水候官"待新證。參看黄豔萍:《肩水金關漢簡所見"燧"及其命名探析》,《敦煌研究》2016 年第 1 期,第 116—122 頁。

⑫ 陶玉樂:《漢代肩水塞的布防特點及歷史價值》,《敦煌研究》2015 年第 3 期,第 97—103 頁。

⑬ 同上。

⑭ 郭偉濤:《漢代肩水候駐地移動初探》,《簡帛》第十四輯,上海古籍出版社,2017 年,第 129—173 頁。

⑮ 李均明:《通道廄考——與敦煌懸泉廄的比較研究》,《出土文獻》第二輯,第 255—266 頁。

東牌樓東漢名物簡考釋

陸錫興（南昌大學文學院）

湖南長沙東牌樓東漢簡内僅見一枚名物簡，下端殘缺，僅剩30餘字，該簡發表後，已有王子今商榷文章。我意猶未盡，特寫小文續貂。

《長沙東牌樓東漢簡牘》"雜帳（一）檕等器物帳"（見下頁圖1）[1]原釋文如下：

1. 蔣十五枚，蕟席一束，苫一寵。

2. 皮席一枚，平于一枚，馬汝桉一雙；

3. 皮二席一枚，大酒于一枚，南山□□□

此類名物簡排列次第爲先横後竪，正確排列應爲：

1. 蔣十五枚、丈廗一枚、丈二廗一枚
2. 蕟廗一束、平于一枚、大酒于一枚
3. 苫（筥）一寵，馬汝□□雙、南山橐□□

"席"，原字作"廗"。北齊顔之推《顔氏家訓·書證》："自有訛謬，過成鄙俗"，"席中加帶"。東漢簡牘已有此字，可見"廗"字由來已久，不待南北朝。

"蔣"，原釋："'蔣'應爲'檕'之通假。"陸按：不知何據定爲"檕"之通假字。"蔣"，即蔣席。[2]《韓非子·十過》："禹作爲祭器，墨染其外，而朱畫其内，縵帛爲茵，蔣席頗緣。"注："蔣，草名。""蔣"亦寫作"篣"。《廣雅·釋器》："篣、筱，廗也。"清王念孫疏證引漢王褒《僮約》："編蔣織薄，是蔣爲席也。"《爾雅翼·苽》："苽者，蔣草也。生水中，葉如蔗荻，江南人

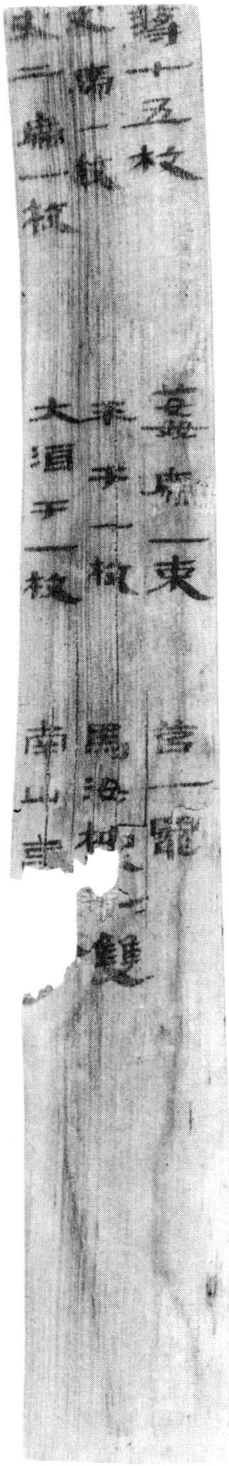

圖 1

呼爲茭草。刈以飼馬甚肥。”

原釋“皮席一枚”、“皮二席一枚”,陸按:“皮”字應是“丈”字,當爲“丈㡤一枚”、“丈二㡤一枚”。[③]“丈”與“丈二”言其席之寬也。漢簡中席有標尺寸者。《居延新簡》E.P.T40:70 原釋文“席:八尺□絍席一,六尺席九,□尺席十三”,張德芳等改釋“席:八尺經席一,六尺席九,延席十三”。[④]《居延漢簡甲乙編》61·21:“六尺席廿枚。”《居延新簡》E.P.T50:144A:“六尺席一,直百卅五。”《淮南子·説林訓》:“今有六尺之席,卧而越之。”漢代六尺席,約寬 1.4 米,折市尺 4 尺,是卧席。經席是經堂上所鋪,“延席”即“筵席”,燕飲時鋪設的坐席。它們的長度是不同的。

蒌,馬王堆一號漢墓遣策 272“接姦一量”寫作,唐蘭隸定爲婆。婆即蒌字,蒌本菅字,可以做草鞋。[⑤]朱德熙、裘錫圭指出:“仔細觀察一下,就可以發現所謂‘女’字實際是‘鹿’頂端的一部分。”[⑥]朱德熙、裘錫圭隸定爲“麤”是正確的。

唐蘭的隸定雖與朱、裘相異,釋義卻相同。馬王堆三號漢墓遣策 392[⑦]此字寫爲,三號墓簽牌“鹿”寫作、,“鹿”字頭“”與“女”字近似,如(帛書《雜禁方》)、(三號墓遣策)幾乎相同。形體混同,積習既久,就可能形訛爲。馬王堆帛書的“姦”(奸)字有兩種寫法,一種“女”上二下一,如(帛書《春秋事語》),另一種上一下二,如(帛書《戰國縱横家書》),兩者形體没有差異。再看東牌樓簡“蒌㡤”之“蒌”,不過是“姦”加了艸頭,東牌樓漢簡之“蒌”是東漢時期“麤”字之訛寫。《説文·艸部》:“麤,草履也。”正與馬王堆遣策文字相符。朱德熙、裘錫圭釋爲形制如靸的草鞋。《急就篇》卷二:“屐屩絜麤羸窶貧。”注:“麤一作藨,平表反。”《説文·艸部》:“藨,鹿藿也。……讀若剽。”音平表切。藨草屬莎草科,喜生於

濕地或沼澤，我國各地多有生長，約有40種，扁莖藨草用於編織。《新唐書·地理志》："滑州靈昌郡，望。本東郡，天寶元年更名。土貢：方紋綾、紗、絹、藨席、酸棗人。""許州潁川郡，望。土貢：絹、藨蓆、柿。"菱廗即藨蓆。《山海經·中山經》："吴林之山，其中多菱草。"郭璞注："亦菅字。"《説文·艸部》："菅，茅也。从艸官聲。"《初學記》卷廿五引《漢舊儀》曰："祭天，紫壇紺席，六采綺席。祭嶽，白菅席。"《儀禮·喪服》："疏屨者，藨、蒯之菲也。"《禮記·玉藻》："出杅，履蒯席。"鄭玄注："蒯席，蒯草之席也。"

漢代作席材料多樣，蔣席、菱席、蒯席以外，還有葦席及蒲席。《居延新簡》E.P.T5：28："……能作葦席及蒲席。"用途各異，丈二席爲約2.8米，非寢席，而爲坐席。羅泊灣一號漢墓《從器志》有"華席五十六繒緣，華長席十"。華，發掘報告定爲"簟"，即"簟席"，竹席。"簟長席"即長竹席。《太平御覽》卷七百九引《鹽鐵論》："古者庶人蒲席以草經，及後踐蒲蒻，復筵方薦帛緣者也。"

莒，原釋："爲'芣莒'省稱，即車前草，可入藥。"陸按："莒"誤定，當爲"莒"，即"筥"字，漢隸"竹"旁常寫作"艸"。《隸辨》："莒，《費鳳别碑》'桑婦投鉤莒'，按：即筥字，碑變從艸。"《詩·召南·采蘋》："于以盛之，維筐及筥。"毛傳："方曰筐，圓曰筥。"《急就篇》卷三"笔篅篗筥籅箅篝"顔師古注："竹器之盛飯者，大曰篗，小曰筥。筥一名筲，受五升。"《詩·周頌·良耜》："或來瞻女，載筐及筥，其饟伊黍。"鄭玄箋："筐、筥，所以盛黍也。"《續方言》卷上："秦謂筥曰□飯筥也，受五升。"出土實物中方形竹編器常能見到，如馬王堆漢墓完整的竹笥，而圓形竹編器少見，完整者更少。江西靖安李洲坳東周墓出土一件，圓形，有蓋（見圖2）。報告未透露具體細節，稱之爲"笥"。[8]《禮記·曲禮上》鄭玄注："簞笥，盛飯食者，圜曰簞，方曰笥。"可知此竹器當名爲"簞"，或可能爲飯器，東牌樓漢簡之"筥"形制大致與李洲坳東周墓之簞相近，可作參考。

圖2

"竉"與"籠"皆从"龍"聲,同音通用,"竉"爲"籠"之假借字。《方言》第十三:"籠,南楚江沔之閒謂之篣,或謂之笯。"籠,漢代無論籠鳥或盛土,皆爲竹編成之竹器,以竹器名詞作竹器筥之量詞,以名詞作量詞爲古代常例。

"平于"、"大酒于"之"于",通"盂",引證繁富,至確。"盂"有多種寫法:或寫作"竽",如江陵鳳凰山 8 號漢墓遣策有"竽三雙",隨葬品有漆盂六件。或寫作"杅",如《急就篇》"橢杅槃案桮問盌"。酒盂,《史記·滑稽列傳》:"髡曰:今者臣從東方來,見道傍有穰田者,操一豚蹄,酒一盂。而祝曰:甌窶滿篝汙邪滿車。"可作酒盛於盂之證。但是"平于"頗費解,平底盂似乎難以成立。顔師古注:"杅,盛飯之器也。一曰齊人謂盤爲杅。"孫星衍考異:"橢盂"顔本作"杅"。"盂"即爲"盤"。馬王堆一號漢墓遣策有"尺六寸"、"二尺"、"二尺五寸"三種"平槃"。江陵鳳凰山一六八號漢墓遣策有"小盛脯平槃二"。平盤皆矮壁,平底。東牌樓東漢名物簡所謂"平于"即此"平槃"。

注　釋

① 長沙市文物考古研究所、中國文物研究所:《長沙東牌樓東漢簡牘》,文物出版社,2006 年,圖版 110,第 49 頁,"雜帳類"釋文,第 116 頁。

② 王子今先生已有此説。參閱王子今:《蔣席·皮席·蓌席——長沙東牌樓簡牘研讀札記》,《簡帛研究二〇〇五》,廣西師範大學出版社,2008 年,第 166—172 頁。

③ 此字伊强已有考釋,參閲伊强:《讀〈長沙東牌樓簡牘〉札記》,《簡帛》第六輯,上海古籍出版社,2011 年,第 411—419 頁。

④ 張德芳主編:《居延新簡集釋》,甘肅文化出版社,2016 年。轉引自王子今:《"居延新簡"的新制新識——評張德芳主編〈居延新簡集釋〉》,《中國文物報》2017 年 4 月 6 日。

⑤ 唐蘭:《長沙馬王堆漢軑侯妻辛追墓出土隨葬遣策考釋》,《文史》第十輯,中華書局,1980 年,第 49—50 頁。

⑥ 朱德熙、裘錫圭:《馬王堆漢墓一號遣策考釋補正》,《文史》第十輯,第 71—72 頁。

⑦ 湖南省博物館、湖南省文物考古研究所:《長沙馬王堆二、三號漢墓》,文物出版社,2004 年,圖版 50。

⑧ 江西省文物考古研究所、靖安縣博物館:《江西靖安李洲坳東周墓發掘簡報》,《文物》2009 年第 2 期。

長沙五一廣場東漢簡牘所見身份認定述略*

李均明（清華大學出土文獻研究與保護中心）
出土文獻與中國古代文明研究協同創新中心

身份認定是對當事人身份的確認。長沙五一廣場東漢簡牘訴訟文書中屢見有關身份認定的記録，通常位於文件的中前段，有特定的要素，包括當事人的姓名、性别、年齡、爵位、居住地、社會關係、職業、四鄰等。它爲案件的調查取證、準確判斷、擔保執行及維護當事人權益等提供了保障。這些内容罕見於傳世古籍，是我們深入研究當時訴訟制度的珍貴史料，試解如下。

1. 永初二年五月丙寅朔十八日癸未，直符右倉曹史豫叩頭死罪敢言之。

   廷書曰：女子雷旦自言夫良前爲廣亭長，他坐毄獄。書佐張董從良、少、夏防（A 面）

   兼右倉曹史謝豫名印
五月　日　郵人以來　　史　白開（B 面）　　（《五一[壹]》[1]341）

   求錢一萬以賕掾董普。防以錢七千二百付董普。亟考實姦詐，證摻驗，正處

   言。豫叩頭死罪死罪。奉得書，輒考問董及普。即訊旦，辭皆曰：縣民，鄉吏，里、年　　（《五一[壹]》338）

---

* 本文爲國家社科基金重大項目“五一廣場東漢簡牘的整理與研究”（15ZDB035）、清華大學自主科研項目“東漢簡牘的綜合研究”（2015THZWYX03）的階段性成果。

姓名如牒：普,都鄉三門亭部;董、旦桑鄉廣亭部。董與父老、母何、同産兄輔、弟農俱

居。旦父母皆前物故,往不處年嫁爲良妻,與良父平、母真俱居□□廬舍 (《五一[壹]》339)

廣亭部。董,上丘;旦,橋丘,與男子烝願、雷勒相比近知習。輔、農以田作,真、旦績紡爲

事。普以吏次署獄掾。董,良家子,給事縣,備獄書佐。不處年中,良給事縣,永初元 (《五一[壹]》126)

年不處月日,爲廣亭長債醴陵男子夏防。爲少月直六百。今年二月不處日,左

賊史連陽鄧脩白：屬獄毄良,坐。桑鄉游徼帛豫書言：良送殺人賊黄玉道物故。良 (《五一[貳]》[②]523)

父母皆前物故。往不處年中,姬、旦各嫁,姬爲蘇憙、旦良妻,自有廬舍,姬,逢門,旦,廣

亭部,與男子吕寶、烝次、雷勅等相比近知習。憙賈販,旦、姬績紡爲事,到永初 (《五一[壹]》348)

爵一級,無罪名□出過效亭長良□四五日,董之下□……到東索

門外與良相逢。良乘馬良問董：汝何來我這過若二人。董曰：□□□□□良 (《五一[壹]》371)

當適效亭長逐捕所負,便盜玉刀,結：良主守盜。其月不處日,良、少仲,仲名防。防到

獄門外,呼董曰：爲我報雷督,我欲去,董即到南牢門外呼良曰：防在獄門,欲去,使我來 (《五一[貳]》489)

曰：汝何時當復出乎？我欲取央錢。董曰：汝欲取錢者,我旦日暮當出,明日暮時

事畢。董從縣出,歸主人蘇到舍。其日暮,良乘馬到董所取錢,皆以錢著馬 (《五一[貳]》408)

上。其月不處日,良病物故。旦令男弟烝柊與防俱責董錢。防、柊報旦錢未得。

董辤已付良錢,董不爲良賕普。防債日備,歸醴陵不處亭部。柊,桑鄉廣 (《五一[壹]》396)

亭部。皆不問旦。不敢上爰書。董付良錢時無證左。請且適董獄牢監。願假期

逐召柊,考實,正處言,不敢出月。唯 (《五一[貳]》415)

上引十一支兩行簡述同一案情,但屬兩份或三份不同的文件,案情複雜,内容不全。爲便於理解,今已重新排次,因有缺簡,還不能完全連讀。

《五一[壹]》341、338、339 簡文字連貫,屬一“直符書”前三簡。永初,東漢安帝年號。永初二年,公元 108 年。直符,值班。《漢舊儀補遺》卷下:“繫刁斗,傳五夜,百官徼,直符行,衛士周廬擊木柝,傳呼備火。”[③]直符史,值班佐史,《漢書·王尊傳》“直符史詣閤下,從太守受其事”,師古注:“直符史,若今當值佐史也。”廷書,臨湘縣下達的指令文書。“奉得書”下是對收到縣廷文書後的執行報告,報告的前段即是對當事人身份的認定。“□□廬舍”按文例當爲“自有廬舍”。

《五一[壹]》126、《五一[貳]》523、《五一[壹]》348 簡内容依次連貫,屬同一册書。又,據内容與語氣,有可能與前三簡亦屬同一册。主要内容亦爲身份認定。

《五一[貳]》408、《五一[壹]》396、《五一[貳]》415 簡内容依次連貫,屬同一册書。其中見“願假期……正處言,不敢出月”。“假期書”爲文末常用語,[④]知其與此例前六簡不屬於同一册書,當爲處理同一案件的另一份延期報告。

《五一[壹]》371、《五一[貳]》489 内容與本案相關,但簡文不連貫,語氣與後三簡類似,或屬“假期書”中段簡文。

從以上敘述同一案情的兩份文書中可看出,身份認定在簡文中所占比例甚大,故相關文字屢見於五一廣場簡牘,如:

2. 皆曰:縣民,占有廬舍長賴亭部廬蒲丘。弩與男子吴賜、楊差、吴山,備、茡

與男子區開、陳置等相比近。弩與妻錫、子女舒、舒女弟縣,備與子女茡 (《五一[壹]》89)

3. 近知習,各以田作爲事。貪、祉、熊以故吏給事縣。熊元興元年十二月不處日署長賴

亭長,祉延平元年十月廿日,貪其年十二月十日各署視事。陽、陶

前各給桑鄉小史,成以永元八年五 (《五一[壹]》90)

4. 階、番武等相比近知習,各以田作績紡爲事。到永初二年十二月不
處日,敢從同丘男子周楚求狠食鮭嚴波溏田 (《五一[壹]》303)

5. □皆相比近知習,以田作績紡爲事。危父柱、有父古枯田可種□斛所與□
□檒所有財田相比近。柱貧窮,往不處年中賣其田與檒,直禾八斛,斛爲 (《五一[貳]》585)

6. 少、雅,河南雒陽平樂鄉壽樂里。高,南陽宛。叔,東萊午。親,縣民。午,南鄉溢里。親,都鄉樂里。初
父孟、午父伯、雅父惠、親夫蘭皆前物故。初與母寧,少父孫,母姜,午母明;雅與母斐等各俱居 (《五一[貳]》598)

7. 書輒逐召,廼考問,辤:本縣奇鄉民,前流客,占屬臨湘南鄉樂成里。今
不還本鄉,埶不復還歸。臨湘願以詔書隨人在所占,謹聽受占。定西 (《五一選釋》⑤2)

8. 詳弟終、終弟護;晨與父官、同産兄夜、夜弟疑、疑女弟捐;戇與母妾、同産
弟强;除與妻委、子女嬰俱居自有廬舍倫亭部。尼、晨、除、漢丘;戇,上辱丘,與 (《五一選釋》22)

以上八例所見皆爲通過詢問得出的當事人身份情況,全面的身份認定則經由與官方檔案的比對、旁人的佐證等實現。最基礎的身份記録常見於判決書及其名單等,如:

9. 鞫:雄、俊、循、竟、趙大男,皆坐。雄,賊曹掾。俊、循,史。竟,驂駕。趙,驛曹史。驛卒李崇當爲屈甫證,二年十二月廿一日被府都部書逐召崇,不
得。雄、俊、循、竟、趙典主者掾史,知崇當爲甫要證,被書召崇皆不以徵逻爲意,不承用詔書,發覺得。直符户曹史盛劾,辤
如劾。案:辟都、南、中鄉,未言雄、俊、循、竟、趙,辤皆有名數,爵公士以上,癸酉赦令後以來無他犯,坐耐罪以上,不當請。

永初三年正月十四日乙巳，臨湘令丹、守丞皓、掾商、獄助史護以劾律爵咸，論雄、俊、循、竟、趙耐爲司寇，衣服如法，司空作，計其年 （A 面）
得平 （B 面） （《五一［壹］》392）

此例所見爲臨湘縣對犯罪官員的判決，文件責任人是臨湘令丹、守丞皓、掾商、獄助史護。

10. 臨湘耐罪大男都鄉利里張雄，年卌歲。 皆坐吏不以徵逐爲意，不承用
臨湘耐罪大男南鄉匠里舒俊，年卅歲。 詔書，發覺得。
臨湘耐罪大男南鄉逢門里朱循，年卅歲。
臨湘耐罪大男南鄉逢門里樂竟，年廿六歲。
臨湘耐罪大男中鄉泉陽里熊趙，年廿五歲。 永初三年正月十二日繫。
（《五一［貳］》421）

此名籍所見犯人之身份皆經認定。可看出，經判決後的名單，由於身份已變化，不再體現原職務。

例1《五一［壹］》338 云："亟考實姦詐，證槮驗，正處言。""槮"讀"參"，見《五一［貳］》401："見高出入邑下，到十月不處日，定復僦聖珠宅居。定、漢、世、昌等不見高，不相識知，匡不解止胡裕宅中。以胡、均轉相臨，漢、匡、世、定等非高入所解民舍平者。以胡、均等辤相參驗，謹牒別。"參驗，猶今言多方驗證。《韓非子・孤憤》："今人主不合參驗而行誅，不待見功而爵祿。"《後漢書・蔡邕傳》："内無寸事，而謗書外發，宜以臣對，與部參驗。"不僅對案情，對當事人身份也要經過各方的相互核對來認定。簡文所見身份信息主要來自以下四個方面：

首先是上級來文的信息。如例1"廷書曰：女子雷旦自言……正處言"。又《五一選釋》29："人書事，具簿。掾棠書言：作徒濟陰成武髡鉗龐綏等百六十八人刑竟，謹以本郡致書校計，應詔書，歲刑遣歸田里。范、朗、崇叩頭死罪。即日書謹到，輒實占：均所居高遷里。"此簡所見范、朗、崇同時收到掾棠轉發的詔書和本郡致書，本郡致書中當包含作徒的身份信息，故能用以校計。

再者是當事人所在户籍管理機構的檔案。如例9"案：辟都、南、中鄉"意謂到都鄉、南鄉、中鄉調查包括身份在内的各種情況。鄉爲户籍管

理機構,通行證中常見"户籍臧鄉"語。《合校》[⑥]81 · 10:"建平三年二月壬子朔丙辰,都鄉嗇夫長敢言之……同、均户籍臧鄉,名籍如牒……"所以諸鄉是與身份認定直接相關的重要機構。《五一[壹]》257:"●案:都鄉漻陽里大男馬胡、南鄉不處里區馮,皆坐馮生不占書。胡西市亭長今年六月……"簡文"生不占書"指出生時没有申報户口。此事也是通過核查諸鄉檔案才能得出結論。

三是當事人的供詞。簡文屢見,上引例 1—8 所見皆是,所涉主要是社會關係、居住地點及職業情況。

四爲見證人所述。《五一[壹]》298+299"……實。遷、寶、鮪叩頭死罪死罪。謹案文書,輒復推辟所部,考問伍長……□重等,辤皆曰:不識知。傅所部廣大人民商賈",伍長是五家之長,對鄰家的情況相對熟悉,便以核實。上引例 1"與男子烝願、雷勒相比近知習"、"與男子吕實、烝次、雷勅等相比近知習",又例 2"與男子區開、陳置等相比近"之類列出鄰里名單也是爲了方便核實。

身份認定的内容比較多,主要有:

姓名。不可或缺。判决書及相關名單中通常是姓、名俱全,如例 10 所見。但敘述案情時往往僅書名,如例 9 等。對曾用姓、名、字亦重視。《五一[貳]》540"世、定、昌、匡無他姦詐,請理出付部主者亭長。令具完厚任五人,徵召可得。又訊女子張待,辤:前狀忠本蒼梧,與高相識知。高一姓王,字武高,妻泉陵人,武高往時曾居蒼梧北津上",據此,姓名信息有時亦包括字。《五一[貳]》767"王皆不姓劉,宗一名河,宗、永二年",河,或爲别名。

爵位。如例 9"爵公士以上"。爵位與量刑有關,此例見"劾律爵咸,論雄、俊、循、竟、趙耐爲司寇",知爵位是身份要素之一,也表明爵位可以動態變化。此外又見《五一[貳]》422"旦人之泉陵。唯廷謁言府:移書邯單,嚴都鄉削除漢胡爵爲士伍,盡力實核,匡、定等之上下湘"。

年齡。判決書中不僅寫具體年齡,也寫年齡段,如"大男"之類,見例 10"臨湘耐罪大男都鄉利里張雄,年卌歲"等。

性别。"大男"之類不僅揭示年齡段,亦明確其性别,有時亦用"男子"一類單純表示性别的用語。

一些對辨别個體特徵要求較高的名單,甚至要寫上身高與膚色,如

《五一［貳］》740："貸主潁川昆陽都鄉倉里男子陳次，年廿五，長七尺，白色。"又，《五一［貳］》750："男子召熊，年卅，長七尺，黑色，持繒一，篦刀、矛各一，字仲平。"《五一選釋》77："零陵湘鄉南陽鄉新亭里男子伍次，年卅一，長七尺。黑色……"此類名單或與進出關津、入住旅舍相關。

直接當事人及相關人員提供的信息主要是社會關係、居住及職業等的動態情況，它對案件的偵破或解決有幫助。

社會關係主要是直系親屬，包括父、母、妻、兒女、兄弟姊妹等，如例8"詳弟終、终弟護；晨與父宫、同産兄夜、夜弟疑、疑女弟捐；虋與母妾、同産弟强；除與妻委、子女嬰俱居自有廬舍倫亭部"，各人間的關係皆一一講明。其動態狀況主要是直系親屬的存亡及個人婚姻的變更。如例1《五一［壹］》339"旦父母皆前物故，往不處年嫁爲良妻"，《五一［貳］》523+《五一［壹］》348"良父母皆前物故。往不處年中，姬、旦各嫁，姬爲蘇憙、旦良妻"，例6"初父孟、午父伯、雅父惠、親夫蘭皆前物故"等。《五一［壹］》306"呼石居，占數户下以爲子，免邸爲庶人。到永元十一年中，脩更嫁爲男子……與山居。脩嫁珠爲其縣男子蔡洫妻，無子，棄。到十五年三月中，脩、珠俱來"，簡文敘述了女子脩與珠的婚姻變更情況。

居住狀況主要是居住地與同居者。關於居住地，除上文引例8，又有例6"少、雅，河南雒陽平樂鄉壽樂里。高，南陽宛。叔，東萊午。親，縣民。午，南鄉溢里。親，都鄉樂里"。居住地的登記包括郡、縣、鄉、里。較特殊者爲流民的登記，如例7所見，某人本爲奇鄉民，後流動至臨湘南鄉樂成里，按詔書規定則可在流動所達處申報户口。爲躲避責任而離開者也記録在案，如《五一選釋》46"少七月廿八日俱舉家辟（避）則（側）"，"避側"即躲避。同居者如例1《五一［壹］》339"董與父老、母何、同産兄輔、弟農俱居"，例8"詳弟終、終弟護；晨與父宫、同産兄夜、夜弟疑、疑女弟捐；虋與母妾、同産弟强；除與妻委、子女嬰俱居自有廬舍倫亭部"。但即使是同居者，也要分清不同的財産關係，《五一選釋》59："不同。會計，於自名户，隨兄姓爲楊。後驪乃産柱，皆自占於户下。於物故，來以適（嫡）子女代於户，不與平通財。於律次，平不當得與來共柱。平從來假柱。""通財"指共用財産。簡文表明平經濟上獨立，平與來之間没有共用財産，所以對已申報在於户下的柱没有控制權。

職業狀況包括官吏的職務或秩級、老百姓從事的行業等，詳略不一。

前者如例1《五一[壹]》341:"女子雷旦自言夫良前爲廣亭長。"例1《五一[壹]》126:"普以吏次署獄掾。董,良家子,給事縣,備獄書佐。"例3:"貪、祉、熊以故吏給事縣。熊元興元年十二月不處日署長賴亭長,祉延平元年十月廿日,貪其年十二月十日各署視事。陽、陶前各給桑鄉小史。"則至詳者尚録任職時間。後者如《五一[壹]》137"各以販魚鈐行",《五一[壹]》144"以販禾爲事",例1《五一[壹]》348"憙賈販,旦、姬績紡爲事",例1《五一[壹]》126"輔、農以田作,真、旦績紡爲事",例4"各以田作績紡爲事",《五一[壹]》304"各占租,坐賣繖帶爲事",《五一選釋》63"解、通以庸債、販賣爲事"。簡文所見以從事農耕紡織者爲多。

至於四鄰,多登録姓名及其與當時人的熟悉程度。如例2"駑與男子吴賜、楊差、吴山,備、芧與男子區開、陳置等相比近",此僅書比鄰關係。例1《五一[壹]》126"與男子烝願、雷勒相比近知習",例1《五一[壹]》348"與男子吕竇、烝次、雷勭等相比近知習","知習"指彼此熟悉。簡文所載尚有"知狀"者,如《五一選釋》54"知狀者男子鄭惠",《五一[壹]》304"知狀女子馬親、陳信、王義等,辤皆曰:縣民,各有廬舍御門都亭部","知狀"指了解情況,即見證人。知見證人亦須報告姓名居住地等事項。又,見證人不一定是四鄰。《五一[壹]》298+299"考問伍長……重等,辤皆曰:不識知","不識知"指不認識,是對熟悉程度的説明。有些甚至説出不認識的理由,如《五一選釋》158:"……又馮、都殺宏時,據年尚幼小,陵何從知識。"

綜上,身份認定諸要素之設定,皆與案件的偵破、審訊、論決息息相關,政策性很强。以同居爲例,不同個體雖在同一房屋居住,也要分清是否共有財産,即是否有共同的財務關係,如無關係,則彼此間没有財産、奴婢等的共同繼承權,如果有共同的財産關係,即使私自用了共有財物也不算偷盜。如《五一選釋》10:"……及華取錢、衣物亡,以華、海相與俱居,有(又)通財,義不應盜。""通財"即共同擁有財産,"不應盜"指不符合構成偷盜罪的條件。居延漢簡所見,原告的身份亦須申報認定,如《居延新簡》⑦E.P.T68:9—11:"●狀辤曰:公乘,居延鞮汗里,年卌九歲,姓夏侯氏,爲甲渠候官斗食令史,署主官,以主領吏備盜賊爲職。士吏馮匡,始建國天鳳上戊六年七月壬辰除署第十部士吏。案:匡軟弱不任吏職,以令斥免。"長沙五一簡所見,如原告爲個人,亦當申報身份,如例1《五一

[壹]》341+338+339："女子雷旦自言……即訊旦，辤皆曰：縣民，鄉吏，里、年、姓名如牒：普，都鄉三門亭部；董、旦桑鄉廣亭部。董與父老、母何、同産兄輔、弟農俱居。"但如原告爲官方或其代表，則尚待更多資料證實其是否需要申報身份並認定。

注 釋

① 長沙市文物考古研究所等編：《長沙五一廣場東漢簡牘[壹]》，中西書局，2018 年。以下簡稱"《五一[壹]》"。

② 長沙市文物考古研究所等編：《長沙五一廣場東漢簡牘[貳]》，中西書局，2018 年。以下簡稱"《五一[貳]》"。

③ 孫星衍等輯，周天游點校：《漢官六種》，中華書局，1990 年，第 96、97 頁。

④ 參見拙文《長沙五一廣場東漢簡牘"假期書"考》，待刊。

⑤ 長沙市文物考古研究所等編：《長沙五一廣場東漢簡牘選釋》，中西書局，2015 年。以下簡稱"《五一選釋》"。

⑥ 謝桂華、李均明、朱國炤：《居延漢簡釋文合校》，文物出版社，1987 年。本文簡稱"《合校》"。

⑦ 甘肅省文物考古研究所等編：《居延新簡》，文物出版社，1990 年。

孫吴嘉禾元年品市布入受簿綜合整理與研究*

凌文超(北京師範大學歷史學院)
出土文獻與中國古代文明研究協同創新中心

長沙走馬樓三國吴簡中,有大量品市布徵調的記録。過去,學界利用這些材料,圍繞漢晉之際"調"的常税化和户調制的形成,進行了大量的探討。我們綜合利用考古學整理信息和簡牘遺存信息,從文書學的角度,對"品市布入受簿"、"庫布承餘新入簿"等帳簿進行了初步整理,並在此基礎上,討論了庫布帳簿的内容構成、所體現的財政運作、調布的性質,以及孫吴户調的發展狀況。[①]

最近公布的《長沙走馬樓三國吴簡・竹簡〔陸〕》中,發掘簡第15盆聚集出現近300枚嘉禾元年品市布入受莂(據其性質又可稱"調布入受莂"),[②]且有3幅對應的揭剥位置示意圖(陸・圖47、54、55)。[③]過去,我們整理的"品市布入受簿",依據的主要是盆號和簡文信息,這些成坨品市布莂及其揭剥圖的出現,爲我們進一步整理這類簿書提供了更爲客觀而具體的考古學依據。不僅如此,我們過去整理的"品市布入受簿"中,嘉禾元年的品市布入受莂較少,而發掘簡第15盆中聚集出現的皆爲嘉禾元年品市布入受莂。孫吴可能從嘉禾元年七月開始大規模調布,早期品市布入受莂上記録的信息齊備而工整。這類嘉禾元年品市布莂的大量出現,爲我們全面而細緻地分析孫吴調布的具體做法提供了更爲準確、豐富的資料。爲此,本文主要利用揭剥位置示意圖,對發掘簡第15盆中聚集

* 本文爲國家社科基金青年項目"嘉禾吏民田家莂研究"(16CZS040)的階段性成果。

出現的品市布入受莂進行整理，探討孫吴品市布入受簿的内容構成與調布的具體情形，並對若干遺留難題作出新的解釋。

一、"品市布入受簿"再整理

迄今所見的吴簡品市布入受莂，聚集出現在采集簡第12、13、19、20、23盆和發掘簡第1、15盆中。過去，我們對采集簡、發掘簡第1盆中的品市布莂進行了集成整理。發掘簡第15盆中的三坨品市布入受莂，爲我們進一步分析"品市布入受簿"的編排和内容構成提供了條件。

這三坨竹簡分别爲發掘簡第Ⅱ區b段第30、37、38坨（編號分别爲Ⅱb㉚、Ⅱb㊲、Ⅱb㊳）。Ⅱb㉚（陸·4855—4970）共計116枚竹簡。從簡文内容來看，明確不是品市布入受莂的竹簡有12枚，如下：

1. 南鄉□襍限米一百廿六斛　（陸·4874·圖47-20/15[4]）
2. 領私學限米一百卅斛　（陸·4875·圖47-21/15）
3. 領金□……一百八十斛　（陸·4881·圖47-27/15）
4. 領散吏限米五十斛　（陸·4886·圖47-32/15）
5. □樂鄉買襍限米……斛　（陸·4888·圖47-34/15）
6. 領吏帥客限米三百八十斛　（陸·4889·圖47-35/15）
7. 入中鄉二年所貸嘉禾元年税禾還米四斛‖X嘉禾二年十一月六日下俗丘胡主關邸閣李嵩付倉吏黄諱潘慮受　（陸·4891·圖47-37/15）
8. 領吏帥客限米四百一十斛　（陸·4895·圖47-41/15）
9. 大男苗□年卅　（陸·4904·圖47-50/15）
10. 入□鄉二年所貸嘉禾元年税禾還米十九斛‖X嘉禾二年□月……關邸閣李嵩付倉吏黄☐　（陸·4909·圖47-55/15）
11. ……米二斛……嘉禾二年十一月廿五日……　（陸·4910·圖47-56/15）
12. 承六月簿餘嘉禾二年鄉市租錢三千二百　（陸·4952·圖47-98/15）

應是從其他簿書闌入的。其餘104枚皆爲品市布入受莂（含結計簡）及其殘簡。Ⅱb㉚揭剥位置示意圖如下所示：

圖 1　陸 · 圖 47　Ⅱb㉚簡牘揭剥位置示意圖

Ⅱb㊲(陸 · 5611—5664)共計 54 枚竹簡,皆爲品市布入受莂(含結計簡)及其殘簡。Ⅱb㊲揭剥位置示意圖如下所示:

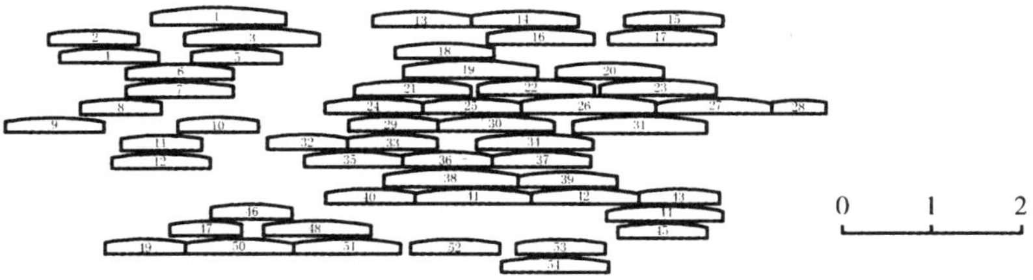

圖 2　陸 · 圖 54　Ⅱb㊲簡牘揭剥位置示意圖

Ⅱb㊳(陸 · 5665—5728)共計 64 枚竹簡。據簡文内容,明確不是品市布入受莂的竹簡有 3 枚,如下:

13. ……褋米二千……九合　　(陸 · 5670 · 圖 55-6/15)

14. 大男石□一夫　取禾一斛五斗　居 在 白 □ 丘　　(陸 · 5720 · 圖 55-56/15)

15. 大男毛稟一夫　取禾一斛　居 在 白 □ 丘　　(陸 · 5722 · 圖 55-58/15)

也應是從其他簿書闌入的。其餘 61 枚皆爲品市布入受莂(含結計簡)及其殘簡。Ⅱb㊳揭剥位置示意圖如下所示:

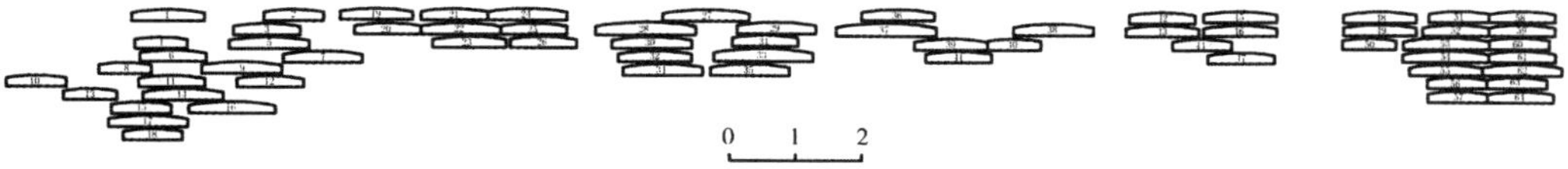

圖 3　陸 · 圖 55　Ⅱb㊳簡牘揭剥位置示意圖

從這三幅揭剥圖來看,簡面皆朝下,未見簡面相對者,可知,這些成坨竹簡並非簡册中心,而是簡册外圍殘存部分。Ⅱb㉚、Ⅱb㊲、Ⅱb㊳皆爲發掘簡第Ⅱ區 b 段成坨竹簡,揭取位置相連或相近,且基本上是由嘉禾元年品市布入受莂及其結計簡構成的。Ⅱb㉚、Ⅱb㊳中臨湘侯國十一鄉皆有出現,[⑤] Ⅱb㊲中僅未見東鄉品市布入受莂。可見,三坨竹簡基本上包含了諸鄉調布莂。另外,發掘簡第 15 盆散簡中,還有數十枚品市布入受莂殘簡,應是從這些成坨簡中離散的。這些同盆中的成坨簡和散簡,位置臨近,内容相關,可以聯繫起來展開分析。

過去,我們根據品市布莂籤牌(柒·4820①)、"君教"簡所記録的品市布一時簿,以及相關考古學整理信息和簡牘遺存信息,討論了吴簡庫布帳簿體系的内容構成。從成坨竹簡以及揭剥位置示意圖中品市布入受莂分布狀況來看,品市布入受簿的内容構成可得到進一步明確。

首先,品市布入受莂應當是按鄉别序時編聯。例如,有些日期相近的同鄉品布入受莂在揭剥圖中的位置相近,其簡例如下:

16. 入都鄉横溪丘男子黄智布七匹‖嘉禾元年七月十一日關丞祁付庫吏殷 七匹 連受 (陸·4864·圖 47-10/15)

17. 入都鄉東溪丘大男陳丞布二匹‖嘉禾元年七月十一日關丞祁付庫吏殷 二匹 連受 (陸·4870·圖 47-16/15)

18. 入都鄉末中丘大男黄春布三匹‖嘉禾元年七月十四日關丞祁付庫吏殷 三匹 連受 (陸·4863·圖 47-9/15)

19. 出都鄉石頭丘朱忠所調布一匹‖嘉禾元年七月廿七日關丞祁付庫吏殷 一匹 連受 (陸·4873·圖 47-19/15)

20. [入][廣][成]鄉吏丘烝得……[一][匹]‖嘉禾元年七月十九日關丞祁付庫吏殷 一匹 連受 (陸·5632·圖 54-22/15)

21. 入廣成鄉[泊]姑丘大男周車布一匹‖嘉禾元年七月廿二日關丞祁付庫吏殷 [一][匹] 連受 (陸·5631·圖 54-21/15)

22. 入廣成鄉里中丘唐金布一匹‖嘉禾元年七月廿六日關丞祁付庫吏殷 一匹 連受 (陸·5634·圖 54-24/15)

23. 入西鄉上□丘男子謝炭布一匹‖嘉禾元年七月十七日關丞祁付

庫吏殷 一匹 連受 (陸 · 5692 · 圖 55-28/15)

24. 入西鄉上欲丘大男烝軍布一匹‖嘉禾元年七月廿日關丞祁付庫吏殷 一匹 連受 (陸 · 5690 · 圖 55-26/15)

25. 入西鄉平眺丘區坑中□……‖嘉禾元年八月十一日魁□□付庫吏殷連受 (陸 · 5687 · 圖 55-23/15)

26. 入西鄉布三丈八尺‖嘉禾元年十二月十五日龍丘衛紛付主庫吏殷 (陸 · 5684 · 圖 55-20/15)

特別是都鄉品布入受莂簡 16—19,或位於同一簡層前後相連,或相鄰簡層上下相接(擠壓或發掘以致稍有位移),尤其是同爲嘉禾元年七月十一日品布入受莂簡 16 與 17 分別位於第 15 和 14 簡層(揭剥圖陸 · 圖 47 從下往上共計 19 個簡層)且上下相接。可見,同鄉品布入受莂原來應按日期順序前後編聯。

其次,品市布入受簿内諸鄉調布莂多按月結計。例如,諸鄉七月品市布入受莂,在揭剥圖陸 · 圖 47 中分布在第 6—18 簡層,其他簡層没有出現;在圖 54 中集中分布在右半坨(示意圖編號 1—12 爲左半坨,13—54 爲右半坨)第 9—15 簡層(從下往上共計 15 個簡層),其他簡層没有出現;在圖 55 中聚集出現在中部,示意圖編號爲 24、25、26、28、29、30、31、32、34、36。又如,諸鄉八月品市布入受莂也聚集出現,在揭剥圖陸 · 圖 47 中分布在第 2—11 簡層;在圖 54 中大致位於七月品市布入受莂下方,在圖 55 中分布於七月品市布入受莂左右兩側,且不與七月品市布入受莂相夾雜。不僅如此,各鄉還出現多枚結計簡,如:

27. · 右都鄉入布合卅五匹一丈四尺　中 (叁 · 245/23)

28. 右都鄉入布□匹三丈二尺 (陸 · 5657 · 圖 54-47/15)

29. · 右都鄉入布卌匹五尺通合一百八十四匹七尺　中 (陸 · 5618 · 圖 54-8/15)

30. · 右西鄉入布五十匹二丈三尺 (叁 · 239/23)

31. · 右[西][鄉]入布十匹三[丈]□[尺]　☒ (叁 · 1262/23)

32. · 右西鄉入布廿匹三丈　☒ (陸 · 5231/15)

33. ☒　右西鄉入布☒ (陸 · 5881/15)

這些鄉結計簡應是按月或者某一時間段結計該鄉入繳的調布匹數。諸鄉按月或某一時間段編製品市布“一時簿”,⑥在吴簡中有據可循:

34. 君教　　　丞出給民種粻如曹期會掾烝　若　録事掾谷　水　校
　　　　已出　主簿　　省嘉禾三年五月十三日白庫領品市布
　　　　　　　　　　　起嘉禾元年十二月一日訖卅日一時簿

【注】“若”、“水”爲簽名,“已出”爲批字。⑦

簡34記録了“庫領品市布起嘉禾元年十二月一日訖卅日一時簿”,即庫將十二月品市布入受莂編製爲“一時簿”。各類結計簡在揭剥圖中的分布比較分散,表明它們未集中編排。各鄉結計簡以“·右”起始,説明各鄉結計簡應當緊跟在各鄉“一時”(一個月或者某一時間段)品市布入受莂之後。諸鄉“一時簿”末尾,再集計諸鄉入布數量。

總之,品市布入受簿由多個“一時簿”套連而成。具體而言,應當是先按“一時”(某個時間段,按月最常見)編製各鄉“一時簿”,並進行結計;再將諸鄉“一時簿”按次序套連在一起,並進行集計;若干時段的諸鄉“一時簿”套連在一起,最後形成總的品市布莂册(如簡35對應的莂册),最後進行總計。由於我們還無法確認各個品市布莂“一時簿”的具體期限,“一時簿”的整理現在還存在困難。我們暫且將采集簡和發掘簡中所見的嘉禾元年品市布入受莂,分品布、市布,按縣鄉分部,⑧序時排列,結計簡一併排列在各鄉和簿書之後,詳見文後附録。

二、嘉禾元年與二年調布

迄今所見吴簡中的調布莂,大致可以分爲嘉禾元年和嘉禾二年品市布莂。嘉禾元年品市布入受莂較少記録調布年份,而嘉禾二年品市布入受莂基本上記録了調布年份(“嘉禾二年”或“二年”)。過去,我們在整理嘉禾二年品市布入受莂時,根據籤牌信息:

35. 庫　吏 殷 連 潘　　　　　　　　　　(柒·4820①正)
　　　　珛起二年七月
　　　　訖三年五月十五日
　　庫　所受嘉禾二年　　　　　　　　　(柒·4820①背)
　　　　品市布莂

擬將嘉禾二年品市布莂按時間段(嘉禾二年七月前後)分屬兩個簿書。結合新出嘉禾元年品市布入受莂的相關記録來看,這一整理結果有調整的必要。

按原釋文,嘉禾二年正月至六月的嘉禾二年品市莂,相比籤牌簡35對應的嘉禾二年品市莂,其數量很少,且未見中鄉、南鄉、西鄉、樂鄉這一時期的嘉禾二年品市布入受莂。簡例如下:

36. 入都鄉嘉禾二年新調……𫝈嘉禾二年六月廿一日横溪丘男子王勉付庫吏殷連受 (貳·5617/20)

37. 入東鄉帶丘男子黄動二年布一匹𫝈嘉禾二年二月十三日烝弁付庫吏殷連受 (壹·8275/13)

38. 入廣成鄉里中丘男子鄧盧(?)二年布一匹𫝈嘉禾元年□〼 (貳·6098/20)

39. 入廣成鄉嘉禾二年布一匹𫝈嘉禾二年三月廿四日前龍丘大男區僕付庫吏殷連受 (壹·7536/13)

40. 入廣成鄉二年所調新布二匹𫝈嘉禾二年四月十日李下丘男子〼 (壹·6816/12)

41. 入廣成鄉□□丘二年布一匹𫝈嘉禾二年四月十九日烝弁付庫吏殷〼 (壹·8315/13)

42. 入模鄉二年布一匹𫝈嘉禾二年二月十日……男子區□付庫吏殷 〼 (壹·8358/13)

43. 入模鄉二年冬賜布一匹𫝈嘉禾二年三月十三日洽丘大男蘇明付庫吏殷連受 (壹·7942/13)

44. 入平鄉嘉禾二年布一匹𫝈嘉禾二年正月廿七日監沱丘男子菍樂付庫吏殷 〼 (叁·5720/35)

45. 入平鄉嘉禾二年布一匹𫝈嘉禾二年正月□〼 (貳·6045/20)

46. 入平鄉嘉禾二年布一匹𫝈嘉禾二年四月 (壹·8449/13)

47. 入平鄉嘉禾二年布一匹𫝈嘉禾二年六月九日寇丘大男周□〼 (貳·4538/19)

48. 入桑鄉嘉禾二年所調布一匹‖╳嘉禾二年[二]▨　（叁·6022/35）

49. 入小武陵鄉嘉禾二年布一匹‖╳嘉禾二年六月十日廉丘大男鄧[成]付庫吏殷　▨　（壹·6812/12）

核對圖版，相關釋文皆有改訂的必要和可能。簡36“新調”二字漫漶，難以辨識，“六月”當改釋爲“八月”；簡37“烝弁”應改釋爲“丞弁關”，品布莂上該簽署集中出現在嘉禾二年九月、十月、十二月，該簡“二月”應改釋爲“十月”；簡38“二年布”在“嘉禾元年”繳納，不合情理，兩者必有一誤；簡39“入[廣][成][鄉]嘉禾二年”字迹漫漶，簡長也容納不了這麼多字，“二年三月”字迹漫漶，難以辨識；簡40“四月”或應改釋爲“七月”；簡41“烝弁”應改釋爲“丞弁關”，相應地“四月”應改釋作“九月”；簡42“[二][月]”僅殘存左小半，疑誤；簡43“三月”或應改釋爲“十二月”；簡44“正月”應改釋爲“八月”；簡45、46“[正][月]”、“[四][月]”字迹殘缺漫漶，難以辨識；簡47“六月”應改釋爲“八月”；簡48“[二]（月）”應改釋爲“[七]（月）”；簡49“六月十日”應改釋爲“九月一日”。由此看來，迄今吴簡中未見嘉禾二年調布明確在當年正月至六月繳納的；换言之，嘉禾二年品市布莂按時繳納的時間皆爲“起（嘉禾）二年七月訖（嘉禾）三年五月十五日”（簡35）。簡36—49應當皆屬於簡35標示的“品市布入受簿”。

嘉禾二年正月至六月，應當並未繳納嘉禾二年調布，繳納的是嘉禾元年調布。吴簡中有相關記録：

50. 入廣成鄉布三丈[八]尺‖╳嘉禾二年正月十九日□丘唐□付庫吏殷連受　（陸·5655·圖54-45/15）

51. ▨[鄉]嘉禾元年所調布一匹‖╳嘉禾二年正月四日黄□丘男子▨　（貳·4019/19）

52. ▨元[年]布二匹三丈七尺‖╳嘉禾二年五月……丘魁程椎[付]▨　（陸·5725·圖55-61/15）

53. ▨‖╳嘉禾二年六月二日新唐丘男子□□[付]主[庫]▨　（陸·5830/15）

54. ☐鄉嘉禾元年布一匹三丈九尺‖嘉禾二年七月十七日耒丘男子信嘆付庫吏殷☐ (貳 · 4014/19)

55. 入都鄉嘉禾元年布一匹‖嘉禾二[年]☐ (陸 · 5735/15)

56. ☐須丘男子潘買元年布一匹‖嘉禾二年☐ (陸 · 5734/15)

57. 入西鄉元年布一匹‖嘉禾二年☐ (貳 · 6092/20)

58. 入市吏潘羜所市布一百卌一匹‖嘉禾二年二月廿四日付庫吏☐ (陸 · 5654 · 圖 54-44/15)

從上述簡例來看,嘉禾元年調布有的晚至嘉禾二年繳納,例如,簡 52—54 品布晚至嘉禾二年五月、六月甚至七月才繳納入庫,簡 58 市布晚至嘉禾二年二月入庫。這與嘉禾二年調布晚至嘉禾三年正月至五月繳納是一致的。由此看來,迄今所見走馬樓吴簡中的品市布入受莂分屬於兩個簿書:嘉禾元年品市布入受簿,主要繳納時間從嘉禾元年七月十日(簡 159)持續到嘉禾二年七月左右(簡 54);嘉禾二年品市布入受簿,主要繳納時間"起(嘉禾)二年七月訖(嘉禾)三年五月十五日"(簡 35)。嘉禾元年、二年兩次調布的繳納時間基本上不重疊(迄今僅見簡 54 嘉禾元年調布在嘉禾二年七月繳納)。

嘉禾元年和二年品市布入受簿的區分,有助於進一步分析調布的性質。[9]調布雖然以嘉禾元年、嘉禾二年進行標示,[10]但是,此時的調布並非常規的年度調布,尚未成爲常税。其理由是:首先,如果調布是常税,其繳納的時限應當基本一致。然而,嘉禾元年調布繳納的時間持續一年有餘,而嘉禾二年調布僅十個月。兩次調布繳納的時限有所不同。

其次,這類布匹的名稱大致可以分三類:一類是從來源而言的"品、市布",一類是從用途而言的"賜布",另一類是從性質而言的"調布"。嘉禾元年、二年調布之名存在兩大差異:一是嘉禾元年調布的來源有品布、市布,而嘉禾二年調布迄今所見只有品布。如果調布是常税,前後徵調的方式應當一致。二是"新調布"之名僅見於嘉禾二年品市布入受莂,很顯然,"新調布"是相對嘉禾元年"調布"而言的。嘉禾元年調布本來屬於一次臨時性地徵調布匹,嘉禾二年布匹需求依然巨大,於是孫吴再一次臨時調集布匹,前一次稱爲"調布",後一次以"新調布"以示區別。

總而言之,即使嘉禾元年、二年調布可能皆始於七月,從其繳納時限不一致、來源不一致、名稱有“調布”與“新調布”之别來看，前後兩年調布也並非常税，而是臨時性的徵調。至於兩次調布的目的，從其以用途命名的“中賜布”、“冬賜布”來看，調布主要是爲了賞賜。過去我們結合孫吴當時的軍國大事，認爲這兩次調布，或是爲了賞賜征討武陵蠻夷的將士，或是爲了賞賜公孫淵。

三、“品布”與“市布”

據簡35籤牌，嘉禾二年“品市布入受簿”由“品市布莂”構成。然而，迄今所見嘉禾二年調布莂不見有“市布”的明確記録，嘉禾元年“品市布入受簿”則由品布、市布莂構成。至於“品布”與“市布”之别，我們過去作了簡要的區分：“品布”與户品有關，而“市布”與市場有關。新出嘉禾元年品市布莂及相關簡爲“品布”、“市布”的進一步區分提供了新材料。

“品布”又有“三品布”、“四品布”之名。相關簡例如下：

59. ☒領一萬四千九百卌獲(?)三品布[11] (叁·7058)

60. 入平鄉□丘男子□□三品布一匹‖嘉禾元年七月廿二日關丞□付庫吏殷 一匹 連受 (陸·4893)

61. 入……三品布二匹‖嘉禾元年七月廿五日關丞祁付庫吏殷 二匹 連受 (陸·5622)

62. 入平鄉四品布一匹‖嘉禾□年八月十四日□□丘大男□□☒ (叁·277/23)

63. 出元年四品布一千五百匹嘉禾元年八月…… (肆·1319/2)

何謂“品布”？學界有一種觀點認爲，指的是所調之“布”的不同質量和不同品種。[12]迄今所見吴簡中的布匹市價有三種：[13]

64. □丈三尺，匹直三千六百；其六百八十一匹二丈一尺，匹直三千五百。布 (肆·4695)

65. 卌五匹三丈四尺，其三千六百六十四匹一丈三[14]尺，匹直三千六百 (陸·2650/13)

66. 其六百八十一匹一丈一尺,匹直三千五百,布付庫吏潘有領□□ (陸·2649/13)

67. 百[15]卌五萬七千,雇三年[所][16]市冬賜布五千二百九[十][匹][17],々(匹)[18]直三千三百,布[簿][别][19] (陸·1898/13)

68. 九十匹,々(匹)[20]直三千三百,布簿别列付授 (陸·2061/13)

分别是匹直三千六百、三千五百、三千三百。那麽,這三種價格的布是否對應著"三品布",即上品布匹值錢三千六百、中品布匹值錢三千五百、下品布匹值錢三千三百?考慮到嘉禾四年吏民田家莂所記録的布,每匹平賈約值錢三千二百,[21]"四品布"是否就是在"三品布"之外再加上另一種價格的布呢?這種可能性不容忽視,但我們仍然堅持"品布"與户品有關的看法。理由如下:

首先,簡60、62記録了男子繳納"三品布"、"四品布"各一匹入庫。如果品布指不同質量、價格的布匹,那麽,這裏就應明確記作某品布(上、中、下品,或第一、二、三、四品),而不應籠統地稱作"品布"(無法體現布匹的質量與價格)或者"三/四品布",否則很容易理解爲由若干品種的布組合成一匹繳納。爲了避免入受布匹過於零碎,布作爲賦稅繳納時一般要求整匹繳納,品市布莂所記録的調布基本上是整匹或接近整匹。因此,"三品布"、"四品布"應當不是不同種類的布匹的組合,而是一個品種的布匹。

其次,走馬樓吴簡中所見的"品",多與户品有關(我們並不否定"品"也可以用來指質量與價格)。例如户品出錢簡。[22]又如:

69. 兵曹言部吏壬□□□户品限吏民上中下品出銅斤數要簿事 嘉禾四年七月廿七[23]日書佐吕承封(柒·2579)

70. 言府三品調吏民出銅一萬四百斤事 七月廿七日兵曹掾番棟白 (柒·3164)

也是按户三品(上、中、下品)調吏民出銅。與此同類,"品布"也應當是按户品(上、中、下品及下品之下)調吏民出布,因"下品之下"事實上存在,儼然等同於一個户品,但實際上並不任調。"品布"雖然有"三品布"、"四品布"之名,實際上都是按上、中、下三户品調布。

“品布”與“市布”是本次調布的兩大類别,兩者有什麽不同呢?我們注意到,“市布”莂大致可以分爲兩類:一類是市吏潘羜所市布(下稱“市布莂 a”),如:

71. 入市吏潘羜所市布一百卌一匹‖嘉禾二年二月廿四日付庫吏☑
(陸·5654·圖 54-44/15)

潘羜市布的特點是,簡 71 所記一次入庫的布匹多達一百卅一匹之巨,與吏民單次納布入庫一般只有數匹不同。據此,還有一些市布莂所記録的也應是市吏從市場上購買的調布,如:

72. 入市租錢市所調布一百五十匹‖嘉禾元年八月廿日□□□□付庫吏殷 ☑
(叁·462/23)

73. ☑所市布二百九十三匹‖嘉禾元年九月廿九日監丘□吏□□…… ☑
(叁·182/23)

74. 右市掾潘羜所市布四百卌二匹 中
(陸·5662·圖 54-52/15)

按原釋文,簡 74 所記布匹數與簡 72、73 布匹數之和,相差一匹。簡 73“三”字壓在編繩下,較難辨識;簡 74“卌二”是否應作“卌三”亦不好確定。疑簡 74 爲簡 72、73 的結計簡。在我們看來,簡 72、73 也應是市吏單次納入庫的市布,其布匹應當是從市場上大量購買的。

另一類是鄉丘吏民繳納的“市布”(下稱“市布莂 b”),如:

75. 入西鄉入後所市布一匹三丈九尺‖嘉禾元年九月六日錫丘男子宗□……☑
(叁·473/23)

76. 入西鄉入後所市布三丈九尺‖嘉禾元年九月十日楊渡丘李和付庫吏殷連☑
(叁·480/23)

77. 入中鄉所市中賜布二匹‖嘉禾元年八月廿六日唐丘男子□□□☑
(叁·279/23)

78. 入廣成鄉所市布一匹‖嘉禾元年八月九日漂丘男子☑
(叁·272/23)

79. 入廣成鄉所市布一匹‖嘉禾元年八月九日樠丘□☑
(叁·445/23)

80. 入南鄉官所市廖金布一匹‖Ⅹ嘉禾元年七月廿九日關丞祁付庫吏殷[24]一匹 受　　(陸 · 4913 · 圖 47-59/15)

81. 入模鄉所市布三匹‖Ⅹ嘉禾元年七月廿八日三州丘男子□□付庫吏殷連受　　(陸 · 5636 · 圖 54-26/15)

82. □鄉市布二匹‖Ⅹ嘉禾元年十一月三日□□□付庫吏殷連受　　(陸 · 4958 · 圖 47-104/15)

83. 入□鄉市布一匹‖Ⅹ嘉禾元年十月十□☐　　(陸 · 5742/15)

市布莂 b(簡 75—83)的格式與品布入受莂相同,入庫的方式也一致,只是明確記録了"市布"。那麼,市布莂 b 與市布莂 a(簡 71—74)、品布莂有何異同?

我們認爲,市布莂 a 與 b 所記調布應當皆爲市吏購入的布匹,故被稱爲"市布",但兩者購買的來源不同,市布莂 a 是從市場上購買,市布莂 b 則是從鄉丘吏民户手中購買。市布莂 b 與品布莂可能皆按户品向吏民徵購,但市布莂 b 由市吏參與采購,品布則完全是通過鄉丘徵税系統徵購。兹將這三類品市布莂的關係圖示如下:

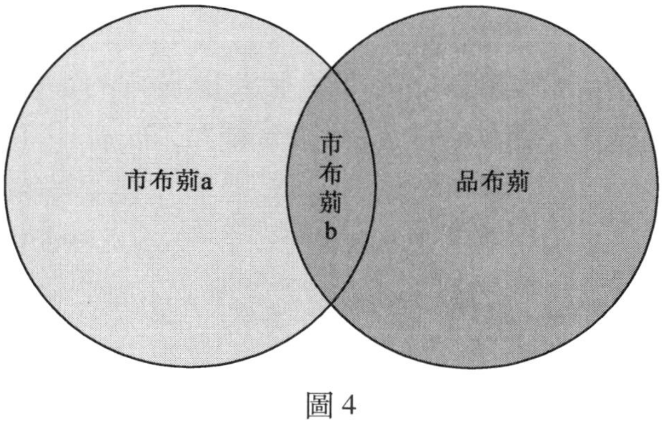

圖 4

由於市布莂 b 可能也是按户品向吏民采購,或許稱之爲"品布"也是可行的。[25]混言之,市布莂 b 與市布莂 a(負責人皆爲市吏)、品布莂(徵購依據皆爲户品)皆存在一些共通性。

總之,"市布"是由市吏負責購入的調布,"品布"是按户品向吏民徵購的調布。"市布"與"品布"的區别是:一、"市布"由市吏負責,而"品布”由責任縣吏如勸農掾和鄉丘服役者負責(詳見下節);二、“市布”通過購買的手段籌措,名義上是通過自由買賣,而“品布”主要通過徵購的手段籌集,帶有强制性。“市布”與“品布”的聯繫則在於:一、市布可能也有市掾潘羜按户品從吏民手中購入者(市布莂 b),且這部分也是按鄉丘徵税系統繳納;二、“品布”雖然帶有强制性,但官府應當也會給值。例如:

84. 嘉禾元年所調布得[26]四千三百卌五匹三☐ (陸 · 2656/13)

85. 其五十五萬二[27]千五百雇元年所市布 (陸 · 1935/13)

嘉禾元年共計調布四千三百卌五匹多。但某次支付的款項僅“五十五萬二千五百”,按三千五百錢一匹,約合一百五十餘匹。那麽,其他布匹是否給值了呢?從簡 67 來看,嘉禾三年市冬賜布五千二百九十匹,悉數給值了。據此,我們傾向於認爲,無論是品布,還是市布,理論上都是要求給值的,這與兩漢以來大多數的“調”性質相同。籤牌簡 35 對應的嘉禾二年品市布入受簿中,未見“市布”的明確記載,但籤牌仍然稱爲“品市布”,或有可能是因爲品布也應支付市價,從這個角度而言,“品布”本質上仍然是官府出錢購買。只是,與一般“市布”不同之處在於,官府强制要求吏民按户品提供相應數量的布匹出售給官府。調經歷了從按市值自由采購,到按户品强制徵購,再到常税户調的發展過程。孫吴嘉禾元年、二年調布的做法仍然是常税户調的前身。

四、品布的繳納者

過去,我們整理的嘉禾元年品市布入受簿所含品市布莂數很少,按人名對應關係,當時未見嘉禾元年與二年品市布入受簿之間存在同鄉丘吏民明確對應的簡例。現在,嘉禾元年品市布入受簿的含莂數量大大增加,這爲我們比對兩件品市布入受簿,進而分析鄉丘調布繳納者的基本狀況,提供了條件。

首先,嘉禾元年與二年品市布入受簿之間存在同鄉丘吏民繳納調布的簡例:[28]

嘉禾元年	嘉禾二年
入中鄉湛上丘男子栂陽布一匹‖嘉禾元年七月十日丞義關付庫吏殷　連受(陸·4868)	⧄嘉禾二年所調布一匹‖嘉禾二年□月十三日湛上丘男子栂陽[29]⧄(貳·4776)
入西鄉下俗丘大男五杭布二匹‖嘉禾元年八月廿六日付庫吏殷連受(陸·4926)	入西鄉嘉禾二年布三匹‖嘉禾三年三月廿六日下俗丘男子五杭付庫⧄(壹·8286)
入西鄉復臯丘男子光肫布四匹‖嘉禾元年七月十八日關丞祁付庫吏殷 四匹 連受(陸·4918)	入西鄉復臯丘[30]光肫二年調布一匹三丈□□‖嘉⧄(壹·5120)
入廣成鄉泊姑丘大男周車布一匹‖嘉禾元年七月廿二日關丞祁付庫吏殷 一匹 連受(陸·5631)	入廣成鄉泊姑[31]丘男子周車二年布一匹‖嘉禾二年九月廿一日丞弁關[32]付庫吏殷連受(壹·7535)
入廣成鄉東薄丘徐麦布一匹‖嘉禾元年七月十六日關丞 祁 付庫吏殷 一匹 連受(肆·826)	⧄□丘徐麦二年布三丈九[33]尺‖嘉⧄(貳·6179)
入廣成鄉布二匹三丈九尺‖嘉和元年十月廿三日□丘鄧兒付庫吏殷　⧄(叁·192)	入廣成鄉嘉禾二年所調布一匹‖嘉禾二年八月十五日三州丘男子鄧兒付庫吏殷連受(貳·5538) 入廣成鄉嘉禾二年調布一匹‖嘉禾二年十一月十三日三州丘鄧兒付庫吏殷連(壹·8288)
入樂鄉布二匹三丈‖嘉禾元年十二月八日頃[34]丘吴春付庫吏⧄(陸·4957)	入樂鄉嘉禾二年新調布三丈八尺‖嘉禾二年七月廿九日頃丘男子吴春付庫吏殷⧄(貳·5369)
入模鄉洽[35]丘大男周持布三匹‖嘉禾元年八月五日關丞□付庫吏殷連受(陸·5713)	入模[36]鄉二年冬賜布一匹‖嘉禾二年十一月十三日洽丘男子周持付庫吏殷連受(壹·7890)
入東[37]鄉帶[38]丘男子黄動調布二匹‖嘉禾元年八月一日關丞祁[39]□⧄(叁·198)	入東鄉帶丘男子黄動二年布一匹‖嘉禾二年十月十三日丞弁關付庫吏殷連受(壹·8275)
入南鄉□□大男[40]潘逐布⧄(陸·5374/15)	⧄子潘逐(?)入布一匹‖⧄(貳·3990)
⧄布七匹三丈四尺‖嘉禾元年十一月四日掾黄原付庫吏殷連受(陸·5718)	入模鄉二年調布三丈八尺‖嘉禾二年八月廿四日吏黄原[41]付庫吏殷⧄(壹·6834)
⧄丈七尺‖嘉禾元年十二月十八日新唎[42]丘謝客付庫吏殷連受(陸·5710)	⧄布一匹‖嘉禾二年八月廿三日新唎[43]丘男子謝客付庫⧄(壹·6176)

這些同鄉丘吏民户在嘉禾元年、二年兩次繳納調布的簡例,似乎可以再次印證上文的分析,即嘉禾元年、二年品市布分屬於兩次不同的調布。尤其是中鄉湛上丘男子梅陽、廣成鄉泊姑丘大男周車前後兩年繳納的品布數量完全相同,更加佐證了上述論斷。

然而,更多的同鄉丘吏民前後兩年繳納的數量並不相同。如果按户品徵購調布,前後繳納品布數量就應相同,或成固定的比例,但現有例證並不能反映這一點。這種情況的存在很可能是因爲,很多簡例所記録的繳納者並不一定是所繳調布的納税者,換言之,繳納者送繳入庫的物資很可能是若干吏民户的應繳調布。下面予以論證。

嘉禾元年、二年品布莂中,有些吏民不止一次繳納調布。先來看嘉禾元年的簡例:

86. 入都鄉布……‖嘉禾元[44]年十月七日泉溲丘閭長廖健[45]付庫吏受 (陸·4951·圖 47-97/15)

87. 入都[46]鄉泉溲丘廖健布四匹三丈七尺‖嘉禾元八月七日大男廖健關丞 付庫吏殷連受 (陸·4890·圖 47-36/15)

【注】"元"下脱"年"字。

88. 入中[47]鄉緒中丘大男區將[48]布……四尺‖嘉禾元年……

(陸·4948·圖 47-94/15)

89. 入中鄉緒中[49]丘大男區將布一匹‖嘉禾元年七月十二日關丞祁付庫吏殷 一匹 連受 (陸·5623·圖 54-13/15)

90. 入小武陵鄉帥烝益布四匹三丈七尺‖嘉禾元年七月廿四日關丞祁付庫吏殷 四匹三丈七尺 連受 (陸·5689·圖 55-25/15)

91. ⊠鄉帥烝益布二匹‖嘉禾元年八月六日關丞 付庫吏殷連受

(肆·833/1)

92. ⊠□鄉布……‖嘉禾元年十一月廿八日唫丘男子烝益付庫吏殷連受 (貳·3923/19)[50]

93. 入桑鄉布二匹‖嘉禾元年八月十九日鄉吏劉平付庫吏殷連受 (陸·5674·圖 55-10/15)

94. 入桑鄉勸農掾劉平布六匹‖嘉禾元年八月⊠ (陸·5774/15)

95. 入桑鄉吏劉平布二匹三丈七尺‖X嘉禾元年九月⍁（陸 · 5773/15）

96. 入桑鄉布四匹‖X嘉禾元年十二月四日勸農掾劉平[51]付庫掾[52]殷連受　（陸 · 5661 · 圖 54-51/15）

97. 入樂鄉領山丘布五匹‖X嘉禾元年九月十三日鄉吏孫儀付庫吏殷連受　（陸 · 5671 · 圖 55-7/15）

98. 入樂鄉布一匹‖X嘉禾元年九月廿六日鄉吏孫儀[53]付庫吏殷連受　（陸 · 5717 · 圖 55-53/15）

99. 入模鄉牙[54]下丘大男五[55]惕布一匹三丈九尺‖X嘉禾元年八月廿日付庫吏殷　⍁　（叁 · 202/23）

100. 入模鄉牙下[56]丘五惕布一匹‖X嘉禾元年七月廿一[57]關丞祁付庫吏殷　一匹　連受　（陸 · 5630/15）

101. 入東鄉上利丘男子烝贛布三匹‖X嘉禾元年八月二日關丞付庫吏⍁　（叁 · 459/23）

102. ⍁……二匹‖X嘉禾二[58]年四月十五日上利[59]丘烝贛付庫吏殷連受　（叁 · 217/23）

這些多次繳納調布的吏民，有的身份比較特殊。例如，都鄉泉溲丘廖健爲閭長（掌管閭里職事者）、小武陵鄉帥烝益、桑鄉勸農掾劉平、樂鄉鄉吏孫儀，皆爲"鄉官里（丘）吏"。在調布過程中，孫吴應當安排了基層職吏參與了調布的徵繳。有的身份爲"大男"、"男子"，如中鄉緒中丘大男區將、東鄉上利丘男子烝贛。

再來看嘉禾二年的簡例：

103. 入都鄉嘉禾二年布八匹‖X嘉禾二年八月十四日耒丘大男吕{亻垂}付庫吏殷⍁　（貳 · 5540/20）

104. 入都鄉嘉禾二年布八匹‖X嘉禾二年八月十三日耒丘大男吕{亻垂}付庫吏殷連受　（貳 · 6104/20）

105. 入都鄉嘉禾二年新調布五匹三丈四尺‖X嘉禾二年八月十一日杺倚丘男子區巴付庫吏殷⍁　（貳 · 5510/20）

106. 出都鄉杺倚[60]丘大男區巴二年布一匹二丈一尺‖X嘉禾二年十月十五日丞弁關付庫吏殷連受　（壹 · 7504/13）

107. 入都鄉嘉禾二年調布二匹‖嘉禾二年七月十九日横溪丘男子謝德(?)李□付庫吏殷連受 (貳·5314/20)

108. 入都鄉横溪丘男子謝德入新布二匹‖嘉禾二年十一月廿日丞弁關☑ (壹·8271/13)

109. 入都鄉二年新調布一匹‖嘉禾二年八月廿日因疒丘歲伍吴湗民黄漢付庫吏殷連受 (貳·5318/20)

110. ☑年新調布一匹三丈八尺‖嘉禾二年八月廿四日因疒丘歲伍吴湗民□如付庫吏殷連受 (貳·5471/20)

111. 入中鄉嘉禾二年新調布二匹‖嘉禾二年七月十二日小赤丘大男番萇付庫吏殷連受 (貳·5468/20)

112. 入□鄉嘉禾[61]二年布二匹‖嘉禾二年八月十三日歲五番萇付庫吏殷☑ (叁·6282/36)

113. ☑禾二年所調布一匹‖嘉禾二年八[62]月五日男子潘萇付庫吏殷連受 (貳·5325/20)

114. 入廣成鄉嘉禾二年布二匹‖嘉禾三年五月三日撈丘男子鄧馮庫吏潘 ☑ (壹·7912/13)

115. ☑成[63]鄉榜丘鄧馮二年布二匹‖嘉禾二年九月廿七日丞弁關付庫吏殷連受 (貳·5615/20)

116. 入廣成鄉榜[64]丘男子鄧馮[65]二年布三丈七尺‖嘉禾二年十月廿三日付庫吏殷 ☑ (壹·7500/13)

117. 入廣成鄉上伻[66]丘男子鄧遲二年布□□‖嘉禾二年☑ (貳·5725/20)

118. 入廣成鄉二年調布三匹‖嘉禾二年七月廿九日伻丘大男鄧遲付庫吏殷連受 (貳·5551/20)

119. 入廣成鄉三州丘男子番郡二年布一匹‖嘉禾二年九月十七日丞弁關付庫吏殷 ☑ (壹·7834/13)

120. 入廣成鄉三州丘男子潘郡二年布二匹‖嘉禾二年十月五日丞弁關付庫吏殷連受 (壹·8250/13)

121. 入廣成鄉揟陵[67]丘番張二年布一匹三丈八尺‖嘉禾二年十一月

十七日□□付庫吏殷連受　　（壹·8212/13）

122. 入廣成鄉揾陵丘男子番張嘉禾二年布四匹三丈九尺‖X嘉禾二年九月十七日丞弁關付庫吏殷連受　　（壹·7907/13）

123. 入平鄉二年一匹‖X嘉禾三年五月五日於上丘番張付庫吏潘珛受　　（壹·8253/13）

124. 入廣成鄉弦[68]丘男子吴遠二年調布二匹☒　　（壹·6814/12）

125. ☒禾二年所調布一匹‖X嘉禾二年八月十日弦丘男子吴遠付庫吏殷連受　　（貳·5324/20）

126. 入平鄉嘉禾二年布三匹‖X嘉禾二年八月廿七日浸頃丘布昌朱☒　　（叁·6218/36）

127. 入平鄉嘉禾二年布四匹‖X嘉禾二年八月廿七日浸頃丘布昌朱□[付]□☒　　（叁·6146/36）

128. 入平鄉盡丘潘明二年布一匹‖X嘉禾二年九月廿七日丞弁關付庫吏殷連受　　（壹·7825/13）

129. ☒男番明二年布五丈付☒　　（壹·6299/12）

130. 入桑鄉東平丘大男殷柱二年布七匹‖X[嘉][禾]□□□□☒　　（壹·6852/12）

131. 入桑鄉嘉禾二年所調冬賜布一匹‖X嘉禾二年七月十三日東平丘男子殷柱付庫吏殷連受　　（貳·5367/20）

132. 入桑鄉嘉禾二年新調布一匹‖X嘉禾二年七月十七日區丘縣吏谷水付庫吏殷☒　　（貳·5507/20）

133. ☒禾二年[新]調布一匹‖X嘉禾二年八月十六日桐丘縣吏谷水付庫吏殷☒　　（貳·3959/19）

134. 入樂鄉頃丘番卯二年布一匹‖X嘉禾二年十二月廿日丞弁關付庫吏潘珛受　　（壹·7931/13）

135. ☒□嘉禾二年新調布一匹‖X嘉禾二年八月十九日頃丘潘卯付庫吏□☒　　（貳·5893/20）

136. 入南鄉嘉禾二年所調布一匹‖X嘉禾二年七月廿九日桐唐丘男子陳文付庫吏殷連受　　（貳·5568/20）

137. 入南鄉桐唐丘陳文李勉嘉禾二年布一匹‖X[嘉][禾][二][年]十一

月☒ （壹·6920/12）

138. 入南鄉布一匹三丈一尺‖嘉禾元年九月廿六日大男王署付庫吏殷連受 （陸·5611·圖 54-1/15）

139. 入南[69]鄉山田丘大男王署入……‖……付庫吏殷連受 （陸·5653·圖 54-43/15）

140. ☒二匹‖嘉禾二年九月一日廉丘男子呂明（?）付庫吏殷連受 （貳·5931/20）

141. ☒一匹‖嘉禾二年八月十二日廉丘男子呂明付庫吏殷☒ （貳·5889/20）

142. 入□鄉嘉禾二年新調布一匹‖嘉禾二年七月廿四日何丘男子李（?）達付庫☒ （貳·5332/20）

143. ☒何丘男子李達郭連嘉禾二年調布一匹☒ （壹·6933/12）

144. ☒鄉曼溲丘男子黄誼二年布六匹三丈八尺‖☒ （貳·5014/19）

145. ☒嘉禾二年布二匹三丈九尺‖嘉禾二年八月廿三日曼溲丘魁黄誼付庫吏殷連受 （貳·5458/20）

與嘉禾元年調布納入者的情況大致相同，嘉禾二年多次繳納調布的吏民也不乏基層職吏，如都鄉因疒丘歲伍吴滏、中鄉歲伍潘萇、[70]桑鄉區丘和桐丘縣吏谷水、[71]曼溲丘魁黄誼等。但更多繳納者的身份是“大男”、“男子”，或不記身份。這些看似普通平民或不記身份的多次繳納者，很可能仍是特殊的職事者。例如：

146. 出嘉禾元年租米三百十三斛□斗被縣嘉禾二年四月廿四日甲寅書付大男區巴運 （叁·1486）

147. 出嘉禾元年税米十三斛被縣嘉禾二年四月十五日乙巳書付大男區巴運 （叁·1541）

148. 入平鄉嘉禾二年助典佃吏限米二斛二斗胄畢‖嘉禾三年四月十七日盡丘番明關邸閣董基付倉吏鄭黑受 （陸·3546）

149. ☒力田潘明二年所調☒ （貳·6311）

簡 105、106 所記的區巴,很可能就是簡 146、147 所記專門負責運輸倉米的區巴。據簡 146 記録,區巴按文書指令一次運送倉米達 313 餘斛,區巴應是專門負責運輸的人。簡 128、129 所記的潘明,應當就是簡 148 記録的繳納"助典佃吏限米"的番明,兩者皆爲平鄉盡丘人,"助典佃吏"番明的實際身份可能是"力田"(參簡 149)。

其中,有的人不僅多次繳納調布,也多次繳納調皮。例如,桑鄉勸農掾劉平在嘉禾元年四次繳納品布數量多達十四匹三丈七尺,他還在嘉禾二年四次繳納調皮,數量多達五十枚(簡貳·8879、8883、8884、8913),調布、調皮的徵繳應當是勸農掾劉平的一項職責。又如嘉禾二年吴遠兩次納入品布共計三匹,數量雖然不多,但是,吴遠該年還兩次繳納調皮(簡壹·8658、8335),[72]吴遠可能肩負著送繳徵調物資的差事。

由一人多次納入調布、調皮,可能與官府對徵調物資的要求有關。無論是調布,還是調皮,零碎妨礙使用,官府勢必要求各鄉整匹、整枚繳納。這時,各鄉丘若干户一併繳納徵調物資,既可以避免布匹、𥜿皮的割裂,又可以節省開支。尤其是那些距庫較遠的離鄉,有的民户需要繳納的物資有時並不多,各户單獨送繳入庫並不經濟,若干户聯合起來派遣一人或由勸農掾、歲伍等送繳入庫,開支可能反而更少。

從這些情況看來,繳納者並不一定是他所送繳全部物資的納税人。有時候,他們可能只是一部分物資的納税人,也可能是專門負責此項事務的職吏或差役,尤其是多次送繳徵調物資的鄉勸農掾和歲伍等,他們應當是鄉丘徵税系統的監管者和參與者。當然,我們也不能排除,各鄉民户單獨繳納調布的可能性,尤其是那些前後兩年繳納調布數量完全相同的簡例,應當是兩次調布的直接反映。由於不能確認哪些品布莂記録的是納税人自己送繳調布入庫,我們很難通過單枚券莂所記録的調布數量(不少是若干户調布的繳納記録),準確地反推各户品調布的數量。[73]

總而言之,品布莂記録的繳納者,既有繳納本户調布的納税者,又有彙集若干户調布送繳入庫的吏民。嘉禾元年、二年同鄉丘吏民兩次繳納調布,應是孫吴前後兩次調布的反映。品布莂並不能直接作爲各吏民户繳納調布的憑證,所發揮的作用主要是縣庫與鄉之間調布數量的流轉和核對。縣庫主要統計調布入庫的數量,這在新入簡中體現得更加明顯:庫布入受簿的上一級帳簿——新入簿只是轉記品市布莂的結計簡。至於吏民按户品徵繳調布的具體税負和完税憑證,在鄉勸農掾或者鄉部那裏應當有一份詳細的底帳,即具體各户的調布額和若干户彙集調布送繳的明細。這個問題,容今後再作專門的討論。

五、簽署

品市布莂上有不少簽署,例如:丞"義"關、關丞"祁"、"丞弁關"、"連受"(引號内爲簽署内容)。"連受"爲庫吏殷連接受調布的簽署。關丞"祁"、"丞弁關"我們過去有所討論。而丞"義"關乃首次出現,爲我們進一步討論品市布莂上的簽署提供了新材料。

簽署丞"義"關的簡例如下:

150. 入中鄉小赤里男子五春布四匹‖嘉禾元年七月十日丞義關付庫吏殷 連受 (陸·4866·圖 47-12/15)

151. 入中鄉湛上丘男子梅陽布一匹‖嘉禾元年七月十日丞義關付庫吏殷 連受 (陸·4868·圖 47-14/15)

152. 入中鄉桐梁丘男子胡萇布三丈八尺‖嘉禾元年七月十日丞義關付庫吏殷連受 (陸·4871·圖 47-17/15)

153. 入桑[74]鄉彈溲丘大男□□入所調布二匹‖嘉禾元年七月十日丞豢(義)關付庫吏殷 一匹[75] 連受 (陸·5694·圖 55-30/15)

154. 入廣成鄉周陵丘男子監有布二匹三丈六尺‖嘉禾元年七月十日丞義關付庫吏殷 二匹三丈六尺 連受(陸·4859·圖 47-5/15)

155. 入廣成鄉彈溲丘烝巴布二匹‖嘉禾元年七月十日丞豢(義)關付庫吏殷 二匹 連受 (陸·5698·圖 55-34/15)

156. 入模鄉新甽丘男子李□送布一匹‖嘉禾元年七月十日丞義關付庫吏[76] 連受 (陸·4869·圖 47-15/15)

這些皆爲嘉禾元年調布最早送繳入庫的七月十日品布莂。"丞"下簽名或釋作"義",或釋作"豢",其字形如下:

			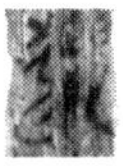			
陸·4866	陸·4868	陸·4871	陸·5694	陸·4859	陸·5698	陸·4869

總的看來,這些簽名筆迹相近,字形、結構基本相同,今統一釋作“義”。

丞“義”關僅見於嘉禾元年七月十日品布莂。此後,嘉禾元年七月十一日至八月一日品布莂簽署的是關丞“祢”,如:

157. 入都鄉横溪丘男子黄智布七匹𠄡嘉禾元年七月十一日關丞祢付庫吏殷連受 (陸·4864·圖 47-10/15)

158. ▨模[77]鄉僕丘李牧布二匹𠄡嘉禾元年七月十一日關丞祢付庫吏殷 二匹 連受 (陸·4877·圖 47-23/15)

159. 入東鄉帶丘男子黄動調布二匹𠄡嘉禾元年八月一日關丞祢□▨ (叁·198/23)

160. 入模鄉□丘大男番水布三匹𠄡嘉禾元年八月一日關丞祢[78]□縣庫吏殷▨ (叁·478/23)

嘉禾元年八月一日以後,除簡 159、160 以外,嘉禾元年品市布莂或者僅記“關丞”而不簽名,或者連“關丞”也省記了。

與丞“義”關、關丞“祢”類似的簽署,還有嘉禾二年品布莂、襍皮莂上多見的二字簽署,過去釋爲“烝弁”,我們後來改釋爲“丞閞”,並認爲其中的“閞”可能是“弁”、“關”的合文,故又可讀爲“丞弁關”。[79]現在結合丞“義”關來看,釋讀爲“丞弁關”可能更妥帖一些。

比較丞“義”關、關丞“祢”與“丞弁關”,三者的共同點是:它們在調布、調皮莂上的位置相同,應存在對應關係,用意應當相近。其不同點是:丞“義”關與關丞“祢”雖然皆只簽名,但詞序不同;丞“義”關與“丞弁關”構詞完全相同,但前者僅簽“義”,後者皆爲簽署。這些不同反映了三種簽署的某些差異。

關丞“祢”,顧名思義,即吏民在送繳調布入庫時關白臨湘縣丞“祢”。丞“義”關,“義”亦爲簽名,只是,嘉禾元年五月至九月、十一月臨湘侯國丞名“祢”,且臨湘侯國丞只設一人,因此丞“義”關之“義”不會是丞名,與“丞弁關”一樣,“義”、“弁”應當皆爲臨湘侯國丞之屬吏。丞“義”關、“丞弁關”皆表示:臨湘侯國丞安排佐吏“義”、“弁”代替自己參與調布的徵繳。至於丞“義”關與“丞弁關”簽署之不同,則反映了調布徵繳的階段性特徵。

嘉禾元年調布的徵繳,開始於七月十日,除簡150—156例證外,還有相應的集計簡:

161. ⧄入元年布起七月十[80]日訖廿九日⧄　　　　（陸·5866/15）

一開始,臨湘侯國丞“祁”安排屬吏“義”代替自己參與、檢校物資的徵調,並簽署其名“義”。然而,這類大規模的調布,需要藉助臨湘侯國丞的權威來督促,或者説孫吴當時應有相關規定,要求縣丞參與到調布的徵繳中去。反映在嘉禾元年品市布莂中,即七月十一日至廿九日品布莂上皆有臨湘侯國丞“祁”的簽署,表明他親自參與了調布的徵繳,以確保調布的徵收。

八月一日之後(除簡159、160),品布莂“關丞”之下多留空,未見臨湘侯國丞“祁”的簽署,甚至有的品布莂將“關丞”略而不書,表明臨湘侯國丞“祁”未再直接參與調布的徵繳。這可能是因爲孫吴嘉禾元年的調布,未遇到太大的阻力,縣庫和市吏、鄉丘徵税系統即可完成品市布的徵購,於是臨湘侯國丞不再參與這項煩雜的事務。

嘉禾二年再次調布,一開始延續了嘉禾元年調布的後期做法,在嘉禾二年七月、八月調布中未見任何簽署,甚至“關丞”亦不記。至嘉禾二年九月、十月品布莂上再次集中出現“丞、弁關”的簽署。[81]這應當是爲了確保調布的徵繳,臨湘侯國丞根據嘉禾元年調布徵繳的情況和工作經驗,再次安排了“弁”代替自己參與、檢校所調物資入庫。與丞“義”關只簽“義”不同,“丞、弁關”同時簽署“丞”和“弁”,似乎進一步地明確了主事者“丞”與代勞者“弁”之間的連帶責任。此後,僅在嘉禾二年十二月品布莂上見到“丞、弁關”,且其字迹風格稍有不同(可能與臨湘侯國丞的更換有關)。可見,在嘉禾二年調布過程中,“丞、弁”只是間斷地參與品市布的徵收。

簽署字迹“義”(如陸·4871、5698、4869)、“祁”(如肆·811、陸·4857、4863、4870)、“丞、弁關”(如壹·6953、7535、8203、貳·5928)有的

壓在編繩之下,表明這些簽署應當是在調布入庫之時完成的,而不是入庫之後的檢校簽名,也不是編聯爲莂册之後的簽署。這也反映了“義”、“祁”、“弁”當時直接參與了調布入庫的工作。

結合簽署與簽署“連受”之上調布數量的記録,還可窺探臨湘侯國官吏對待調布工作的態度,前後有所變化。嘉禾元年七月十日,“義”代替“丞祁”監管調布的徵繳,“連受”之上調布數量的記録或有(簡 153—155),或無(簡 150—152、156)。嘉禾元年七月十一日至廿九日,凡是簽署丞“祁”的品市布莂,“連受”之上皆記有調布數量。八月一日之後,當“祁”不再參與,不再簽署之時,“連受”之上就不再記録調布數量。庫吏、書佐對上負責的態度,由此可見一斑。由此看來,有丞“祁”參與的嘉禾元年七月十一日至廿九日的品市布莂的書寫與製作,才是孫吴品市布莂製作最規整的形式,此後的品市布莂似乎有偷工減料之嫌。畢竟這類基層工作繁重、單調而無聊,長久不免讓人懈怠。亦由此可見,長吏直接參與日常事務的重要性和必要性。

總而言之,簽署丞“義”關、關丞“祁”、“丞弁關”在品市布莂上位置相同,用意相同,表示臨湘縣丞及其屬吏實際參與了調布的徵繳工作。這對於調布的徵繳具有督促作用,尤其是丞“祁”的親自參與,使庫吏、書佐等非常認真地對待這項工作,直接體現了這類簽署的權威性和有效性。三者含義又有所差别:關丞“祁”表示臨湘侯國丞“祁”親自參與調布的徵繳;而丞“義”關、“丞弁關”表示臨湘侯國丞責成屬吏“義”或“弁”代替自己參與、檢校調布的徵收;相比單獨簽名“義”,“丞、弁關”的簽署,進一步明確了主事者“丞”與代勞者“弁”之間的連帶責任。

結　　語

迄今走馬樓吴簡中所見的品、市布莂分屬於嘉禾元年、嘉禾二年品市布入受簿,即因兩次臨時調布——嘉禾元年“調布”和嘉禾二年“新調布”而編製的帳簿。品市布莂册由若干諸鄉“一時簿”(某個時間段,按月最常見)套連而成。“一時簿”之内按鄉别序時編排品、市布莂。

調布分爲兩類:一類是市吏從市場上或按户品向吏民户采購的“市布”,另一類是鄉丘徵税系統按户品向吏民户强制徵購的“品布”。“市布”與“品布”只是籌措的方式不同,官府應當都會給值。總的看來,孫吴調布仍未發展成常税。

品布莂上的繳納者,並非皆爲納税者,還有彙集若干户調布送繳入庫的吏民,常見鄉丘職吏與差役。品布莂所起的作用,主要是縣庫與各鄉之間調布數量的流轉和核對。具體吏民户按户品繳納的調布額,以及吏民户送繳調布的方式,鄉部應當有一份詳細的底帳。

爲了保證調布的順利徵收,臨湘縣丞及其屬吏有時參與並督促調布的徵繳,體現在調布莂上,某些時候常見"丞'義'關"、"關丞'祁'"、"丞弁關"的簽署。這類簽署頗具權威性和有效性,特别是臨湘侯國丞"祁"參與調布的徵收時,調布莂書寫的信息最爲齊備而工整。

品布

都鄉

入都鄉横溪丘男子黄智布七匹‖嘉禾元年七月十一日關丞祁付庫吏殷七匹連受

(陸·4864·圖47-10/15)

【注】"殷連"之間空白處左側,殘存"七匹"右半字迹,破莂時有意爲之。

入都鄉東溪丘大男陳丞布二匹‖嘉禾元年七月十一日關丞祁付庫吏殷 二匹 連受

(陸·4870·圖47-16/15)

【注】"殷連"之間空白處左側,殘存"二匹"右半字迹,破莂時有意爲之。

入都[82]鄉廉丘男子吕平布二匹‖嘉禾元年七[83]月十三日關丞祁付庫吏殷 一匹 連受

(陸·5629·圖54-19/15)

【注】"殷連"之間空白處左側,殘存"一匹"右半字迹,破莂時有意爲之。

入都鄉末中丘大男黄春布三匹‖嘉禾元年七月十四日關丞祁付庫吏殷 三匹 連受

(陸·4863·圖47-9/15)

【注】"殷連"之間空白處左側,殘存"三匹"右半字迹,破莂時有意爲之。

出都鄉右頭丘朱忠所調布一匹‖嘉禾元年七月廿七日關丞祁付庫吏殷 一匹 連受

(陸·4873·圖47-19/15)

【注】"殷連"之間空白處左側,殘存"一匹"右小半字迹,破莂時有意爲之。

入都鄉石頭丘蔡 黄所調布二匹‖嘉禾元年八月三日關丞　付庫吏殷連受

(陸·5703·圖55-39/15)

入都鄉末丘男子雷皮布二匹三丈一尺‖嘉禾元年八月五日關丞　付庫吏殷連受

(陸·4900·圖47-46/15)

入都鄉横溪丘大男胡鳥入所調布二匹‖嘉禾元年八月五日關丞[84]　付庫吏殷連受

(陸·5637·圖 54-27/15)

入都鄉桐渚丘男子黄赤……‖嘉禾元年八月五日關丞　付庫吏殷連受

(陸·5642·圖 54-32/15)

入都鄉泉溲丘廖健布四匹三丈七尺‖嘉禾元八月七日大男廖健關丞　付庫吏殷連受

(陸·4890·圖 47-36/15)

【注】"元"下脱"年"字。

入都鄉布一匹三丈九尺‖嘉禾元年八月七日新唐丘張曹關丞　付庫吏殷連受

(陸·4954·圖 47-100/15)

入都鄉秋奇丘大男五貴布四匹三丈八尺‖嘉禾元年八月八日付庫吏殷連受

(陸·5617·圖 54-7/15)

入都鄉坪下丘魁黄□□□□‖嘉禾元年八月廿日付庫吏殷連受

(陸·5644·圖 54-34/15)

入都[85]鄉[86]布七匹三丈三尺‖嘉禾元年八月廿四日□□丘▨　(陸·5368/15)

入都鄉布六匹三丈‖嘉禾元年八月廿六日胡下丘九中丘番斗文有付庫吏殷連受

(陸·4894·圖 47-40/15)[87]

入都鄉所調布一匹‖嘉禾元年八月廿七日馬□丘□□付庫吏殷連受

(陸·4884·圖 47-30/15)

入都鄉調布二匹‖嘉禾元年八月廿八日椇下丘大男聶讓付庫吏殷連受

(陸·5704·圖 55-40/15)

入都鄉布一匹三丈九尺‖嘉禾元年八月廿八日邑下民男子張盖付庫吏殷連受

(陸·5719·圖 55-55/15)

入都鄉布……‖嘉禾元年十月七日泉溲丘閭長廖健付庫吏受

(陸·4951·圖 47-97/15)

入都鄉横溪丘男子黄□布三匹三丈七尺‖嘉禾元年□月□□關丞　付庫吏殷連受

(陸·5702·圖 55-38/15)

【注】"尺"字書於"七"左上側。

入都鄉冬賜布二匹□尺‖嘉禾□年□月□日新唐丘……付庫吏殷連受

(陸·5645·圖 54-35/15)

入都鄉大男周□入[88]賜布□□‖……▨　(陸·5680·圖 55-16/15)

入都鄉□□丘男[89]□□有布一匹‖嘉禾元年□月十五日□□付庫吏殷連受

(陸·5726·圖 55-62/15)

入都鄉嘉禾元年布一匹‖嘉禾二[年]☐ （陸·5735/15）

[入][都][鄉][元][年][布]五匹‖嘉禾[二] ☐ （陸·5741/15）

入都鄉嘉禾元年布□☐ （貳·4000/19）

·右都鄉入布合卅五匹一丈四尺 中 （叁·245/23）

右都鄉入布□匹三丈二尺 （陸·5657·圖54-47/15）

·右都鄉入布卌匹五尺通合一百八十四匹七尺 中 （陸·5618·圖54-8/15）

中鄉

入中鄉小赤里男子五春布四匹‖嘉禾元年七月十日丞義關付庫吏殷 連受 （陸·4866·圖47-12/15）

入中鄉湛上丘男子栂陽布一匹‖嘉禾元年七月十日丞義[關]付庫吏殷 連受 （陸·4868·圖47-14/15）

入中鄉桐梁丘男子胡萇布三丈八尺‖嘉禾元年七月十日丞義關付庫吏殷連受 （陸·4871·圖47-17/15）

入中鄉□□丘大男……布二匹‖嘉禾元年七月十二日關丞祁付庫吏殷 二匹 連受 （陸·4878·圖47-24/15）

【注】"殷連"之間空白處左側，殘存"二匹"右半字迹，破莂時有意爲之。

入中鄉[緒][中]丘大男區將布一匹‖嘉禾元年七月十二日關丞祁付庫吏殷 一匹 連受 （陸·5623·圖54-13/15）

【注】"殷連"之間空白處左側，殘存"一匹"右半字迹，破莂時有意爲之。

入中鄉帛水丘魁[90]區[犗]所調[91]二匹三丈八尺‖嘉禾元年七月十[二]日關丞祁付庫吏殷 二匹三丈八尺 連受 （陸·5626·圖54-16/15）

【注】"殷連"之間空白處左側，殘存"二匹三丈八尺"右半字迹，破莂時有意爲之。

入中鄉郭泊[92]丘男子由奴布四匹三丈三尺‖嘉禾元年七月十四日關丞祁付庫吏殷 四匹三丈三尺 連受 （陸·4856·圖47-2/15）

【注】"殷連"之間空白處左側，殘存"四匹三丈三尺"右半字迹，破莂時有意爲之。

入中鄉淩桔丘男子李陽由□布二[匹]‖嘉禾元年七月十五日關丞祁付庫吏殷 二匹 連受 （陸·4876·圖47-22/15）

【注】"殷連"之間空白處左側，殘存"二匹"右半字迹，破莂時有意爲之。

入中鄉[郭][93]□丘男子由□布三匹‖嘉禾元年七月十五日關丞祁付庫吏殷 三匹 連受 （陸·4896·圖47-42/15）

【注】"殷連"之間空白處左側，殘存"三匹"右半字迹，破莂時有意爲之。

入中鄉梨下丘徐碓布三匹三丈六尺‖嘉禾元年七月十六日關丞 祁付庫吏殷

二匹三丈☐　　(肆 · 830/1)

【注】"殷"下"二匹三丈"剩右半字迹,破莂時有意而爲。其中"二"爲"三"之誤。

入中鄉郭渚丘男子胡頡布一匹‖嘉禾元年七月十六日關丞祁付庫吏☐

(陸 · 5724 · 圖 55-60/15)

入中鄉[復][睾]丘大男[黄]□入布一匹‖嘉禾元年七月十八日關丞祁付庫吏殷 一匹 連受　　(陸 · 4924 · 圖 47-70/15)

【注】"殷連"之間空白處左側,殘存"一匹"右半字迹,破莂時有意爲之。

[入][中][鄉][上]□丘大男□匚[布]三匹‖嘉禾元年七月[廿][一][日][關][丞][祁][付][庫][吏][殷] 三匹[94][連][受]　　(陸 · 4887 · 圖 47-33/15)

入中鄉調布六匹三丈三尺‖嘉禾元年八月十七日湛上丘周使付庫吏殷連受

(陸 · 4898 · 圖 47-44/15)

入中鄉所調布九匹三丈九尺‖嘉禾元年八月十七日梨下丘大男廖昭付庫吏殷連受

(陸 · 5721 · 圖 55-57/15)

入中鄉調布二匹‖嘉禾元年八月十八日石唐丘男子李賀付庫吏殷連受

(陸 · 5706 · 圖 55-42/15)

入中鄉布二匹三丈八尺‖嘉禾元年八月廿七日湛上丘男子鄭平付庫吏殷連受

(陸 · 4885 · 圖 47-31/15)

入中鄉唐下丘男子潘蓬布一匹三丈八尺‖嘉禾元年八月□[日]付主庫吏殷連受

(陸 · 4916 · 圖 47-62/15)

入[中]鄉賜布二匹‖嘉禾元年[八]……　　(陸 · 4966 · 圖 47-112/15)

入中鄉唐下丘男子□文[布]□匹‖嘉禾元年八月□日付庫吏殷連受

(陸 · 5649 · 圖 54-39/15)

入中鄉布五匹‖嘉禾元年九月廿三日桐□丘□□[付][庫][吏][殷][連][受]

(陸 · 5429/15)

入中鄉布一匹三丈九尺‖嘉禾元年九月廿六日長世丘大男區左付庫吏殷連受

(陸 · 5663 · 圖 54-53/15)[95]

入中鄉布十三匹三丈二尺‖嘉禾元年九月廿八日勸農掾謝威付庫吏殷[連][受]

(陸 · 5672 · 圖 55-8/15)

入[中][96]鄉□[林][97]丘男子□□[布]□[匹]‖嘉禾元年九月□□[日][關][丞][付][庫][吏][殷][連][受]　　(陸 · 4939 · 圖 47-85/15)

入中鄉□中丘□明[98]布二匹‖嘉禾元年十月五日……付庫吏殷連受

（陸·4955·圖47-101/15）

入中鄉調布一匹‖嘉禾元年十一月十三日唐□丘□□付庫吏殷 （叁·247/23）

入中鄉緒中丘大男區將布……四尺‖嘉禾元年…… （陸·4948·圖47-94/15）

入中鄉渚山丘大男雉斗布五……‖嘉禾元年……

（陸·4949·圖47-95/15）[99]

入中鄉平田[100]丘男子唐昗布三匹二丈‖☐ （陸·5281/15）

入中鄉布十一匹三[101]丈一尺‖嘉禾□年□月十日……

（陸·5646·圖54-36/15）

·右中鄉入布五十七匹□丈…… （叁·252/23）

·右中鄉入布廿七匹二丈六尺 （陸·4961·圖47-107/15）

右中鄉入布八十六匹九尺　　中 （陸·5723·圖55-59/15）

小武陵鄉

入小武陵鄉下伍丘男子胡文布三丈九尺‖嘉禾元年七月十二日 三丈九尺 關丞祁付庫吏殷連受 （陸·4857·圖47-3/15）

【注】"七月十二日"左側，殘存"三丈九尺"右半字迹，破莂時有意爲之。

入小武陵鄉□今丘大女衛茹布一匹‖嘉禾元年七月十二[102]日關丞祁付庫吏殷一匹連受 （陸·4865·圖47-11/15）

【注】"殷連"之間空白處左側，殘存"一匹"右半字迹，破莂時有意爲之。

入小武陵鄉□丘大男□夏布一匹‖嘉禾元年七月十四日關丞一匹祁付庫吏殷連受

（肆·831/1）

【注】"丞"下"一匹"剩右半字迹，破莂時有意而爲。[103]

入小武陵鄉五□丘男子盧嘾布一匹‖嘉禾元年七月廿一日關丞祁付庫吏殷連受 （肆·827/1）

入小武陵鄉余元丘帥謝兒入所調布四匹‖嘉禾元年七月廿四日關丞祁付庫吏殷四匹 連受 （陸·4858·圖47-4/15）

【注】"殷連"之間空白處左側，殘存"四匹"右半字迹，破莂時有意爲之。

入小武陵鄉帥烝益布四匹三丈七尺‖嘉禾元年七月廿四日關丞祁付庫吏殷 四匹三丈七尺 連受 （陸·5689·圖55-25/15）

【注】"殷連"之間空白處左側，殘存"四匹三丈七尺"右半字迹，破莂時有意爲之。

入 小武陵鄉□烝番布三匹‖嘉禾元年八月一日關丞[104] 付庫吏殷連受
(陸·4929·圖 47-75/15)

入小武陵鄉□□[105]丘男子……‖嘉禾元年八月九日關丞 付庫吏殷連受
(陸·5647·圖 54-37/15)

入小武陵鄉下伍丘大男鄧馮布一匹三丈八尺‖嘉禾元年八月廿六日關丞[106] 付庫吏殷連受
(陸·4905·圖 47-51/15)

入小武陵鄉武龍丘潘休布三匹‖嘉禾元年八月廿六日關丞 付庫吏殷連受
(陸·5705·圖 55-41/15)

入小武陵鄉布一匹三丈八尺‖嘉禾元年十[107]月十日淦丘趙盖關丞付庫吏殷連受
(陸·5648·圖 54-38/15)

入小武陵鄉布三丈九尺‖嘉禾元年十二月十六日平支丘大男吳客付庫吏☑
(貳·3868/19)

入小武陵鄉布一匹‖嘉禾元年十二月十七日□□丘男子郭□付庫吏殷連受☑
(陸·5707·圖 55-43/15)

入小武陵鄉□□□□還□□布二匹‖嘉禾元年□月□□日關丞□付庫吏殷連受
(陸·4938·圖 47-84/15)

西鄉

入西鄉上□丘男子謝炭布一匹‖嘉禾元年七月十七日關丞祁付庫吏殷 一匹 連受
(陸·5692·圖 55-28/15)

【注】"殷連"之間空白處左側,殘存"一匹"右半字迹,破莂時有意爲之。

入西鄉復睾丘男子光肫布四匹‖嘉禾元年七月十八日關丞祁付庫吏殷 四匹 連受
(陸·4918·圖 47-64/15)[108]

【注】"殷連"之間空白處左側,殘存"四匹"右半字迹,破莂時有意爲之。

入西鄉上欲丘大男烝軍布一匹‖嘉禾元年七月廿日關丞祁付庫吏殷 一匹 連受
(陸·5690·圖 55-26/15)

【注】"殷連"之間空白處左側,殘存"一匹"右半字迹,破莂時有意爲之。

入西鄉布六匹‖嘉禾元年八月六日□溲丘□□☑ (叁·263/23)

入西鄉郡吏文晧布一匹‖嘉禾元年八月七日男子□□付庫吏☑
(叁·259/23)

入西鄉平眺丘區坑中□……‖嘉禾元年八月十一日魁□□付庫吏殷連受
(陸·5687·圖 55-23/15)

入西鄉□□丘□□□布卌一匹一丈□尺‖嘉禾元年八月十四日付庫吏殷 〼

（叁·270/23）

入西鄉下俗丘大男五杭布二匹‖嘉禾元年八月廿六日付庫吏殷連受

（陸·4926·圖 47-72/15）

入西鄉布六匹三丈七尺‖嘉禾元年九月三日楊丘〼 （壹·1291/4）

入西鄉故吏□□布一匹‖嘉禾元年九月七日付庫吏殷 〼 （叁·235/23）

入西鄉鷂丘魯奇布一匹‖嘉禾元年九月□二日□〼 （貳·4125/19）

入西鄉布三丈八尺‖嘉禾元年十二月十五日龍丘衛紛付主庫吏殷

（陸·5684·圖 55-20/15）

入西鄉布一匹三丈七尺‖嘉禾元年十二月十五日高樓丘聶□付庫吏 連[109]〼

（陸·5708·圖 55-44/15）

入西鄉所調布一匹‖嘉禾元年□月三日息里男子區□付庫吏殷連受

（陸·5660·圖 54-50/15）

入西鄉復辠丘男子光□□布二匹‖嘉禾元年正[110]月〼 （叁·266/23）

入西鄉元年布一匹‖嘉禾二年〼 （貳·6092/20）

入西鄉布一匹二丈八尺‖〼 （叁·152/23）

入西鄉入布〼 （叁·550/23）

·右西鄉入布五十匹二丈三尺 （叁·239/23）

·右西鄉入布十匹三丈□尺 〼 （叁·1262/23）

·右西鄉入布廿匹三丈 〼 （陸·5231/15）

〼 右西鄉入布〼 （陸·5881/15）

桑鄉

入桑鄉彈溲丘大男□□入所調布二匹‖嘉禾元年七月十日丞義關付庫吏殷 一匹 連受 （陸·5694·圖 55-30/15）

入桑鄉郡吏監訓所調布一匹‖嘉禾元年七月十二日關丞祁付庫吏殷 一匹 連受

（陸·5627·圖 54-17/15）

【注】“殷連”之間空白處左側，殘存“一匹”右半字迹，破莂時有意爲之。

入桑鄉布二匹‖嘉禾元年八月十九日鄉吏劉平付庫吏殷連受

（陸·5674·圖 55-10/15）

入桑鄉勸農掾劉平布六匹‖嘉禾元年八月〼 （陸·5774/15）

入桑鄉吏劉平布二匹三丈七尺‖嘉禾元年九月☒ （陸·5773/15）

入桑鄉布四匹‖嘉禾元年十二月四日勸農掾劉平付庫掾殷連受

（陸·5661·圖 54-51/15）

入桑鄉帥盧贛布一匹‖嘉☒ （陸·5739/15）

入桑鄉□□丘男子谷長布一匹‖嘉禾元年□月□☒ （陸·5843/15）

右桑鄉入布□匹　☒ （陸·5638·圖 54-28/15）

☒　右桑鄉入布六十一匹三丈四尺　中[111] （陸·5675·圖 55-11/15）

樂鄉

入樂鄉頃丘唐和布一匹‖嘉禾元年七月廿四日頃丘唐龍關丞祁付庫吏殷連受　一匹[112] （陸·5696·圖 55-32/15）

入樂鄉賤丘男子□春布□□‖嘉禾元年八月十四日[113]關丞　付庫吏殷連受

（陸·5616·圖 54-6/15）

入樂鄉布一匹三丈九尺‖嘉禾元年九月四☒ （陸·5242/15）

入樂鄉領山丘布五匹‖嘉禾元年九月十三日鄉吏孫儀付庫吏殷連受

（陸·5671·圖 55-7/15）

入樂鄉布一匹‖嘉禾元年九月廿六日鄉吏孫儀付庫吏殷連受

（陸·5717·圖 55-53/15）

入樂鄉布二匹三丈‖嘉禾元年十二月八日頃丘吴春付庫吏☒

（陸·4957·圖 47-103/15）

·右樂鄉入布三匹三丈 （陸·4965·圖 47-111/15）

廣成鄉

入廣成鄉周陵丘男子監有布二匹三丈六尺‖嘉禾元年七月十日丞義關付庫吏殷二匹三丈六尺　連受 （陸·4859·圖 47-5/15）

【注】“監有布二匹三丈六尺”左側，及“殷連”之間空白處左側，殘存“二匹三丈六尺”右半字迹，破莂時有意爲之。

入廣成鄉彈溲丘烝巴布二匹‖嘉禾元年七月十日丞義關付庫吏殷　二匹　連受

（陸·5698·圖 55-34/15）

【注】“殷連”之間空白處左側，殘存“二匹”右半字迹，破莂時有意爲之。

入廣成鄉……布一匹‖嘉禾元年七月十五日關丞祁付主[114]庫吏殷　一匹　連受

（陸·4921·圖 47-67/15）

【注】“殷連”之間空白處左側，殘存“一匹”右半字迹，破莂時有意爲之。

入廣成鄉東薄丘徐麦布一匹‖嘉禾元年七月十六日關丞　祁付庫吏殷　一匹連受 （肆 · 826/1）

【注】“殷”下“一匹”剩右半字迹，破莂時有意爲之。

入廣成鄉撈丘男子陳牙布三丈九尺‖嘉禾元年七月十六日關丞祁付庫吏殷三丈九尺　連受 （肆 · 835/1）

【注】“殷”下“三丈九尺”剩右半字迹，破莂時有意而爲。其中“九尺”二字剩留筆迹較少。而且覆蓋“連”字。

入廣成鄉吏丘烝得……一匹‖嘉禾元年七月十九日關丞祁付庫吏殷 一匹連受 （陸 · 5632 · 圖 54-22/15）

【注】“殷連”之間空白處左側，殘存“一匹”右半字迹，破莂時有意爲之。

入廣成鄉東簿丘男子毛生布一匹‖嘉禾元年七月廿日關丞祁付庫吏殷 一匹 連受 （陸 · 4927 · 圖 47-73/15）

【注】“殷連”之間空白處左側，殘存“一匹”右半字迹，破莂時有意爲之。

入廣成鄉泊姑丘大男周車布一匹‖嘉禾元年七月廿二日關丞祁付庫吏殷 一匹[115]連受 （陸 · 5631 · 圖 54-21/15）

入廣成鄉泊[116]姑丘大女周心布一匹‖嘉禾元年七[117]月廿五日關丞祁付庫吏殷 一匹 連受 （陸 · 4933 · 圖 47-79/15）

【注】“殷連”之間空白處左側，殘存“一匹”右半字迹，破莂時有意爲之。

入廣成鄉里中丘唐金布一匹‖嘉禾元年七月廿六日關丞祁付庫吏殷 一匹 連受 （陸 · 5634 · 圖 54-24/15）

【注】“殷連”之間空白處左側，殘存“一匹”右半字迹，破莂時有意爲之。

☐廣成鄉復傳丘大男蔡建入所……四匹‖嘉禾元年七月廿六日關丞祁付庫吏殷 四匹 連受 （陸 · 5641 · 圖 54-31/15）

【注】“殷連”之間空白處左側，殘存“四匹”右半字迹，破莂時有意爲之。

入廣成鄉栗丘番金布二匹‖嘉禾元年七月廿七日關丞□付庫吏殷 二匹 連受 （陸 · 5700 · 圖 55-36/15）

【注】“殷連”之間空白處左側，殘存“二匹”右半字迹，破莂時有意爲之。

入廣成鄉□丘唐□布……‖嘉禾元年七月廿七日關丞□付庫吏 三匹[118]　連受 （陸 · 4901 · 圖 47-47/15）

入廣成鄉東都丘男陳囷[119]布一匹‖嘉禾元年七月廿七日關丞祁付庫吏殷一匹 連受 （陸 · 4937 · 圖 47-83/15）

【注】“殷連”之間空白處左側,殘存“一匹”右半字迹,破莂時有意爲之。

入廣成鄉□陵丘大男番桐布一匹七尺‖嘉禾元年八月五日關丞　付庫吏殷連受

(陸·5679·圖55-15/15)

入廣成鄉彈溲丘大男唐兕布三匹‖嘉禾元年八月九日[關]☑　(叁·280/23)

入廣成鄉彈溲丘大男鄧儘布三匹‖嘉禾元年八月廿[五]☑　(陸·5829/15)[120]

入廣成鄉孫丘大男毛連布[二]匹‖嘉禾元年[八]月……付庫吏[殷][連][受]

(陸·4914·圖47-60/15)

入廣成鄉孫丘男子唐宜[布][一][匹]……‖嘉禾元年九月四日付庫吏殷　☑

(叁·256/23)

入廣成鄉布一匹‖嘉禾元年九月廿八日大男潘音關丞付庫吏殷　☑

(叁·242/23)

入廣成[鄉][布]二匹二丈七尺‖嘉禾元年十月十一☑　(壹·1298/4)

入[廣][成]鄉所調布一匹三丈九尺‖嘉禾元年十月十九日复丘大男吴[頃]☑

(叁·1256/23)

[入][廣][成][鄉][布]二匹三丈九尺‖嘉和元年十月廿三日□丘鄧兒付庫吏殷　☑

(叁·192/23)

【注】“和”應爲“禾”之誤。

入廣成鄉所調布一匹‖嘉禾元年十月廿四日□□丘……☑　(叁·243/23)

入廣成鄉布三丈九尺‖嘉禾元年四[121]月廿九日……　(叁·248/23)

入廣成鄉布一匹‖[嘉][禾][元][年]十一[月][十]日□□丘男子□□□□☑

(叁·229/23)

入廣成鄉冬賜[122]布一匹‖嘉禾[元]年十一月□日……　(壹·1202/4)

☑[廣]成鄉所調布三匹‖嘉禾元年十一月廿五日逢唐丘大男尹平付庫吏殷[連]☑

(叁·215/23)

入廣成鄉布二匹‖嘉禾□年十二月十八日彈溲丘番□付庫吏殷　☑

(叁·230/23)

[入][廣][成][鄉][布][二][匹]‖☑　(叁·85/23)

[入][廣][成][鄉]扣陽里男子潘盡布九匹‖嘉禾□[年]……付庫吏殷　☑

(叁·222/23)

入廣成鄉布一匹‖嘉☑　(叁·384/23)

入廣成鄉甚丘大男吴□布□匹𫝀嘉禾元年□月十五日……付庫吏殷連受

（陸·4930·圖47-76/15）

入廣成鄉布二匹𫝀嘉禾元年□月一日漂丘男子烝轉付庫吏殷連受

（陸·5669·圖55-5/15）

入廣成鄉所[123]布二匹三丈六尺𫝀嘉禾元年□月□日來都丘男子劉惕關丞付庫吏殷連受

（陸·5728·圖55-64/15）

入廣成鄉嘉禾无[124]布一匹𫝀嘉禾元年十一月三日揠陵丘男子番展⧄

（陸·5716·圖55-52/15）

入廣成鄉淓丘男子烝寇布三匹𫝀嘉禾元年⧄ （陸·5800/15）

入廣成鄉調布⧄ （陸·5849/15）

入廣成鄉布三丈八尺𫝀嘉禾二年正月十九日□丘唐□付庫吏殷連受

（陸·5655·圖54-45/15）

·右廣成鄉入布廿三匹…… （叁·208/23）

右廣成鄉入布廿六匹三丈七尺 ⧄ （陸·5815/15）

平鄉

入平鄉冬賜[125]布□□𫝀嘉禾□年七月十四[126]日……□丘烝□關丞祁[127]□□□□□□

（陸·4862·圖47-8/15）

入平鄉楊渡丘男子謝有布一匹𫝀嘉禾元年七月十四日關丞祁付庫吏殷 一匹 連受

（陸·5624·圖54-14/15）

【注】"殷連"之間空白處左側，殘存"一匹"右半字迹，破莂時有意爲之。

入平鄉常略丘謝有布三匹𫝀嘉禾元年七月十四日關丞祁付庫吏殷 三匹 連受

（陸·4911·圖47-57/15）

【注】"殷連"之間空白處左側，殘存"一匹"右半字迹，破莂時有意爲之。

入平鄉伍社丘男子張和冬賜布一匹𫝀嘉禾元年七月十七日關丞祁付庫吏殷 一匹 連受

（陸·5693·圖55-29/15）

【注】"殷連"之間空白處左側，殘存"一匹"右半字迹，破莂時有意爲之。

入平鄉□五丘大男李南布一匹𫝀嘉禾元年七月十六日 一匹 關丞祁付庫吏殷連受

（陸·4915·圖47-61/15）

【注】"十六日"左側，殘存"一匹"右半字迹，破莂時有意爲之。

入平鄉□丘男子張[128]□三品布一匹𫝀嘉禾元年七月廿二日關丞□付庫吏殷一匹 連受

（陸·4893·圖47-39/15）

【注】“殷連”之間空白處左側，殘存“一匹”右半字迹，破莂時有意爲之。

入平鄉客丘大男唐□布一匹‖嘉禾元年七月廿六日關丞祁付庫吏殷 一匹 連受

（陸・4906・圖 47-52/15）

【注】“殷連”之間空白處左側，殘存“一匹”右半字迹，破莂時有意爲之。

入平鄉[伍][社]丘男子李龍[冬]賜布一匹‖嘉禾元年七月□□日關丞祁付庫吏 一匹 殷連受

（陸・5633・圖 54-23/15）

【注】“庫吏”左側殘存“一匹”右半字迹，破莂時有意爲之。

入平鄉上木丘大男謝賢布一匹‖嘉禾元年八月三日關丞☐ （陸・5801/15）

入平鄉洽丘男子謝平布一匹‖嘉禾元年八月九日關丞 付庫吏殷連受 連受[129]

（陸・5620・圖 54-10/15）

入[平][鄉][下][和]丘鄧有布一匹‖嘉禾元年八月十三日關☐ （叁・278/23）

入平鄉冬賜布四匹‖嘉禾元年八月十三日胡萇丘何陽關□☐ （叁・488/23）

入平鄉四品布一匹‖嘉禾□年八月十四日□□[丘][大][男]□□☐ （叁・277/23）

入平鄉所調布一匹‖嘉禾元年八月十四日…… （叁・274/23）

入平鄉□□丘大男雷毛[冬][賜][布][130]□□‖嘉禾元年八月十九日付庫吏殷連受

（陸・5683・圖 55-19/15）

入平鄉傒丘男子謝春冬賜布一匹‖嘉禾元年八月☐ （陸・5775/15）

入平鄉布一匹‖嘉禾元年[十][一][131]月四日男子□盛付庫吏殷連受

（陸・5656・圖 54-46/15）

入平鄉[二][丈][九][尺]‖嘉禾元年十一月廿四日[租][下][丘]……

（陸・4967・圖 47-113/15）

【注】“鄉”下脱“布”字。

入平鄉布二[匹]九尺‖嘉和[132]元年十一月廿[八]日唐中丘男子鄧□付庫吏[殷][連][受]

（陸・4956・圖 47-102/15）

入平鄉租丘大男李惗入所調布一匹‖[嘉][禾][元][年]……付庫吏殷連受

（陸・5677・圖 55-13/15）

入平鄉嘉禾元年布一匹…… （陸・4962・圖 47-108/15）

東鄉

[入][東][鄉]□□□□入[133]布一匹‖嘉禾元年七月十八日關丞祁[付][庫][吏][殷][連][受]

（陸・4908・圖 47-54/15）

入東鄉樓丘男烝義布一匹‖嘉禾元年七月廿日關丞祁付庫吏殷 一匹[134] 連受
(陸·5688·圖55-24/15)

入東鄉帶丘男子黄動調布二匹‖嘉禾元年八月一日關丞祁□⍁ (叁·198/23)

入東鄉上利丘男子烝贛布三匹‖嘉禾元年八月二日關丞付庫吏⍁ (叁·459/23)

入東鄉湛里賀丘大男烝谷布一匹‖嘉禾元年八月十四日⍁ (叁·273/23)

入東鄉虞(?)田丘大男鄧童布九匹‖嘉禾元年八月十八日關丞付庫吏殷 ⍁
(叁·250/23)

入東鄉劉里丘男子……‖……關丞祁付庫吏殷連受 (陸·5727·圖55-63/15)

入東鄉蹟丘男子鄭格布六匹‖嘉禾元年十一月一日…… (叁·470/23)

入東鄉冬賜布四匹三丈四尺‖嘉禾元年十一月□□⍁ (貳·4018/19)

入東(?)鄉(?)布 九⍁ (叁·552/23)

南鄉

入南鄉民區賢布一匹‖嘉禾元年七月十四日關丞祁付庫吏殷⍁
(陸·5625·圖54-15/15)

入南鄉所調廖金布一匹‖嘉禾元年七月廿九日關丞祁付庫吏殷 一匹 連受
(陸·4907·圖47-53/15)

【注】"殷連"之間空白處左側,殘存"一匹"右半字迹,破莂時有意爲之。

入南鄉□□丘曹長調布□□‖嘉禾元年八月六日……付庫吏殷連受
(陸·5686·圖55-22/15)

入南鄉□田丘調布五匹‖嘉禾元年八月十二日⍁ (陸·5828/15)

入南鄉所調布[135]二匹三丈八尺‖嘉禾元年八月十四日⍁ (陸·5827/15)

入南鄉賜布六丈‖嘉禾元年八[136]月廿一日郡吏廖祚付主庫掾殷連受
(陸·5666·圖55-2/15)

入南鄉所調布一匹‖嘉禾元年八月廿五日大男何相付庫吏殷連受
(陸·5673·圖55-9/15)

入南鄉布八匹三丈四尺‖嘉禾元年八月□⍁ (陸·5832/15)

入南鄉宜陽里調布一匹‖嘉禾元年九月十四日大男□⍁ (壹·1295/4)

入南鄉布一匹三丈一尺‖嘉禾元年九月廿六日大男王署付庫吏殷連受
(陸·5611·圖54-1/15)

入南鄉布四匹三丈九尺‖嘉禾元年九月廿七日鄉吏番珣付庫殷 ⍁
(叁·271/23)

【注】"庫"下脱"吏"字。

入南鄉調布八匹三丈六尺‖嘉禾元年十一月廿六日桐山丘男子雷渚付庫吏殷連受

(陸・5681・圖 55-17/15)

入南鄉布一匹‖嘉禾元年十一月廿九日吏唐□付庫吏殷連受　⧄

(陸・5709・圖 55-45/15)

[入]南鄉宜陽里元年[調][布]⧄　(貳・3939/19)

入南鄉賜布二匹‖⧄　(叁・363/23)

入南鄉所調布三匹‖[嘉]⧄　(陸・5224/15)

入南鄉□□[大][男]潘[逐]布⧄　(陸・5374/15)

[入][南][鄉]山田丘大男王署入……‖……付庫吏殷連受

(陸・5653・圖 54-43/15)

入南鄉所調布[二][匹][三][丈][七][尺]‖嘉禾□年□月□日[鄉][吏][137]潘[琬][138]付庫吏殷連受　(陸・5665・圖 55-1/15)

右南鄉入布十一匹三丈四尺　(陸・5714・圖 55-50/15)

模鄉

入模鄉新甽丘男子李□送布一匹‖嘉禾元年七月十日丞義關付庫吏　連受

(陸・4869・圖 47-15/15)

⧄[模]鄉僕丘李牧布二匹‖嘉禾元年七月十一日關丞祁付庫吏殷 二匹 連受

(陸・4877・圖 47-23/15)

【注】"殷連"之間空白處左側,殘存"二匹"右半字迹,破莂時有意爲之。

入模鄉東溲丘大男黄[乃]布一匹‖嘉禾元年七月十一日關丞祁[付]主[139]庫吏殷 一匹 連受　(陸・5695・圖 55-31/15)

【注】"殷連"之間空白處左側,殘存"一匹"右半字迹,破莂時有意爲之。

[入][模][鄉]□□丘……布[一][匹]‖[嘉][禾][元][年][七][月][十][三][日][關][丞]祁付庫吏殷 一匹 連受　(陸・4880・圖 47-26/15)

【注】"殷連"之間空白處左側,殘存"一匹"右半字迹,破莂時有意爲之。

入模鄉陵丘大男蔡□[調]布四匹‖嘉禾元年七月十六日關丞祁付庫吏殷 四匹 連受

(陸・4923・圖 47-69/15)

【注】"殷連"之間空白處左側,殘存"四匹"右半字迹,破莂時有意爲之。

入模鄉牙下丘五惕布一匹‖嘉禾元年七月廿[一]日關丞祁付庫吏殷 一匹 連受

(陸・5630・圖 54-20/15)

【注】"殷連"之間空白處左側，殘存"一匹"右半字迹，破莂時有意爲之。

入模鄉冬賜布二匹‖嘉禾元年七月廿八日諸丘男子樊嚴關丞祁付庫　二匹[140]吏殷連受 （陸·5640·圖54-30/15）

入模鄉阿佃丘大男蔡領布二匹‖嘉禾元年八月一日關☐ （叁·197/23）

入模鄉□丘大男番水布三匹‖嘉禾元年八月一日關丞祁[141]□縣庫吏殷☐ （叁·478/23）

入模鄉漸丘男子潘根調布五匹‖嘉禾元年八月二日……☐ （叁·466/23）

入模鄉羊丘男子何規冬賜布二匹‖嘉禾元年八月三日關丞　☐ （叁·486/23）

入模鄉托姉丘男子黄屯所買布二匹‖嘉禾元年八月三日□□☐ （叁·493/23）

☐入模鄉冬楊一匹‖嘉禾□年八月四日斬丘大男曹木關丞付庫吏殷☐ （叁·224/23）

【注】"楊"應爲"賜"之誤，其下又脱"布"字。

入模鄉石唐丘男子巨[142]力布二匹‖嘉禾元年八[143]月五日關丞[144]　付庫吏殷連受 （陸·4928·圖47-74/15）

入模鄉洽丘大男周持布二匹‖嘉禾元年八月五日關丞□付庫吏殷連受 （陸·5713·圖55-49/15）

入模鄉上盗丘周純布四匹‖嘉禾元年八月七日……☐ （叁·477/23）

入模鄉耒州丘男子李中布一匹‖嘉禾元年八月七日關丞□付庫吏殷　一匹連受 （陸·4922·圖47-68/15）

【注】"殷連"之間空白處左側，殘存"一匹"右半字迹，破莂時有意爲之。

入模鄉東□丘大男黄能布一匹‖嘉禾元年八月七日關丞☐ （陸·4925·圖47-71/15）

入模鄉冬賜布三匹‖嘉禾元年八月十一日楮槁丘大男賈□付庫吏殷連受 （陸·5664·圖54-54/15）

入模鄉穫丘謝貴布二匹三丈七尺‖嘉禾元年八月十一日關丞　付庫吏殷連受 （陸·5676·圖55-12/15）

入模鄉利橋丘大男鄧末冬賜布三匹‖嘉禾元年八月十四日□☐ （壹·1289/4）

入模鄉氏下丘男子除睾陽布一匹‖嘉禾元年八月十□日□□☐ （叁·463/23）

【注】"陽"應爲"賜"之誤。

入模鄉勻下丘大男五惕布一匹三丈九尺‖嘉禾元年八月廿日付庫吏殷　☐ （叁·202/23）

入模鄉冬賜布二匹‖嘉禾元年八月廿二日平支丘大男李狗……　　(叁 · 210/23)

⧄模鄉布一匹‖嘉禾元年八月廿六日楮丘男子□□付庫吏殷　⧄(叁 · 180/23)

入模鄉罣丘朱□入布六匹□□‖嘉禾元年八月⧄　　(陸 · 5816/15)

入模鄉賜布一匹‖嘉禾元年十月二日□丘男子李□付庫吏殷　⧄

(陸 · 5715 · 圖 55-51/15)

入模鄉布一匹‖嘉禾元年十一月一日男⧄　　(叁 · 5803/35)

入模鄉布三匹‖嘉禾元年十一月七日□□⧄　　(壹 · 1156/4)

入模鄉所調布一匹‖嘉禾元[145]年⧄　　(壹 · 1215/4)

⧄模鄉……十一匹三丈九尺‖嘉禾元年……⧄　　(叁 · 226/23)

入模鄉冬賜布五匹‖嘉禾……⧄　　(陸 · 5308/15)

入模鄉調布二匹‖⧄　　(陸 · 5865/15)

入模鄉□上丘[146]唐玉所調布⧄　　(陸 · 5934/15)

⧄ · 右模鄉入布十二匹三丈□尺　　(叁 · 206/23)

· 右模鄉入布十六匹三丈九尺　　(叁 · 1235/23)

市布

入市租錢市所調布一百五十匹‖嘉禾元年八月廿日□□□□付庫吏殷　⧄

(叁 · 462/23)

⧄所市布二百九十三匹‖嘉禾元年九月廿九日監丘□吏□□……　⧄

(叁 · 182/23)

入市吏潘羜所市布一百卌一匹‖嘉禾二年二月廿四日付庫吏⧄

(陸 · 5654 · 圖 54-44/15)

入模鄉所市布三匹‖嘉禾元年七月廿八日三州丘男子□□付庫吏殷連受

(陸 · 5636 · 圖 54-26/15)

入南鄉官所市廖金布一匹‖嘉禾元年七月廿九日關丞祁付庫吏殷[147]受一匹

(陸 · 4913 · 圖 47-59/15)

【注】該簡下端空白處左側,殘存"一匹"右半字迹,破莂時有意爲之。

入廣成鄉所市布一匹‖嘉禾元年八月九日漂丘男子⧄　　(叁 · 272/23)

入廣成鄉所市布一匹‖嘉禾元年八月九日椯丘□⧄　　(叁 · 445/23)

入中鄉所市中賜布二匹‖嘉禾元年八月廿六日唐丘男子□□□⧄　(叁 · 279/23)

入西鄉入後所市布一匹三丈九尺‖嘉禾元年九月六日錫丘男子宗□……☐

(叁·473/23)

入西鄉入後所市布三丈九尺‖嘉禾元年九月十日楊溲丘李和付庫吏殷連☐

(叁·480/23)

□鄉市布二匹‖嘉禾元年十一月三日□□□付庫吏殷連受

(陸·4958·圖47-104/15)

入□鄉市布一匹‖嘉禾元年十月十□☐ (陸·5742/15)

·右吏潘羜李珠所市布一百一十三匹二丈☐ (叁·455/23)

☐入市吏潘羚(羜)所市布一百六十四匹(?) (貳·4212/19)[148]

右市掾潘羜所市布四百卌二匹　中 (陸·5662·圖54-52/15)

·右市布三百九十五匹[149]　中 (叁·246/23)

☐□市布三匹　☐ (叁·1007/23)

☐一千一百卌二匹市掾潘羜□☐ (陸·5764/15)

☐　……卅二匹□□□□□市 (陸·4968·圖47-114/15)

集計簡

☐一日訖卅日民入布合一百☐ (叁·92/23)

☐凡十二月一日訖卅日入布八百卌一匹一尺 (叁·170/23)

·右諸鄉入布卅七匹二丈三尺　通合百卅四匹一丈□□ (叁·257/23)

其二百一十匹市吏潘羜所市 (陸·4934·圖47-80/15)

三百一十五匹一丈八尺民所入 (陸·4935·圖47-81/15)

其他結計簡

·右入布卅七匹二丈　☐ (叁·105/23)

·右民入布卅六匹三丈九尺 (叁·249/23)

·右民入布卅匹三丈七尺 (肆·856/1)

☐ ·右民入布四匹三丈九尺　☐ (肆·906/1)

百廿七匹二丈五尺　☐ (陸·4860·圖47-6/15)

卌五匹三丈 (陸·4892·圖47-38/15)

……八十九匹七尺吏主□……☐ (陸·4920·圖47-66/15)

右民入布卅五匹三丈一尺　☐ (陸·5233/15)

·右民入布卌七匹三丈四尺 （陸·5615·圖 54-5/15）

右□鄉入布一百卌一匹二丈 （陸·5667·圖 55-3/15）

·右民入布廿四三丈七尺 （陸·5682·圖 55-18/15）

·[150]右民入布廿一匹三丈六尺 （陸·5847/15）

☑入元年布起七月十日訖廿九日☑ （陸·5866/15）

☑五十七匹八尺☑ （陸·5933/15）

殘簡（按日期、簡號排列）

☑鄉渚丘大男樊山布二匹‖嘉禾元年六[151]月十一日關丞祁付主庫吏殷二匹連受

（陸·4861·圖 47-7/15）

【注】"殷連"之間空白處左側，殘存"二匹"右半字迹，破莂時有意爲之。

入……布三匹‖嘉禾元年七月十一日關丞□付庫吏殷連受

（陸·4897·圖 47-43/15）

入□鄉盡丘男子潘□布三[152]匹‖嘉禾元年七月十二[153]日關丞祁付庫吏殷 三匹連受 （陸·4872·圖 47-18/15）

【注】"殷連"之間空白處左側，殘存"三匹"右半字迹，破莂時有意爲之。

入□鄉三州丘黄宣布一匹‖嘉禾元年七月十二日關丞祁付庫吏殷 一匹連受 （陸·4945·圖 47-91/15）

【注】"殷連"之間空白處左側，殘存"一匹"右半字迹，破莂時有意爲之。

☑嘉禾元年七月十二日關丞祁付庫吏殷 連[154]受 （陸·5730/15）

入□鄉……布二匹‖嘉禾元年七月十五日關[155]☑ （陸·5858/15）

☑鄉帛水丘大男區伯布三匹三丈‖嘉禾元年七月十六日關丞 祁付庫吏殷三匹三☑

（肆·825/1）

【注】"殷"下"三匹三"剩右半筆迹，破莂時有意爲之。

☑鄉□丘大女潘妾布一匹‖嘉禾元年七月十六日關丞祁……☑

（陸·4946·圖 47-92/15）

☑七月十六日關丞祁付庫吏殷 一匹[156] 連受 （陸·5743/15）

☑鄉嘉禾元年布一匹三丈九尺‖嘉禾二年七月十七日末丘男子信嘆付庫吏殷☑

（貳·4014/19）

☑冬賜布一匹‖嘉禾元年七月十七日關丞祁付庫吏殷 一匹 連受

（肆·811/1）

【注】“殷”下“一匹”剩右半筆迹，破莂時有意爲之。

入□鄉下梨丘男子烝有布三匹二丈‖嘉禾元年七月十七日關丞祁付庫吏殷三匹二丈連受 （肆·832/1）

【注】“殷”下“三匹二丈”剩右半字迹，破莂時有意而爲。

☑□張南布一匹‖嘉禾元年七月十七日南關丞 祁付庫吏殷一匹 連受

（肆·900/1）

【注】“殷”下“一匹”剩右半字迹，破莂時有意而爲。

☑潘丁入布一匹‖嘉禾元年七月十八日關丞祁付庫吏殷 匹 連受

（陸·5639·圖54-29/15）

【注】“殷連”之間空白處左側，殘存“匹”右半字迹，破莂時有意爲之。“一”字當已全部剖去。

☑‖嘉禾[157]元年五[158]月廿日關丞祁付庫吏殷 一匹[159] 連受

（陸·4855·圖47-1/15）

入□鄉調布……‖嘉禾元年正[160]月廿一日關丞祁付庫吏殷連受

（陸·4931·圖47-77/15）

入□鄉……‖嘉禾元年七月廿三日關丞祁付庫吏殷連受

（陸·4882·圖47-28/15）

☑陳萇布二匹‖嘉禾元年七[161]月廿三日關丞祁付庫吏 二匹 殷連受

（陸·4899·圖47-45/15）

【注】“庫吏”左側殘存“二匹”右半字迹，破莂時有意爲之。

☑三匹‖嘉禾元年七月廿四日☑ （陸·5864/15）

入□鄉吏潘有三品布[162]一[163]匹‖嘉禾元[164]年七[165]月廿四日關丞祁付□☑ （陸·5284/15）

入……三品布二匹‖嘉禾元年七月廿五日關丞祁付庫吏殷 二匹 連受

（陸·5622·圖54-12/15）

【注】“殷連”之間空白處左側，殘存“二匹”右半字迹，破莂時有意爲之。

入……‖嘉禾元年七月廿六日關丞祁付庫吏殷 一匹 連受 （陸·4883·圖47-29/15）

【注】“殷連”之間空白處左側，殘存“一匹”右半字迹，破莂時有意爲之。

☑鄉□□丘大男鄧孝[166]所調布二匹二丈七尺‖嘉禾元年七月廿七日關丞祁付

庫吏殷　二匹二丈七尺　連受　　（陸・4912・圖 47-58/15）

【注】"吏殷連"左側，殘存"二匹二丈七尺"右半字迹，破莂時有意爲之。

⧄鄉新뼵丘大男樊得布二匹‖嘉禾元年七月廿七日關丞祁付庫吏殷　二匹　連受　　（陸・5699・圖 55-35/15）

【注】"吏殷"左側見"二匹"字迹右半，破莂時有意爲之。

⧄□萇布二匹‖嘉禾元年七月⧄　　（陸・5871/15）

入□鄉□丘大男烝碓布一匹‖嘉禾元年八月一日⧄　　（陸・5799/15）

⧄年八[167]月三日關丞　付庫吏殷⧄　　（肆・969/2）

……布一匹‖嘉禾元年八月三日關丞⧄　　（陸・5776/15）

⧄□□布一匹‖嘉禾元年八月四日關丞□⧄　　（叁・419/23）

⧄□周純冬賜布四匹‖嘉禾元年八月四日□丘□⧄　　（叁・453/23）

⧄鄉□丘男子謝汪布八匹‖嘉禾元年八月四日關丞　付庫吏殷連受　　（陸・5619・圖 54-9/15）

入……丘大男□□布二匹‖嘉禾元年八月五日關丞[168]　付庫吏殷連受　　（陸・4917・圖 47-63/15）

入□鄉□陳□布□匹三丈五尺‖嘉禾元年八月五日關丞□付庫吏殷連受　　（陸・4932・圖 47-78/15）

入□鄉□中丘大男鄭涅布三匹三[169]丈‖嘉禾元年八月五日關丞付庫吏殷連受　　（陸・5643・圖 54-33/15）

⧄鄉帥烝益布二匹‖嘉禾元年八月六日關丞　付庫吏殷連受　　（肆・833/1）

入□□鄉□州丘男子郭勤布一匹‖嘉禾元年八月六日關丞　付庫吏殷連受　　（陸・5613・圖 54-3/15）

⧄‖嘉禾元年八月九日丞[170]　付庫吏殷連受　　（陸・5614・圖 54-4/15）

入□鄉所調布一匹‖嘉禾元年八月九日桐丘吏喜付主内吏殷連受　　（陸・5678・圖 55-14/15）

⧄尺‖嘉禾元年八月廿二日　⧄　　（陸・5740/15）

⧄匹‖嘉禾元年八月十⧄　　（壹・1351/4）

……布□匹‖嘉禾元年八月廿一日□□區大陳付庫吏殷連受　　（陸・4947・圖 47-93/15）

⧄□鄉布十三匹二丈九尺‖嘉禾元年八月廿四日謝□丘……⧄　　（叁・472/23）

☒□鄉盡里丘大男殷□布一匹三丈九尺‖嘉禾元年八月廿六日……

（叁·251/23）

入□鄉布一匹三丈九尺‖嘉禾元年八月廿七日武龍丘男子苗署付庫吏殷連受 （陸·5612·圖54-2/15）

☒匹‖嘉禾元年八月廿☒ （壹·1344/4）

☒鄉蒻(?)里男子婁水布三匹‖嘉禾元年八月卅日關☒ （叁·97/23）

☒前丘大男烝波布五匹‖嘉禾元年八月□日□□☒ （叁·1238/23）

入……布一匹‖嘉禾元年九月一日…… （陸·5668·圖55-4/15）

☒匹三丈八尺‖嘉禾元年九月五日小赤丘男☒ （叁·5846/35）

☒匹三丈五尺‖嘉禾元年九月十一日石下丘黄文付庫吏☒ （叁·1232/23）

☒烝育(?)布一匹三丈□尺‖嘉禾元年九月十三日付庫吏殷連受☒（貳·9088/23）

☒□布一匹‖嘉禾元年九月十三日關丞☒ （叁·413/23）

☒匹‖嘉禾元[171]年九月十□日丞弁關 ☒ （叁·5910/35）

☒鄉□蘭丘何茄布三匹一丈‖嘉禾元年九月廿二日□□付庫吏殷☒

（叁·268/23）

☒□□布二匹‖嘉禾元年九月廿三日……☒ （叁·483/23）

☒布三匹三丈七尺‖嘉禾元年九月廿五日楊渡丘……☒ （叁·460/23）

☒十一匹‖嘉禾元年九月廿七日上俗丘何逐□□付庫吏殷 ☒ （叁·209/23）

☒□二匹‖嘉禾元年九月廿九日郡□☒ （貳·4091/19）

入□鄉□丘大男黄圭布一匹‖嘉禾元年九月 ☒ （陸·5831/15）

入□鄉……布……‖嘉禾元年十月三日□□丘男子……付庫吏殷☒

（叁·276/23）

☒布四匹三丈六尺‖嘉禾元年十月四日温□☒ （貳·4119/19）

☒鄉彈溲丘廖允布三匹‖嘉禾元年十月廿日付庫吏殷連受 （叁·212/23）

☒一匹‖嘉禾元年十月□日付庫吏殷連受 （壹·2728/8）

☒布七匹三丈四尺‖嘉禾元年十一月四日掾黄原付庫吏殷連受

（陸·5718·圖55-54/15）

☒調布五匹‖嘉禾□年十一月五日□奇…… （肆·961/2）

☒鄉所調布一匹‖嘉禾元年十一月八日周丘大男吴得付庫吏殷☒

（叁 · 465/23）

☒□□布一匹‖嘉禾元年十一月十日……☒　（叁 · 211/23）

☒匹‖□□元年十一月十日……付庫吏殷連受　（叁 · 258/23）

☒布一匹‖嘉禾元年十一月十二日☒　（貳 · 3891/19）

☒□□布……‖嘉禾元年十一月十三日和下丘番（?）□付庫吏殷　☒

（叁 · 216/23）

☒元年布一匹‖嘉禾元年十一月十四日復皋丘男☒　（貳 · 3892/19）

☒布二匹‖嘉禾元年十一月十四日横溪丘閭□鄭□付庫吏殷　☒（叁 · 238/23）

☒二匹‖嘉禾□年十一月廿日彈溲丘□喉付庫吏殷連受（肆 · 886/1）

入□鄉布一匹三丈九尺‖嘉禾元年十一月廿二日□□□□三付庫吏□□受　（叁 · 185/23）

☒……匹……‖嘉禾元年十一月廿四日李下日丘大男廖□付庫吏殷☒

（叁 · 204/23）

☒一匹‖嘉禾元年十一月廿七日留丘大男黄椛付庫吏殷連受

（陸 · 5712 · 圖 55-48/15）

☒□鄉布……‖嘉禾元年十一月廿八日唫丘男子烝益付庫吏殷連受

（貳 · 3923/19）

☒ ……布□匹‖嘉禾元年十一月……付庫吏殷連受☒　（貳 · 3830/19）

☒□所調布一匹‖嘉禾元年十二月二日☒　（貳 · 4008/19）

☒□鄉嘉禾元年布二匹‖十二月三日☒　（壹 · 1301/4）

【注】“十二月”上似脱“嘉禾某年”。

☒布二匹‖嘉禾元年十二月五日彈溲☒　（叁 · 108/23）

☒丈九尺‖嘉禾元年十二月七日小杅☒　（貳 · 3927/19）

☒布一匹三丈七尺‖嘉禾元年十二月七日柘唐丘閭長周使付庫吏殷連受

（陸 · 4959 · 圖 47-105/15）

☒匹‖嘉禾元年十二月九日□☒　（貳 · 4060/19）

☒一匹三丈七尺‖嘉禾元年十二月十日□丘□☒　（貳 · 4098/19）

☒丈七尺‖嘉禾元年十二月十八日新唎丘謝客付庫吏殷連受

（陸 · 5710 · 圖 55-46/15）

入□鄉冬賜布一匹‖嘉禾元年十二月十八日……付庫吏殷連受

（陸·5711·圖55-47/15）

⧄……尺‖嘉禾元年十二月□□日…… （叁·199/23）

⧄尺‖嘉禾元年十二月⧄ （叁·613/23）

⧄鄉嘉禾元年所調布一匹‖嘉禾二年正月四日黄□丘男子⧄ （貳·4019/19）

⧄‖嘉禾二年二[172]月二日新唐丘男子□□付主庫⧄ （陸·5830/15）

⧄……二匹‖嘉禾二[173]年四月十五日上□丘烝贛付庫吏殷連受 （叁·217/23）

⧄元年布二匹三丈七尺‖嘉禾二年五月……丘魁程椎付⧄

（陸·5725·圖55-61/15）

⧄須丘男子潘買元年布一匹‖嘉禾二年⧄ （陸·5734/15）

⧄匹三丈八尺‖嘉禾元年四（?）[174]月八日松田丘魯禮付庫吏殷 ⧄（叁·244/23）

⧄□布廿三匹一丈‖嘉禾元年⧄ （壹·4419/11）

入□鄉二年布二……‖嘉禾元年⧄ （貳·5365/20）

⧄□布三匹‖嘉禾元年……⧄ （叁·385/23）

⧄□□布一匹‖嘉禾元年⧄ （叁·394/23）

⧄□布十匹□丈□尺‖嘉禾元年□月□日⧄ （叁·685/23）

⧄布一匹‖嘉禾元年……⧄ （叁·160/23）

⧄段（?）元年布一匹‖嘉⧄ （貳·4192/19）

⧄嘉禾元年布一匹‖⧄ （貳·9025/23）

入□吏□翔□□所□布三匹……‖嘉禾……⧄ （叁·232/23）

⧄庫吏殷三匹連受 （肆·970/2）

【注】“三匹”剩右半字迹，破莂時有意爲之。

⧄嘉禾元年布一匹⧄ （貳·4058/19）

⧄□鷁丘元年布⧄ （貳·4144/19）

⧄元年布□⧄ （貳·4348/19）

⧄□鄉嘉禾元年布四⧄ （叁·365/23）

⧄□布□匹‖嘉禾元年□月廿□日關丞□付庫吏殷連受

（陸·4942·圖47-/15）

入□鄉□丘……‖嘉禾元年□月□日關丞祁付庫吏殷 四匹一丈[175]連受　(陸 · 5628 · 圖 54-18/15)[176]

☐……‖嘉禾元年……關丞祁付庫吏殷 二匹[177] 連受

(陸 · 5658 · 圖 54-48/15)

入□鄉□□丘男子陳牛入布□匹‖嘉禾元年……關丞付庫吏殷連受

(陸 · 5691 · 圖 55-27/15)

入……中[178]里男子鄧寧布二匹‖嘉禾元年□月一日關丞[179]祁付庫吏殷 二匹連受　(陸 · 5697 · 圖 55-33/15)

【注】"吏殷連"左側見"二匹"字迹右半,破莂時有意爲之。

☐□鄉幸丘□□□□布二匹‖嘉禾元年 ☐　(陸 · 5842/15)

☐布一匹三丈九尺‖嘉禾元☐　(陸 · 5874/15)

☐嘉禾元年布二匹‖☐　(陸 · 5876/15)

☐布一匹‖嘉禾元年□月廿七日☐　(陸 · 5877/15)

☐尺‖嘉禾元☐　(陸 · 5918/15)

入□鄉……布一匹‖……□月□日上俗丘男子……日[180]付庫吏……

(陸 · 4919 · 圖 47-65/15)

入□鄉……布□匹……　(陸 · 4936 · 圖 47-82/15)

入……布□□‖……　(陸 · 4943 · 圖 47-89/15)

……關丞祁付庫吏殷連受　(陸 · 4944 · 圖 47-90/15)

□布二匹三丈八尺☐　(陸 · 5246/15)

☐鄉□□里大男石太布七匹三丈☐　(陸 · 5737/15)

☐……布四匹‖嘉☐　(陸 · 5783/15)

☐匹三丈九尺‖……☐　(陸 · 5886/15)

☐調布一匹‖嘉禾 ☐　(陸 · 5900/15)

☐布二匹三丈九☐　(陸 · 5917/15)

☐□□丘大男鄧□入所調布一匹☐　(陸 · 5942/16)

注　釋

① 學術史回顧和簿書整理情況,一併參見凌文超:《走馬樓吴簡庫布帳簿體系整理與

研究——兼論孫吴的户調》,《文史》2012 年第 1 輯;《走馬樓吴簡發掘庫布帳簿體系整理與研究》,《出土文獻研究》第十一輯,中西書局,2012 年。兩文綜合修訂爲《走馬樓吴簡采集簿書整理與研究》第六章"庫布帳簿體系與孫吴户調",廣西師範大學出版社,2015 年,第 283—396 頁。

② 吴簡中所見的"莂"多被編聯爲簿。嘉禾吏民田家莂有標題簡,如南鄉謹列嘉禾四年吏民田家别頃畝旱熟收米錢布付授吏姓名年月都莂(4.1)。竹莂迄今未見標題簡,而多繫籤牌,如庫吏殷連潘琦起二年七月訖三年五月十五日所受嘉禾二年品市布莂(柒·4820①)。"莂"既是個體名詞,指單枚券莂;又是集體名詞,指由若干券莂編聯而成的莂册。爲了便於區分,特别是與"承餘新入簿"、"出用餘見簿"相區分,我們擬稱單枚券莂爲"莂"或"入受莂",稱由莂組成的簿書爲"莂册"或"入受簿"。

③ 竹簡及揭剥位置示意圖均見長沙簡牘博物館、中國文化遺産研究院、北京大學歷史學系走馬樓簡牘整理組編著:《長沙走馬樓三國吴簡·竹簡〔陸〕》,文物出版社,2017 年。

④ 簡號"陸·4874·圖 47-20/15"分别指卷次、出版號、揭剥位置示意圖編號和盆號,下同。

⑤ 楊振紅特别指出,孫吴臨湘侯國下約統屬 12 個鄉,其中,北鄉尚待進一步證實。參見其作《長沙吴簡所見臨湘侯國屬鄉的數量與名稱》,《簡帛研究二〇一〇》,廣西師範大學出版社,2012 年,第 139—144 頁。我們曾指出,吴簡中所見"北鄉"釋文皆未安,或應改釋,或筆迹漫漶難以辨識。參見凌文超:《走馬樓吴簡舉私學簿整理與研究——兼論孫吴的占募》,《文史》2014 年第 2 輯,第 51 頁。據《竹簡〔陸〕》簡陸·147"·集凡十一鄉領□租米百五十四斛四斗"、陸·4696"右十一鄉財用錢八十四萬六千八百七十"、陸·4823"·右十一鄉起三年四月一日訖二年六月七日入財用錢一百十三萬……",確證孫吴臨湘侯國統轄 11 鄉。我們過去整理的"品市布入受簿"、"庫皮入受簿"中,均只見 11 鄉,未見北鄉。孫吴臨湘侯國嘉禾年間當未設北鄉。

⑥ 目前所見"一時簿",有的按月編製,如簡 34;有的按季編製,如簡貳·257"三州倉領襍米起嘉禾元年七月一日訖九月卅日一時簿";有的按一個半月編製,如簡肆·1643"三年四月一日訖五月十五日一時簿"("一時"據圖版補),又簡叁·1573"嘉禾三年四月一日訖五月十五日一時簿"("一時簿"據圖版補)。由此看來,"一時簿"並非"四時簿"(季簿),而是按一個時間段編製的簿書。

⑦ 該木牘圖版參見《湖南長沙三國吴簡(五)》(中國簡牘書法系列),重慶出版社,2010 年,第 28 頁。

⑧ 縣鄉分部（都、中鄉，小武陵、西鄉，桑、樂鄉，廣成、平鄉，東、南、模鄉）的簡要分析，參見凌文超：《新見“勸農掾料核軍吏父兄子弟簿木牘文書”補釋》，《中國中古史集刊》第三輯，商務印書館，2017 年，第 68—72 頁。

⑨ 關於吴簡中所見“調布”的性質，過去有過大量的討論。諸家觀點請參見沈剛：《〈長沙走馬樓三國吴簡〉語詞彙釋》“調”、“調布”條，中國社會科學出版社，2017 年，第 234—236 頁。

⑩ 嘉禾三年，孫吴仍然進行了調布，如簡 67，簡陸・1907/13“八千一百廿，通合一千七百卌五萬七千，雇三年所市冬賜布五千二百九十”，簡陸・1934/13“九萬八千一百廿，通合一千七百卌五萬七千，雇三年所市布五千二百”，但未見相關調布莂。簡陸・1907、1934 釋文據圖版及對應内容校改。

⑪ “布”，原闕釋，核對圖版，字迹依稀可辨，今據補。本文釋文校訂説明，僅在第一次引文中出現。

⑫ 高敏：《長沙走馬樓吴簡中所見“調”的含義——兼與王素同志商榷》，《中華文史論叢》2007 年第 1 期；收入其著《長沙走馬樓簡牘研究》，廣西師範大學出版社，2008 年，第 137 頁。

⑬ 簡捌・2656 原釋文作“十三匹直三千二百布簿别列□□□☑”，核對圖版，“百”上數字在編痕處，字迹殘缺，“二百”應改釋爲“三百”。

⑭ “三”，原闕釋，今據圖版及對應簡陸・2645 補。

⑮ “百”，原釋作“苜”，今據圖版及對應簡陸・1907 改。

⑯ “所”，原闕釋，今據圖版補。

⑰ “十匹”，原闕釋，今據圖版補。

⑱ “々（匹）”，重文符號，原闕釋，今據圖版補。

⑲ “别”，原闕釋，今據圖版補。

⑳ “々（匹）”，重文符號，原闕釋，今據圖版補。

㉑ 《嘉禾四年吏民田家莂解題》，長沙市文物考古研究所編：《長沙走馬樓三國吴簡・嘉禾吏民田家莂》，文物出版社，1999 年，第 72 頁。

㉒ 參見凌文超：《走馬樓吴簡三鄉户品出錢人名簿整理與研究——兼論八億錢與波田的興建》，《文史》2017 年第 4 輯，第 29—75 頁。

㉓ “七”，原釋作“一”，今據圖版及對應簡例柒・3164 改。

㉔ “殷”下原釋有“連”，今據圖版删。

㉕ 有兩枚黏連在一起的結計簡：“其二百一十匹市吏潘羜所市”（陸・4934・圖 47-80/

15)、"三百一十五匹一丈八尺民所入"(陸·4935·圖47-81/15)。前者爲市布,後者爲"民所入"。"民所入"布匹的性質,既有品布又有市布的可能。在我們看來,這兩枚簡應爲"其"類的分計簡,很有可能是對"市布"來源的分計。所謂"民所入",可能是市吏按"户品"向吏民采購的調布,稱之爲"品布"並無不可,但按性質歸類仍應視作"市布"。

㉖ "得",原釋作"錢",今據圖版改。

㉗ "二",原闕釋,今據圖版補。

㉘ 還有同鄉同名不同丘者:"入平鄉租丘大男李惊入所調布一匹‖嘉禾元年……付庫吏殷連受"(陸·5677),"入平鄉嘉禾二年布二匹‖嘉禾二年八月廿四日下略丘李惊付庫吏☐"(貳·5372),"入平鄉楊溲丘男子謝有布一匹‖嘉禾元年七月十四日關丞祁付庫吏殷 一匹 連受"(陸·5624·圖54-14/15),"入平鄉常略丘謝有布三匹‖嘉禾元年七月十四日關丞祁付庫吏殷 三匹 連受"(陸·4911·圖47-57/15)。同名不同鄉者:"入都鄉秋奇丘大男五貴布四匹三丈八尺‖嘉禾元年八月八日付庫吏殷連受"(陸·5617),"入中鄉嘉禾二年所調布二匹□□‖嘉禾二年十一月十九日小赤丘大男五貴付庫吏殷連受"(貳·5317),"入南鄉民區賢布一匹‖嘉禾元年七月十四日關丞祁付庫吏殷☐"(陸·5625),"入中鄉嘉禾二年新調布三丈九尺‖嘉禾二年八月廿日湛龍丘區賢付庫吏殷連受"(貳·5306)。疑似簡例:"入□鄉□丘大男黄圭□布一匹‖嘉禾元年九月 ☐"(陸·5831/15),"入廣成鄉嘉禾二年所調布一匹‖嘉禾二年七月廿一日桓陘丘男子黄圭付庫吏殷連受"(貳·5533/20)。

㉙ "梅陽",原釋作"梅碭",今據圖版改。

㉚ "復皋丘",原釋作"□□鄉吏",今據圖版改。

㉛ "姑",原闕釋,今據圖版及對應簡例補。

㉜ "丞弁關",原釋作"烝弁",今據圖版及文例改。下同,不另注。

㉝ "九",原釋作"一",今據圖版改。

㉞ "頃",原釋作"須",今據圖版及對應簡例改。

㉟ "洽",原闕釋,核對圖版,右側"合"可辨識,今據圖版及對應簡例補。

㊱ "模",原釋作"廣成",核對圖版,右側"日"可辨識,今據圖版及對應簡例補。

㊲ "東",原釋作"南","東"、"南"形近,今據圖版及對應簡例改。

㊳ "帶",原釋作"典巾",核對圖版,該字疑爲"帶"字的俗體,據改。

㊴“祁”,原闕釋,今據圖版補。

㊵“□□大男”,原釋作“吏帥客”,今據圖版改。“□□”爲丘名,下或脱“丘”字。

㊶“原”,原釋作“后”,今據圖版改。

㊷“𥇍”,原釋作“𥄂”,今統一釋作“𥇍”。

㊸“𥇍”,原釋作“眺”,今統一釋作“𥇍”。

㊹“元”,原釋作“二”,今據圖版改。

㊺“健”,原釋作“建”,今據圖版改。

㊻“都”,原釋作“桑”,今據圖版改。

㊼“中”,原釋作“西”,今據圖版改。

㊽“將”,原闕釋,今據圖版補。

㊾“緒中”,原釋作“百□”,今據圖版及對應簡例陸·4948改、補。

㊿迄今所見走馬樓吴簡中的“唫丘”皆屬“小武陵鄉”,參見簡壹·6395、肆·1953、2926、3448等。

(51)“劉平”,原闕釋,今據圖版補。

(52)“掾”,原釋作“吏”,今據圖版改。

(53)“儀”,原釋作“傅”,今據圖版改。

(54)“牙”,原釋作“匀”,今據圖版改。

(55)“五”,原釋作“烝”,今據圖版改。

(56)“牙下”,原闕釋,今據圖版補。

(57)“一”,原釋作“二”,核對圖版,上横或爲“廿”封口之筆,今據改。

(58)“二”,原釋作“元”,今據圖版改。

(59)“利”,原闕釋,核對圖版,“禾”旁清晰可辨,今據圖版及對應簡例叁·459補。

(60)“枚倚”,原釋作“松□”,今據圖版及對應簡例貳·5510改。

(61)“嘉禾”,原釋作“嘉米”,今據圖版及年號改。

(62)“八”,原釋作“二”,今據圖版改。

(63)“成”,原釋作“入□”,今據圖版改。

(64)“榜”,原釋作“楊”,今據圖版改。

(65)“馮”,原釋作“馬”,今據圖版改。

(66)“伻”,原釋作“俗”,今據圖版改。

(67)“揑陵”,原闕釋,今據圖版補。

(68)“弦”,原釋作“孫”,今據圖版改。

㊾ “南”,原闕釋,今據圖版補。

㊿ 潘萇應爲中鄉歲伍,參簡叁·3185:“入中鄉所買鋘賈錢六千‖嘉禾二年五月廿四日歲伍潘萇付庫吏殷☑”

⑦① 品布入受莂中“桑鄉桐丘”的記録凡一見,即簡貳·5612。其他文書簡有“桑鄉桐丘”(如簡陸·3041、3544、4386)、“平鄉桐丘”(如簡壹·4388、叁·2729)、“南鄉桐丘”(陸·2834)的記録。

⑦② 調皮繳納的情況,參見凌文超:《走馬樓吴簡采集庫皮帳簿整理與研究》,《北大史學》16,北京大學出版社,2011年;修訂收入其著《走馬樓吴簡采集簿書整理與研究》第七章“庫皮帳簿與孫吴的口算調皮”,第415—416頁。簡壹·8658殘存左半莂,字迹殘缺,原釋有“五唐丘吴遠”,“五唐丘”似應改釋爲“弦丘”。

⑦③ 我們曾經將單枚品市布莂上所記録的繳納布匹數視作一户調布,嘗試通過户訾、户品與調布之間的關係,探討孫吴户調的發展的脈絡。該研究遭到鄧瑋光先生的質疑,參見其作《書評:凌文超〈走馬樓吴簡采集簿書整理與研究〉》,《中國中古史集刊》第二輯,商務印書館,2016年,第474—475頁。從本文的研究結論來看,鄧先生的批評意見是可取的,值得重視。品布與户品、户訾之間的關係,還需要更多直接的證據才能作進一步的討論。

⑦④ “桑”,原釋作“廣成”,今據圖版改。

⑦⑤ “一匹”,原闕釋,今據圖版補。“一匹”寫在“殷連”之間空白處左側,殘存右半字迹,破莂時有意爲之。

⑦⑥ “吏”下原釋有“殷”,今據圖版删。

⑦⑦ “模”,原闕釋,今據圖版補。

⑦⑧ “祁”,原注“丞”下□左半殘缺,右半从“阝”,今據圖版及專名補。

⑦⑨ 凌文超:《走馬樓吴簡中的簽署、省校和勾畫符號舉隅》,《中華文史論叢》2017年第1期,第144—160頁。

⑧⓪ “十”後原釋有“四”,今據圖版删。

⑧① 核對圖版,簡壹·6537“☑□□尺‖嘉禾二年六月十七日丞弁關☑”,“丞弁關”字迹殘缺,難以辨識;簡壹·7791“七月”,字迹殘缺,疑作“九月”;壹·8271未見“丞弁關”的簽署。

⑧② “都”,原釋作“南”,今據圖版改。

⑧③ “七”,原釋作“十一”,今據圖版改。

⑧④ “丞”下原釋有“祁”,今據圖版删。

⑧⑤ “都”,原闕釋,核對圖版,殘存邑旁,今據補。

86 “鄉”下原釋有“市”字，今據圖版删。

87 “入都鄉布”右側殘存小半同文字迹，該券爲左莂。

88 “入”，核對圖版，疑作“冬”。

89 “丘 男”，原闕釋，今據圖版補。

90 “魁”，原釋作“胄”，今據圖版改。

91 “調”下脱“布”字。

92 “泊”，核對圖版，疑作“渚”。

93 “郭”，原闕釋，今據圖版補。

94 “三匹”，原闕釋，今據圖版補。“三匹”書寫在竹簡左側，殘存右半字迹，乃破莂有意爲之。

95 該簡左側殘存字迹，應爲右莂。

96 “中”，原闕釋，今據圖版補。

97 “林”，原闕釋，今據圖版補。

98 “□明”，原闕釋，今據圖版補。

99 “入中鄉”右側殘存小半同文字迹，該券爲左莂。

100 “田”，核對圖版，疑作“甽”。

101 “三”，原釋作“二”，今據圖版改。

102 “二”，原釋作“六”，今據圖版改。

103 嘉禾元年品布入受莂下端的布匹長度多記録在庫吏“殷連”姓名之間的留空處，而“關丞”之下爲“祁”的署名，此應爲簡文的一般格式。而此“關丞”之下“一匹”和“祁”並簽，核對圖版，該簡“殷連”姓名之間的留空狹窄，“關丞”之下留空較多，或因此故，布匹長度和署名皆簽寫在“關丞”之下。

104 “丞”下原釋有“祁”，今據圖版删。

105 核對圖版，應爲二字丘名。

106 “丞”下原釋有“祁”，今據圖版删。

107 “十”，原釋作“六”，今據圖版改。

108 該簡左側殘存字痕。

109 “連”，原闕釋，今據圖版補。“庫”下脱“殷”字。

110 “正”，核對圖版，筆迹殘缺不可辨識，疑誤。

111 “中”，原闕釋，今據圖版補。

112 “一匹”，原闕釋，今據圖版補。“一匹”寫在“連受”之後空白處左側，殘存右半字迹，破莂時有意爲之。

(113)“八月十四日”,原闕釋,今據圖版補。

(114)“主”,原闕釋,今據圖版補。

(115)“一匹”,原闕釋,今據圖版補。“一匹”寫在“殷連”之間空白處左側,殘存右半字迹,破莂時有意爲之。

(116)“泊”,原闕釋,今據圖版補。

(117)“七”,原釋作“十一”,今據圖版改。

(118)“庫吏”後原釋有“殷”,今據圖版删。“三匹”原闕釋,書寫在“吏”、“連”之間空白處左側,殘存右半字迹,乃破莂有意爲之。

(119)“困”,原闕釋,今據圖版補。

(120)“入廣成鄉彈”右側殘存同文字迹,爲破莂所致,該簡當爲左莂。

(121)“四”,核對圖版,疑作“十一”。

(122)“賜”,原釋作“腸”,今據圖版及常用詞改。

(123)“所”下可能脱“調”字。

(124)“无”,原釋作“無”,今據圖版改。“无”當爲“元年”之訛誤。

(125)“冬賜”,原釋作“方□”,今據圖版改、補。

(126)“四”,原釋作“七”,今據圖版改。

(127)“丘烝□關丞祁”,原闕釋,今據圖版補。

(128)“張”,原闕釋,今據圖版補。

(129)後“連受”爲簽署。

(130)“布”,原闕釋,今據圖版補。

(131)“十一”,原釋作“二”,今據圖版改。

(132)“和”,原釋作“禾”,今據圖版改。“嘉和”,乃年號“嘉禾”之訛。

(133)“入”,原闕釋,今據圖版補。

(134)“一匹”,原闕釋,今據圖版補。“一匹”寫在“殷連”之間空白處左側,殘存右半字迹,破莂時有意爲之。

(135)“調布”,核對圖版,未見相應的字迹。

(136)“八”,原釋作“六”,今據圖版改。

(137)“鄉吏”,原闕釋,今據圖版補。

(138)“琬”,原闕釋,今據圖版補。

(139)“主”,原闕釋,今據圖版補。

⑭⓪"二匹",原闕釋,今據圖版補。"二匹"寫在"付庫"左側,殘存右半字迹,破莂時有意爲之。

⑭①"祁",原注"丞"下□左半殘缺,右半从"阝",今據圖版及專名補。

⑭②"巨",原釋作"歐",今據圖版改。

⑭③"八",原闕釋,今據圖版補。

⑭④"丞"下原釋有"祁",今據圖版删。

⑭⑤"元",原釋作"六","元"、"六"易訛,今據圖版及簿書構成改。

⑭⑥"上丘",原闕釋,今據圖版補。

⑭⑦"殷"下原釋有"連",今據圖版删。

⑭⑧該簡上殘,僅存 18.4 釐米。初看其簡文格式大略與庫布新入簡相仿,然而,新入簡頂格書寫,該簡上有留空,應非新入簡,而是庫布入受莂的總結簡,其完整簡文或爲"·右入市吏潘羜(羜)所市布一百六十四匹(?)"。

⑭⑨"三百九十五匹",原釋作"三匹九丈五尺",按四丈爲一匹,"三匹九丈五尺"應記作"五匹一丈五尺",核對圖版,"百"、"十"、"匹"筆迹雖殘缺,但依稀可辨,據改。

⑮⓪"·",原闕釋,今據圖版補。

⑮①"六",核對圖版,疑作"七"。

⑮②"三",原釋作"二",今據圖版及破莂殘存數字改。

⑮③"二",原釋作"三",今據圖版改。

⑮④"殷連"之間空白處左側,殘存右半字迹,破莂時有意爲之。具體數值,難以辨識。

⑮⑤"關",原闕釋,今據圖版補。

⑮⑥"一匹",原闕釋,今據圖版補。"一匹"寫在"殷連"之間空白處左側,殘存右半字迹,破莂時有意爲之。

⑮⑦"⧄‖Ⅹ嘉禾",原闕釋,今據圖版補。

⑮⑧"五",核對圖版,字迹殘缺,難以辨識,疑作"七"。

⑮⑨"一匹",原闕釋,今據圖版補。"一匹"書寫在竹簡左側,殘存右半字迹,乃破莂有意爲之。

⑯⓪"正",核對圖版,難以辨識,疑作"七"。

⑯①"七",原釋作"十",今據圖版改。

⑯②"潘有三品布",原闕釋,今據圖版補。

⑯③"一",原釋作"五",今據圖版改。

⑯4“元”,原釋作“二”,今據圖版改。

⑯5“七”,原釋作“二”,今據圖版改。

⑯6“孝”,原闕釋,今據圖版補。

⑯7“年八”,原釋作“十一”,核對圖版,“八”字可辨識,“八”、“一”形近易訛,據改。

⑯8“丞”下原釋有“祁”,今據圖版删。

⑯9“三”,原釋作“二”,今據圖版改。

⑰0“丞”上或脱“關”字。

⑰1“元”,核對圖版,疑作“二”。

⑰2“二”,原釋作“六”,今據圖版改。

⑰3“二”,原釋作“元”,今據圖版改。

⑰4“四(?)”,核對圖版,難以辨識。

⑰5“四匹一丈”,原闕釋,今據圖版補。“四匹一丈”寫在“般連”之間空白處左側,殘存右半字迹,破莂時有意爲之。

⑰6“入□鄉□丘”左側殘存同文字迹,據此,該簡爲右莂。

⑰7“二匹”,原闕釋,今據圖版補。“二匹”寫在“般連”之間空白處左側,殘存右半字迹,破莂時有意爲之。

⑰8“中”,原闕釋,今據圖版補。

⑰9“關丞”,原闕釋,今據圖版補。

⑱0“日”,原闕釋,今據圖版補。

近代所出蜀石經殘石考略*

王天然(中國社會科學院歷史研究所)

蜀石經始刻於孟蜀廣政年間,入宋後又有續刻、補刻,最終在北宋宣和六年(1124 年)完成十三種經籍的鐫石,整體庋藏於成都府學。因原石毁佚、拓本殘損,長期以來學界對蜀石經的文本特徵及其經籍史坐標缺乏清晰認識。本文以近代出土的蜀石經殘石爲研究對象,首先通過梳理殘石的發現與遞藏、著録與刊布情況,可知: 個别殘石的流傳過程雖存闕環,但成都老南門城垣作爲蜀石經出土地,當無問題;又一般認爲《毛詩·鄭風》《曹風》殘石已下落不明,但有證據表明該石可能並未佚失。其次通過對已知殘石進行全面校理,並以出土原石、傳世拓本、文獻著録互驗參證的方法,進一步確認了孟蜀石經的文本性質。最後本文還揭示了原石中的改刻現象,並結合拓本改刻之例,初步判定了蜀石經的改刻時間。

一、蜀石經殘石綜述

(一) 發現與遞藏

近代所出孟蜀廣政石經殘石情況,馬衡、周萼生、江鶴笙、羅希成等人均有介紹。馬氏云抗日戰爭時期於城垣發現殘石若干,周氏亦云 1938 年於成都南門外發現殘石約十片左右,江鶴笙得其半數以上。江氏又云當日所得《毛詩》一石因故失去,爲黄希成所得,後歸前川西文教廳,今屬四川省博物館。[①]此石即羅希成捐獻、現藏川博之《毛詩》周魯二頌殘石。而

* 本文係國家社科基金後期資助項目“蜀石經遺文考”(18FZS027)階段性成果。

羅氏言該石爲舊僕劉某得於黔中,1939 年春贈予羅氏。可見江、羅二説不合,至少此石的流傳過程尚存闕環。②但成都老南門城垣作爲蜀石經出土地,當無問題。③

目前可知此批殘石零拓有:《周易》殘石兩塊拓片四葉,一石一面刻《履》、一面刻《泰》《否》,一石兩面均刻《中孚》,原石皆爲江鶴笙舊藏現藏四川博物院;《尚書》殘石兩塊拓片三葉,一石單面刻《禹貢》,一石一面刻《説命》、一面刻《君奭》,前者爲江鶴笙舊藏,後者爲陳達高舊藏,現均藏四川博物院;《毛詩》殘石兩塊拓片四葉,一石一面刻《鄭風》之《叔于田》《大叔于田》、一面刻《曹風》之《鳲鳩》《下泉》,一石一面刻《周頌》之《桓》《賚》、一面刻《魯頌》之《駉》,前者爲江鶴笙舊藏,後者爲羅希成舊藏現藏四川博物院;《儀禮》殘石一塊拓片兩葉,兩面均刻《特牲饋食禮》,原石爲陳儉十舊藏,後歸重慶市博物館,現陳列於中國國家博物館。

其中《毛詩·鄭風》《曹風》殘石,前賢論著多認爲現藏地不明。但尹建華、曾如實《四川五代石刻考察記》著録該石云"高 32、寬 23、厚 7 釐米。此石一面刻《鄭風》;一面刻《曹風》。今存重慶市博物館"。④另此石複製品陳列於成都永陵博物館,展品説明亦云"原件藏重慶中國三峽博物館"。兩條綫索指向一致,原石可能並未佚失,但仍需進一步核實。綜上所述,已知蜀石經殘石共計四經七石得拓片十三葉,現將著録刊布情況擇要介紹如下。

(二)著録與刊布

1.《周易·履》《泰》《否》殘石,《蜀石經述略》《孟蜀石經》《四川五代石刻考察記》《四川博物院藏"蜀石經"殘石碑文考》等文著録。李志嘉、樊一記此石長 28.3 釐米,寬 29 釐米。王家祐、李復華、雷玲記作高 27.3 釐米,寬 28.3 釐米,厚約 7 釐米。尹建華、曾如實記作高 28.3 釐米,寬 29 釐米,厚 7 釐米。雷文刊布此石雙面拓片及原石 A 面照片。

2.《周易·中孚》殘石,《蜀石經述略》《孟蜀石經殘石》《孟蜀石經》《四川五代石刻考察記》《四川博物院藏"蜀石經"殘石碑文考》等文著録。李志嘉、樊一記此石長 25 釐米,寬 22.5 釐米。袁曙光記作高 25 釐米,寬 22.5 釐米,厚 7 釐米,上額高 8.5 釐米,側邊寬 4 釐米。王家祐、李復華、尹建華、曾如實、雷玲皆記作高 25 釐米,寬 22.5 釐米,厚 7 釐米。[⑤]袁文刊布此石雙面拓片圖版,《成都志通訊》載該石 A 面拓片圖版,雷文刊布此石雙面拓片及原石照片。

3.《尚書 · 禹貢》殘石,《蜀石經述略》《孟蜀石經》《四川五代石刻考察記》《四川博物院藏"蜀石經"殘石碑文考》等文著録。李志嘉、樊一記此石長 26 釐米,寬 23.5 釐米,厚 6.2 釐米。王家祐、李復華、雷玲記作高 26 釐米,寬 22 釐米,厚約 7 釐米。尹建華、曾如實記作高 26 釐米,寬 23.5 釐米,厚 7 釐米。《成都志通訊》載此石拓片圖版,雷文刊布此石拓片及原石照片。

4.《尚書 · 説命》《君奭》殘石,《蜀石經述略》《孟蜀石經》《四川五代石刻考察記》《四川博物院藏"蜀石經"殘石碑文考》等文著録。李志嘉、樊一、尹建華、曾如實記此石高 20.4 釐米,寬 21.4 釐米,厚 6.6 釐米。王家祐、李復華、雷玲記作高 19 釐米,寬 20 釐米,厚約 7 釐米。泰和嘉成《2013 年春季藝術品拍賣會古籍文獻碑版法書(二)》載此石 B 面拓片圖版,雷文刊布此石雙面拓片及原石照片。

5.《毛詩 · 鄭風》《曹風》殘石,《近代出土的蜀石經殘石》《四川五代石刻考察記》兩文著録。周萼生記此石高 29 釐米,寬 22.5 釐米。尹建華、曾如實記作高 32 釐米,寬 23 釐米,厚 7 釐米。周文、《四川省志 · 文物志》刊布此石雙面拓片圖版,泰和嘉成《2009 年春季藝術品拍賣會古籍文獻專場》載該石 A 面拓片圖版。

6.《毛詩 · 周頌》《魯頌》殘石,《近代出土的蜀石經殘石》《孟蜀石經殘石》《孟蜀石經》《四川五代石刻考察記》《四川博物院藏"蜀石經"殘石碑文考》等文著録。周萼生記此石高 37 釐米,寬 23.5 釐米。袁曙光記作高 40 釐米,寬 24 釐米,厚 6.5 釐米。王家祐、李復華、尹建華、曾如實、雷玲皆記作高 36 釐米,寬 24 釐米,厚 6.5 釐米。袁文刊布殘石圖版可見該石 B 面,並載雙面拓片圖版。《説文月刊》、周文、上海博古齋《2013 春季大型藝術品拍賣會古籍善本專場》皆載此石雙面拓片圖版。《石室校志》《四川歷代碑刻》及泰和嘉成《2013 年春季藝術品拍賣會古籍文獻碑版法書(二)》皆載該石 B 面拓片圖版。雷文刊布此石雙面拓片及原石照片。

7.《儀禮 · 特牲饋食禮》殘石,《近代出土的蜀石經殘石》《四川五代石刻考察記》兩文著録。周萼生記此石高 27.5 釐米,寬 21.5 釐米。尹建華、曾如實記作高 21 釐米,寬 26 釐米,[⑥]厚 7 釐米。中國國家博物館網站所載數據爲殘高 29 釐米，殘寬 21.5 釐米，厚 7.5 釐米。[7]該網站公布殘石照片可見該石 B 面，周文刊布此石雙面拓片圖版。

本部分最後，對殘石、拓片的陳列展覽情況作一附帶介紹。《儀禮》原石現藏中國國家博物館，爲“古代中國基本陳列”之展品（圖 1）。《周易》《尚書》《毛詩》三經原石凡五塊，現藏四川博物院。成都永陵博物館“前後蜀歷史文化陳列”中，又有《周易》兩石、《尚書・説命》《君奭》一石、《毛詩》兩石、《儀禮》一石複製品及拓片圖片的展示（圖 2）。[8]拓片便於閱讀，原石則藴涵更多信息，二者合觀互參，爲本文校理部分所用之法。

圖 1　中國國家博物館“古代中國基本陳列”

圖 2　成都永陵博物館“前後蜀歷史文化陳列”

二、蜀石經殘石校理

此次校理，以唐石經本校蜀石經殘石大字，以南宋越州八行注疏本、元刻明修十行注疏本校《周易》《尚書》殘石小字，以南宋劉叔剛十行注疏本、清武英殿翻刻元岳浚本校《毛詩》殘石小字，以清黄丕烈覆宋嚴州本、明陳鳳梧刊經注本校《儀禮》殘石小字。⑨原石闕文以"□"符號表示；字形殘損但尚可辨識者，徑録其文並於校理中説明；不足以辨識者，則以"□"符號框示。

(一)《周易·履》《泰》《否》殘石

A 面《履》:

1. 人凶武[1]□□□□□（□□□□□□□□／□□□□□□□□）
2. （居陽以柔乘剛者乎故以此爲□□□□□□□□／行跛足者也以此履危見咥者□□□□□□□□）
3. （履欲以陵武於人爲于大君行未／能免於凶而志存于五頑之甚也）[2]□□□□
4. 視不足以有明也跛□□□□□
5. 與行也咥人之凶位□□□□□
6. 爲于大君志剛也□□□□□□
7. 愬終吉（逼近至尊以□□□□□□□□□□□／虎尾愬愬□□□□□□□□□□）
8. （處危懼終獲其／志故終吉也）象□□□□□□□□
9. 九五夬履貞□[3]（□□□□□□□□□□□／□□□□□□□□□□）
10. （處實是／以危）[4]象□□□□□□□□□□[5]
11. 九視履□□□□□□[6]（□□□□□□／□□□□□□）
12. （履道成□□□□□□□□□□□□□／高而□□□□□□□□□□□□□□）□□□
13. 吉□□□□□□[7]

B 面《泰》《否》:

1. （泰道□□□□□□□□□□□□□□□□□□／于隍□□□□□□□□□□□□□□□□□□）
2. （道巳成□／不行也）□□□□□□□□□□

3. ䷋坤□乾上□□□□□□□□□□

4. 往小來象□□□□□□□□□【8】

5. 貞大往小來□□□□□□□□【9】

6. 物不通也上□□□□□□□□

7. 也内陰而外陽□□□□□□□

8. 人而外君子小人□□□□□□

9. 也象曰天地不交否□□□□□【10】

10. 辟難不可榮以禄初□□□□□

11. 其彙貞吉亨居否□□□□□□□□□□者也□□□□□□□□□□【11】

12. 之時動則入邪三陰同□□□□進故茅茹以類貞而□□□□□【12】□□□□

校理：

【1】原石"人凶武"三字皆殘損,但尚可辨識。

【2】原石"未"、"也"二字皆殘損,僅餘上部。八行本"五"作"王"。

【3】原石"貞"字殘損,僅餘上部。

【4】十行本"實"作"尊",該頁爲明修之板。

【5】原石"象"字殘損,僅餘上部。

【6】原石"履"字殘損,但尚可辨識。

【7】原石"吉"字殘損,僅餘"口"形右半。

【8】原石"象"字殘損,僅餘上部。

【9】原石"來"字殘損,僅餘上部。

【10】原石"否"字殘損,僅餘上部。

【11】原石"也"字殘損,但尚可辨識。

【12】原石"故"字殘損,僅餘右部。

(二)《周易·中孚》殘石

A 面《中孚》：

1. 以涉難若乘木舟虚也中孚以□□□□□□□

2. 盛之
至也象曰澤上有風□□□□□□【1】

3. 獄緩死信發於中
雖過可亮初九□□□□□

4. 燕虞猶專也爲信之始而[應]□□□□□□
者也志未能變繫心於□□□□□□□【2】□

5. 曰初九虞吉志未[變]□□□□□【3】

6. 在陰其子和之我[有]□□□□□【4】

7. 靡之處内而居重陰之下而□□□□□□□□□
其眞者也立誠篤□□□□□□□□□

B 面《中孚》:

1. 故曰鳴鶴在陰其子和之□□□□□□□
是與誠之至也故曰我[有]□□□□□□【5】□□

2. 其子和之中心願□□□□□□【6】

3. 鼓或罷或泣或歌□□□□□□□□□
□□□□□□□□□

4. 之謂也以陰居陽欲進者□□□□□□□□□
也四履正而承五非己所□□□□□□□□□

5. 懼見侵陵故或泣也四履□□□□□□□□□
見害故或歌也不量其力□□□□□□□□

6. 象曰或鼓或罷□□□□□□□【7】

7. 幾望□□□□□【8】□□□□□□□□□
□□□□□□□□□

校理:

【1】原石"風"字殘損,但尚可辨識。

【2】原石"應"字殘損,僅餘上部。

【3】原石"變"字殘損,僅餘"言"形上部兩筆。

【4】原石"有"字殘損,僅餘上部。

【5】原石首行注文"故曰鳴鶴在陰其子和之"右側刻小字"易五十族","五十"爲原石編號並無爭議。但學者多將"族"字理解爲石刻單位,且有釋文徑作"簇"者,此解迂曲難通。其實"易五十"與"族"之間略有空隙,且二者豎刻也並未處於同一直綫之上。"族"字爲石刻單位的可能性不大,更可能是刊工之名。而曾宏父《石刻鋪敘》正載蜀石經《毛詩》鐫

工爲張延族，蓋此人亦參與了《周易》的刊刻工作。原石“有”字殘損，僅餘上部。

【6】原石“願”字寫法同唐石經。⑩

【7】原石“罷”字殘損，但尚可辨識。

【8】原石“幾望”二字皆有殘損，但尚可辨識。

（三）《尚書·禹貢》殘石

單面《禹貢》：

1. □□□□□□□□□□□□□□於□[1]□□□□□□□□□□□

2. □□岐□□州從東循山治水而西[2]既修□□□□□□□□

3. 曰太原今以爲郡名岳太岳在太原西南山南曰陽覃□□□□□□[3]

4. 漳[4]覃懷近河地名漳水横流入河從覃懷致功至□□[5]□□□□□□□

5. 曰□水去土復其性色□而壤[6]厥賦惟上□□□□□□□□□□□□□□□□

6. 第一錯雜也雜出第二之賦[7]厥田惟中□□□□□□□□□□□□□□□□

7. 恒衛既從大陸既作[8]□□□□□□□□□□□□□□□□□□□□

8. 島夷皮服[9]海曲謂之島居□□□還服其皮明水□□[10]□□□□

9. 入于河碣石海畔山禹夾□□□□□□□□□□□□此州帝都不説境界□□□□□□□□□□□[11]

校理：

【1】原石“於”字殘損，僅餘左部。

【2】原石“岐”字殘損，僅餘左部；“州”字殘損，但尚可辨識。

【3】原石“覃”字殘損，但尚可辨識。

【4】原石“漳”字殘損，僅餘右部。

【5】原石“水”、“流”二字殘損，但尚可辨識。

【6】原石“壤”字殘損，僅餘右部。

【7】八行本、十行本無“也”字。

【8】原石“衞”字寫法同唐石經，八行本作“衛”。

【9】原石“㠀”字寫法均同唐石經，八行本、十行本作“島”。

【10】原石“居”、“水”二字殘損，僅餘上部。八行本、十行本“㠀”作“島”。

【11】原石“界”字殘損，僅餘上部。

（四）《尚書·説命》《君奭》殘石

A 面《説命》：

1. □□□民【1】□□□□□□□□□言立之主使治民【2】□□□□

2. □□時憲惟臣欽若惟□□□□□□□□□

3. □□□立教臣□□□□□□以從上□□惟口起□□□□□

4. □□□冑兜鍪也言不□□教令□□兵惟衣裳□□□□□

5. □厥躳【3】言□□□□□□人兵不□□□□□王惟□□□□

6. □明乃罔不休【4】言王戒慎此四惟□□信能明政乃無不□【5】□□

7. □□庶官言所官得人則治失人則亂也【6】官不□□□□【7】

8. □□□加□□□能是官爵罔□□□□□□□【8】□□□□

B 面《君奭》：

1. □□□□□□至矣惟□□□□勝受言多福【9】其汝克□□□□□【10】

2. □□讓後人于丕時其汝能□□□□□□□人在禮讓□□□□□【11】

3. □□□□□嗚呼篤棐時二人我式□□□

4. □□休言我厚輔是文武之道而行□我用能至于今日其政美也【12】□□□

5. □□功于不怠丕冒海隅□□□□

6. □□今我周家皆成文王功于不□□□□□□覆冒海隅日所出之地無不□□□□□【13】□

7. □□□不惠□□□□□□□□□【14】

校理:

【1】原石“民”字避諱闕末筆。

【2】原石“民”字避諱闕末筆。

【3】原石“厥”字殘損,僅餘下部。

【4】原石“明”字殘損,但尚可辨識。

【5】原石“不”字殘損,但尚可辨識。

【6】原石“亂”字後似有“也”字,不甚清晰。八行本、十行本無“也”字,十行本該頁爲明修之板。

【7】原石“不”字殘損,但尚可辨識。

【8】原石“罔”字殘損,僅餘右部。

【9】原石“勝”字殘損,僅餘左部。

【10】原石“克”字殘損,僅餘上部。

【11】原石“能”、“讓”二字殘損,僅餘上部。

【12】十行本“我用”之“我”作“或”。八行本、十行本無“也”字。

【13】原石“覆”字殘損,僅餘下部。

【14】原石“不惠”二字殘損,“不”字尚可辨識,“惠”字僅餘上部。

(五)《毛詩·鄭風》《曹風》殘石

A 面《叔于田》《大叔于田》:

1. 叔于田三章章□句【1】

2. 大叔于田刺莊公也叔多□□□□【2】

3. 不義而得衆也　大□□□□□

4. 馬叔之從公田也執轡如組兩□□□□□□□□□□□

5. 箋云如組者如織組之爲也在旁曰驂【3】叔在□□□□□【4】□□

6. 禽之府也烈列也具俱也箋云列人持火俱舉言衆同心【5】□□□□□□□

7. 所 襢裼肉袒也暴虎空手□□ 之箋云獻于公所進於□□【6】□□□□□□

8. 傷女 狃習也箋云狃復□ 請叔無復者愛也 □□□□□□□ □ □

B 面《鳲鳩》《下泉》:

1. 四國之長言 任爲侯伯 鳲鳩在□□□□□□□□□【7】

2. 子正是國人正□□□□□□□ □ □

3. 正長也能長人 則人欲其壽考 鳲□□□□□□□

4. 下泉思治也曹人疾共□□□□□□【8】

5. 不得其所憂而思明王賢□□【9】

6. 洌彼下泉浸彼苞稂 興也□□□□□□□ 下流也□□□□□□【10】

7. 粱非溉草得水而病也箋□□□喻共□□□ □□□困□□□稂當作□□□□□□□□【11】□□

校理:

【1】原石"叔"、"句"二字殘損,僅餘左部。

【2】原石"剌"字寫法同唐石經。十行本作"刺"形,岳本作"剌"形。《五經文字》卷中"刺剌"下云"經典無剌字,但以與刺相亂故見之"。

【3】十行本"驂"字後有"子"字。

【4】原石"在"字殘損,但尚可辨識。

【5】原石"心"字殘損,僅餘上部。十行本、岳本"列也"無"也"字。

【6】原石"手"字殘損,僅餘上部。

【7】原石"在"字殘損,僅餘上部。

【8】原石"共"字殘損,僅餘上部。

【9】原石"賢"字殘損,僅餘上部。

【10】原石"流"後之"也"字殘損,但尚可辨識。

【11】原石"溉"、"困"、"稂"、"作"諸字殘損,僅餘右部。

（六）《毛詩·周頌》《魯頌》殘石

A 面《桓》《賚》：

1. □桓有威武之武□□□□□□□□□□□□□□
天意也於是用武事於四方能定□□先王□□[1]

2. 遂有天下[2]於昭于天皇以閒之 閒代也箋云于曰也皇君也於明乎

3. □天也紂爲天下之君但□爲惡天以武王代之 桓一章九句

4. □大封於廟也賚予也言所以錫予[3]

5. □□也[4] 大封武王伐紂時封諸臣有功者 文王既勤止

6. □□□之敷時繹思我徂維求定 勤勞

7. □□□陳也箋云敷猶徧也文王既勞心於政事
□□□□□業當而受之敷是文王之勞心能陳繹[5]

8. □□□□我往以此□□□□天下也[6]時周之命於繹思 箋云勞心

9. □□□□□以受天命而王之所由也於女諸□
□□□□繹而思行之以文王之功業勑□□[7]

10. □□□六句

B 面《駉》：

1. □□□ □□□□則駉駉然驪馬□□□□□
□□□□純黑曰驪黃騂曰黃諸侯六[8]

2. □□□□□□□□□□馬有田馬有駑馬彭彭有
□□□□□□□□□□地水草既美牧人又良飲食

3. □□□□□□□□□□□思馬斯臧 箋云臧善也僖公之思遵

4. □□□法反□□□無有竟已乃
□□思馬斯善多其所及廣博[9]駉駉牡馬

5. □□之野薄言駉者有騅有駓有騂

6. □騏以車伾伾[10] 倉白雜毛曰騅黃白雜毛曰駓赤黃曰騂倉祺曰騏伾伾[11]

7. □力□ 思無期思馬斯才 才多材也 駉駉牡馬

8. 在坰之野薄言駉者有驒有駱有騂【12】

9. □[雒]以車繹繹【13】青驪驎曰驒白馬黑鬣曰
駱赤身黑鬣曰[騂][黑]□□【14】

10. □□□□
□□□□[思]無□□□□□【15】□□□□□
□□□□□

校理:

【1】原石“天”字殘損,僅餘下部;“定”字殘損,僅餘上部;“先王”二字殘損,但尚可辨識。

【2】原石“天”字殘損,僅餘下部。

【3】原石“大”字殘損,僅餘下部。

【4】原石“也”字殘損,但尚可辨識。

【5】原石“陳”字殘損,僅餘下部。十行本、岳本“當”字前有“我”字。

【6】原石“我”字殘損,僅餘下部。

【7】原石“諸”字殘損,僅餘右部;“繹”字殘損,僅餘下部。

【8】原石“則駉駉然驪馬”六字皆殘損,僅餘左部;“純”字殘損,僅餘下部;“諸侯六”三字皆殘損,“諸侯”尚可辨識,“六”字僅餘左部。

【9】原石“思”字殘損,僅餘下部。十行本、岳本“慱”作“博”。

【10】原石“騏”字殘損,僅餘下部。

【11】十行本、岳本兩“倉”字均作“蒼”。岳本“祺”作“騏”。《釋文》云“蒼祺,音其,字又作騏”。

【12】原石“在”字殘損,但尚可辨識。

【13】原石“雒”字殘損,僅餘下部。

【14】原石“騂黑”二字殘損,僅餘右部。

【15】原石“思”字殘損,僅餘下部。

(七)《儀禮·特牲饋食禮》殘石

A 面《特牲饋食禮》:

1. □□□□□□□□
□□□□□□□□□三獻如初□□□□□

2. □□□□□□止此爵者三□□□□
□□□□□室中是以奠□□□【1】□□

3. 戶內 □□人鋪之西 □□自房來 主婦□□□□□

4. □□□□人拜受爵□□□□□【2】□ □

5. □□□□□□今 □□□□□酌爵 宗婦贊□□□□□□【3】

6. 設兩豆兩籩 初贊□□□□□ 薦兩□□□□□ □□□

7. □□ □□ □人左□□□□□□□□□

B 面《特牲饋食禮》:

1. □拜焉【4】 □肝受□□□□□□□□□□□ 每拜荅□□□□□□□□□□ 【5】

2. 其文耳古文 備爲復 【6】□奠洗酌□□□□□□【7】

3. 荅拜尸□酒啐酒奠□□□□□□□ □

4. 者荅其欲酢己也奠之者復□□□□ 嗣子齒於□姓凡非主人□□□□□ 【8】□□□

5. □洗酌于東方之尊□□□□□□【9】

6. 觶于長兄弟如主人酬□□【10】□□□ □ □ □

7. 人告祭脀【11】 脀俎也所告所者□□□□□□□□ 獻時設薦□□□□□□□□ 【12】

校理:

【1】覆嚴州本無"此"字。

【2】原石"人"字殘損,僅餘下部。

【3】原石"贊"字殘損,僅餘上部。

【4】原石"拜"字殘損,但尚可辨識。

【5】原石"肝"字殘損,僅餘左部;"毐"字寫法同唐石經。

【6】原石此注有改刻痕迹。"古文"之"文"字殘損,但尚可辨識。

【7】原石"奠"字殘損,僅餘下部;"洗"字殘損,僅餘上部;"酌"字殘損,僅餘左部。

【8】原石"者"字殘損,僅餘下部;"酢"字殘損,僅餘左部;"復"字殘

損,僅餘上部;"嗣"字殘損,僅餘右部。覆嚴州本、陳本無"子"字。

【9】原石"尊"字殘損,僅餘上部。

【10】原石"酬"字殘損,僅餘上部。

【11】原石"人"字殘損,但尚可辨識。

【12】原石"胥"、"獻"二字殘損,但尚可辨識。覆嚴州本、陳本"所告所"作"所告",原石此注有改刻痕迹。

三、蜀石經殘石小識

(一)殘石大字文本特徵

晁公武《石經考異序》明言蜀石經盡用太和本,[11]據以上校理結果可見殘石大字遺文與唐石經本皆合,正可佐證晁説。又如《周易·中孚》殘石之"願",《尚書·禹貢》殘石之"衞"與"蟲",《毛詩·鄭風》殘石之"剌"等例,寫法皆與唐石經同。可見於文本之外,蜀石經書刻用字亦沿襲唐石經本。

另外,尚有一件與《禮記》相關的殘拓也應引起注意。泰和嘉成《2009年春季藝術品拍賣會古籍文獻專場》607號拍品名爲"孟蜀石經殘石拓本",並刊布拓片兩葉(圖3-1)。

拍賣圖録提要云此爲江友樵舊藏,而據圖3-1所見"鶴笙金石文字"白文正方印、"隺笙所臧"朱文正方印,可知最初爲江鶴笙藏拓。圖版左爲《毛詩·鄭風》《曹風》殘石A面拓片;右實爲李林甫《進御刊定禮記月令表》殘拓,所存者占十二行,殘字如圖3-2所示。

據殘字可知滿行當爲十四字,這一行款與蜀石經他經相類。且此拓爲蜀中江鶴笙、江友樵父子舊藏,[12]上署篆書"孟蜀石經殘石"當有依據。[13]然李林甫進表原石的出土、殘拓的流傳,未見其他記載,拍賣圖録中也無更多信息,而該拓字體與《毛詩》殘拓、殘石亦存在差異。[14]故此葉是否爲孟蜀石經殘石拓片尚略存疑問,姑識之待考。

又因晁公武《郡齋讀書志》卷二載蜀石經《禮記》云"首之以《月令》,題曰'御删定',蓋明皇也;'林甫等注',蓋李林甫也。其餘篇第仍舊"。[15]故此拓若果爲蜀石經,則正可印證晁氏著録,進而亦證明《禮記》鐫石有繼承唐石經的一面。

圖 3-1　泰和嘉成《2009 年春季藝術品拍賣會古籍文獻專場》607 號拍品

圖 3-2　《進御刊定禮記月令表》殘字

(二) 殘石小字文本特徵

由上文校理結果,還可進一步觀察蜀石經注文特徵。其一,助字"也"存在與後世刊本不同之例。如《尚書·禹貢》殘石注文"錯雜也",八行本、十行本均無"也"字。又如《尚書·君奭》殘石注文"其政美也",八行本、十行本均無"也"字。再如《毛詩·鄭風》殘石注文"烈列也",十行本、岳本均無"也"字。

其二,與後世刊本相校存在異文,且刊本之間多能保持一致。如《毛詩·周頌》殘石注文"當而受之",十行本、岳本"當"字前均有"我"字。[16]又如《毛詩·魯頌》殘石注文"倉白"、"倉祺",十行本、岳本兩"倉"字均作"蒼"。再如《儀禮·特牲饋食禮》殘石注文"嗣子齒於",覆嚴州本、陳本均無"子"字。[17]

以上兩類現象均帶有寫本時代的文本特徵,蜀石經《毛詩》《周禮》傳世拓本中亦有相似情形,正可互驗參證。《尚書》《儀禮》雖無拓本傳世,但據殘石校理可知,兩經小字性質與《毛詩》《周禮》接近。稍後五代國子監本整體刊成,經籍注文進一步凝固趨同,蜀石經傳世拓本《左傳》杜注即已全無寫本面目。可見毋昭裔在主持鐫刻最後一經時,很可能已直接利用了五代監本。[18]因此孟蜀石經注文中既有寫本的典型特點,又初露刊本之貌,體現的正是寫本時代向刊本時代過渡的經籍形態。

(三) 殘石改刻現象

最後,再對蜀石經殘石的改刻現象作一考察。此現象集中體現在《儀禮·特牲饋食禮》殘石 B 面,如該石注文"其文耳"之"耳"字處似原刻一"文"字(圖 4-1)。又如注文"所告所",原石"告"字下部"口"形之上疊刻一"所"字,且小於其他諸字,當爲後添。然位置有誤,故又於"告"字之前增刻一"所"字,可見此處曾改刻兩次(圖 4-2)。以往學者或參後世刊本録文,而忽略殘石的實際細節。此問題在可與傳世文獻對讀的出土文獻整理中,也當予以注意。

圖 4-1 《儀禮》殘石改刻現象

圖 4-2 《儀禮》殘石改刻現象

而蜀石經傳世拓本中亦有改刻實例。如劉體乾舊藏《周禮·秋官》殘拓,經文"既盟,則爲司盟共祈酒醢"之"醢"字,蜀石經原刻作"脯",又改刻爲"醢"(圖 5)。[19]如此,正可印證殘石的改刻現象。殘石改刻兩例,均屬誤刻後的補救;殘拓所見之例則爲使經注用字統一,依注改經。故較爲合理的推測是,這兩類改刻均發生於蜀石經鐫石之初,改刻者即原刻者,這與開成石經存在後人改刻的情況不盡相同。[20]

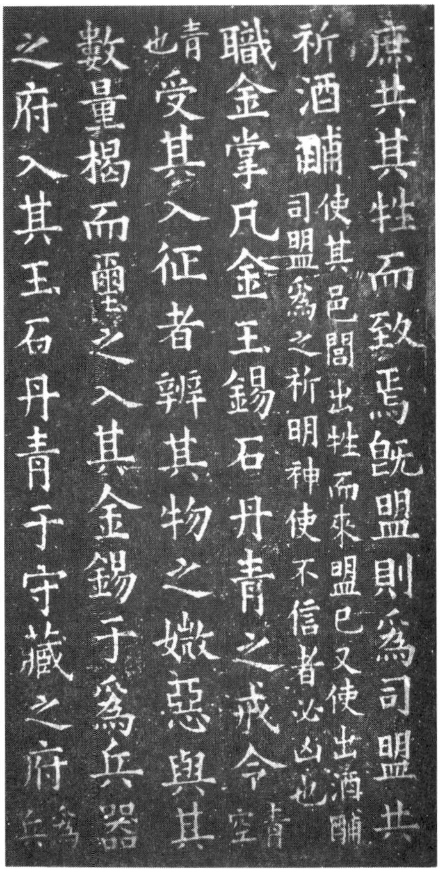

圖 5 《周禮》殘拓改刻現象

附記：小文曾先後得到王家葵、蘇芃先生及匿名審稿專家的具體指教，謹致謝忱。而文中謬誤，責在本人。

2017 年 9 月 23 日初稿
2018 年 4 月 25 日二稿
2018 年 6 月 9 日改定

讀校樣書後：2018 年 10 月 19 日本人至重慶中國三峽博物館參觀，於展廳未見《毛詩·鄭風》《曹風》殘石，此爲目前所能獲知的最新情況，謹此向讀者報告。

注 釋

① 周萼生引江鶴笙原文如此,李志嘉、樊一云黄希成即羅希成。另,本文"蜀石經殘石綜述"部分爲簡潔計,未一一注出參考文獻頁碼,請詳見馬衡:《凡將齋金石叢稿》,中華書局,1977年;羅希成:《蜀石經殘石跋》(附金祖同題記),《説文月刊》1940年第2卷第4期;羅希成:《題蜀石經毛詩殘石》(附顧頡剛題記),《責善半月刊》1940年第1卷第17期;騁陸:《黔中拾得之一:蜀石經殘石》,《西南公路》1943年第254期;周萼生:《近代出土的蜀石經殘石》,《文物》1963年第7期;《蜀石經拓片》,《成都志通訊》1987年第1期;李志嘉、樊一:《蜀石經述略》,《文獻》1989年第2期;袁曙光:《孟蜀石經殘石》,《文物天地》1989年第5期;四川成都石室中學編:《石室校志》,1989年;高文、高成剛編:《四川歷代碑刻》,四川大學出版社,1990年;王家祐、李復華:《孟蜀石經》,《四川文物》1992年第6期;尹建華、曾如實:《四川五代石刻考察記》,《前後蜀的歷史與文化——前後蜀歷史與文化學術討論會論文集》,巴蜀書社,1994年;《四川省志·文物志》,四川人民出版社,1999年;雷玲:《四川博物院藏"蜀石經"殘石碑文考》,《博物院》2017年第4期。近年來拍賣圖録中也載有若干殘石拓片圖版,如泰和嘉成《2009年春季藝術品拍賣會古籍文獻專場》、泰和嘉成《2013年春季藝術品拍賣會古籍文獻碑版法書(二)》、上海博古齋《2013春季大型藝術品拍賣會古籍善本專場》,亦可參考。

② 李志嘉、樊一認爲若羅氏所述可信則可證劉燕庭所記不虚,若江氏所述可信則此石不出黔中,乃抗戰初出成都老南門城垣。按,羅説之中輾轉環節過多,且有附會之嫌,似江説更爲可信。而騁陸《黔中拾得之一:蜀石經殘石》一文猜測此石爲貴陽二四轟炸後所發現,並無更多證據,恐非事實。

③ 但此處可能並非蜀石經原石毁棄的唯一地點。

④ 成都王建墓博物館編:《前後蜀的歷史與文化——前後蜀歷史與文化學術討論會論文集》,巴蜀書社,1994年,第150頁。

⑤ 尹建華、曾如實之文將高度誤作"2.5"。

⑥ 此處寬高數據或有問題。

⑦ 網絡鏈接:http://www.chnmuseum.cn/tabid/212/Default.aspx? AntiqueLanguageID=898。

⑧ 本文圖1、圖4-1、4-2爲作者拍攝。圖2請蔣琦君代爲拍攝,特此説明。圖2中由左數第五件展品爲晁公武增刻之《古文尚書》,不在本文的討論範圍。

⑨ 本文儘量選取分屬不同版本系統者作爲參校本,如八行本更接近五代兩宋國子監刊本一系,與十行本判然有别。又如岳本乃翻刻南宋廖瑩中本,而廖本具有基於余仁仲本而彙校衆本的特徵,與十行本系統亦存在差距。再如陳鳳梧本,楊守敬《日本訪書志》已云該本較之嚴州本"取源自異"。這樣選取參校本的目的是,設若分屬不

同版本系統之刊本均與蜀石經構成異文且異文一致,則可説明刊本、蜀石經的文本差距較刊本間的差距更大,兩類文獻的性質根本有别。

⑩ 此處蒙蘇芃先生提示。唐代中期前多以“頴”爲正字,開成石經全改作“願”字。這一用字變化,請詳參蘇芃:《“顥”、“願”、“愿”的歷時演變研究——兼談在文獻考訂中的應用價值》,《文史》2017 年第 3 輯,第 51—61 頁。

⑪ 晁氏《石經考異》雖已亡佚,但序文尚保留於范成大《石經始末記》中。范文則收於明人楊慎《全蜀藝文志》卷三六及曹學佺《蜀中廣記》之《蜀中著作記》卷一中。

⑫ 1938 年成都南門外曾出土蜀石經殘石,璧山江鶴笙得其半數以上,故以“孟蜀石經慶”顔其居。詳見周萼生:《近代出土的蜀石經殘石》,第 46 頁。

⑬ 且此六字篆書出蜀中徐無聞之手(此處蒙王家葵先生指教),更增强了拓片的可靠性。

⑭ 據晁公武《石經考異序》,《毛詩》《禮記》《儀禮》皆張紹文書。孟蜀石經《毛詩》字體瘦勁而近歐,此拓則稍顯豐腴而似顔柳,與宋蜀石經《公羊》《穀梁》殘拓更爲接近。讀者可自行對比圖 3-1 之左右拓片字體。

⑮ 晁公武撰,孫猛校證:《郡齋讀書志校證》,上海古籍出版社,1990 年,第 72 頁。

⑯ 此乃追述文王之德,經云“我應受之”,疏云“我當受而有之”,皆有“我”字即武王自稱。

⑰ 賈疏云“云‘嗣齒於子姓’者,姓之言生,子之所生謂孫行者,今嗣亦孫之流,故齒之也”,據此則當無“子”字,蜀石經注文或涉上文“嗣子”衍誤。周萼生之説恐非,詳見《近代出土的蜀石經殘石》,第 49 頁。

⑱ 可參拙文《孟蜀石經性質初理》,《中國典籍與文化》2015 年第 2 期,第 68 頁。

⑲ 是否可能蜀石經原刻作“酺”而改刻爲“脯”? 若果然如此,則“酺”字左半“酉”形當更爲完整清晰,而實際情況是“酉”形並不完整,故此種可能性較小。唐石經“酺”作“脯”,而蜀石經鄭注作“使其邑閭出牲而來盟,已,又使出酒酺”。蓋蜀石經爲使經注用字一致,改“脯”爲“酺”。

⑳ 唐石經的改刻情況可參劉最長、朱捷元:《關於“開成石經”文字的改鎸與添注的問題——校勘“開成石經”收獲之二》,《考古與文物》1989 年第 3 期,第 102—103 頁。

《秦簡牘研究》評介

朱紅林(吉林大學古籍研究所)
出土文獻與中國古代文明研究協同創新中心

武漢大學陳偉教授主編的《秦簡牘研究》五卷本系列專著,2017 年由武漢大學出版社出版。它們是以陳偉教授爲首席專家的教育部哲學社會科學重大攻關項目"秦簡牘的綜合整理與研究"(08JZD0036)系列成果。自 2008 年底項目立項以來,陳偉教授的學術團隊陸續推出了多項在學術界產生重要影響的成果,除《秦簡牘研究》五卷本之外,還有 2012 年武漢大學出版社出版的《里耶秦簡牘校釋》第一卷,2014 年武漢大學出版社出版的《秦簡牘合集》四卷六册,2016 年武漢大學出版社出版的《秦簡牘合集: 釋文注釋修訂本》四册,2017 年由經濟科學出版社出版的《秦簡牘整理與研究》。其中《秦簡牘整理與研究》是項目結項時提交審查的成果,是由前幾項成果以及相關階段性成果凝集而成,由教育部統一規劃出版。

《秦簡牘研究》五卷本包括陳偉著《秦簡牘校讀及所見制度考察》、徐世虹等著《秦律研究》、晏昌貴著《秦簡牘地理研究》、孫占宇和魯家亮著《放馬灘秦簡及嶽麓秦簡〈夢書〉研究》、伊强著《秦簡虚詞及句式考察》。這些著作分别圍繞制度、律令、地理、數術、語法等專題展開,代表了當前學術界在秦簡牘研究領域的五個主要研究方向和最新進展。研究團隊在全面占有原始資料和研究文獻的基礎上,重視文本校讀,關注各批秦簡牘之間及其與楚、漢簡牘的彼此印證,進而探討政治、經濟、法律諸項制度與信仰、語言等文化現象,或者對既有討論有顯著推進,或者揭示出新的問題,促進對戰國秦與秦代歷史的認知。下面分别加以扼要介紹。

陳偉著《秦簡牘校讀及所見制度考察》

《秦簡牘校讀及所見制度考察》分“簡牘校讀”和“制度考察”兩部分。“嶽麓簡先王之令解讀”、“法律類簡册校讀”、“數術類簡册校讀”、“其他秦文獻考校”諸篇屬簡牘校讀;“秦代幾個字詞的年代考察”、“關於文書制度的幾個問題”、“里耶簡所見‘田’與‘田官’”、“里耶簡所見遷陵縣的‘庫’”、“里耶簡所見行政與算術”、“秦漢簡牘中的‘隸’”、“嶽麓簡所見‘徒隸’的生存狀態”、“‘發徭’與‘券徭’”、“秦與漢初律令中馬‘食禾’釋義”、“嶽麓簡‘質日’初步研究”等屬制度考察。

“制度考察”部分是針對秦簡牘研究中具有代表性的問題進行探討。如:

文書制度是秦簡牘中内容最豐富的研究課題。里耶簡文書中“某手”、“某半”的含義是學界爭論的焦點之一,陳偉教授系統排比原始資料,同時吸收諸家所長,條分縷析,指出“某手”指文書書寫者,“某半”指文書開啓者,“半”與“發”作爲文書開啓用語,有時代先後之分。“查遍迄今已刊布的資料可見,里耶秦簡牘記‘某半’的全部見於始皇二十九年以前,記‘某發’的全部見於三十一年以後;三十年二者並見,但各自呈現則亦有時間界限。”(第 47 頁)“秦簡牘文書中,表示拆閲信函的用語由‘半’改爲‘發’,是在秦始皇三十年六月至九月之間發生的。”(第 47—48 頁)這一論斷對於進一步研究里耶簡中往來文書的具體時代大有幫助。

“隸”作爲秦代社會階層的一個特殊群體,不論是睡虎地秦簡還是里耶秦簡、嶽麓秦簡都有記載。學者們的認識分爲兩種,或認爲指家庭奴隸,或認爲指依附人口,雙方持有的論據各有千秋。陳偉教授經過對傳世文獻和秦漢簡牘相關記載的深入辨析,贊同後一種觀點,認爲“隸”作爲一種家庭依附人口,法律地位較低,與“奴婢”近似,《左傳》所載“隸子弟”可能就是隸的前身。

“徒隸”作爲隸臣妾、城旦舂、鬼薪白粲等罪徒的總稱,是秦代社會階層中又一特殊群體,也是秦簡牘研究領域的主要課題之一。陳偉教授沒有像傳統研究那樣,從徒隸的經濟狀況、社會地位,或者權利義務、有無刑期等方面去探討,而是巧妙地選擇了“衣裘者赤其裏而反衣之”、“斬左趾與傅踊”、“不從事公者勿稟”、“庸(傭)爲它作務”幾個細節問題入手,以小見大,從服飾、刑罰、廩食發放及傭作等方面對徒隸的生存狀態作了令人耳目一新的研究,特别是關於官府安排徒隸傭作的論述,更是糾正了睡虎地秦簡整理小組對《關市律》"爲作務"的解釋,對於深入研究秦代社會商品經濟發展狀態,提供了新的思路。

"簡牘校讀"部分則廣泛涉獵了秦簡牘主要批次,既有早先出現的睡虎地秦簡、龍崗秦簡,也有新近發表或出版的里耶秦簡、嶽麓秦簡、益陽兔子山秦牘等等。陳偉教授或改釋文字,或修訂句讀,或改進綴合或編聯,或探究歷史制度,對秦簡牘文獻的校正、解讀多有發明。例如龍崗秦簡4號簡"襲人符傳"的"襲",一直釋爲"讓",現改釋爲"襲",不僅字形有根據,還可與張家山漢簡《二年律令·津關令》簡496—497中的"詐襲人符傳"相呼應,顯示出秦漢律條的傳承。又如對里耶秦簡16-5與嶽麓秦簡泰上皇之令,整理者均將"踐更"與其前的"司寇、隱官"用頓號隔開,看作一般踐更者。陳偉教授從司寇地位分析著手,並聯繫嶽麓秦簡肆簡017—018所記,將二者連讀,指出司寇、隱官也存在踐更的情形。又如《嶽麓書院藏秦簡(叁)》案例十記敘偵查部分(簡150—157)的簡文原釋文不無糾結,陳著將簡153改置於簡155之後,使簡文呈現的調查範圍逐步擴大,相關人物陳述也更合乎邏輯。又如秦人避諱"正"字,學者有種種猜測。陳著詳細搜集、排比里耶秦簡中有紀年的資料,證實除秦始皇二十六年、二十七年之外,秦王政和秦始皇之世,並不諱"正"字(第9頁)。諸如此類,雖稱"校讀",但往往於細微處見精神,一處看似細微的糾繆反正,往往給人以撥雲見日之感。

徐世虹等著《秦律研究》

秦簡牘研究中,律令是又一個主要的研究領域。睡虎地秦簡的出現,使學者們開始對秦律篇名、篇數、律令式的法律形式、秦漢律令體系的編纂等問題關注起來,隨後出現的里耶秦簡、嶽麓秦簡等,又爲之提供了大量的新材料。《秦律研究》的諸位專家從律令學的角度出發,對秦代法律體系中的令、式、課,秦漢法律的編纂、秦律用語、秦律刑罰等問題進行了卓有成效的探索。主要内容如下:

其一,以令、式、課爲對象,探究秦律的存在狀態。

本書研究了令的發展演變的歷程,令與律的關係,令在秦漢法律體系中的地位和作用。對新出版的嶽麓秦簡中 20 多種令作了深入探討,如《内史郡二千石官共令》《内史官共令》《四司空共令》《遷吏令》《内史倉曹令》《内史旁金布令》《尉郡卒令》《辭式令》等,作者認爲:"從秦令所調整的範圍和行爲主體兩方面考慮,可將秦令劃分爲兩大類,一爲事項令,二爲部門令或職事令。在部門令中,又可分爲單個主體之令(如《内史倉曹令》)與多個主體之令(如《四司空共令》)。秦令的編輯方式也分爲兩種。……第一種方式是在令名之下按干支排列篇序,……第二種方式是令名之後先按干支劃分,干支後面再以數字排序。"(第 85—86 頁)這一方面反映了秦王朝已經將令明確作爲成文法的重要法律形式,另一方面按照令典的編輯具有唯一性的標準,反映出秦令在當時顯然還未形成令典。

秦漢簡牘中的"式",具有物品之式、文書樣式、程式之式之分。本書認爲:"只有那些以國家名義(先秦以王的名義、秦漢以後以皇帝的名義)頒布的,以國家强制力作爲後盾的式,才屬於法律形式。按照這個標準,前述秦律《金布律》及《鹽鐵論・錯幣》中的'式',都應當屬於法律規範。《封診式》既是司法文書範本,也是治獄程式原則,因此,《封診式》也屬於法律規範。"(第 121 頁)這一論斷,對於研究秦漢時期"式"的性質具有指導意義。

秦簡牘中的"課"目前有兩種,一種是行政文書,里耶秦簡中多數課屬此類,如田官課、尉課、鄉課、司空課、畜官課、倉課、田課等,另一種是法律規範,如睡虎地秦簡中的牛羊課。作者指出,律、令、式是課的法律依據,"律在一定程度上是課的標準"(第 141 頁),嶽麓秦簡《爲吏治官及黔首》"它官課有式令"和里耶秦簡"課皆不應式令"體現的是秦代日常行政事務中常態化的監督制度。

其二,對秦漢法律編纂技術及秦漢律篇數的新探索。睡虎地秦簡出現之前,傳世文獻中所載,李悝著《法經》六篇,商鞅挾之入秦,改法爲律,學者遂以爲秦律亦六篇;又蕭何在秦律基礎上增"户"、"興"、"廄"三篇,爲《九章律》,這不但更增强了學界"秦律六篇"的印象,漢初"漢律九篇"也廣爲學界所認同。然睡虎地秦簡發現之後,其中竟有二十餘種秦律篇名,張家山漢簡《二年律令》中也出現了二十七種律名,又據睡虎地 77 號漢墓,漢初律名竟多達四十種。那麽這與傳世文獻所説的秦律六篇、漢律九章如何對應,學者們絞盡了腦汁。本書提出的思路是“集類爲篇”,出土秦漢簡牘中所見律名雖多,然不出秦六律、漢九章之範圍。這種思路可備一説。

其三,對秦律刑罰等級及刑罰系列的研究。作者認爲,秦律刑罰體系中較爲古老的刑罰爲死、刑、耐三級,三者又在贖刑中得以體現。贖刑原爲替换刑,在秦律中已經轉换爲正刑。贖刑之下爲貲刑,又稱貲罰,是一種行政處分,也是秦刑罰體系中最輕的刑罰等級。這些結論都是很有見地的,對於研究秦漢時期的刑罰體系,具有指導意義。

晏昌貴著《秦簡牘地理研究》

《秦簡牘地理研究》是國内從簡牘材料入手,深入研究秦代歷史地理的爲數不多的一部力作。不斷發現的秦簡牘,爲我們提供了越來越多的傳統史書所未提到的秦代行政區劃史料,秦代歷史地理研究因而也日漸成爲秦簡牘研究中的“顯學”,其中關於睡虎地秦簡十二郡及《葉書》所反映的地理問題的研究,關於里耶秦簡遷陵縣鄉里的研究,關於北京大學藏水陸里程簡的研究,關於放馬灘秦墓出土地圖的研究,關於《日書》地理資料的研究等等,可以説囊括了目前秦簡牘地理研究的主要問題。

對於睡虎地秦簡“十二郡”的研究,作者把十二郡分爲三種類型:(1)上郡型,其名稱不變,但轄界隨著秦的對外擴張而不斷擴大;(2)蜀郡型,由於是少數民族地區,設郡之初又有封國,故采取郡國並行制度;(3)河外型,其名稱和轄界均有重大變化,或改名,或省併,黔中郡(或巫黔郡)亦屬此類型。這種根據政治歷史形勢變化對行政區劃變遷進行的分類,是符合歷史發展實際情況的,對於同類問題的研究具有借鑒意義。

對於“里耶秦簡牘郡縣志”的研究,作者遍考里耶簡行政文書中所見郡縣名稱,共涉及郡目 15 個,縣道邑名 97 個,可説是對里耶秦簡牘歷史地理研究的一次總結。此外,作者在全面彙釋里耶秦簡牘中郡縣鄉里資料的基礎上,判斷秦遷陵縣實有三鄉六里。作者認爲,秦王朝對地方基層鄉里社會的控制,除利用行政手段,通過任命官吏貫徹國家意志之外,還通過移民的方式,使原住民脱離本土,割裂血緣與地緣的聯繫,同時還采取改變原地區行政區劃的方式,如將原來一里分成二里,使之分屬不同的鄉,從而加强對地方的管控。這些結論都是在對大量簡牘材料摸排辨析的基礎上得出,自然值得重視。

"北京大學藏水陸里程簡册所見交通路綫"是本書研究的又一重點。作者認爲,北大里程簡的年代上限爲秦昭襄王二十九年(前 278 年),下限爲秦王政二十五年(前 222 年),秦人在攻占楚都設立南郡後不久,"即將楚人原已開鑿的'子胥瀆'和雲夢大澤之池重加疏浚,修通連接沮漳水與漢水的人工運河,從而大大便利江漢之間的水路聯繫。復又在此基礎上,詳細勘察各段里程,兼及南郡北上洛陽的漕運水道,並詳細規定江漢地區不同的河流水道,在不同季節、空船和載貨重船每天的航行里數,充分顯示秦人重視工程技術和數字化管理的新趨向"(第 281 頁)。這一論斷頗具新意。

作者還對天水放馬灘木板地圖進行了復原研究,以新發現的"北方"二字爲綫索,明確了早期地圖的方向,在此基礎上確定了各圖關係並復原了地圖所繪製的區域範圍。由於放馬灘木板地圖是現今發現年代最早的古地圖實物,對它的正確復原,涉及對中國古代地理測量和地圖繪製水平的正確認識和準確評價,意義重大。

"《日書》地理資料研究",實際上主要是對秦漢時期民宅結構及擇宅思想與擇宅術的研究,作者收集了 20 餘種《日書》資料,對此進行了詳細的比較辨析,對當時院落中住人的房屋、畜圈、汲水設施、排汙設施、糧倉、圍牆以及里中的巷、術、野、垣、里門等進行了宏觀與微觀相結合的研究,對於我們瞭解秦漢時期的民居生活及擇宅風俗都極有幫助。

孫占宇、魯家亮著《放馬灘秦簡及嶽麓秦簡〈夢書〉研究》

夢書研究是秦簡牘研究領域的又一個難點。研究夢書,不但要有紮實的史學和文獻學功底,還需要心理學、醫學、社會學、民俗學,乃至天文、曆法、數術等多方面的知識。孫占宇、魯家亮所著《放馬灘秦簡及嶽麓秦簡〈夢書〉研究》,在這方面研究中取得了新的進展。全書分四章,所作研究步步推進,層層深入。

首先是"放馬灘秦簡文本研究",作者從文本的抄寫年代、簡册編聯與斷簡綴合、通假字的使用、識别字號及其功用等四個方面,對放馬灘秦簡的文本問題作了深入挖掘,把放馬灘秦簡的抄寫年代定在秦統一後不久,對簡的編聯作了新的調整,如把簡乙 309、乙 367 歸入《反支》等,又把放馬灘簡一百四十一個通假字中六十個通假字歸納爲聲韻皆同、聲近韻同、聲同韻近三類,總結了放馬灘秦簡中識別字號運用的四個特點。

其次是"放馬灘秦簡專篇研究",作者分别對《十二支占盜》與十二生肖的關係、《星分度》的距度系統及相關問題、《丹》的性質及其歸屬進行研究,認爲《十二支占盜》等篇中的十二禽與後世生肖大體近似,並已與陰陽五行結合,應是十二生肖的源頭,《星分度》篇中的二十八宿古度大體形成於春秋末年,並在此時應用於曆法實踐,《丹》的内容在實質上與睡虎地秦簡日書《詰》篇相似,應是數術家的作品,可歸入廣義上的日書。

其三是"放馬灘秦簡與秦漢數術研究",作者分别對楚秦建除術及秦簡日書置建法、禹步及反支、太歲及剛柔日、居延數術殘簡進行了專題研究,認爲秦簡日書建除篇中的置建法使用的是基於太陽視運動周期劃分的節氣月,睡虎地秦簡《反支》篇中"一月當有三反支"之"三"爲"五"之誤的可能性很大,放馬灘秦簡乙139所見太歲(咸池)是一個與修造有關的凶煞,俗語"太歲頭上不可動土"或本於此。

其四是"嶽麓秦簡《夢書》研究",作者分别對嶽麓簡《夢書》的字句、篇題進行了考釋,對《夢書》簡的編聯與分類進行了重新調整,對《夢書》所見占夢文化進行了考察,認爲《夢書》中的夢象之辭、占斷之辭,可以豐富和細化以往對占夢文化的認識,比如占夢的世俗化、精巧圓滑化的發展趨勢早在戰國末期就已經出現,對夢書的整理、規範化也是在這一時期逐漸展開的。

伊强著《秦簡虛詞及句式考察》

《秦簡虛詞及句式考察》,是目前爲止研究秦簡語法方面論述較爲全面的一部著作。它是"秦簡牘綜合整理與研究"項目的有機組成部分。語法研究是簡牘研究的一項基礎性工作,準確地把握秦簡的語法特點,才能準確地理解簡牘所表達的信息,否則就會出現失之毫釐謬以千里的錯誤。此類研究似易實難,常爲史學工作者所忽視。作者迎難而上,既從原始資料入手,逐項辨析,又博采衆長,推陳出新,實屬不易。

本書將秦簡牘中的虛詞分爲介詞、連詞、助詞,在句式研究部分,分問句、判斷句,又分被動式、處置式、使令式,並對秦簡中的"弗"字句進行了專題研究。作者將描寫分析與定量統計相結合,較爲全面地分析了秦簡牘語法中的虚詞運用及句式表達的特點和規律。

“秦簡的介詞”篇,討論了“以”、“于”、“於”等介詞及相關問題。作者認爲,“以”字用法與傳世文獻比,並無太大差異,只是引介時間的用法比例要高,且都用在動詞前。介詞“于”、“於”在不同批次的秦簡資料中有明顯的分布差異。

“秦簡的連詞”篇,討論了“以”、“而”、“及”等連詞及相關問題。作者認爲,作爲秦簡中的單音節連詞,“以”是用例最多的,可以連接詞、短語及句子。“而”可以用在單句中,也可以用在複句中。“及”則作爲並列連詞用。

“秦簡的助詞”篇,討論了“所”、“者”、“之”、“也/殹”等,作者認爲,秦簡“所”字的用法中,名詞用法的比例明顯比傳世秦漢古籍要高。“在表處所時,‘動·所·名’和‘所·動·名’兩種結構在傳世文獻和秦簡中的使用情況存在明顯差異,二者雖然有時候可以互换而意思不變,但‘動·所·名’應當是‘動·所’表意更明確具體的發展結果。漢簡中常見的作爲文書名的‘過所’可能是由誤讀或重新分析造成的。”(第309頁)

“秦簡的被動式、處置式和使令式”篇,作者認爲,秦簡中的被動句除無形式標志者外,有形式標志的只有“爲”、“於”兩種形式,與傳世秦漢古籍相比,形式上要簡單得多,“處置式”可分爲三小類,但受事主語前只用“以”,“使令式”則主要是“令”字句。

“秦簡的問句”篇,把秦簡中的問句分爲特指問句、選擇問句、反復問句、是非問句、測度問句、反詰問句六類。作者認爲,“就秦簡性質内容看,各類秦簡中皆有特指問句的出現,而選擇問句和反復問句多出現在睡虎地秦簡《法律答問》中,測度問句則皆出現在書信類秦簡中。在‘日書’類文獻中,則極少出現問句”(第326頁)。

“秦簡的判斷句”篇,討論了無係詞的判斷句、有係詞的判斷句、判斷句的語義關係三個方面的問題,作者指出,秦簡中的判斷句以無係詞的判斷句爲主。

“秦簡的‘弗’字句”篇,將秦簡中的否定句分爲“不”字句和“弗”字句兩類,“弗”否定句以不帶賓語爲絶大多數。在睡虎地法律類秦簡中,“弗”字句多用在表結果分句的前一分句,表示某種假設或條件。從語調特徵上説,"弗"字句多用於表示犯事人的實際行爲。

正如本書緒論中所説,"語法研究與字詞考釋、文句釋讀是相輔相成、不可分割的"(第12頁),將語法分析與字詞或文句釋讀結合在一起,是本書的重要特點。另外,對放馬灘秦簡《日書》中"爯"、睡虎地秦簡《爲吏之道》中"同能而異"的辨析,以及對作爲文書名的"過所"一詞語源的討論等,亦有别出新意之感。

綜上所述,《秦簡牘研究》五卷本,資料占有全面,分析嚴謹有據,觀點博采衆長。作爲秦簡研究領域的最新成果,既是對近年來學術界秦簡研究的一次總結,又對未來秦簡研究的新方向提供了很多借鑒和啓示。相信這一系列成果在學界的傳播,必將引領一時學風。

《出土文獻研究》稿約

《出土文獻研究》創刊於 1985 年文物局古文獻研究室時期，是國内第一種以出土文獻爲主要研究對象的專業集刊。近年來逐漸以古文字、簡帛研究爲重點。現由中國文化遺産研究院主編，誠邀海内外學者不吝賜稿。

本刊以繁體中文出版，來稿請以繁體字排出，尾注形式，篇幅以 1 萬字左右爲宜，一般不超過 2 萬字。文後請附作者單位、通訊地址、郵編、電話及電子郵件等信息。電子版請提供 word 及 PDF 兩種格式。如使用特殊字體，請另附字體文件。圖版精度不低於 300 dpi。已公開發表（包括網絡發表）的稿件，請勿投稿。本刊采用專家匿名評審制度，收稿後兩月内若無稿件刊用信息，請作者自行處理。

紙質版和電子版請分别寄至：
北京市朝陽區北四環東路高原街 2 號
中國文化遺産研究院《出土文獻研究》編輯部
郵編：100029
郵箱：ctwxyj@ yeah.net

《出土文獻研究》編輯部

圖書在版編目(CIP)數據

出土文獻研究. 第十七輯 / 中國文化遺産研究院編
. — 上海: 中西書局, 2018.12
ISBN 978-7-5475-1524-2

Ⅰ. ①出… Ⅱ. ①中… Ⅲ. ①出土文物—文獻—研究—中國 Ⅳ. ①K877.04

中國版本圖書館 CIP 數據核字(2018)第 278723 號

出土文獻研究(第十七輯)

中國文化遺産研究院 編

責任編輯 徐 衍
裝幀設計 梁業禮

出版發行 上海世紀出版集團
中西書局(www.zxpress.com.cn)
地　　址 上海市陝西北路 457 號(200040)
印　　刷 上海天地海設計印刷有限公司
開　　本 787×1092 毫米 1/16
印　　張 26.75
字　　數 407 000
版　　次 2018 年 12 月第 1 版 2018 年 12 月第 1 次印刷
書　　號 ISBN 978-7-5475-1524-2 / K·287
定　　價 118.00 元

本書如有質量問題,請與承印廠聯繫。T: 021-64709974